江苏文库

研究编

江苏文化
专门史

江苏文脉整理与研究工程

江苏乡村治理史

陈明胜 著

江苏人民出版社

图书在版编目(CIP)数据

江苏乡村治理史/陈明胜著. -- 南京:江苏人民
出版社,2025.4. -- (江苏文库). -- ISBN 978 - 7
- 214 - 29757 - 0

Ⅰ. D638

中国国家版本馆 CIP 数据核字第 2024Z8M302 号

书　　　名	江苏乡村治理史	
著　　　者	陈明胜	
出 版 统 筹	张　凉	
责 任 编 辑	郑晓宾	
装 帧 设 计	姜　嵩	
责 任 监 制	王　娟	
出 版 发 行	江苏人民出版社	
地　　　址	南京市湖南路 1 号 A 楼,邮编:210009	
照　　　排	江苏凤凰制版有限公司	
印　　　刷	苏州市越洋印刷有限公司	
开　　　本	718 毫米×1000 毫米　1/16	
印　　　张	26.75　插页 4	
字　　　数	385 千字	
版　　　次	2025 年 4 月第 1 版	
印　　　次	2025 年 4 月第 1 次印刷	
标 准 书 号	978 - 7 - 214 - 29757 - 0	
定　　　价	98.00 元	

(江苏人民出版社图书凡印装错误可向承印厂调换)

江苏文脉整理与研究工程

总主编

信长星　　许昆林

第二届学术指导委员会

主　　任　莫砺锋

委　　员　（按姓氏笔画排序）

邬书林　　宋镇豪　　张岂之　　茅家琦

郁贤皓　　袁行霈　　莫砺锋　　赖永海

编纂出版委员会

出版说明

　　江苏文化源远流长、历久弥新,文化经典与历史文献层出不穷,典藏丰富;文化巨匠代有人出、彪炳史册,在中华民族乃至整个人类文明的发展史上有着相当重要的地位。为科学把握江苏文化的内涵与特征,在新时代彰显江苏文化对中华文化的贡献,江苏省委、省政府决定组织实施"江苏文脉整理与研究工程",以梳理江苏文脉资源,总结江苏文化发展的历史规律,再现江苏历史上的文化高地,为当代江苏构筑新的文化高地把准脉动、探明趋势、勾画蓝图。

　　组织编纂大型江苏历史文献总集《江苏文库》,是"江苏文脉整理与研究工程"的重要工作。《文库》以"编纂整理古今文献,梳理再现名人名作,探究追溯文化脉络,打造江苏文化名片"为宗旨,分六编集中呈现:

　　(一)书目编。完整著录历史上江苏籍学人的著述及其历史记录,全面反映江苏图书馆的图书典藏情况。

　　(二)文献编。收录历代江苏籍学人的代表性著作,集中呈现自历史开端至一九一一年的江苏文化文本,呈现江苏文化的整体景观。

　　(三)精华编。选取历代江苏籍学人著述中对中外文化产生重要影响、在文化学术史上具有经典性代表性的作品进行整理,并从中选取十余种,组织海外汉学家翻译成各国文字,作为江苏对外文化交流的标志性文化成果。

　　(四)方志编。从江苏现存各级各类旧志中选择价值较高、保存较好的志书,以充分发挥地方志资治、存史、教化等作用,保存江苏的地方文献与历史文化记忆。

（五）史料编。收录有关江苏地方史料类文献，反映江苏各地历史地理、政治经济、文化教育、宗教艺术、社会生活、风土民情等。

（六）研究编。组织、编纂当代学者研究、撰写的江苏文化研究著作。

文献、史料、方志三编属于基础文献，以影印方式出版，旨在提供原始文献，以满足学术研究需要；书目、精华、研究三编，以排印方式出版，既能满足学术研究的基本需求，又能满足全民阅读的基本需求。

"江苏文脉整理与研究工程"工作委员会

江苏文库·研究编编纂人员

主　编

王月清　张新科

副主编

徐之顺　姜　建　王卫星　胡发贵　胡传胜　刘西忠

一脉千古成江河

——江苏文库·研究编序言

樊和平

　　"江苏文脉整理与研究工程"是江苏文化史上继往开来的一个浩大工程。与当下方兴未艾的全国性"文库热"相比,江苏文脉工程有三个基本特点:一是全面系统的整理;二是"整理"与"研究"同步;三是以"文脉"为主题。在"书目编—文献编—精华编—史料编—方志编—研究编"的体系结构中,"研究编"是十分独特的板块,因为它是试图超越"修典"而推进文化传承创新的一种学术努力。

　　"盛世修典"之说不知起源于何时,不过语词结构已经表明"盛世"与"修典"之间的某种互释甚至共谋,以及由此而衍生的复杂文化心态。历史已经表明,"修典"在建构巨大历史功勋的同时,也包含内在的巨大文化风险,最基本的是"入典"的选择风险。《四库全书》的文化贡献不言自明,但最终其收书的数量竟与禁书、毁书、改书的数量大致相当,还有高出近一倍的书目被宣判为无价值。"入典"可能将一个时代的局限甚至选择者个人的局限放大为历史的文化局限,也可能由此扼杀文化多样性而产生文化专断。另一个更为潜在和深刻的风险,是对待传统的文化态度。文献整理,尤其是地域典籍的整理,在理念和战略上面临的最大考验,是以何种心态对待文化传统。当今之世,无论对个体还是社会,传统已经不仅是文化根源,而且是文化和经济发展的资源甚至资本。然而一旦传统成为资源和资本,邂逅市场逻辑的推波助澜,就面临沦为消费和运作对象的风险,从而以一种消费主义和工具主义的文化态度对待文化传统和文献整理。当传统成为消费和运作的对象,其文化价值不仅可能被误读误用,而且也可能在对传统的消费中使文化坐吃山空,造就出文化上的纨绔子弟,更可能在市场运作中使文化不断被糟蹋。"江苏文脉整理与研究工程"的"整理工程"以全面系统的整理的战略应对可能存在的第一种风险,即入典选择的风险;以"研究工程"应对第二种可能的风险,即消费主义与工具主义的风险。我们不仅是既往传统的继承者,更应当是未来传统的创造者;现代人的使命,不仅是继承优秀传统,更应当创造新的优秀传统,这便是传统的创造性转化与创新性发展的真义。诚然,创造传统任重道远,需要经过坚忍不拔的卓越努力和大浪淘沙般的历史积淀,但对"江苏文脉整理与研究工程"而言,无论如何必须在"整理"的同时开启"研究"的千里之行,在研究中继承和发展传统。这便是"研究编"的价值和使命所在,也是"江苏文脉整理与研究工程"在"文库热"中于顶层设计层面的拔群之处。

一 倾听来自历史深处的文化脉动

20 世纪是文化大发现的世纪,20 世纪以来西方世界最重要的战略,就是文化战略。20 世纪 20 年代,德国社会学家马克斯·韦伯的《新教伦理与资本主义精神》,揭示了西方资本主义文明的文化密码,这就是"新教伦理"及其所造就的"资本主义精神",由此建构"新教伦理+资本主义"的所谓"理想类型",为西方资本主义进行了文化论证尤其是伦理论证,奠定了 20 世纪以后西方中心论的文化基础。20 世纪 70 年代,哈佛大学教授丹尼尔·贝尔的《资本主义文化矛盾》,揭示了当代资本主义最深刻的矛盾不是经济矛盾,也不是政治矛盾,而是"文化矛盾",其集中表现是宗教释放的伦理冲动与市场释放的经济冲动分离与背离,进而对现代西方文明发出文化预警。20 世纪 70 年代之后,亨廷顿的《文明的冲突与世界秩序的重建》将当今世界的一切冲突归结为文明冲突、文化冲突,将文化上升为西方世界尤其是美国国家战略的高度。以上三部曲构成西方世界尤其是美国文化帝国主义的国家文化战略,正如一些西方学者所发现的那样,时至今日,文化帝国主义被另一个概念代替——"全球化",显而易见,全球化不仅是一种浪潮,更是一种思潮,是西方世界的国家文化战略。文化虽然受经济发展制约甚至被经济发展水平所决定,但回顾从传统到现代的中国文明史,文化问题不仅逻辑地而且历史地成为文明发展的最高最难的问题,正因为如此,文化自信才成为比理论自信、道路自信、制度自信更具基础意义的最重要的自信。

在全球化背景下,文脉整理与研究具有重大的国家文化战略意义,不仅必要,而且急迫。文化遵循与经济社会不同的规律,全球化在造就广泛的全球市场并使全球成为一个"地球村"的同时,内在的最大文明风险和文化风险便是同质性。全球化催生的是一个文化上的独生子女,其可能的镜像是:一种文化风险将是整个世界的风险,一次文化失败将是整个人类的文化失败。文化的本质是什么?梁漱溟先生说,文化就是人的生活的根本样法,文化就是"人化"。丹尼尔·贝尔指出,文化是为人的生命过程提供解释系统,以对付生存困境的一种努力。据此,文化的同质化,最终导致的将是人的同质化,将是民族文化或西方学者所说地方性知识的消解和消失;同时,由于文化是人类应对生存困境的大智慧,或治疗生活世界痼疾的抗体,它所建构的是与自然世界相对应的精神世界和意义世界,文化的同质性将导致人类在面临重大生存困境时智慧资源的贫乏和生命力的苍白,从而将整个人类文明推向空前的高风险。应对全球化的挑战和西方文化帝国主义的国家战略,"江苏文脉整理与研究工程"是整个中华民族浩大文化工程的一部分和具体落实,其战略意义绝不止于保存文化记忆的自持和自赏,在这个全球化的高风险正日益逼近的时代,完整地保存地方文化物种,认同文化血脉,畅通文化命脉,不仅可以让我们在遭遇全球化的滔滔洪水之时可以于故乡文化的山脉之巅"一览众山小"地建设自己的精神家园和文化根据地,而且可以在患上全球化的文化感冒甚至某种文化瘟疫之后,不致乞求"西方药"来治"中国病",而是根据自己的文化基因和文化命理,寻找强化自身的文化抗体和文化免疫力之道,其深远意义,犹如在今天经过独生子女时代穿越时光隧道,回首当年我们的"兄弟姐妹那么多"

和父辈们儿孙满堂的那种天伦风光,不只是因为寂寞,而且是为了中华民族大家庭的文化安全和对未来文化风险的抗击能力。

"江苏文脉整理与研究工程"是以江苏这一特殊地域文化为对象的一次集体文化自觉和文化自信,与其他同类文化工程相比,其最具标识意义的是"文脉"理念。"文脉"是什么?它与"文献"和文化传统的关系到底如何?这是"文脉工程"必须解决的基本问题。

庞朴先生曾对"文化传统"与"传统文化"两个概念进行了审慎而严格的区分,认为"传统文化"可能是历史上曾经存在过的一切文化现象,而"文化传统"则是一以贯之的文化道统。在逻辑和历史两个维度,文化成为传统都必须同时具备三个条件:历史上发生的,一以贯之的,在现实生活中依然发挥作用的。传统当然发生于历史,但历史上发生的一切,从《道德经》《论语》到女人裹小脚,并不都成为传统,即便当今被考古或历史研究所不断发现的现象,也只能说是"文化遗存",文化成为传统必须在历史长河中一以贯之而成为道统或法统,孔子提供的儒家学说,老子提供的道家智慧,之所以成为传统,就是因为它们始终与中国人的生活世界和精神世界相伴随,并成为人的生命和生活的文化指引。然而,文化并不只存在于文献典籍之中,否则它只是精英们的特权,作为"人的生活的根本样法"和"对付生存困境"的解释系统,它必定存在于芸芸众生的生命和生活之中,由此才可能,也才真正成为传统。《论语》与《道德经》之所以成为传统,不只是因为它们作为经典至今还为人们所学习和研究,而且因为在中国人精神的深层结构中,即便在未读过它们的田夫村妇身上,也存在同样的文化基因。中国人在得意时是儒家,"明知不可为而偏为之";在失意时是道家,"后退一步天地宽";在绝望时是佛家,"四大皆空"。从而建立了与自给自足的自然经济结构相匹合的自给自足的文化精神结构,在任何境遇下都不会丧失安身立命的精神基地,这就是传统。文化传统必须也必定是"活"的,是在现实中依然发挥作用的,是构成现代人的文化基因的生命因子。这种与人的生活和生命同在的文化传统就是"脉",就是"文脉"。

文脉以文献、典籍为载体,但又不止于文献和典籍,而是与负载它的生命及其现实生活息息相关。"文脉"是什么?"文脉"对历史而言是

"血脉"，对未来而言是"命脉"，对当下而言是"山脉"。"江苏文脉"就是江苏人的文化血脉、文化命脉、文化山脉，是历史、现在、未来江苏人特殊的文化生命、文化标识、文化家园，以及生生不息的文化记忆和文化动力。虽然它们可能以诸种文化典籍和文化传统的方式呈现和延续，但"文脉工程"致力探寻和发现的则是跃动于这些典籍和传统，也跃动于江苏人生命之中的那种文化脉动。"江苏文脉整理与研究工程"的最大特点就在于它是"文脉工程"而不是一般的"文化工程"，更不是"文库工程"。"文化工程""文库工程"可能只是一般的文化挖掘与整理，而"文脉工程"则是与地域的文化生命深切相通，贯穿地域的历史、现在与未来的生命工程。

　　"江苏文脉整理与研究工程"是"整理"与"研究"的璧合，在"研究工程"中能否、如何倾听到来自历史深处的文化脉动，关键是处理好"文献"与"文脉"的关系。"整理工程"是对文脉的客观呈现，而"研究工程"则是对文脉的自觉揭示，若想取得成功，必须学会在"文献"中倾听和发现"文脉"。"文献"如何呈现"文脉"？文献是人类文明尤其是人类文化记忆的特殊形态，也是人类信息交换和信息传播的特殊方式。回首人类文明史，到目前为止，大致经历了三种信息方式。最基本也是最原初的是口口交流的信息方式，在这种信息方式中，信息发布者和信息传播者同时在场，它是人的生命直接和整体在场并对话的信息传播方式，是从语言到身体、情感的全息参与，是生命与生命之间的直接沟通，但具有很大的时空局限。印刷术的产生大大扩展了人类信息交换的广度和深度，不仅可以以文字的方式与不在场的对象交换信息，而且可以以文献的方式与不同时代、不同时空的人们交换信息，这便是第二种信息方式，即以印刷为媒介的信息方式或印刷信息方式。第三种信息方式便是现代社会以电子网络技术为媒介的信息方式，即电子信息方式。文献与典籍是印刷信息方式的特殊形态，它将人类文化史和文明史上具有特殊价值的信息以印刷媒介的方式保存下来，供后人学习和研究，从而积淀为传统。文字本质上是人的生命的表达符号，所谓"诗言志"便是指向生命本身。然而由于它以文字为中介，一旦成为文献，便离开原有的时空背景，并与创作它的生命个体相分离，于是便需要解读，在解读中便可能发生误读,但无论如何,解读的对象并不只是文字本身,而是文字背后的生命现象。

文献尤其是典籍是不同时代人们对于文化精华的集体记忆,它们不仅经受过不同时代人们的共同选择,而且经受过大浪淘沙的历史洗礼,因而其中不仅有创造它的那个个体或文化英雄如老子、孔子的生命表达,而且有传播和接受它的那个民族的文化脉动,是负载它的那个民族的文化生命,这种文化生命一言以蔽之便是文化传统。正因为如此,作为集体记忆的精华,文献和典籍是个体和集体的文化脉动的客观形态,关键在于,必须学会倾听和揭示来自远方的生命旋律。由于它们巨大的时空跨度,往往不能直接把脉,而需要具有一种"悬丝诊脉"的卓越倾听能力。同时,为了把握真实的文化脉动,不仅需要对文献和典籍即"文本"进行研究,而且需要对创造它们的主体包括创作的个体和传播接受的集体的生命即"人物"进行研究。正如席勒所说,每个人都是时代的产儿,那些卓越的哲学家和有抱负的文学家却可能成为一切时代的同代人。文字一旦成为文献或典籍,便意味着创作它的个体成为一切时代的同代人,但无论如何,文献和它们的创造者首先是某个时代的产儿,因而要在浩如烟海的文献和典籍中倾听到来自传统深处的文化脉动,还需要将它们还原到民族的文化生命之中,形成文化发展的"精神的历史"。由此,文本研究、人物研究、学派流派研究、历史研究,便成为"文脉研究工程"的学术构造和逻辑结构。

二 中国文化传统中的江苏文脉

江苏文脉是中国文化传统的一部分,二者之间的关系并不只是部分与整体的关系,借助宋明理学的话语,是"理一"与"分殊"的关系。文脉与文化传统是民族生命的文化表达和自觉体现,如果只将它们理解为部分与整体的关系,那么江苏文脉只是中国文化传统或整个中华文化脉统中的一个构造,只是中华文化生命体中的一个器官。朱熹曾以佛家的"月映万川"诠释"理一分殊"。朗月高照,江河湖泊中水月熠熠,此番景象的哲学本真便是"一月普现一切水,一切水月一月摄"。天空中的"一月"与江河中的"一切水月"之间的关系是"分享"关系,不是分享了"一月"的某一部分,而是全部。江苏文脉与中国文化传统之间的关系便是"理一分殊",中国文化传统是"理一",江苏文脉是"分殊",正因为如此,关于江苏文脉的研究必须在与整个中国文化传统的关系中整体性地把握和展开。其中,文化与地域的关系、江苏文化在中华文化发展中的贡献和地位,是两个基本课题。

到目前为止的一切人类文明的大格局基本上都是由以山河为标志的地理环境造就的,从轴心文明时代的四大文明古国,到"五大洲四大洋"的地理区隔,再到中国山东—山西、广东—广西、河南—河北,江苏的苏南—苏北的文化与经济差异,山河在其中具有基础性意义。在这个意义上,可以将在此以前的一切文明称为"山河文明"。如今,科技经济发展迎来一个"高"时代:高铁、高速公路、电子高速公路……正在并将继续推倒由山河造就的一切文明界碑,即将造就甚至正在造就一个"后山河时代"。"后山河时代"的最后一道屏障,"山河时代"遗赠给"后山河时代"的最宝贵的文明资源,便是地域文化。在这个意义上,江苏文脉的整理与研究,不仅可以为经过全球化席卷之后的同质化世界留下弥足珍贵的"文化大熊猫",而且可以在未来的芸芸众生饱尝"独上高楼,望尽天涯路"的孤独之后,缔造一个"蓦然回首"的文化故乡,从中可以鸟瞰文化与世界关系的真谛。江苏独特的地域环境与江苏文化、江苏文脉之间的关系,已经不是所谓"一方水土一方人"所能表达,可以说,地脉、水脉、山脉与江苏文脉之间的关系,已经是一脉相承。

我们通过考察和反思发现,水系,地势,山势,大海,是对江苏文脉尤其是文化性格产生重大影响的地理因素。露水不显山,大江大河入大海,低平而辽阔,黄河改道,这一切的一切与其说是自然画卷和自然事件,不如说是江苏文脉的大地摇篮和文化宿命的历史必然,它们孕生和哺育了江苏文明,延绵了江苏文脉。历史学家发现,江苏是中国惟一同时拥有大海、大江、大湖、大平原的省份,有全国第一大河长江,第二大河黄河(故道),第三大河淮河,世界第一大人工河大运河,全国第三大淡水湖太湖,全国第四大淡水湖洪泽湖。江苏也是全国地势最低平的一个省区，绝大部分地区在海拔50米以下，少量低山丘陵大多分布于省际边缘，最高峰即连云港云台山的玉女峰也只有625米。丰沛而开放的水系和低平而辽阔的地势馈赠给江苏的不只是得天独厚的宜居，更沉潜、更深刻的是独特的文化性格和文脉传统，它们是对江苏地域文化产生重大影响的两个基本自然元素。

不少学者指证江苏文化具有水文化特性，而在众多水系中又具长江文化的特性。"水"的文化特性是什么？"老聃贵柔"，老子尚水，以水演绎世界真谛和人生大智慧。"天下莫柔弱于水，而攻坚强者莫之能胜。"柔弱胜刚强，是水的品质和力量。西方文明史上第一个哲学家和科学家泰勒斯向全世界宣告的第一个大智慧便是：水是万物的始基。辽阔的平原在中国也许还有很多，却没有像江苏这样"处下"。老子也曾以大海揭示"处下"的智慧："江海所以能为百谷王者，以其善下之，故能为百谷王。"历史上江苏的文化作品、江苏人的文化性格，相当程度上演绎了这种"水性"与"处下"的气质与智慧。历史上相当时期黄河曾经从江苏入海，然而黄河改道、黄河夺淮，几番自然力量或人力所为，最终黄河在江苏留下的只是一个"故道"的背影。黄河在江苏的改道当然是一个自然事件或历史事件，但我们也可能甚至毋宁将它当作一个文化事件，数次改道，偶然之中有必然，从中可以发现和佐证江苏文脉的"长江"守望和江南气质。不仅江苏的地脉"露水不显山"，而且江苏的文化作品，江苏人的文化性格，一句话，江苏文脉，也是"露水不显山"，虽不是"壁立千仞"，却是"有容乃大"。一般说来，充沛的水系，广阔的平原，往往造就自给自足的自我封闭，然而，江苏东临大海，无论长江、淮河，还是历史上的黄河，都从这里入大海，归大海，不只昭示江苏的开放，而且演绎江苏文化、江苏文脉、江苏人海纳百川的博大和静水深流的仁厚。

黄河与长江好似中华文脉的动脉与静脉，也好似人的身体中的任督二脉，以长江文化为基色的江苏文化在中华文脉的缔造和绵延中作出了杰出贡献。有学者指出，在中国文明史上，长江文化每每在黄河文化衰弱之后承担起"救亡图存"的重任。人们常说南京古都不少为小朝廷，其实这正是"救亡图存"的反证，"天下兴亡，匹夫有责"的口号首先由江苏人顾炎武喊出，偶然之中有必然。学界关于江苏文化有三次高峰或三次大贡献，与两次大贡献之说。第一次高峰是开启于秦汉之际的汉文化，第二次高峰是六朝文化，第三次高峰是明清文化。人们已对六朝文化与明清文化两大高峰对中国文化的贡献基本达成共识，但江苏的汉文化高峰及其贡献也应当得到承认，而且三次文化高峰都发生于中国社会的大转折时期，对中国文化的承续作出了重大贡献。在秦汉之际的大变革和大一统国家的建构中，不仅在江苏大地上曾经演绎了波澜壮阔的对后来中国文明产生深远影响的历史史诗，而且演绎这些历史史诗的主角刘邦、项羽、韩信等都是江苏人，他们虽然自身不是文化人，但无疑对中国文化产生了深远影响。董仲舒提出"罢黜百家，独尊儒术"的主张，奠定了大一统的思想和文化基础，他本人虽不是江苏人，却在江苏留下印迹十多年。江苏的汉文化高峰对中国文化的最大贡献，一言概之即"大一统"，包括政治上的大一统和思想文化上的大一统。六朝被公认为中国文化发展的高峰，不少学者将它与古罗马文明相提并论，而六朝文化的中心在江苏、在南京。以南京为核心的六朝文化发生于三国之后的大动乱，它接纳大量流入南方的北方士族，使南北方文化合流，为保存和发展中国文化作出了杰出贡献。明朝是中国历史上第一次在南京，也是第一次在江苏建立统一的帝国都城，江苏的经济文化在全国处于举足轻重的地位，扬州学派、泰州学派、常州学派，形成明清时期中国文化的江苏气象，形成江苏文化对中国文化的第三次重大贡献。三大高峰是江苏的文化贡献，在重大历史转折关头或者民族国家危难之际挺身而出，海纳百川，则是江苏文化的精神和品质，这就是江苏文脉。也正因为如此，江苏文化和江苏文脉在"匹夫有责"的担当精神中总是透逸出某种深沉的忧患意识。

　　江苏文脉对中国文化的独特贡献及其特殊精神气质在文化经典中得到充分体现。中国四大文学名著，其中三大名著的作者都来自江苏，这就是《西游记》《红楼梦》《水浒》，其实《三国演义》也与江苏深切相关，虽然罗贯中不是江苏人，但以江苏为作品重要的时空背景之一。四大名著中不仅有明显的江苏文化的元素，甚至有深刻的江苏地域文化的基因。《西游记》到底是悲剧还是喜剧？仔细反思便会发现，《西游记》

一脉千古成江河

就是文学版的《清明上河图》。《清明上河图》表面呈现一幅盛世生活画卷,实际却是一幅"盛世危情图",空虚的城防,懈怠的守城士兵……被繁华遗忘的是正在悄悄到来的深刻危机。《西游记》以唐僧西天取经渲染大唐的繁盛和开放,然而在经济的极盛之巅,中国人的精神世界却空前贫乏,贫乏得需要派一个和尚不远万里,请来印度的佛教,坐上中国意识形态的宝座,入主中国人的精神世界。口袋富了,脑袋空了,这是不折不扣的悲剧。然而,《西游记》的智慧,江苏文化的智慧,是将悲剧当作喜剧写,在喜剧的形式中潜隐悲剧的主题,就像《清明上河图》将空虚的城防和懈怠的士兵淹没于繁华的海洋一样。《西游记》喜剧与悲剧的二重性,隐喻了江苏文脉的忧患意识,而在对大唐盛世,对唐僧取经的一片颂歌中,深藏悲剧的潜主题,正是江苏文脉"匹夫有责"的担当精神和文化智慧的体现。鲁迅说,悲剧将人生的有价值的东西毁灭给人看。《西游记》是在喜剧形式的背后撕碎了大唐时代人的精神世界的深刻悲剧。把悲剧当作喜剧写,喜剧当作悲剧读,正是江苏文化、江苏文脉的大智慧和特殊气质所在,也是当今江苏文脉转化发展的重要创新点所在。正因为如此,"江苏文脉研究"必须以深刻的哲学洞察力和深厚的文化功力,倾听来自历史深处的江苏文化的脉动,读懂江苏,触摸江苏文脉。

三　通血脉,知命脉,仰望山脉

江苏文化的巨大魅力和强大生命力,在数千年发展中已经形成一种传统、一种脉动,不仅是一种客观呈现的文化,而且是一种深植个体生命和集体记忆的生生不息的文脉。这种文化和文脉不仅成为共同的价值认同,而且已经成为一种地域文化胎记。在精神领域,在文化领域,江苏不仅有灿若星河的文学家,而且有彪炳史册的思想家、学问家,更有数不尽的才子骚客。长江在这片土地上流连,黄河在这片土地上改道,淮河在这片土地上滋润,太湖在这片土地上一展胸怀。一代代中国人,一代代江苏人,在这里缔造了文化长江、文化黄河、文化淮河、文化太湖,演绎了波澜壮阔的历史诗篇,这便是江苏文脉。

为了在全球化时代完整地保存江苏文脉这一独特地域文化的集体记忆,以在"后山河时代"为人类缔造精神家园提供根源与资源,为了继承弘扬并创造性转化、创新性发展中国优秀传统文化,2016 年江苏启动了"江苏文脉整理与研究工程"。根据"文脉"的理念,我们将研究工程或"研究编"的顶层设计以一句话表达:"通血脉,知命脉,仰望山脉。"由此将整个工程分为五个结构:江苏文化通史,江苏历代文化名人传,江苏文化专门史,江苏地方文化史,江苏文化史专题。

"江苏文化通史"的要义是"通血脉",关键词是"通"。"通"的要义,首先是江苏文化与中国文明的息息相通,与人类文明的息息相通,由此才能有民族感或"中国感",也才有世界眼光,因而必须进行关于"中国文化传统中的江苏文脉"的整体性研究;其次是江苏文脉中诸文化结构之间的"通",由此才是"江苏",才有"江苏味";再次是历史上各个重要历史时期文化发展之间的"通",由此才能构成"史",才有历史感;最后是与江苏人的生命与生活的"通",由此"江苏文脉"才能真正成为江苏人的文化血脉、文化命脉和文化山脉。达到以上"四通","江苏文化通史"才是真正的"通"史。

"江苏文化专门史"和"江苏文化史专题"的要义是"知命脉",关键词是"专",即"专门"与"专题"。"江苏文化专门史"在框架上分为物质文化史、精神文化史、制度文化史、特色文化史等,深入研究各类专门史,总体思路是系统研究和特色研究相结合,系统研究整体性地呈现江苏历史上的重要文化史,如哲学史、文学史、艺术史等,为了保证基本的完整性,我们根据国务院学科分类目录进行选择;特色研究着力研究历史上具有江苏特色的历史,如民间工艺史、昆曲史等。"江苏文化史专题"着力研究江苏历史上具有全国性影响的各种学派、流派,如扬州学派、泰州学派、常州学派等。

"江苏地方文化史"的要义是"血脉延伸和勾连",关键词是"地方"。"江苏地方文化史"以现省辖市区域划分为界,13 市各市一卷。每卷上编为地方文化通史,讲述地方整体历史脉络中的文化历史分期演化和内在结构流变,注重把握文化运动规律和发展脉络,定位于地方文化总体性研究;下编为地方文化专题史,按照科学技术、教育科举、文学语言、宗教文化等专题划分,以一定逻辑结构聚焦对地方文化板块加以具体呈现,定位于凸显文化专题特色。每卷都是对一个地方文化的总结和梳理,这是江苏文化血脉的伸展和渗入,是江苏文化多样性、丰富性的生动呈现和重要载体。

"江苏历代文化名人传"的要义是"仰望山脉",关键词是"文化"。它不是一般性地为江苏历朝历代的"名人"作传,而只是为文化意义上的名人作传。为此,传主或者自身就是文化人并为中国文化的发展、为江苏文脉的积累积淀作出了重要贡献;或者虽然自身主要不是文化人而是政治家、社会活动家等,但对中国文化发展具有重大影响。如何对历史人物进行文化倾听、文化诠释、文化理解,是"文化名人传"的最大难点,也是其最有意义的方面。江苏历史上的文化名人汗牛充栋,"文化名人传"计划为 100 位江苏文化名人作传,为呈现江苏文化名人的整体画卷,同时编辑出版一部"江苏文化名人辞典",集中介绍历史上的江苏文化名人 1000 位左右。

一脉千古成江河,"茫茫九派流中国"。江苏文脉研究的千里之行已经迈出第一步,历史馈赠我们一次千载难逢的宝贵机遇,让我们巡天遥看,一览江苏数千年文化银河的无限风光,对创造江苏文化、缔造江苏文脉的先行者们献上心灵的鞠躬。面对奔涌如黄河、悠远如长江的江苏文脉,我们惟有以跋涉探索之心,怵惕敬畏之情,且行且进,循着爱因斯坦的"引力波",不断走近并播放来自江苏文脉深处的或澎湃,或激越,或温婉静穆的天籁之音。

我们一直在努力;

我们将一直努力!

目　录

绪　论

传统中国乡村治理经历了怎样的变化？简单地从制度史的角度梳理，大体是明了的。根据历代王朝的制度设计，人们也许会勾勒出一幅男耕女织、鸡犬相闻的画面，但制度与现实往往存在差距，这就需要人们对乡村治理的实态进行更加深入的分析与探究。在中国几千年的文明发展史中，乡村的变化也许并不明显，但也并非一成不变。辨别不同时代乡村治理的细微差别，需要研究者秉持古董鉴赏家的态度，用放大镜一丝一毫地去品鉴。

第一节　乡村治理的概念界定

张慰慈认为："凡研究一种学问，第一步的入手方法是确定这种科学内所有重要名词的意义。"①对江苏乡村治理史的研究必然也要从这一步开始。

首先，"乡村"的概念。《辞海》中解释说："泛指城市以外的地区。"也就是说，乡村是一个与城市相对的概念。在古代中国，乡村与城市之

---

① 张慰慈：《政治学大纲》（外二种），安徽师范大学出版社，2017年版，第22页。

间的分野并不明显,或者说城市是扎根于乡村的。时至近代,随着现代工业的发展,城市与乡村之间的差距逐渐拉开,工业在城市、农业在乡村的产业布局日渐明显。乡村的内涵也就更加明确:在城市之外,以农耕为主,以血缘关系为纽带,聚族而居的自然村落。就整个国家行政体系而言,传统中国的乡村主要指县以下的部分。在古代中国,乡村政策的设计往往在上层,而政策的实践则多在县及县以下。"秦统一中国后实行郡县制,郡县以下不设治,县即为最低层次的基层政权。县以下是广大的农村和分散的农民。"①正是古代中国行政管理不下县的特殊情形,造成了县级以上行政机关与乡村之间的隔膜。而知县之所以被称为"父母官",概因乡村的实际管理者主要是指县及县级以下的组织部门。明代吕坤关于知县职责的罗列就很能说明这个问题:

> 土不均我为均之,差粮不明我为明之,树木不植我为植之,荒芜不垦我为垦之,逃亡不复我为复之,山林川泽果否有利我为兴之,讼狱不平我为平之,凶豪肆逞良善含冤我为除之,狡诈百端愚朴受害我为剪之,嫖风赌博扛帮痴幼我为刑之,寡妇孤儿族属侮夺我为镇之,盗贼劫窃民不安生我为弭之,老幼残疾鳏寡孤独我为收之,教化不行风俗不美我为正之,远里无师贫儿失学我为教之,仓廪不实民命所关我为积之,狱中囚犯果否得所我为恤之,斛斗秤尺市镇为奸我为一之,贫民交易税课滥征我为省之,衙门积蠹狼虎吾民我为逐之,吏书需索刁勒吾民我为禁之,征收无法起解困民我为处之,游手闲民荡产废业我为惩之,异端邪教乱俗惑民我为驱之,庸医乱行民命枉死我为训之,士风学政颓贩废极我为兴之,市豪集霸专利虐民我为治之,捏空造虚起祸诬人我为杜之,聚众党恶主谋唆讼为我殄之,火甲负累乡夫骚扰我为安之,某事久废当举我为举之,某事及时当修我为修之,民情所好如己之欲我为聚之,民情所恶如己之仇我为去之。使四境之内无一事不得其宜,无一民不得其所,深山穷谷之中无隐弗达,妇人孺子之情无微不照,是谓知此

---

① 徐茂明:《江南士绅与江南社会(1368—1911 年)·本书序》,商务印书馆 2006 年版,第 2 页。

州,是谓知此县。①

由此可见知县权责之繁杂。时至近代,国家权力进一步下延,但乡村与县级以上的行政机关仍然很难发生直接的联系。因此,与乡村相关的治理主体仍然主要指县及县级以下的组织部门。

其次,"乡村治理"的内涵。本书所谓的"治理"与现代治理不是同一个概念。传统意义上的"治理"含义丰富,包含管理、统治;理政的成绩;治理政务的道理;处理、整修等。而现代治理则偏重于一种新的社会治理理念,其与管理的本质不同在于管理强调权力的唯一中心,而现代治理则强调权力的多中心,由此而引发治理主体的多元化、公共责任权限的模糊化、公共权力间的相互依赖性、行为者网络的自主自治性、政府能力的多样化等特征。② 从某种意义上讲,现代治理恰恰是对过去管理的反思。传统中国的乡村治理体系非常特殊,譬如它包括政府、士绅、宗族等多元主体,而古代中国行政管理不下县的现实导致乡村社会在某种程度上形成一种独特的"自治"局面,与现代治理存在某些相类似的元素。在近代中国,虽然国家加强对乡村社会的渗透,但也并未真正实现"权力的唯一中心"。本文借用"治理"一词并不是用当代的概念去苛求古人,既是为了防止机械地套用西方理论而发生误解,同时也是为了彰显传统中国乡村治理的特殊性。

乡村治理主要包括两个部分,一是乡村治理的制度设计,二是乡村治理的具体实践。在本书叙述的过程中,笔者力图把乡村治理的具体实践融入制度演进的过程中,而不是把两者截然分开。首先是为了条目清晰,其次是为了探索乡村治理的实态。就古代中国乡村组织的历史演变而言,它大体分为三个阶段:"第一是周以前的传说时期,第二是秦汉以后的破坏时期,第三是北宋熙宁以后的补救时期"③。传说时期的乡村组织最为完备,却未必能够完全被采信。钱穆认为,春秋战国时期《周官》所记载的"地方自治"是"在封建将破坏时,为一辈学者所想象

① 吕坤:《实政录》卷之一《明职》,明万历二十六年赵文炳刻本,第35—36页。
② 周朗生:《乡村治理的理论诠释——从治理到乡村治理》,《中共云南省委党校学报》2008年第6期,第130页。
③ 杨开道:《中国乡约史》,商务印书馆2015年版,第3页。

之'乌托邦',非尽史实也"①。也就是说,史书所载周代之前的乡村制度设计虽然美好,但未必是真实的。"破坏"是相对于周以前而言,这种所谓的"破坏"不过是对那种理想设计中美好社会的"反动"。

北宋神宗以后,乡约、保甲、社仓、社学等乡村骨干组织逐渐齐备,乡村治理体系日趋成熟。至此之后,乡村治理的实践更加复杂,成为一个包括政治、经济、文化、社会等在内的制度与实践的体系。譬如古代仓储制度的不断完善就是社会生产力不断发展的重要表现。从表面上看,设置仓库属于经济领域的举措,其实它还具有更加深刻的社会治理的内涵。所谓"仓廪实而知礼节",这种经济考量之外的社会治理功能十分明显。因此,传统中国的仓库体系不仅仅是指储存粮食的建筑物,更代表一种制度。除了官方设置的常平仓、裕备仓等仓库外,还有民间色彩浓厚的义仓与社仓,这又与行政管理不下县的政治特征直接相关。在乡村社会,国家所承担的义务有限,因此必须创建民众的自救机制。从各种类型仓库出现的时间看,先是义仓,后是社仓。其中义仓半官半民,社仓则以民办为主。但在义仓、社仓办理的过程中又均有官方色彩不断浓厚的趋向,这其实又是中央集权不断加强的趋势在底层社会的某种映像。就更晚近的近代仓库而言,国家仓库逐渐取代义仓、社仓,这既是国家加强经济领域控制的一种举措,同时又是国家权力向底层社会扩张的一种表现。

最后,对"江苏"也要做一个简单的说明。虽然至清代江苏才真正成为一个相对独立的行政单位,但从研究者的视角来看,梳理江苏成省之前的区域变迁仍是研究江苏乡村治理通史的必要前提。在古代中国,江苏行政区域变化频繁。据相关记载,江苏列入中国版图是在夏禹治水之后。从《禹贡》和《州官职方》来看,春秋战国之前,江苏一部分属于扬州,一部分属于徐州。春秋时期,江苏分属吴、越、楚、宋。战国时期则属于楚国。秦代,则分别隶属九江、会稽、泗水、琅琊、鄣、薛、郯、砀诸郡。汉代属于扬州、徐州地域,有荆、楚二国。荆国都苏州,楚国都彭

---

① 钱穆:《钱宾四先生全集》(40),联经出版事业股份有限公司1998年版,第53页。

城。后荆国改吴国，都广陵。三国时，扬州属吴国，徐州属魏国。东晋时，定都南京，扬州为王畿。南北朝时，刘宋仍为扬州和徐州；后逐渐增加南徐、南兖、东徐等。隋代，文帝时，置扬州、徐州总管府，废州改郡。炀帝时，又改为丹阳、江都、毗陵、吴郡、彭城、东海、下邳等县。唐代，高祖时，改郡为州。太宗时，分属江南及淮南道。玄宗时，又分江南为东西道，道下为州，州下为县。五代时，先是吴国都广陵，后是南唐都建康。周显宗攻克淮南十四州。宋代，平南唐，分江南、淮南二路，分属两浙路。神宗时，江南、淮南均分为东西二路。元代，徐、海、淮、扬属河南行中书省，江南属浙江行中书省。明代，定都建康。清初，改置江南省（包括安徽），治江宁。顺治时，分属左右布政使司。康熙六年（1667），改为江苏省。①

那么，这种行政区域的频繁变迁会不会对乡村社会产生影响呢？根据文化不同层次的特性，政治制度层面的文化具有多变性，在朝代更替频繁的古代中国，改朝换代必然会促使政治制度设计的更新。但狭义上的文化（精神文化）一旦形成，就具有很大的稳定性，特别是当其渗透进人们的日常生活时，就很难随政治制度的变化而发生变化，精神文化的稳定性相对于政治制度的多变性常常导致前者处于滞后状态，进而导致乡村治理实践中行政组织命名的复杂性，不免使人产生误解。但就文化圈来看，江苏并没有发生太大的变化，楚文化与吴文化的影响是深远的。因此，对政治制度设计及其实践的分析不能忽略精神文化稳定性所产生的重要影响。

---

① 王培棠：《苏省乡土志》，商务印书馆 1938 年版，第 10—11 页。学界大部分持康熙六年江苏建省说，如陈书禄就认为："康熙六年（1667）分江南省为江苏和安徽二省，江苏简称苏，这是江苏建省之始。"（王长俊主编：《江苏文化史论》，南京师范大学出版社 1999 年版，第 7 页。）但也有学者质疑，如张华等人依据康熙二十三年（1684）和乾隆元年（1736）的两部《江南通志》，以及雍正七年（1729）五月十三日的一道上谕，对康熙六年江南分省说提出不同意见，认为此时江南省仍然被视为一个整体。（张华、杨休、季士家：《清代江苏史概》，南京大学出版社 1990 年版，第 42—44 页。）对此，马俊亚教授提供两条重要史料：一是《康熙朝大清会典》：康熙七年（1668），"江苏、浙江巡抚所属各荐方面官一员、有司三员、佐贰二员、教官二员；安徽、湖广、偏沅、福建、广西、甘肃巡抚所属……"。（《康熙朝大清会典》卷之九《吏部七·考选》）。二是《清实录·康熙实录》：康熙九年（1670）五月，"升福建兴泉道慕天颜为江苏布政使司布政使"。（《清实录·康熙实录》卷三十三）由此可见，康熙七年之后，朝廷已有"江苏"的正式提法。综合以上意见，本书选择康熙六年江苏建省说。

第二节　中国乡村治理的历史演变

一、乡村治理的演进

古代中国乡村治理大致经历了乡官制时期、转折时期、职役制时期三个阶段。① 在乡官制时期，州县以下的行政人员地位虽然微末，却是有品级的，其任命也非常谨慎。

> 汉制以丞尉准卿，以诸曹掾史准大夫。士卿命于天子，故丞尉由尚书调补，大夫士命于其君。故掾史悉听自辟，所谓应经义也。郡守视古方伯，亦自辟掾史，州之有从事亦然。故守令之贤者，皆先务择吏，吏得其人，则守令不劳而治矣。县选署非人，则太守察之。郡选署非人，则刺史察之。法似疏而实密。②

但至隋代废除乡官制度，基层行政人员良莠不齐的弊病日益凸显。

> 至隋始罢辟署之制，掾史废则胥吏兴矣。汉掾史皆有秩禄，故廉者可以自立；后世胥吏无升斗之给，是教之为恶也。汉时岁举廉吏公卿牧守，大半出于掾史，故中人莫不自爱；后世屏胥吏于流外，不得铨叙登用，是绝其为善也。汉掾史黜陟迁转权由守令，后世胥吏愈贱而其职愈牢，父死子继，私相授受，守令不得而废置也。汉时通儒硕彦皆受辟署，且有已任于朝而弃官归为郡吏者；后世胥吏士林不齿，惟桀猾无耻之小人乃肯为之。夫以桀滑无耻之小人，假以在官之权进无登用之望，退无升斗之给，又不畏守令之废置，则其所为可知矣。③

也就是说，在隋代之前，丞尉与诸曹掾史都是有品级的；但在隋代废除乡官之后，掾史不但没有品级，反而隔绝其上升的渠道，由此产生

---

① 参考唐鸣、赵鲲鹏、刘志鹏：《中国古代乡村治理的基本模式及其历史变迁》，《江汉论坛》2011年第3期。
② 强汝询：《汉州郡县吏制考》，不分卷，清刘履芬抄本，原书无页码。
③ 强汝询：《汉州郡县吏制考》，不分卷，清刘履芬抄本，原书无页码。

一种争议颇大的群体——胥吏。县级政权的正常运行一方面离不开这一群体的身体力行,同时又因部分胥吏的恶行而遭到历代严厉的诟病。另外,乡官制和职役制之间的区别还有:在乡官制体制下,吏尽本地人;隋代改革之后,吏尽外地人。"杜氏《通典》言'汉县有丞、尉及诸曹掾,多以本郡人为之……'。及隋氏革选,尽用他郡人"①。以本地人治本地事,这本是自治的一个重要特征;而以外地人治本地事,少了地缘与亲缘的顾虑,胡作非为的现象必然加增。虽然胥吏不是官,但在百姓眼中又皆为官,因此,职役制运行的实态又表现为官治的进一步强化。这大概是人们认为乡官制自治特征比较明显的主要原因。

胥吏如此,乡保②就更毋庸论,以至于沦为贱役。清代张泰来就明确反对把乡保人员视为贱役,反对乡保人员不能由士绅充任的观点。他认为乡保人员可以发挥县官所不能及的作用,要礼遇乡保人员,提高乡保人员的待遇等。"故愚以今之乡保勿视为贱役,宜严重其选。……今议每三百家则设一乡保,必其德性谨厚,学问优通者为之。使三百家公推一人,朝廷量给廪禄,假以事权,重其责任,每十家为甲,甲有长,凡甲长三十人皆禀承其命令,奉行其教化。其可为乡保者,勿论举监生员及进士之待选者,皆许承充。盖学者立人达人既可少见其及物之效,而待选之进士亦得由此练习民事亦非小益也"③。如果按照这一建议执行,乡村治理不啻又回到了乡官制的轨道。

至近代中国,乡村治理进入自治制阶段。这一自治与传统乡官制下的自治截然不同,其主要缘于西学东渐。西方地方自治制度的引介及实践构成近代中国乡村治理最主要的特色。清末预备立宪启其肇端,清廷先后颁布《府厅州县地方自治章程》《城镇乡地方自治章程》等,通过"选举"产生基层社会行政人员的做法打破传统中国任命、选任的方式,乡村治理具有更加明显的现代特征。民国时期赓续这一新生制度,但乡村治理的主体发生了质的变化,如士绅则经历了从传统正绅到

---

① 顾炎武著,黄汝成集释,栾保群、吕宗力校点:《日知录集释》上,上海古籍出版社 2014 年版,第 189 页。

② 乡保,泛指乡间小吏。

③《论乡保》,张泰来:《补希堂文集》《玩草园文集》,原书无页码。

"土豪劣绅"再到科层干部的转变,国家对乡村社会的不断渗透必然导致乡村自治的实际效果大打折扣。

二、乡村治理的主体

古代中国乡村治理的制度设计包含官治、绅治、族治的三维结构①,三者各有区别又相互联系。

就官治而言,主要是由国家设计一系列制度来推动乡村治理,包括井田制、乡遂制、什伍制、保甲制、都图制等。就乡村治理的实态而言,县级以下逐渐形成"乡＋X"的结构,乡的说法长期延续,比较统一,而乡以下却呈现行政、赋役、治安的分工。有论者认为,在历代建制中,乡能够承上启下,是一个最主要的单位。"它是既管丁口又管土地的综合行政单位。以管土地而言,乡以下分都、图、甲,是政府征收田赋的组织单位;以管理人民而言,它又分里、保、村,这是行政管理的基层单位"②。另外,在不同时代,各地建制名称各异。以江苏省金坛县为例,"按规定县以下为乡、都、图三级,但实际均未依照,有称圩、甲、洲、段、坊、涧、沙、里、村、滩、区、社者不等;有的甲、洲、圩相当于图,坊相当于都,有的却又不相当;有的有都无图,有的有图无都,更有少数县,县以下根本无任何行政组织"③。这种"约定俗成"的情况一直延续到民国时期。

以上两则材料虽然不能概括江苏全貌,却又反映出一定的问题。前一则材料说明乡以下的基层单位已经有明确分工,如里甲掌行政、图甲掌赋税、保甲掌治安。后一则材料则说明基层单位名称繁杂,一旦约定俗成,就可能长期存在。而形成不同说法的原因又可能不同,村、圩、洲等名称大概缘于自然因素,里、甲、社等名称则主要由于人为划分。笼统来说,前者特点在于因地制宜,后者特点在于整齐划一,均有利于乡村的管理。

---

① 需要特别指出的是,绅治与族治至宋代才更具有典型意义。因为直至宋代,宗族组织才得以普及到社会各个阶层;而士绅阶层(或地方精英)则得到国家的支持,成为沟通国家与乡村的中间阶层。

② 《丹阳县历代行政区划概述》,《丹阳文史资料》第二辑,中国人民政治协商会议江苏省丹阳县委员会文史资料研究委员会1984年编印,第2页。

③ 任纪生:《金坛县旧行政机构概略》,《金坛文史资料》第7辑,政协金坛县文史资料研究委员会1989年编印,第16—17页。

绅治主要是通过办理慈善,掌握乡约、社仓、社学等组织,实现对乡村民众的救济与教化。一般而言,慈善事业的创办往往以士绅为主,"旧社会之慈善事业,皆由地方人自发办理,政府多不过问"①。但这并不是说,绅治可以脱离官治而单独存在,更常见的情形应该是官绅共治。郑超麟认为,"旧中国,至少明清时期的中国,县一级不是官的统治,而是官绅的共同统治。最后的决定权自然在官的方面。官是皇帝派来的,是代表皇帝的,掌握着行政和司法的大权。但没有地方绅士合作,官不能顺利统治。官要回避省籍,不仅本县人不能做本县的官,本省人也不能在省内他县做官。教官不回避省籍,但要回避县籍,即本县人不能在本县做教官。因此,外省的人来做官,即使带幕宾来,也是人生地不熟的,没有本地的头面士绅合作,就做不下去。官绅交恶,往往是官的方面失败。至于官权和绅权所占比分,则随具体情况而变异"②。这一评论比较符合宋代之后中国乡村治理的实际状况。

就乡约、社仓、社学等制度演进的历史来看,其皆创始于民间,但此后都有不同程度的官方化趋势。如成文乡约始于宋代,最初性质属于民间行为,主要是通过制定规约规范人民的行为,利用各种仪式强化人们尊卑长幼的观念,采取一定举措实现扬善惩恶。但至明清时期,乡约内容则变为对皇帝谕令的宣讲,地方官对乡约的倡导和组织进一步加快了其官方化的步调。又如,社仓创始于隋唐,至宋代则更加完备,特别是自朱熹倡办社仓之后,这一制度遂为后人所沿袭。社仓最初的设计也是以民办为主,但后来因仓本多为官方带征、管理多有官方参与等,其官方色彩也就越来越浓。再如,社学虽属于基础教育,但又多见官方的倡导,其主要动因无非教化与秩序。明人如此评论社学:"天下风俗美恶存乎人,而人之贤否存乎学。是学也,小子之学也。贫富贵贱,才不才共之,无所择。于其人,顾以小学书为教之之具,社学为教之之地,葆自然之和,禁未萌之欲,日就月将以驯致乎。大学则教之之序也,皆不可无者。然则社学之建,在今日所以端人心,正风俗,扶世教之

① 张锡文:《宿迁县解放前的慈善事业》,《宿迁文史资料》第 8 辑,宿迁县政协文史资料研究委员会 1987 年编印,第 157 页。
② 郑超麟:《郑超麟回忆录》,东方出版社 2007 年版,第 72 页。

第一义也。胡可少哉！胡可少哉！"①可见其社会治理方面的功能。

就族治而言，主要包括建祠、修谱，制定族规、族约，设置族田、义庄等。有论者认为，家谱的作用在于"宣扬忠、孝、节、义等封建道德，上下、尊卑等封建伦理，宗派、门第等封建观念，是为维护巩固封建制度服务的"②。而激励族人各安其业、积极向善也许是家谱更为重要的功能。《姜氏族谱》载雍正年间姜士德的"家谱援引略言"，其文曰："士不以困穷而废学，农不以水旱而辍耕，（商）不以徇利而忘义，工不以技术而无耻，父子亲，夫妇别，长幼序，兄弟友，一惟庸德之行庸言之谨而毫无发□外之心，则读斯谱也，事死犹生，事亡犹存矣！庶不负余与右珍创谱之意也夫"③。

族规、族约则主要是规范族人的行为，这一点从高淳县相关资料中可以窥得一斑，"全县各宗祠之宗法制度极严，清规戒律甚多。如九族有序，论世排辈，俗称'班辈'；无子者须牵线过继，即以同胞兄弟或堂兄弟之子为嗣；女子不得入祠，赘婿不可为嗣，养子赴祠宴不入正席，理发、茶馆、酒肆、浴堂、工人及屠、娼妓等之子不准参加科举考试等。对触犯宗法族规者，轻则捆绑吊打或'削'谱送官，重则绑磨盘溺毙。民国年间，东坝童家族长童铭新，曾大开'童大公祠'，将本族一惯偷青年沉塘而死，令其家长执行"④。

义庄、义田的存在则体现了对族内成员进行救助的精神。譬如如东县的东马塘"邓氏义庄"，就是由邓璞君离任归里后创办的。"它是邓氏家族内部的福利事业。义庄的基金是靠族中远大堂、务本堂、崇本堂各支富户集体捐献，计有义田715亩、瓦房151间，以年收租金用作救济族中贫困户；祭田367亩，房屋85间，年收租金作为祭祀列代宗祖和修缮宗祠费用。凡是族中鳏、寡、孤、独、老、弱、病、残都能得到定期救济；生、养、死、葬也都有补助；凡是青年能专心向学而无力就读的和达

---

① 万历《宿迁县志》卷二《学校·社学》，《天一阁藏明代方志选刊续编》第 8 册，第 894—895 页。

② 李厚发、陈孝金：《琐谈溧水的残存家谱》，《溧水古今》第 9 辑，中国人民政治协商会议江苏省溧水县委员会学习文史委员会 1991 年编印，第 214 页。

③ 顾艺兰编：《姜氏族谱》，民国岁次戊子重修，扬州市档案馆藏，0102/002。

④ 《高淳姓氏及宗祠简况》，《高淳史志资料》第 6 辑，中共高淳县委党史资料征集小组办公室 1986 年编印，第 111 页。

到结婚年龄而无力迎娶的都给予适当资助。邓氏义庄的一切事务由族众推选产生的理事会协商决定。在理事会的总管下分设监理、经理、学务、会计、庶务等人员，分别掌握各自业务。理事会订有义庄章程共十章二十五条，具体规定了各项办事原则和事务范围。每年年终向族众公布账册，汇报救济情况。邓氏义庄创办十数年，一百多户贫困族人受到救助，基本解决了邓氏宗族中贫困户的生活困难等问题"①。又如，张家港的邵义庄就是由当地邵氏创办的。其经济来源主要是 600 多亩田地的租米收入。庄上向佃农收租比一般地主要宽宏，一般年景每亩收粮食一石，歉收年景则按七折或八折收取，有的人家缴不出租米，则免缴或缓缴。义庄的经济支出，主要是针对邵氏族人。如其规定邵氏（邵锡九）直系子孙，出生后就可以享受每年一石几斗米的生活津贴，年满十六可享受三石六斗米的生活津贴。小孩读书，义庄担负全部学费。其筹办小学一所，义庄负责教师工资报酬、教学费用及学生学费。邵家的寡妇每年可以在义庄领取一石二斗米的优待。但也会惠及周边村落。"义庄周围的自然村，如有个别特殊困难户，到年终无年夜饭米，可到义庄去要求乞讨，义庄即周济一斗或几斗米。如贫苦人家死了人无钱买棺材，托人到义庄上去恳求，即给一石米买口薄棺材解决。"②

毋庸置疑，在传统中国，宗族的存在对于稳定乡村秩序是很有裨益的。

当然，官治、绅治、族治的三维治理结构并非泾渭分明，其产生的文化背景是传统中国家国同构、官绅一体的文化特质。因此，在大部分情况下，三者是相互杂糅的。族治与官治先后诞生，国家诞生之前的氏族治理是族治最原始的形态；但在国家诞生之后，族治逐渐让位于官治，政府开始在乡村治理中发挥主导作用。同时，在家国同构的大背景下，官治与族治始终处于相互交织的状态。清代陈宏谋特别论及江苏的宗族问题："'江苏地方，聚族而居，族各有祠，合爱同敬，尊祖睦族，诚为美

① 乡叟：《邓际昌与"邓氏义庄"》，《如东文史资料》第 2 辑，政协如东县文史资料研究委员会 1987 年编印，第 64 页。
② 《邵义庄始末略述》，《张家港文史资料》第八辑，政协江苏省张家港市文史委 1989 年编印，第 121 页。

举。而日久生弊。户多人杂,或以强凌弱,以众暴寡,或自相戕贼,同室操戈,不公不法之事往往有之。本督院……令将境内祠堂及族长姓名,造册具报,……通省大半皆有祠堂之户,每祠亦皆有族长、房长,专司一族之事。复经谕令各属,莫若官给牌照,假以事权,专司化导约束之事','或于族长房长之外,另选族正或选族约'。"①国家对宗族的影响由此可见一斑。

绅治的历史也非常悠久。秦汉时期的三老之治就被视为士绅治理的某种形式,但绅治成为三维结构中的一极是历史发展到一定阶段后才产生的。这又与乡村治理从乡官制向职役制转变存在一定的因果关系。在乡官制阶段,士绅可以通过乡官制体系直接对乡村治理产生影响;而至职役制阶段,士绅不屑于胥吏、乡保的职务,必然要通过其他方式间接影响乡村治理,体制外渠道的固定化最终使绅治成为官治、族治之外的重要一极。宋代乡约制度就是这样一种时代的产物。

至于绅治与族治之间的关系,则更加密切。萧公权在《宗族与乡村控制》一文中写道,"宗族的发展很大程度上取决于其绅士成员。绅士与宗族之间的密切关系,让一些研究者论定,宗族不过是一种绅士组织"。对于这一说法,他进一步解释道:"宗族在正常情况下是由绅士促进和控制的。"②由此可见族治与绅治关系之密切。

至近代中国,传统乡村治理的三维结构遭遇挑战,主要表现是西方文明的东渐,西方自治制度被植入中国乡村治理的固有体制中。从理论上讲,自治将不断冲击官治、绅治、族治;但就实际效果来看,这种冲击十分有限。而影响乡村治理现代转型的因素非常复杂,就传统因素而言,中国传统统治方式仍然保持强大的惯性;就现实因素来看,国家推行自治的初衷是为了加强对乡村社会的控制,而不是分权。同时,还有自然因素的影响,中国地域辽阔,近代之后的开放程度呈现自东向西不断衰减的趋势,这必然会对不同区域乡村治理的现代转型产生影响。

---

① 陈宏谋:《选举族正约檄》,见[清]贺长龄编《清朝经世文编》卷五十八《礼政五·宗法上》。转引自赵秀玲:《中国乡里制度》,社会科学文献出版社2002年版,第199页。
② 常建华主编:《中国乡村社会史名篇精读》,上海教育出版社2020年版,第230—231页。

三、乡村治理的内容

在乡村治理的过程中,治者与被治者属于互动的关系。就政府与民众的关系而言,"古之善治其国而爱养斯民者,必立经常简易之法,使上爱物以养其下,下勉力以事其上,上足而下不困。故量人之力而授之田,量地之产而取以给公上,量其入而出之以为用度之数"①。这里主要论及政府与人民各自的权力(权利)和义务。对于政府而言,其主要权力在于征派赋役以保障国家的正常运行,但同时也有义务保障民众的生存与安全;对于民众而言,其有权利要求国家提供必要的生存条件与社会秩序,但同时又要履行赋税、徭役、兵役等义务。为了实现彼此的权力(权利)和义务,必须创设一系列的制度,而制度的运行则构成乡村治理的主要内容。

在古代中国,乡村之于国家最重要的义务是赋税、徭役、兵役;国家之于乡村最重要的义务是治安、救济。"谷者,人之司命也,地者,谷之所生也,人者,君之所治也,有其谷,则国用备;辨其地,则人食足;察其人,则徭役均。知此三者,谓之治政。"②但这种权力(权利)与义务的实践往往并非由官治单独实现,绅治、族治是最重要的补充。

首先,政府要通过一系列的制度设计在乡村汲取资源以满足国家正常运转的需要。譬如赋税征收,是按土地征收还是按人口征收?地分贫瘠膏腴,人分男女老幼,其征税的标准必然不能一律,这就需要制定相应的赋役制度,以期既能实现国库充实,又能满足人民生存发展的需要,如唐代的租庸调制、明代的"一条鞭法"等,皆属此类。而赋役征收的前提是对所辖区域内的地丁数目有一个清楚的统计,因为国家授田因性别、年龄而有所区别,赋役征派的前提必然要进行人口统计与田地丈量,这就需要制定人口、土地的统计制度,鱼鳞册、黄册等也就成为封建王朝强化统治的必然产物。

其次,则是通过各种举措满足人们生存(如办理各种慈善事业,救助弱势群体;办理各种仓储事业,平衡物价、赈济灾民;改良技术,兴修

---

① 欧阳修、宋祁撰:《新唐书》卷五十一《志第四十一·食货一》,中华书局1975年版,第1341页。
② 杜佑:《通典》卷一《食货一·田制上》,北宋本,第2页。

水利,督促农户积极从事生产等)、安全(如推行保甲,缉盗捕贼)、发展(如办理社学、义学,推行教育)等方面的需求。在这一过程中,政府、士绅、家族分别发挥各自的功能。就政府而言,其要为满足民众的需要而设置必要的机制,如常平仓的设置,《牛若麟常平仓记》云:"稽古成周之制,县都皆以囷积以备凶荒自卫。李悝设平籴之法,汉人因之,特置常平仓,以耿寿昌领其事,然犹隶大司农。至宋则常平有提举专司统辖。郡邑凡于财赋奥区尤嘉惠焉。考亭朱子广常平之意,更立社仓曲济贫匮。故宋虽被虏积弱,而民不告困。东南物力尚可,强支岁取常平羡溢以修农田水利。……陆象山有言:丰时籴之,使无价贱伤农之患;缺时籴之,以抑富民封廪腾价之谋。"[1]因为常年的举措并不一定适合灾年,特别是在抗灾能力比较薄弱的古代社会,赈灾救济也就成为政府要承担的一项重要职责。

在传统中国行政管理不下县的情况下,基层社会官治体系相对简单,士绅、家族的作用就变得更加重要。从办理慈善事业到赈济灾荒,从维护社会治安到发展乡村教育,士绅与宗族都积极从事其间。至近代中国,这种情形又发生了新的变化,特别是民国之后,政府的责任越来越大,士绅和宗族的作用日趋弱化,基层政府的建制越来越庞杂。但政府的渗透不但无助于自治的推行,还破坏了乡村内生的治理机制。

四、乡村治理的性质

官治与自治的对立统一是考察传统中国乡村治理的另外一个视角。唐力行对古代中国国家如何实现乡村控制的过程有一个比较系统的梳理:

> 隋唐之前,由于血缘势力之强大,中央政权在限制其恶性膨胀的同时,在县以下设乡官以制约强宗豪族之势力,执行税收、徭役、捕盗等政府行政职能,同时主持行政之外的乡里的社会自治职能,如劝农、教化、互济、公益建设等,形成县—乡官—家庭、宗族的控制体系。但是乡官难与士族抗衡,农村仍是世家大族的势力范围。

---

[1]《吴县志》卷之十七《仓场》,《天一阁藏明代方志选刊续编》第16册,第423、425页。

隋唐创立的科举制,割断了士族与国家政权的天然联系,士族势力日渐衰弱,专制集权进一步强化,地方乡官制也开始向职役制转变,中唐以后乡长已是名存实亡,里正也只负责税收、徭役、捕盗等职能,社会地位不断下降,地方自治的功能逐渐丧失。到了宋代,乡官制彻底转变为职役制。元代设里社,由社来行乡官的地方自治职能。元短促亡国,这一变革便由明王朝来实现。明乡村组织集赋役与社会自治职能于一身。明代中叶,商品经济繁兴,社会变迁加深,政府取消民间祭祖只限三代之限制,宗族组织重又发展,同时乡居士绅势力也强大起来。清代联宗扩大血缘圈的现象进一步发展,并延续到清末。县的基层政权和农民家庭之间就形成了一个中介层次——缙绅和宗族。基层政权下伸,由里甲(或保甲)管理赋役,而缙绅与宗族则担纲起社会自治的功能。[1]

从唐力行的叙述来看,古代中国官治与自治两条线索是并行的,只不过在不同阶段哪个更加突出而已。

钱穆认为,中国古代的基层制度实际上是一种别具特色的自治制度。除了传说时代,秦汉时期的地方自治制度才比较确实。当时县三老,"皆由选举,得与县令、丞尉以事相教,此即一种官民协商与官民合作。乡县三老并得对天子王侯直接言事,其地位不为卑下"。另外,郡县的掾属也是由本地士人担任。"太守令长辟署掾属,又必尊重其乡土之舆论。……故两汉人才皆从地方自治出。"魏晋以至唐代,受门阀制度影响,"社会由特殊阶级,则自治无可言"。隋代废除乡官,唐代虽然设置里正乡耆老,但"特以供役,不足言自治"。权力开始集中于上层,而下层的秩序寄托于贵族、宗教。至宋代,因为科举制度的成熟,门阀制度受到冲击,中央集权呈现不断加剧的趋势,贵族、宗教不再成为下层人民的依赖,地方自治因受到学者们的重视而有复兴的态势。"惟两汉地方自治已成为政治制度之一环,而宋、明之地方自治则仅为一种社会事业。"因此,两汉时期能够做到上下一气,收效明显;而宋、明时代上下不能一气呼应,且常有窒碍发生。也就是说,此时的地方自治仅仅是

---

① 徐茂明:《江南士绅与江南社会(1368—1911年)·本书序》,商务印书馆 2006 年版,第 2—3 页。

基层的一种行为。宋、明的地方自治包括社仓(经济方面)、保甲(武力方面)、书院(学术文化方面)、乡约(精神与心理方面)。"前三者乃其分目,后一者为之总纲。乡约者,即当日地方自治团体一种精神之宪法。"①

　　从以上论述可以看到,乡官制时期乡村治理的自治色彩最为明显;职役制时期政府对乡村的干预与控制逐步增强,自治色彩减弱。"地方自治,古无是称,其实则周之族党比闾、汉之三老啬夫游徼,皆以乡土之人董乡土之事,即今世所谓地方自治也。古风日替,流弊渐滋,魏晋以降,其制遂废。"②但是,古代中国的乡村自治不同于近代或者现代的自治,将之称为绅治也许更为符合实际。至于近代,乡村自治才拥有现代的某些特征,但就实际情况来看,制度设计是自治的,实践效果却恰恰相反。

---

① 参考钱穆:《钱宾四先生全集》(40),联经出版事业股份有限公司 1998 年版,第 54—56 页。
② 钱祥宝等修,桂邦杰等纂:《续修江都县志》卷十《自治考第十》,成文出版社有限公司 1975 年版,第 825 页。

第一编

乡官制阶段的江苏乡村治理

三皇五帝时期,民众聚族而居,乡村治理多为传说,故有"唐、虞地方之制不可考"之说。① 统治者对民众的管理,以训导为主。尧治天下,"导万民也,水处者渔,山处者木,谷处者牧,陆处者农。地宜其事,事宜其械,用宜其人。泽皋织网,陵阪耕田,得以所有易所无,以所工易所拙"②。至夏朝,乡村治理体系逐渐发展。从夏商周至隋文帝开皇十五年(595),中国乡村治理基本遵循"官有秩,各有掌,重教化"的原则。③ 在此一阶段,"役民者官也,役于官者民也。郡有守,县有令,乡有长,里有正,其位不同而皆役民者也。……成周之里宰党长皆有禄秩之命官,两汉之三老啬夫皆有誉望之名士"④。可见,隋代之前治理乡村的各级乡官均具有"官"的身份。因此,人们多把这一阶段的乡村治理称为乡官制阶段。

① 柳诒徵:《中国文化史》,上海三联书店 2007 年版,第 69 页。
② 杨有礼注说:《淮南子·齐俗训》,河南大学出版社 2010 年版,第 390 页。
③ 唐鸣、赵鲲鹏、刘志鹏:《中国古代乡村治理的基本模式及其历史变迁》,《江汉论坛》2011 年第 3 期,第 69 页。
④ 马端临:《文献通考·自序》,浙江古籍出版社 1998 年影印,第 9 页。

第一章　先秦时期的江苏乡村治理

从传说到有文字记载的信史,先秦时期经历了漫长的历史演进。就乡村治理而言,人们看到的更多是一种理想的制度设计,如井田制度、乡遂制度等,其实践程度到底如何,往往缺乏充分的史料以资佐证。更有论者认为,"西周尚为宗法封建时代,无地方行政制度可言"①。因此,人们只能通过典型制度的分析以管窥彼时乡村治理的概况。

第一节　井田制度的设计及理想

作为农业大国,土地是人民赖以生存的基本生产资料。土地制度的设计也就成为不同时代乡村治理过程中最为重要的问题之一。"欲理其国者必先知其人,欲知其人者必先知其地。"②因此,土地制度的设计是乡村治理过程中最为突出的因素。中国最早的土地制度就是从传说中的井田制开始的。

井田制的设计者可以追溯到传说中的黄帝。"昔黄帝始经土,设井以塞争端,立步制亩以防不足。使八家为井,井开四道而分八宅,凿井于中,一则不泄地气,二则无费一家,三则同风俗,四则齐巧拙,五则通

① 严耕望:《秦汉地方行政制度》,北京联合出版公司 2020 年版,第 1 页。
② 杜佑:《通典》卷三《食货三·乡党》,北宋本,第 2 页。

财货,六则存亡更守,七则出入相司,八则嫁娶相媒,九则无有相贷,十则疾病相救。是以情性可得而亲,生产可得而均;均则欺凌之路塞,亲则斗讼之心弭。既收之于邑,故井一为邻,邻三为朋,朋三为里,里五为邑,邑十为都,都十为师,师十为州。夫始分之于井则地著,计之于州则数详。迄乎夏殷不易其制。"①由于黄帝自身就属于传说中的一部分,其设计井田制的说法也就颇为可疑。然而,夏、商两代皆用井田制的历史却从这里得到了某种证实。

井田制首先体现为一种理想的土地制度设计,其是否真实存在却在学界长期存在争议。部分学者主张这种制度是客观存在的。如钱穆,他在论述春秋战国社会变迁时曾详论井田制的废弃问题。针对井田制的概念,他解释说:"方里而井,井九百亩,其中为公田,八家皆私百亩,同养公田。公田所入归公,私田所入归私。此制度之最要意义,厥为田亩所有权之全属于贵族封君。"②这一解释实际上是持井田制是客观存在的观点。而更多学者认为,它就是一种理想。如郭沫若,他对井田制的真实存在提出了怀疑。"井田制是中国古代史上一个最大的疑问",即使在《周礼》《诗经》《孟子》等典籍中有井田制的描述,但要真正实施也是不可能的。"不可能的理由可以缕述,最好是拿事实来证明,便是在周金中有不少的锡土田或者以土地为赔偿抵债的纪录,我们在这里面却寻不出有井田制的丝毫的痕迹。"③并最终定论,"周代自始至终并无所谓井田制的施行"④。胡适在《井田辩》一文中也认为井田制是传说加想象:"井田的均产制乃是战国时代的乌托邦。战国以前从来没有人提及古代的井田制。"⑤

而随着20世纪80年代金文、甲骨文及陶文等大量出土、释读,井田制的存在似乎已不成问题,更多学者也更加坚信井田制的存在。如晁福林认为:"若拿后世的田地区划情况来对照,很可能认为'方里而井'的井田的区划十分繁琐而在实际是不会存在的,所谓'井田'只存在

① 杜佑:《通典》卷三《食货三·乡党》,北宋本,第1页。
② 钱穆:《国史大纲》上,商务印书馆1991年版,第85页。
③ 郭沫若:《中国古代社会研究》,《民国丛书》第一编,上海书店1947年版,第107页。
④ 郭沫若:《中国古代社会研究》,《民国丛书》第一编,上海书店1947年版,第113页。
⑤ 胡适:《胡适文存》(1),华文出版社2013年版,第294页。

于孟子的'乌托邦'之中。其实,在从氏族田制向土地私有制发展的过程中,井田的这种区划是不可或缺的一个阶段。《史记·商君列传》所谓的'为田开阡陌',《汉书·食货志》所谓的'除井田',表明在商鞅变法以前井田中确有阡陌在,这个阡陌使田地形成了'井'字形的划分。"①晁福林把井田制是否存在置于历史演进的过程中加以论证,从逻辑上讲,是有一定道理的。众所周知,原始的氏族田制属于集体共有,井田制则为公、私兼有,此后的授田、均田则逐渐变为私有,从公到私的变化反映了古代田制的历史大势。当然,在普天之下莫非王土的封建时代,这种私有制也是相对的。另外,在役法上也有变化,氏族田制下共同劳动、共同分配,无所谓赋役;井田制之下,则变为助法,实则是以劳役代替赋税;此后则是劳役、赋税等皆有。需要注意的是,晁福林认为井田制主要存于周代,夏、商实为氏族田制。

其实,井田制度的设计与实践并非一码事,单从制度设计的角度来看,其反映了当时人们的某种理想。从文字记载来看,关于井田制度的记录主要存于《诗经》《周礼》《孟子》等古代典籍中。《诗经·小雅·大田》中说:"雨我公田,遂及我私。"朱熹注曰:"公田者,方里而井,井九百亩,其中为公田,八家皆私百亩,而同养公田也。"又解释说:"农夫之心先公后私,故望此云雨而曰:天其雨我公田,而遂及我之私田乎?"②这里大致可以看到,当时井田制中确实有公田、私田之分,人们主要通过劳役地租的方式履行对国家或者贵族的义务。《周礼》中说:"乃经土地而井牧其田野。九夫为井,四井为邑,四邑为丘,四丘为甸,四甸为县,四县为都。以任地事而令贡赋。"③以井田为标准,基层社会形成不同的层级。孟子更加详细地论述了井田制度:"夫仁政必自经界始。……请野九一而助,国中什一使自赋。卿以下必有圭田,圭田五十亩,余夫二十五亩。死徙无出乡,乡田同井,出入相友,守望相助,疾病相扶持,则百姓亲睦。方里而井,井九百亩,其中为公田,八家皆私百亩,同养公田,

① 曹福林:《夏商西周的社会变迁》,北京师范大学出版社 1996 年版,第 272 页。
② 朱熹注解,张帆、锋焘整理:《诗经》,新华出版社 1996 年版,第 236 页。
③ 崔高维校点:《周礼·地官司徒第二》,辽宁教育出版社 1997 年版,第 20 页。

公事毕,然后敢治私事,所以别野人也。"①孟子还特别指出国野之间的区别。总体来看,井田制设计的是一种鸡犬相闻、其乐融融的生活理想。

井田制中关于乡村治理的部分,还涉及赋役、劳役等相关规定。顾炎武说,从禹开始就有了田赋制度。"夫井田之制,一井之地,画为九区。"②九区之中,又有公私之分。在劳作的过程中,先公而后私。"故民皆劝功乐业,先公而后私。"③这种做法实际上等同于后世的力役。所以,井田制既是一种土地制度,又是一种赋役制度。不过这种方式不同于后世的缴纳地租或货币,而主要表现为一种劳役地租。当时所谓的助法、彻法都是缴纳赋税的方式。以劳役代替赋税则是彼时一种比较特殊的做法。助法是与井田制相适应的一种税法,"一井之内,主要者为公田。依理言之,正因助耕公田,始得享有其私田之收获"④。与此相对,彻法则是导致井田制走向没落的一种税法,其基本操作是"履亩而税"。在这种制度下,土地逐渐由公有变为耕者自有。

需要指出的是,先秦时期,井田制并非唯一的田制,最为明显的则是周代出现不同的田制。据柳诒徵考证,周代并非天下皆井田。其田制分为三种:一是画地为井而没有公田;二是画地为井而以其中百亩为公田;三是不画井,但挖掘沟洫。这三种情形,有的是因袭前代,有的是因地制宜。⑤ 至于江苏实行哪种田制,资料所限,尚不可考。

虽然不少人把井田制视为一种传说,但关于井田制的记载不绝于史书。如《汉书》中说:"理民之道,地著为本。故必建步立畮,正其经界。六尺为步,步百为畮,畮百为夫,夫三为屋,屋三为井,井方为里,是为九夫。八家共之,各受私田百畮,公田十畮,是为八百八十畮,余二十畮以为庐舍。出入相友,守望相助,疾病相救,民是以和睦,而教化齐同,力役生产可得而平也。"⑥

---

① 陈渔、夏雨虹主编:《孟子》,吉林人民出版社2005年版,第96页。
② 顾炎武:《日知录》卷之七《治地》,《皇清经解》第一册,第19页。
③ 班固撰:《汉书》卷二十四上《食货志第四上》,中华书局1964年版,第1123页。
④ 钱穆:《国史大纲》上,商务印书馆2009年版,第85—86页。
⑤ 柳诒徵:《中国文化史》上,上海三联书店2007年版,第141、143页。
⑥ 班固撰:《汉书》卷二十四上《食货志第四上》,中华书局1964年版,第1119页。

至于井田制的实践,钱穆的描述更加符合逻辑。"古者方百里为大国,百里之地有城郭邑落、山泽林薮、封疆弃地,不能尽垦,亦不过万井,九百万亩。其间尚有君、卿、大夫、士等诸级,各有分地。则百里大侯,有田无多,亦如后世一业主。其民若今之佃户。分田受选,并非难事。即如近世一垦牧公司,圈地招垦,亦必均派一家若干亩,不令随便多少。故封建制度下之农民无兼并,无贫富。若已有兼并贫富,则封建制亦复失其存在矣。"①由此可见,井田制的存在似乎更加可信。

第二节 乡遂制度的设计及实践

至周代,基层社会又有乡遂制度的设计。"周制,大司徒令五家为比,使之相保;五比为闾,使之相受;四闾为族,使之相葬;五族为党,使之相救;五党为州,使之相赒;五州为乡,使之相宾。""遂人掌邦之野,以土地之图经田野,造县鄙形体之法。五家为邻,五邻为里,四里为酂,五酂为鄙,五鄙为县,五县为遂,皆有地域沟树之。使各掌其政令刑禁,以岁时稽其人民而收之田野,简其兵器,教之稼穑。里有序而乡有庠,序以明教,庠则行礼而视化焉。"②由此可见当时基层社会的基本组织形态。

柳诒徵对乡遂制度有详细的考证,认为乡遂是直接隶属天子而推行自治制度的区域。"王城为中央政府,王城之外郊甸之地,即自治之地方。其外则为公邑家邑,小都大都,又其外则诸侯之国。"根据这种划分,当时江苏之地应属于诸侯之国。其又会实行怎样的制度呢?"故周代政治为诸侯之模范者,惟乡遂二区。以乡遂例天下,则天下之大,咸可以乡遂之法施之。"③即不外乎乡遂制度。④

乡与遂是两个相对的单位,主要区别在于一个处于郊内,一个则处

---

① 钱穆:《国史大纲》上,商务印书馆 2009 年版,第 84 页。
② 杜佑:《通典》卷三《食货三·乡党》,北宋本,第 1—2 页。
③ 柳诒徵:《中国文化史》上,上海三联书店 2007 年版,第 135 页。
④ 又有论者说:"至畿外之统于诸侯者,亦有三郊三遂之制,其设官分职,大致类于王畿,惟典籍弗详,无从考证耳。"杨天竞:《乡村自治》,曼陀罗馆 1931 年版,第 86 页。

于郊外;郊内为乡,郊外则为遂,其建制大体雷同。在乡,五家为比,五比为闾,四闾为族,五族为党,五党为州,五州为乡。① 在遂,则五家为邻,五邻为里,四里为酂,五酂为鄙,五鄙为县,五县为遂。②

乡遂各级行政人员"多由民选,而受天子之命,其职等于王官"③。故此时的基层行政人员可以统称为乡官。"乡老,二乡则公一人。乡大夫,每乡卿一人。州长,每州中大夫一人。党正,每党下大夫一人。族师,每族上士一人。闾胥,每闾中士一人。比长,五家下士一人。……遂大夫,每遂中大夫一人。县正,每县下大夫一人。鄙师,每鄙上士一人。酂长,每酂中士一人。里宰,每里下士一人。邻长,五家则一人。"④

至于各级乡官的职责,可以按照职务加以分类。在乡则包括乡师、乡大夫、州长、党正、族师、闾胥、比长等职。

乡师的职责主要是治理本乡的教育行政,并监督下级各级行政长官处理政务。按照国家校比之法,按时稽核本乡人口财产,包括老幼、贵贱、废疾、马牛数量等,并查明可以任力役与需要免除力役的人。掌管本乡戒令、禁令,受理各种争讼。同时,掌管各种力役的征发,包括"大役""大祭祀""大军旅""大丧"等,乡师都要负责召集管理。平时则负责颁发政令,摇动木铎在市朝巡行以警示人们。按时巡行王城和郭外,以救济民众,以王的名义施慧于民众。年终,则考核本乡治理的成绩,作为下级官吏升迁赏罚的依据。每年正月,则检查本乡各种公用器具。逢国家大比之期,则负责考核下级官吏教育绩效与报告的正确性,稽查各种公用器具是否完备,以此作为赏罚的根据。

由上所述可见,乡师与乡大夫的大致区别。乡师的主要职责是负责教育、监督、调查以及评判民间争讼,其中最能彰显乡师地位的是他们还掌握评判乡官政绩并报告上级以决定赏罚的权力。至于乡大夫,则是乡一级政府的直接行政者,他们负责宣传法令、统计人口、征发徭役、推举贤能、维护治安等。

---

① 陈成国点校:《周礼·仪礼·礼记》,岳麓书社1989年版,第29页。
② 崔高维校点:《周礼·地官司徒第二》,辽宁教育出版社1997年版,第41页。
③ 陈成国点校:《周礼·仪礼·礼记》,岳麓书社1989年版,第136页。
④ 陈成国点校:《周礼·仪礼·礼记》,岳麓书社1989年版,第23—25页。

乡大夫的职责主要是治理本乡的"政教禁令"。每年正月接受司徒颁布的"教法",然后颁布于所属下级官吏,使其能够按照既定教法教化各自所辖百姓。按时登记本乡人口,并查明其中可以担任力役者。国家三年大比,根据德行、道艺来选拔贤能。乡老、乡大夫率领所属官吏及良善乡民,以乡饮酒礼来接待被举荐的人。第二天,再以举荐贤能文书呈献给王,王接受后,将文书存于天府,副本则藏于内史。然后乡老与乡大夫举行乡射礼,根据乡射表现来预选下次被举荐的人。"此谓使民兴贤,出使长之;使民兴能,入使治之。"年终,则令所属各级官吏汇报一年来的政绩。每年正月,按照司徒所颁"教法"考核所属各级官吏。国家有重大事故,则令乡民听候政府命令,各自守卫闾门等。

州长的职责主要是掌管所辖州的"教治政令之法"。每年正月,聚集本州民众宣读"教治政令之法",劝勉他们养成良好的德行道艺,纠正戒绝各种不良行为。在州社祭祀时,也会聚集民众宣读律条。春秋二时,在州学聚集民众行乡射礼。凡遇州里大事,如大祭祀、大丧等,州长都要亲自参与其事。如果国家有征伐、田猎、公役等事,州长则要亲自率领被征召的人民,且掌握戒令与赏罚之权。年终,则综合考察本州政绩。逢国家三年大比,则对所属下级官吏进行综合考察,以辅助乡大夫对下级官吏进行赏罚。

党正的职责主要是掌管本党的"政令教治"。每个季节的第一个月的初一,党正要聚集所属民众宣读"邦法",以纠正戒绝人们的不法行为。春秋祭祀的时候,也要读法。在年终祭祀的时候,则在党学举行乡饮酒礼,并按照年龄排定位置。凡党内有祭祀、丧事、昏冠、饮酒等事,党正都要亲自参与,"教其礼事,掌其戒禁"。凡国家因征伐、田猎、公役而征召百姓,党正要根据相关法律率领前往并加以治理。年终,则综合考察本党政绩,并向州长汇报等。

族师的职责主要是掌管本族的"戒令政事"。每月初一,聚集所属民众宣读"邦法",记录那些有孝弟睦姻德行和有学问的人。春秋祭醋的时候也同样如此。根据国家校比之法,率领所属官吏按时集合民众,调查登记本族人口及财产。为了加强管理和保障,对本族所属户口进行编排,"五家为比,十家为联;五人为伍,十人为联;四闾为族,八闾为联"。如果国家因征伐、田猎、公役而征召百姓,族师有征召、统御及管理之责。年终,则综合考察本族政绩并呈报上级。

间胥的职责主要是掌管本间的"征令"。按时调查本间的人口,并查明那些可以免除力役的人。凡本间有春秋祭祀、役政、丧事等重大事件,则有聚集民众的责任。根据人们的行为执行赏罚。

比长的职责主要是负责本比的治理。使本比百姓能够和睦亲爱,如果有犯罪及造谣生事者,五家均要受到惩罚。如果有百姓要迁移他处,则负责办理各种手续。如果发现没有手续的行人,则要把他关到牢狱中去。

在遂则包括遂师、遂大夫、县正、鄙师、酂长、里宰、邻长、旅师、稍人、委人、土均等职。

遂师的职责主要是掌管本遂的"政令戒禁"。按时调查本遂人口与财产,查明可以免除力役与可以担任力役的人。划定野地的界限,查明可以耕种的土地,掌握土地的数目,根据这些任民职事、征收赋税。征召徒役时,则处理他们的政务与纠纷;巡视人们耕作,在农民遭遇困难时,协调百姓相互协助。承担并掌管各种力役,包括国家祭祀、宾客、大丧、军旅、田猎等。针对在野之民,根据其行为施以赏罚。

遂大夫的职责主要是掌管本遂政令。按时稽查本遂人口、六畜及田地,查明可以服力役与可以免除力役的情况。教给人民耕种之法,并稽查他们的成绩。掌管各种政务及戒禁,处理各种纠纷。命令邑中官吏,在年终呈报其政绩。每年正月,"简稼器,修稼政"。逢国家三年大比,则率所属官吏查明人民中的贤能者并举荐之。对所属各级官吏,根据其政绩执行赏罚等。

县正的职责主要是掌管本县的"政令征比"。负责给人民颁授土地,分任职事。掌管各种政务及纠纷,按照其耕作成绩施以赏罚。如果有力役征召,县正要率领被征召者去报到并负责管理。役事结束后,根据他们的具体表现施以赏罚。

鄙师的职责主要是掌握本鄙的政令和祭祀。有事征召力役,则负责掌管戒令。按时调查人口,根据其行为而施以赏罚。年终,则向上级汇报本鄙的政绩。

鄼长的职责主要是掌握本鄼的政令。按时统计本鄼的人口,并治理丧事和祭祀。如因力役征召人民,则配备旗鼓兵器甲胄率领前往。每年清查各种器具时,则与有司共同办理。凡有所戒令,则实力奉行。督导人们耕作,稽查妇女的各项工作。

里宰的职责主要是统计本邑的人口、六畜及兵器,治理本邑的政令。按时处理合耦相助耕作的搭配,处理与耕作有关的事务,督导人们进行耕作。等上级下达征召命令时,向人民征收赋税。

邻长的职责主要是负责一邻的纠纷与和睦。凡邑中的政令,各邻要协助执行。如果邻中有居民迁往他处,则亲自把他送交该处的行政长官。

旅师的职责主要是掌握野地各种粟的积贮并适当运用它们。"以质剂致民,平颁其兴积,施其惠,散其利,而均其政令。"凡用粟,春天借出而秋天收回。如有它处刚迁来的农民,则要解决他们的困难,暂时免除征召,且按照土地好坏分配给他们一定的土地。

稍人的职责主要是"掌令丘乘之政令"。如有征伐、田猎、巡狩等各种力役,则根据县师所转颁的法令,由稍人征召徒役车辇,率领前往报到。如有大丧,稍人则率徒役牵引丧车前往。

委人的职责主要是掌管野地的赋税征收及薪草等物的收取。用稍地蓄积的物品招待宾客,用甸地蓄积的物品供应寄居的旅客。另外,根据祭祀、宾客、丧纪、军旅等不同需求,供应相应物资。如有诸侯以车队助王征讨,委人可以将其安置在储置薪草的地方。

土均的职责主要是掌管平治土地的行政。"以均地守,以均地事,以均地贡。"对邦国、都鄙宣布有关土地的政令、刑禁,及免除赋役的规定。礼俗、丧纪、祭祀,要以土地的好坏为标准进行,并执掌禁令。

由以上列举可见,各级乡官各自负责所辖范围的行政事务。在维护地方秩序方面,他们同时重视法治与教化的作用,这也构成后世乡村治理的一种传统。

根据《周礼·封人/均人》的记载,与基层社会治理密切相关的职务还有闾师、县师、遗人、均人等,兹不赘述。

如果按照职能进行分类,具体而言,其大概包括以下六项:

（一）曰校比。周有邦比之法，犹今所谓调查也。六乡六遂人畜、车辇、旗鼓、兵革，以及田野、嫁器，无一不需调查，故有邦比之法，登载多寡高下焉。……盖常时之比，闾胥、里宰掌之。四时之比，族师、鄻长掌之，党正莅之，乡大夫、遂大夫登其数于书，而入于司徒。至三年大比，则州长、县长、县正掌之，而乡、遂大夫兴其贤能焉。……观此，则知乡遂之官，于其所治之地，无一事一物不调查清晰，登录详明。而凡百政治均由此而兴矣。

（二）曰法治。周代政治以法为本，自王公至庶民无不囿于礼法之中，故时时教民读法。全国之法，岁首悬于象魏，纵民观览十日。……而乡、遂诸官，则时时教民读法。……大抵州长属民读法，党正以下率民读之；党正属民读法，族师以下率民读之。虽非各自为政，要其一岁中读法之时，殆不下十五六次。六遂之官不言读法，以乡官例之，当亦与乡无异。乡、遂之民，无人不熟读法令，自无干犯法纪之事。此岂空言法制，而一般人民尚不知现行之法为何物者所能比哉！

（三）曰教育。司徒为教官，所掌自治地外，即以教育为专职。其教育之目，凡十有二。……盖无一事不含有教育之性质，不专恃学校教育也。然以乡官所有学校推之，其学校之数之多，亦非后书所及。乡官所属党州皆有序。……六乡百五十党，则百五十序，三十州则三十序，总计学校已百八十，合六遂而计之，则三百六十矣。其乡之学，虽不见于《周官》，以《仪礼》"行乡饮酒之礼于庠"证之，则党州之外别有乡庠也。乡学之教，曰乡三物。……遂大夫复兼教稼。……则文化教育而兼职业教育矣。

（四）曰联合。周代人民虽无社会之名，而有联合之法。观《族师》《比长》诸职之文，知其人民之互相扶助，决非独居子立，各不相谋之比。……受职待令既须联合，奇邪相及则并行为容状，皆使一律而无所歧异，而人民徒知束身自爱者，亦必知劝戒他人以共勉其群德。此尤自治之精神所在，非如此不能去社会之害而扶植善类也。

（五）曰作民。周代人民，对于国家之义务均须负担，其期日掌于均人。……其年龄定于乡大夫。而征集之事，则乡、遂诸官任之。凡征集，名曰作民。……师田行役，各归部伍，盖州、党、酂、鄙之长，最为亲民。平时服其教训，有事听指挥，使之作而率之，自无隐匿、逃亡、欺诈、违犯之弊。古代无养兵之款，无工程之费，一切皆取之于民。人民各甘尽其义务，初无推诿怨叛者，以乡、遂之制精且密也。故不行地方自治之制，不能征兵，不能加赋，不能举行地方一切工程，可以周制断之矣。周之人民不但各有义务，复有对于国家之权利。其时虽无所谓议院，然国有大事必咨询之。……是人民对于国事胥有发言之权矣。州长职文仅称作民帅致，不及大询之事，而乡大夫之职有之。……乡民得备咨询，遂民宜亦同之。乡、遂之民，家出一人，即十五万人，势不可悉致于朝。其曰"帅其乡之众寡"，殆先征求其意见，而致其欲发言者于朝，故众寡之数不定也。

（六）曰征敛。周制，乡师掌六乡之赋贡，遂师掌六遂之赋贡，皆王朝之官也。然闾里之官亦自掌征敛之事。如：《里宰》："待有司之政令，而征敛其财赋。"是即遂官掌征敛之证。里宰职等闾胥，里宰既征敛财赋，闾胥当亦同此例也。《乡师》郑《注》，备言比、闾、族、党所共之器。……据此，知州、闾、族、党凡有公共之事，则为师长者，征集其器于所辖之民家，以近事为比，则所谓器用，即后世之自治经费也。后世万事非钱不行，故未事而先筹经费。周代虽行钱币，而乡党公事，第征器而不征钱，故无所谓经费。学者能知此意，则知古代人民担负自治经费故亦甚重。而为之领袖者，皆须任征集措置之旁，后世惟地保、图董等为县官征租，而一切公益之事皆不顾。浮慕西法者，则谓西人能自治，而中国则否。解经者又不通此意，岂非厚诬古人哉！

六者之外，尚有祭祀、丧祀、昏冠、饮酒诸事，乡官详言之，而遂官不言，以乡比遂，殆亦同也。……人民之事既多，乡、遂诸官所掌，自必繁琐而易于淆杂。一岁既终，使之层递稽核，以备考绩，则其人自不敢旷职而有所欺隐。今之提倡自治者，但知组织人民，监督官吏，而人民集合之团体，其侵污欺隐，亦无以异于官吏，而立法者初不为之防制。使如周之会政致事，事事以清白昭示于众，亦何至使人民借口于自治之不如官治哉！①

单纯就柳诒徵对乡遂制度的考证而言,详细且完备。但这仅仅是基于乡遂制度设计的分析,至于制度运行的实况如何,尚无直接资料可以佐证。柳诒徵多次提到后代所不及的地方,实则是拿他所处时代的实际状况与乡遂制度的设计进行比较,显然存在不妥之处。就一般常识而言,随着时代的发展,制度设计会变得越来越细密,近代社会远非古代社会可比。这种是古非今的情绪恰恰表达了柳诒徵对所处时代的不满,如果仅以古代的制度设计与近代的制度设计相比较,断然不能轻易得出今不如古的结论。

正是因为有了乡遂制度,"自上而下,节制分明,户口易知,奸宄易察,禁令易行,教化易施"②。可见,其在乡村治理的过程中发挥着至关重要的作用。至于乡遂制度的实践,后人有所猜测。"在壄曰庐,在邑曰里。五家为邻,五邻为里,四里为族,五族为党,五党为州,五州为乡。乡,万二千五百户也。邻长位下士,自此以上,稍登一级,至乡而为卿也。于是里有序而乡有庠。序以明教,庠则行礼而视化焉。春令民毕出在壄,冬则毕入于邑。……所以顺阴阳,备寇贼,习礼文也。"③这一段文字中同样突出了乡官制度的特点,邻长已经位同于下士,其他各个层级更毋庸说。另外,生产、教化、治安等皆有规定,可见乡遂制度实际上是综合各种功能于一身的基层社会制度。

另外,在秦统一天下之前,县已经存在。"周官有县正。春秋时县大而郡小,县邑之长曰宰曰尹曰公曰大夫,其职一也。战国郡大而县小矣,故甘茂谓秦武王曰:宜阳大县,名曰县其实郡也。"④此时县令的称呼比较繁杂。"三代之制,五等诸侯,自理其人。周衰,诸侯相侵,大国分置郡邑县鄙,以聚其人。齐、晋谓之大夫,鲁、卫谓之宰,楚谓之公、尹,秦谓之令、长。"⑤县制的确立,以秦国最为典型。商鞅时,"集小(都)乡

---

① 柳诒徵:《中国文化史》上,上海三联书店 2007 年版,第 136—141 页。
② 强汝询:《汉州郡县吏制考》,不分卷,清刘履芬抄本,原书无页码。
③ 班固撰:《汉书》卷二十四上《食货志第四上》,中华书局 1964 年版,第 1121 页。
④ 董说:《七国考》卷一《县官》,四库全书本,第 8 页。
⑤ 刘昫等撰:《旧唐书》卷四十四《志第二十四·职官三》,中华书局 1975 年版,第 1920 页。

邑聚为县,置令、丞,凡三十一县。为田开阡陌封疆,而赋税平"①。此实为秦始皇统一天下后普遍设置郡县的先声。

第三节　与乡村治理相关的其他制度

杜佑认为"治政"应知谷、地、人,"谷者,人之司命也。地者,谷之所生也。人者,君之所治也。有其谷则国用备,辨其地则人食足,察其人则徭役均"②。因此,除了土地制度(赋税制度)、行政制度之外,社会层面的各种制度设计也不可忽视。

首先,先秦时期的仓库制度。"仓廪实而知礼节,衣食足而知荣辱。"由此可见,仓库对于乡村治理的重要性。众所周知,为了调剂物价、防灾备荒以稳定社会秩序,不同朝代皆有仓库的设置,最常见的则是常平仓、义仓、社仓等。虽然先秦时期还没有发现此类名义的仓库,但也产生了相似的机构。

有论者认为,义仓实际肇源于周代。如周代特设"遗人"一职,其职责就是"掌邦之委积,以待施惠。乡里之委积,以恤民之阨;门关之委积,以养老孤;郊里之委积,以待宾客;野鄙之委积,以待羁旅;县都之委积,以待凶荒。凡宾客、会同、师役,掌其道路之委积。凡国野之道,十里有庐,庐有饮食;三十里有宿,宿有路室,路室有委;五十里有市,市有候馆,候馆有积。凡委积之事,巡而比之,以时颁之"③。所谓委积,即储备物资之义。这也算是最早的国家仓库。

此后则有常平仓的设置。常平仓之设始于齐。"管仲相威公,通轻重之权,曰民有余则轻之,故人君敛之以轻,民不足则重之,故人君散之以重,已兆平粜之法。"④战国时期魏国李悝也倡导常平之法,"粜甚贵伤

① 司马迁撰:《史记》卷六十八《商君列传第八》,中华书局1963年版,第2231页。
② 杜佑:《通典》卷一《食货一·田制上》,北宋本,第2—3页。
③ 崔高维校点:《周礼·地官司徒第二》,辽宁教育出版社1997年版,第24页。
④ 魏祝亭:《一是纪始》第三类,上海会文堂书局1925年版,第5页。

人,甚贱伤农。人伤则离散,农伤则国贫。故甚贵与甚贱,其伤一也"①。其具体做法是,"一夫挟五口,治田百亩,岁收亩一石半,为粟百五十石,除十一之税十五石,余百三十五石。食,人月一石半,五人岁终为粟九十石,余有四十五石。石三十,为钱千三百五十,除社间尝新春秋之祠用钱三百,余千五十。衣,人率用钱三百,五人终岁用千五百,不足四百五十。不幸疾病死丧之费及上赋敛,又未与此。此农夫所以常困,有不劝耕之心,而令籴至于甚贵者也。是故善平籴者,必谨观岁有上中下熟。上熟其收自四,余四百石;中熟自三,余三百石;下熟自倍,余百石。小饥则收百石,中饥七十石,大饥三十石。故大熟则上籴三而舍一,中熟则籴二,下熟则籴一,使人适足,价平则止。小饥则发小熟之所敛,中饥则发中熟之所敛,大饥则发大熟之所敛而籴之。故虽遇饥馑水旱,籴不贵而人不散,取有余以补不足也"②。后有人进一步解释:"魏李悝为魏文侯置平籴法,视岁有上中下熟,上熟自余四百石,中熟自余三百石,下熟自倍余百石。大熟则籴三而存七,中熟则籴二,下熟则籴一,使民价平则止。小饥则发小熟之所敛,中饥则发中熟之所敛,大饥则发大熟之所敛而籴之。故虽遇水旱,籴不贵而人不散,取有余以补不足也。"③由是,常平之法开始盛行。

江苏一地也有常平仓的设置,这一点从《吴县志》中可以发现一些端倪,吴县"两仓春申君所造,西仓名曰均输,东仓周一里八步,后烧"④。这一点在《越绝书》中也有所体现,"吴两仓,春申君造。两仓名曰均输,东仓周一里八步。更始五年,太守李君治东仓为属县屋,不成"⑤。

而计倪建议越王勾践的流通之法则是对常平法的具体实践:"故散有时积,籴有时领,则决万物不过三岁而发矣。""夫人主利源流,非必身为之也。视民所不足,及其有余,为之命以利之,而来诸侯。"⑥勾践正是

---

① 东方杂志社编:《农荒豫防策》,商务印书馆 1923 年版,第 59 页。

② 马端临:《文献通考》卷二十一,浙江古籍出版社 1998 年影印,第 3—4 页。

③ 魏祝亭:《一是纪始》第三类,上海会文堂书局 1925 年版,第 5—6 页。

④ 吴秀之等修,曹允源等纂:《吴县志》卷第三十一《舆地考·公署四》,成文出版社有限公司 1970 年版,第 474 页。

⑤ 李步嘉撰:《越绝书校释》,武汉大学出版社 1996 年版,第 35 页。

⑥ 李步嘉撰:《越绝书校释》,武汉大学出版社 1996 年版,第 97—98 页。

根据计倪的建议来治理江南,使国家变得更加强大。对于这种流通之法,后来勾践与范蠡有更加详细的讨论:

> 越王曰:"善哉。今寡人欲保谷,为之奈何?"范子曰:"欲保,必亲于野,睹诸所多少为备。"越王曰:"所少,可得为因其贵贱,亦有应乎?"范子曰:"夫八谷贵贱之法,必察天之三表,即决矣。"……越王曰:"此寡人所能行也。愿欲知图谷上下贵贱,欲与他货之内以自实,为之奈何?"范子曰:"夫八谷之贱也,如宿谷之登,其明也。谛审察阴阳消息,观市之反覆,雌雄之相逐,天道乃毕。"①

通过以上内容,可以管窥当时统治者关于乡村治理的某些主张。

其次,先秦时期的教化制度。在乡官的设置中,各种"师"的存在是其重视教化制度的明证,而各级乡官皆重视教化也是事实。至于"师"如何教化人民,从后人的记录中可以发现某些迹象:"古者二十五家为闾,闾左右各设塾,乡先生为之师,褒衣博带,晨坐闾门教其民之出入,田亩者有教有养,诚为良法。自井田废,闾左右古制荡除。"②从《诗经》的记录中也可以看到,先秦时期已经通过饮酒之礼来教化百姓,"九月肃霜,十月涤场。朋酒斯飨,曰杀羔羊。跻彼公堂,称彼兕觥,万寿无疆。"明代许天赠评价说,"观豳民劝诫之意,无非忠爱其君而已"③。

另外,兵民合一也是先秦时期基层社会治理的一个重要特色。如王安石就论及三代六乡六军制度:"古者民居则为乡,五家为比,比有长,及用兵,即五人为伍,伍有伍司马。二十五家为闾,闾有闾胥,二十五家为两,两有两司马。两司马即闾胥,伍司马即比长,第随事异名而已。"④先有先秦时期的军民合一,再有后世的军民分治,这实为人们考察传统中国乡村治理的历史演进提供了一个重要的视角。

① 李步嘉撰:《越绝书校释》,武汉大学出版社 1996 年版,第 298—98 页。
② 吴秀之等修,曹允源等纂:《吴县志》卷二十七下《舆地考·义塾》,成文出版社有限公司 1970 年版,第 417 页。
③ 许天赠:《诗经正义》卷之九《国风》,明万历刻本,第 11 页。
④ 脱脱等撰:《宋史》卷一百九十二《志第一百四十五·兵六》,中华书局 1977 年版,第 4777 页。

第二章　秦汉时期的江苏乡村治理

　　秦二世而亡,时间短促。由于资料缺乏,人们很难清晰勾勒秦代乡村治理的实况,但其在乡村治理制度设计方面的革新不可忽视。汉承秦制,通过对汉代乡村治理体系的分析,在一定程度上弥补了秦代乡村治理史料不足的缺憾。在本章中,我们拟把秦汉作为一个分析单位,对当时乡村治理的制度设计与实践进行粗浅的梳理。

第一节　秦汉时期的乡亭制度

　　秦汉时期最具时代特征的基层政权制度是乡亭制度,由于资料所限,人们对于亭的功能以及其在整个基层社会行政体系中的地位多有争论。如果从传统中国基层社会军民合一到军民分治的演进趋势来看,"亭"的设置则有其历史的必然性。

一、乡亭制度的设计

　　秦始皇统一中国之后,废除分封制度,全面推行郡县制度。"战国末年,郡县之制虽已普遍施行,但仍有封国参杂其间。秦始皇二十六年(西元前二二一年)统一天下,遂悉废封国,仍以京畿直隶于中央,使内史领县治民,而分天下为三十六郡。其后向南北扩展土宇,稍有增置。

以郡统县,县有蛮夷者别称为道。县道以下辖乡亭,盖亦战国以来之制也。……县万户以上置令,秩千石至六百石;减万户置长,秩五百石至三百石;皆有丞、尉,秩序四百石至二百石;是为长吏。百石以下有斗食佐史之秩,是为少吏。大率十里一亭,亭有亭长;十亭一乡,乡有三老、有秩、啬夫、游徼。三老掌教化,啬夫听讼收赋税,游徼徼徇禁贼盗。"①由此可见秦代县级以下整个行政系统的序列。

在秦代,县为最基层的地方行政单位,乡不过是"县之区分而治者耳,不能算是一级行政单位"②。在县级政权中,与乡村治理关系最密切的是郡县以下的乡、亭。有研究者对秦乡官制度进行了细致的考证,认为秦乡吏至少有两员,啬夫与佐,前者为正职,后者为副职。虽然秦代也有三老,③但三老不能算乡官,而属于官方树立的道德模范,并且不受朝廷的重视,概因秦朝重法治而不重道德教化。④ 秦代乡官的职掌、权力远远超过后代,具体包括土地管理权、生产监督管理权、人事管理权;收租、取赋、征兵、派役;参与司法及某些专业事务机构的双重领导和监督等。秦乡啬夫由县任免,乡佐则"可能由乡啬夫提名、除置"。

乡以下为里,"里为秦地方行政最基层行政单位,它的权力比乡小得多,只是秉承乡处事"。里的主要职能是"在乡政府的主持下,具体承办各类事务。如管理本里居民、协助征役、司法,驱逐贼寇,维持治安,在各种官民事务中做公证人等"。同时"还要负责督课本里耕牛的牧养,按时参加乡里对耕牛的评比活动,课其殿最"。里的负责人为"里典""田典",同时还设有主管查询出入的"里监门"等。里典人选为本里强健者,里监门则采取雇佣制,不一定是本里人士。里分城邑之里和乡村之里,后者"根据村落居民多寡之不一,或一村为一里,或数个自然村合编为一里,其户数亦不甚整齐划一"。有 100 户、80 户、50 户、25 户等

① 严耕望:《秦汉地方行政制度》,北京联合出版公司 2020 年版,第 7 页。
② 严耕望:《秦汉地方行政制度》,北京联合出版公司 2020 年版,第 57 页。
③ 也有学者认为,秦无乡三老,乡三老设于汉高帝二年(前 205)。孙闻博:《从乡啬夫到劝农掾:秦汉乡制的历史变迁》,《历史研究》2021 年第 2 期,第 72 页。
④ 后世在论及商鞅变法时,就指出其"很有法治的精神",但同时指出,"其制只有消极的连坐,没有积极的劝善"。(《保甲运动之理论与实际》,广东民政厅编辑处 1929 年编印,第 16 页。)这恐怕是一脉相承的。

不同说法。里以下还有更小的行政单位"伍",五家为伍,并设置伍老。秦代通过伍家连坐实现对人民的控制。① 乡下还有亭的设置,关于亭的地位及功能,学界说法不一,拟在下文详论。

汉承秦制,使郡县、乡亭制度得到了进一步推广。在西汉,县级最高长官为县令(长)。县令(长)的职能是"掌治其县"。汉武帝时期,接受董仲舒的建议,进一步强化郡守县令的职责。"郡守县令,民之师帅,所以承流而宣化也。师帅不贤,则主德不宣,恩泽不流,是以阴阳错缪,氛气充塞,群生寡遂,黎民未济也。"② 后人认为,董仲舒的建议能切中时弊,概因郡守县令与老百姓更为接近。县级政权最高行政长官因所辖户口不同而称呼、秩级不同,"万户以上为令,秩千石至六百石。减万户为长,秩五百至三百石。皆有丞、尉,秩四百石至二百石,是为长吏。"③ 根据严耕望的考证,一般县置丞一人,尉则不一,或一人,或两人(分为左右),如溧阳、砀县就置左尉和右尉。④ "百石以下有斗食、佐史之秩,是为少吏。大率十里⑤一亭,亭有长。十亭一乡,乡有三老、有秩啬夫、游徼。三老掌教化。啬夫职听讼,收赋税。游徼徼循禁贼盗。县大率方百里,其民稠则减,稀则旷,乡、亭亦如之,皆秦制也。列侯所食县曰国,皇太后、皇后、公主所食曰邑,有蛮夷曰道。凡县、道、国、邑千五百八十七,乡六千六百二十二,亭二万九千六百三十五。"⑥

朱绍侯认为,这种说法仍然比较含糊,汉代的乡官主要有四,分别为有秩(啬夫)、三老、游徼、乡佐,其中有秩(啬夫)是一乡主管行政的乡官,"大乡由郡派有秩一人,小乡由县派啬夫一人";三老负责教化;游徼负责治安;乡佐负责赋税。⑦ 另外,"各乡官依其管辖范围的大小分别隶属于不同的行政系统,如有秩隶属郡,啬夫隶属县,游徼隶属都尉,乡佐

---

① 参考张金光:《秦乡官制度及乡、亭、里关系》,《历史研究》1997年第6期。
② 陆曾禹、倪国琏厘正:《钦定康济录》第一卷《前代救援之典》,清乾隆五年武英殿刻本,第11—12页。
③ 班固撰:《汉书》卷十九《百官公卿表第七上》,中华书局1964年版,第742页。
④ 严耕望:《秦汉地方行政制度》,北京联合出版公司2020年版,第219页。
⑤ 关于里的解释:"汉朝以来为县以下基层行政单位。城乡均有。通常一里百家,以什伍编制。北齐以五十家为闾里。隋唐以百户为里,里有长(或正)。明朝自洪武十四年(1381)规定,凡居处相邻之一百十户为里。清沿之。"吕宗力主编:《中国历代官制大辞典》,商务印书馆2015年版,第466页。
⑥ 班固撰:《汉书》卷十九《百官公卿表第七上》,中华书局1964年版,第742—743页。
⑦ 参考朱绍侯:《汉代乡、亭制度浅论》,《河南大学学报》(社会科学版)1982年第1期。

隶属乡"①。如此,汉代的乡官组织更加清晰。

有论者认为,县级政府以下,皆为乡官,他们的主要职责是维护社会治安。"游徼、亭长皆习设备五兵,弓弩、戟循、刀、剑、甲铠,鼓吏赤帻行滕,带剑佩刀,持楯被甲,设矛戟习射。十里一亭,亭长,亭侯;五里一邮,邮间相去二里半,司奸盗。亭长持二尺板以劾贼,索绳以收执贼。"②但严耕望认为,能够称为乡官的只有三老、孝弟、力田。"汉世,县、乡有三老,郡亦时有之,昔称乡官,即乡里民官率民参政者也。近人恒以与有秩、啬夫、游徼、亭长并论,失之远矣。有秩、啬夫、游徼、亭长等乃郡县属吏分部乡亭者,纯为地方政府之行政属吏,……至于乡官虽亦由政府擢任,然其性质与属吏绝殊。乡官上与长吏参职,下以率民,而无一定之实际职掌,此其一。代表民意,领衔呈诉,与地方政府之奏请绝异,此其二。有位无禄,此其三。东汉之制,大庆赐爵,赐民不赐吏,而三老、孝弟、力田咸在受爵之列,此其四。此四者皆其有异于吏之征也。"③从这一点来看,三老等人确实与后世士绅类似,不可与吏属相混。但笔者认为,如果仅仅把三老、孝弟、力田视为乡官,显然也有不妥。因为有秩、啬夫等人也是有爵位等级的"官",与后来的胥吏截然不同。唐文基在论及乡官时说:"从秦汉到唐初,担任'有秩''啬夫''里正'等的乡官,职位较高,权力较大。"④由此可见,唐氏所论乡官的范围要大得多。

在乡官制阶段,各级乡官不但有官的身份,而且有进身之阶。"汉之三老、啬夫,治行尤著者,可累推至大官,故贤才恒出其中。"因此,乡官的整体素质是比较高的。顾炎武更是举了汉代的两个例子加以说明,"故爰延为外黄乡啬夫,仁化大行,民但闻啬夫,不知郡县。而朱邑自舒桐乡啬夫,官至大司农"⑤。

在汉代,三老受到政府的高度重视。"高祖二年(前205),举民年五

---

① 赵秀玲:《中国乡里制度》,社会科学文献出版社2002年版,第9页。
② 徐天麟:《西汉会要》卷四十八《民政二·乡役》,四库全书本,第2页。
③ 严耕望:《秦汉地方行政制度》,北京联合出版公司2020年版,第245页。
④ 唐文基:《明代赋役制度史》,中国社会科学出版社1991年版,第13页。
⑤ 顾炎武著,黄汝成集释,栾保群、吕宗力校点:《日知录集释》上,上海古籍出版社2014年版,第186页。

十以上,有修行,能帅众为善,置以为三老,乡一人"①。由此可见三老的基本标准,即"年五十以上""有修行""能率众为善"。年高则更有社会经验,有修行则为道德高尚,率众为善则堪为模范。至于三老产生的方式大概先由民间举荐,然后由朝廷选任。严耕望说:"或者由人民推举而守相择任之欤?"②三老还有乡三老和县三老之别,"择乡三老一人为县三老"。至于县三老的作用,主要是"与县令丞尉以事相教"。其待遇也非常优厚,"复勿繇戍。以十月赐酒肉"。其实三老最主要的功能还是在于教化民众,"文帝十二年(前168),诏以户口率置三老常员。十里一亭,十亭一乡。乡有三老掌教化。武帝元狩六年(前117),遗谒者循行天下谕,三老孝弟以为民师"③。顾炎武认为,汉代三老由于德高望重而得到统治者的重视,"汉世之于三老,命之以秩,颁之以禄。而文帝之诏,俾之各率其意以道民。当日为三老者,多忠信老成之士也,上之人所以礼之者甚优,是以人知自好,而贤才亦往往出于其间"④。强汝询在《汉州郡县吏制考》中详细述及汉代三老:"县三老、乡三老,高祖二年始制。……文帝又以户口率置三老常员。大率十里一亭,十亭一乡,乡户五千则置三老。"⑤三老之外,还设置孝弟、力田,三者皆乡官之名,设置这三个职务的主要目的是"劝厉天下令各敦行务本"⑥。民国时期,盐城一地仍然有"要得好,问三老"的谣谚,⑦有可能就是对古代传统的一种继承。

东汉延续了西汉的建制。在县一级,"每县邑道,大者置令一人,千石。其次置长,四百石。小者置长,三百石。侯国之相,秩次亦如之"。县令(长)的职责是"皆掌治民,显善劝义,禁奸罚恶,理讼平贼,恤民时

---

① 徐天麟:《西汉会要》卷四十八《民政三·置三老》,四库全书本,第1页。
② 严耕望:《秦汉地方行政制度》,北京联合出版公司2020年版,第247页。
③ 徐天麟:《西汉会要》卷四十八《民政三·置三老》,四库全书本,第1页。
④ 顾炎武著,黄汝成集释,栾保群、吕宗力校点:《日知录集释》上,上海古籍出版社2014年版,第187页。
⑤ 强汝询:《汉州郡县吏制考》,不分卷,清刘履芬抄本,原书无页码。
⑥ 马端临:《文献通考》卷十二《职役考一·历代乡党版籍职役》,浙江古籍出版社1998年影印,第11页。
⑦ 民国《续修盐城县志》卷三《民俗》,第27页。

务,秋冬集课,上计于所属郡国"。县有县、邑、道、国等不同的称呼,"凡县主蛮夷曰道,公主所食汤沐曰国"。县的长官因户口多少而有不同的称呼,"县万户以上为令,不满为长,侯国为相,皆秦制也"。县令(长)以下有丞、尉的设置。"丞各一人。尉,大县二人,小县一人。"县丞的主要职责是"署文书,典知仓狱"。县尉"主盗贼。凡有贼发,主名不立,则推索行寻,案察奸宄,以起端绪"。另外,各置诸曹掾史,"略如郡员五官为廷掾,监乡部春夏为劝农掾,秋冬为制度掾"①。

在乡一级,东汉仍设置有秩、三老和游徼等职。有秩直属于郡,俸禄一百石,属于管理一乡的人。但在小乡,则设置啬夫,直属于县。有秩、啬夫的归属虽然不同,但职权是一样的,"知民善恶,为役先后,知民贫富,为赋多少,平其差品"。三老掌管教化,"凡有孝子顺孙,贞女义妇,让才救患,及学士为民法士者,皆扁表其门,以兴善行"。游徼主要负责治安,掌管巡察缉捕。另外,乡还设置乡佐,乡佐主要帮助有秩负责征收赋税。在乡一级,有秩的设置最为特殊,一般设置在超过五千户的大乡。所谓"有秩",主要是强调其属于官员一级,"田间大夫"是也。② 三老之外,仍然设置有相似功能的孝悌、力田二职,二者都属于乡官系列,职责主要是"劝导乡里,助成风化"。但二者又存在明显区别,"三老。尊年也;孝悌,淑行也;力田,勤劳也"③。

东汉乡村治理的最基层单位为邮亭、里。邮亭皆以里为标准单位。五里一邮,各邮之间距离二里半;十里一亭,设亭长、亭侯,或称亭父,受都尉的领导。邮、亭长主管所属地方的社会治安。"亭长持二尺板以劾贼,索绳以收执贼。"④邮亭一般并称,只不过邮的管辖范围明显小于亭。至里一级,则"里有里魁,民有什伍,善恶以告"。一般来说,里魁掌管百家,什长掌管十家,伍长掌管五家。什长、伍长的职责是互相检察,"民有善恶事,以告监官"⑤。这与后世的保甲功能颇为类似。另外,"边县

① 徐天麟:《东汉会要》卷二十《职官二·县邑道》,四库全书本,第11页。
② 范晔撰,李贤等注:《后汉书》《志第二十八·百官五》,中华书局1965年版,第3624页。
③ 徐天麟:《东汉会要》卷第二十八《民政上·孝悌力田》,四库全书本,第4页。
④ 范晔撰,李贤等注:《后汉书》《志第二十八·百官五》,中华书局1965年版,第3624—3625页。
⑤ 范晔撰,李贤等注:《后汉书》《志第二十八·百官五》,中华书局1965年版,第3624—3625页。

有障塞尉",功能为"掌禁备羌夷犯塞"①。

两汉之际,里之外,又有聚、落。严耕望推测,里制多推行于城市,而聚落多推行于乡野。② 根据此后里、村发展的走向,这一推测并非毫无道理。

二、乡亭制度的争议

秦汉时期,县、乡政权的设计均有明显的革新精神。春秋战国时期,县制已经在某些区域推行。江苏境内亦有推行县制的诸侯国,"楚亦久行县制"③。秦始皇统一全国后,全面推行郡县制。"秦灭诸侯,随以其地为郡,置郡守、丞、尉各一人。守治民,丞佐之。"郡下为县,"大者为令,小者为长,侯国为相"④。郡县制推行之处,县、邑、侯国往往杂陈。这种现象一直延续到东汉,如东汉扬州即设置 6 个郡,县、邑、侯国92 个。⑤

秦代用郡县制全面代替分封制,天下郡县官员的任免和考评都收归中央,这是中央集权加强的一种标志,也是民治精神削弱的一种表现。钱穆认为:"郡县政令受制于中央,郡县守令不世袭,视实际服务成绩为任免进退,此为郡县制与宗法封建性质绝不同之点。"⑥

在乡村治理的过程中,乡、亭制度的设计与实践最具代表性。赵秀玲对与亭相关的职务及职能有比较清晰的梳理:"在汉代,'亭'设有亭长、亭佐、亭父、求盗、亭侯、亭掾、亭卒等。而且他们又有明确的职责分工。"如亭长为亭的主管,亭佐辅佐亭长,亭父掌管开闭扫除,求盗负责捕捉盗贼,亭侯可能负责侦察,亭掾应负责文书。⑦

由于资料缺乏,人们对乡亭制度的论述多有分歧。在以往的研究中,推理、猜测的成分往往杂陈于其间。根据《汉书》《后汉书》等正史提

---

① 徐天麟:《东汉会要》卷第二十《职官二·乡亭》,四库全书本,第 11 页。
② 严耕望:《秦汉地方行政制度》,北京联合出版公司 2020 年版,第 67 页。
③ 钱穆:《国史大纲》,商务印书馆 2009 年版,第 82 页。
④ 沈约:《宋书》卷四十《志第三十·百官下》,中华书局 1974 年版,第 1257—1258 页。
⑤ 范晔撰,李贤等注:《后汉书》《志第二十二·郡国四》,中华书局 1965 年版,第 3492 页。
⑥ 钱穆:《国史大纲》上,商务印书馆 2009 年版,第 83 页。
⑦ 赵秀玲:《中国乡里制度》,社会科学文献出版社 2002 年版,第 11 页。

供的资料,县—乡—亭之间的关系应构成一种自上而下的隶属关系,即县以下为乡,乡以下为亭。乡设三老、有秩、啬夫、游徼;亭设亭长。另外,亭以下有里,里以下有什伍。[①] 这样,秦代的乡村治理就形成一个非常严密的系统。

但事实上,乡亭制度远比以上描述要复杂得多,特别是汉代之后。《宝应县志》中有文记载:"迨秦汉以来,则皆以县统乡,以乡统里。"[②]这里并没有亭的存在。王毓铨指出,乡、亭是属于不同性质的地方行政系统。朱绍侯认同这一观点,并对这一问题进行了更加深入的探讨。他认为,汉代从中央到地方的政府机构中存在着两种不同性质的政治系统:一个是理民施政的行政系统,一个是负责军事、治安的暴力镇压系统。具体到县级政权,县令(长)负责全县事务,其下既有主管行政的县丞,还有主管军事、治安的县尉。在乡级政权,有秩、啬夫主管行政,三老掌握教化,游徼掌握治安。乡以下为里,但从里到什伍再没有行政与治安的职务分工。由此可见,亭并不在这种行政与治安分离的乡官系统之内。朱进一步指出,"亭是都尉、县尉的派出机构,它并不统属于乡",亭的直接领导是县尉。[③] 以上论述证明亭并不隶属于乡。张金光进一步指出,秦汉时期亭所辖"仅是一种治安区,而绝非治民之行政区,这就决定了亭的非行政性质"[④]。

严耕望指出,亭的理解可以有多层含义,"亭舍曰亭;亭舍旁之聚落城壁曰亭;而一亭所部之区城亦曰亭,谓之亭部"[⑤]。有论者通过对"亭"的考证来进一步说明亭的性质:秦汉时期存在各种各样的亭,如乡亭、都亭、市亭、邮亭、街亭、门亭、边亭、宫苑亭等。而乡亭只是其中的一种,即"设在乡村之亭"。乡亭的主要功能是维护治安,但同时又具有"行政,邮传,交通等的职能"。另外,他还提出乡亭统属于县;乡、亭应

① 秦代的行什伍制度始于商鞅变法,"秦用商鞅变法,令民为什伍,而相收司连坐,告奸者与斩敌首同赏,不告奸者与降敌同罚"。马端临:《文献通考》卷十二《职役考一·历代乡党版籍职役》,浙江古籍出版社 1998 年影印,第 7 页。
② 民国《宝应县志》卷二《建置志·铺庄》,第 12 页。
③ 参考朱绍侯:《汉代乡、亭制度浅论》,《河南大学学报》(社会科学版)1982 年第 1 期。
④ 张金光:《秦乡官制度及乡、亭、里关系》,《历史研究》1997 年第 6 期,第 29 页。
⑤ 严耕望:《秦汉地方行政制度》,北京联合出版公司 2020 年版,第 60 页

属于同一级的地方组织;亭以下没有里的层级;乡亭的直接领导为县尉等观点。① 这些观点有新颖之处,但也不乏再商榷的疑点。譬如乡、亭的级别问题,二者是同一级别还是亭低于乡? 如果把乡、亭的关系与当前乡政府与乡派出所的关系进行类比,也许能启发人们产生新的猜想。

苏卫国认为,乡亭制度是秦汉时期地方行政的底层制度。由于相关史料的缺乏、零散,这一制度的研究很难深入,已有的研究分歧也较多。如乡、亭、里之间的关系问题,亭、邮的定性问题,乡啬夫、游徼、亭长的职掌问题等,②仍然有待史料的不断发掘与考证。

综合以上观点,大致可以得出以下几个结论:乡亭制度是指秦汉以来正在分化的基层社会制度的代表。乡、亭代表了两个不同的体系。大体来说,就是县以下除了乡—里—什伍,还有亭—邮的体系,前者主行政,后者主治安。其职能虽然分化,但并非彼此泾渭分明,其中最明显的就是亭兼具多种功能的现象,这一点可视为官僚机构设立之初职能分化的不彻底性。反观当下,即使在分权体制相对成熟的情况下,职能交叉的现象仍然难以避免。

乡亭制度体现了一种变化趋势,即从先秦时期的军民一体走向军民分治。职能分化、各负其责大概是此时乡村治理体系的一个重要特点。"一县之中,分乡而治;一乡之中,又分职而治。"③"职教化者,无与于狱讼;收租税者,无与盗贼。各出其力以尽其职,而县令丞得以拱手而仰成。"④有论者认为,"负责赋役征派和社会教化的乡官里吏以及作为治安机构而存在的亭成为秦汉政权控制基层社会的基石"。职能分化的背后则有文化思想的内在作用。"秦以严刑峻法治天下,故而对基层社会的控制最为严密,也最为彻底;汉初崇尚黄老无为,地方势力得以迅速壮大,虽然在武帝时期一度逆转,然而血缘色彩浓厚的地方豪族势力毕竟深深扎根于基层,难以猝然扭转。"⑤

---

① 参考李光军:《秦汉"亭"考述》,《文博》1989 年第 6 期,第 25—31 页。
② 苏卫国:《秦汉乡亭制度研究——以乡亭格局的重释为中心》,黑龙江人民出版社 2010 年版,第 10 页。
③ 强汝询:《汉州郡县吏制考》,不分卷,清刘履芬抄本,原书无页码。
④ 朱礼:《汉唐事笺》卷之七《汉·役法》,丛书集成本,第 1 页。
⑤ 文旭东:《秦汉乡亭里制与基层社会整合·摘要》,湖南科技大学 2013 年未刊硕士学位论文。

第二节 秦汉时期的田制与赋役

有论者指出:"秦政府是通过国有土地的授与和赋役的征调实现对乡里社会的控制。可见只有通过户口和赋役制度结合起来研究,才能充分揭示秦政府对乡里社会的控制。"①这一说法很有启发意义,后世诸朝也是通过这种方式实现对乡村社会的治理的。

在秦代,废除井田制是古代中国田制的一次大变动。这一行动是从战国时期商鞅变法开始的。"制辕田,开阡陌,尽废三代分田之制,什一之法,任民自耕,不加限制。后世人民私土地以为己有,并传之子孙,世守其业,实以是为其嚆矢焉。"②商鞅变法以后直到秦始皇统一天下,其基本田制为国家授田制。张玉勤认为,"国家授田制"是一个独特的社会发展阶段的土地制度,即奴隶制向封建制过渡时期的土地制度。③ 杨振红以张家山汉简为依据,指出战国秦汉时期的土地制度是根据爵位占有田宅。该土地制度于商鞅变法时确立,被秦王朝和西汉王朝继承,其"以爵位划分占有田宅的标准,以户为单位名有田宅,田宅可以有条件地继承、转让和买卖。国家通过爵位减级继承制控制田宅长期积聚在少部分人手中,并使手中不断有收回的土地,它和罚没田宅以及户绝田宅一起构成国家授田宅的来源"④。

从政治角度来看,废井田、开阡陌与废除分封制、推行郡县制是同步的。换句话说,井田制与分封制是相适应的,即通过明确的边界来确定领主各自的采邑。随着郡县制的推行,郡县长官不再是具有世袭特权的领主,采邑制度势必要进行改革,打破过去的疆界也就成为必然。

钱穆列举了井田制破毁的另外四个因素:一是人口的繁殖,二是耕

① 高士荣:《40年来秦乡里社会研究综述》,《西安财经学院学报》2017年第1期,第112页。
② 杨天竞:《乡村自治》,曼陀罗馆1931年版,第88页
③ 张玉勤:《论战国时期的国家授田制》,《山西师大学报(社会科学版)》1989年第4期,第34页。
④ 杨振红:《秦汉"名田宅制"说——从张家山汉简看战国秦汉的土地制度》,《中国史研究》2003年第3期,第51页。

器的进步,三是水利灌溉事业的发达,四是税制的变化。① 毋庸置疑,人口渐多是井田制遭破坏的原因之一,而耕器的进步、水利灌溉事业的发达则是破坏井田制更根本的动力,后二者均属于生产力的范畴。随着生产力的发展,人们的生产活动必然要突破已有的限制。至于税制的变化,则是井田制被突破的一种助力,从公田制的助法到"履亩而税"的彻法,为增加财政收入,国家势必要改变以往土地分配的方式。

井田制废除之后,属于贵族的土地逐渐减少,属于国家的土地逐渐增多,这又为后世王朝推行授田、均田提供了必要的前提。授田、均田改变了国家与农民之间的关系,另外一个方面也使土地变为个体私有,土地买卖为加剧贫富分化埋下了伏笔。董仲舒说:"秦用商鞅之法,改帝王之制,除井田,民得买卖,富者田连阡陌,贫者无立锥之地"②。

为了解决老百姓的生计,田制改革势在必行。但在西汉成立之初,仍然沿袭秦代旧制。"汉承秦人阡陌之后,因陋就简,不立田制,以为久远之利。故民之聚者地多狭,而地之旷者民必稀","民无计口授田之制"③。孟子说:"仁政必自经界始,而汉之人君有仁心仁闻而民不被其泽者,无亦经界之未正耶。"④

这一点至汉武帝时方有变化,董仲舒上书汉武帝,指出:"汉兴,循而未改,古井田法虽难卒行,宜少近古,限民名田,以澹不足,塞兼并之路,然后可善治也。"⑤由此,汉代在田地分配方面推动各项改革,如推行限民名田,主要是限制富人占田数量过多的问题。颜师古说:"名田,占田也,各为立限,不使富者过制,则贫弱之家可足也。"⑥又如,推行假民公田,即把公田借给贫民进行耕种。自汉高祖始,汉代多位皇帝皆有类似做法。公元前 255 年,汉高祖下诏说:"故秦苑囿园池,令民得田之。"公元前 140 年,汉武帝"罢苑马,以赐贫民"。公元前 78 年,汉昭帝"罢

---

① 钱穆:《国史大纲》上,商务印书馆 2009 年版,第 84—86 页。
② 班固撰:《汉书》卷二十四上《食货志第四上》,中华书局 1964 年版,第 1137 页。
③ 朱礼:《汉唐事笺》卷之十一《田制》,丛书集成本,第 1 页。
④ 朱礼:《汉唐事笺》卷之十一《田制》,丛书集成本,第 3 页。
⑤ 徐天麟:《西汉会要》卷五十《食货一·限民名田》,四库全书本,第 1 页。
⑥ 班固撰:《汉书》卷二十四上《食货志第四上》,中华书局 1964 年版,第 1138 页。

中牟苑，赋贫民"①。假民公田可以分利于民，不使利全归豪族。东汉时期继续推行此一政策。公元 66 年，汉明帝下诏，"郡国以公田赐贫人，各有差"。公元 70 年，"汴渠成。诏曰，今五土之宜，反其正色，滨渠下田，赋与贫人，无令豪右得固其利"。公元 76 年，汉章帝"诏以上林池籞田赋与贫人"。②

除此之外，借民于田还可以安抚流民。公元前 74 年，汉宣帝"假郡国贫民田"。公元前 71 年，又"诏池籞未御幸者假与贫民，又令流民还归者，假公田、贷种食"等。③ 公元 84 年，汉章帝下诏说："王者八政，以食为本。故古者急耕稼之业，致末耜之勤，节用储蓄，以备凶灾，是以岁虽不登而人无饥色。自牛疫已来，谷食连少，良由吏教未至，刺史、二千石不以为负，其令郡国募人无田欲徙它界就饶者，恣听之。到在所，赐给公田，为雇耕佣，赁种饷，贳与田器，勿收租五岁，除算三年。其后欲还本乡者，勿禁。"公元 86 年，又下诏说："月令孟春善相丘陵土地所宜，今肥田尚多未有垦辟，其悉以赋贫民，给与种粮，务尽地力，勿令游手。"④ 通过减少甚至不收租税的方式授田于贫民，不但能够增加国库收入，而且有利于基层社会秩序的稳定。

另又有代田之法。汉武帝末年，命赵过为搜粟都尉。赵过创造轮作法，即将一亩地分为三份，每年轮流耕种，以保养地力，取得较好的收成。⑤

汉代统治者比较重视轻徭薄赋。汉高祖时，"减轻田租，十五而税一"；公元前 178 年，汉文帝"赐天下民今年田租之半"；公元前 168 年，"亦如之"；公元前 167 年，"除田租税。此后农无租税者十年"；公元前 156 年，汉景帝"复收民田半租，三十而税一"；公元 30 年，汉光武帝"令郡国收见田租，三十税一如旧制"；等等。⑥ 虽然汉初统治者推出轻徭薄赋的法令，但农民的生活仍然勤劳艰苦。汉文帝时期，晁错对皇帝说：

---

① 徐天麟：《西汉会要》卷五十《食货一·假民公田》，四库全书本，第 3 页。
② 徐天麟：《东汉会要》卷二十八《民政上·假民田苑》，四库全书本，第 5—6 页。
③ 徐天麟：《西汉会要》卷五十《食货一·假民公田》，四库全书本，第 3 页。
④ 徐天麟：《东汉会要》卷二十八《民政上·假民田苑》，四库全书本，第 6 页。
⑤ 徐天麟：《西汉会要》卷五十《食货一·代田法》，四库全书本，第 4 页。
⑥ 乾隆《上元县志》卷八《民赋下·蠲赈》，第 1 页。

"今农夫五口之家，其服役者不下二人，其能耕者不过百晦，百晦之收不过百石，春耕夏耘秋获冬藏，伐薪樵、治官府、给徭役。春不得避风尘，夏不得避暑热，秋不得避阴雨，冬不得避寒冻，四时之闲亡日休息，又私自送往迎来，吊死问疾，养孤长幼，在其中勤苦如此！"①由此可见汉代农民的实际生活水平。

督促农民从事农业的主要方式之一就是减轻赋税。"汉兴，诸侯并起，民失作业而大饥馑，凡米石五千人相食，死者过半。高祖乃令民得卖子，就食蜀汉。天下既定，轻田租什五而税一，量吏禄、度官用以赋于民，惠帝即位，减田租复十五税一。"②至此之后，朝廷倡导重农思想，将农视为天下之本。汉文帝时，重农思想进一步凸显，其方式与前代略有不同，即通过赏爵免罪使老百姓从事农业。公元前168年，晁错上书说："夫人情一日不再食则饥，终岁不制衣则寒。夫腹饥不得食，肤寒不得衣，虽慈父不能保其子，君安能以有其民哉！是故明君贵五谷而贱金玉。方今之务，莫若使民务农而已。欲民务农，在于贵粟；贵粟之道，在于使民以粟为赏罚。今募天下之人，入粟于边，以受爵免罪，不过三岁，塞下之粟必多矣。帝从之，令民入粟于边，拜爵各以多少级数为差。"③汉景帝时，则通过惩罚妨害农桑的行为促使各地太守重视农桑。公元前142年下诏说，"雕文刻镂，伤农事者也，锦绣纂组，害女工者也。农事伤则饥之本，女工害则寒之原也。夫饥寒并至而能亡为非者，寡矣。今岁或不登，民食颇寡，其咎安在？或诈伪为吏，吏以货赂为市，渔夺百姓，侵牟万民，其令二千石各修其职，不事官职耗乱者，丞相以闻，请其罪"④。

减轻地租则是汉代劝课农桑的另外一项重要政策。"秦田租，口赋盐铁之利，二十倍于古，或耕豪民之田，见税十五。汉兴，循而未改。"至汉代天下大定，"高帝约法省禁，轻田租，什五而税一，量吏禄、度官用，以赋于民"⑤。惠帝、文帝、武帝、昭帝，甚至王莽时期，均贯彻减轻田租

① 徐天麟：《西汉会要》卷四十七《民政二·杂录》，四库全书本，第3页。
② 徐天麟：《西汉会要》卷五十《食货一·劝农桑》，四库全书本，第3—4页。
③ 陆曾禹、倪国琏厘正：《钦定康济录》第一卷《前代救援之典》，清乾隆五年武英殿刻本，第10—11页。
④ 陆曾禹、倪国琏厘正：《钦定康济录》第一卷《前代救援之典》，清乾隆五年武英殿刻本，第11页。
⑤ 徐天麟：《西汉会要》卷五十一《食货二·田租》，四库全书本，第2—3页。

的精神。此外，还有"赐民租赋"的行为，其主要因灾害、封禅等缘故而减免某地租赋。东汉时期，沿袭西汉传统。公元60年，汉明帝"诏有司免顺时气，劝督农桑，去其螟蜮以及蟊贼"。为了使农民能够安心于农业，朝廷甚至下令禁止农民从事渔、猎二业。[①]

第三节　秦汉时期的仓库制度

秦虽设仓库，但大部分服务于军事。至汉代，人们更重视积贮。文帝时，贾谊在《论积贮疏》中说："汉之为汉，几四十年矣。公私之积，犹可哀痛。失时不雨，民且狼顾，岁恶不入，请卖爵子，既闻耳矣，安有为天下贻危者若是而上不惊者。世之有饥穰，天之行也；禹汤被之矣，即不幸有方二三千里之旱，国胡以相恤。卒然边境有急，数十百万之众，国胡以馈之。……夫积贮者，天下之大命也。苟粟多而财有余，何为而不成；以攻则取，以守则固，以战则胜，怀敌附远，何招而不至。今驱民而归之农，皆著于本，使天下各食其力，末技游食之民转而缘南亩，则蓄积足而人乐其所矣。"[②]由此可见，积贮上有利于国家安定，下有利于人民富足。汉武帝时，连年征伐，国用不足。桑弘羊倡议均输平准之法，主要用于调节盈虚、平准物价。以上所述实为常平仓之先声。

常平仓类似于后来的国家仓库，不但可以发挥平准的作用，还可以在发生饥荒时救济百姓。汉宣帝五年（前69），连年丰收，谷价跌落，农民不堪其苦，大司农耿寿昌建议，由各边郡设立仓库，"以谷贱时增其贾而籴，以利民，谷贵时减价而粜，名曰常平仓"[③]。至此，常平仓之名诞生。有论者认为，这是"仿李悝平籴法"[④]。同时也有人指出，耿昌寿所倡导的常平仓重在边实，"全部民食之调节，似尚不在政府计念之中"[⑤]。

此后，常平仓在汉代屡有兴废。"元帝时代，运用乖方，发生与民争

---

① 徐天麟：《东汉会要》卷二十八《民政上·劝农桑》，第4—5页。
② 班固撰：《汉书》卷二十四上《食货志第四上》，中华书局1964年版，第1130页。
③ 班固撰：《汉书》卷二十四上《食货志第四上》，中华书局1964年版，第1141页。
④ 魏祝亭：《一是纪始》第三类，上海会文堂书局1925年版，第6页。
⑤ 冯柳堂：《中国历代民食政策史》，商务印书馆1934年版，第58页。

利现象,遂为朝廷所罢免。后汉明帝永平五年再行设置,其后兴废无常"①。《汉书》中亦说,元帝二年(前 47),"齐地饥,谷石三百余,民多饿死,琅琊郡人相食。在位诸儒多言盐铁官及北假田官、常平仓可罢,毋与民争利。上从其议,皆罢之"②。其中所谓"与民争利"之说,从后汉刘般所说大致可以发现某些端倪,"常平外有利民之名,而内实侵刻百姓,豪右因缘为奸,小民不得其平,置之不便"③。

由此可见,常平仓的功能,"在使米谷之需给平衡,遏制暴涨暴落之现象,用以保护生产者及消费者,故其目的虽不在预防荒年,而其结果则与预防荒年之贮谷有同一效果"。但就实际情况来看,其用于防止物价下落的案例很少,大多数是在谷价飞升时,用来赈救。④ 但其稳定社会秩序的意图是非常明显的。

---

① 徐渊若:《农业仓库论》,商务印书馆 1935 年版,第 128 页。
② 班固撰:《汉书》卷二十四上《食货志第四上》,中华书局 1964 年版,第 1142 页。
③ 转引自冯柳堂:《中国历代民食政策史》,商务印书馆 1934 年版,第 58 页。
④ 徐渊若:《农业仓库论》,商务印书馆 1935 年版,第 131—132 页。

第三章　魏晋南北朝时期的江苏乡村治理

魏晋南北朝时期,社会动荡不安。乡村社会进入一个新的转型期。转型时期的社会往往会存在两种倾向,即革新与复古。魏晋南北朝时期的乡村社会也是如此,其革新主要表现在"村"这一词汇正式出现,村落逐渐普及;复古现象同样明显,三国、晋、宋师法秦汉,而北魏、东魏、西魏、北周则取法《周礼》。① 在彼此攻伐和政权更迭的过程中,魏晋南北朝时期的江苏往往分属于不同的政权。大体而言,三国时期,江苏北部属魏,南部属吴。西晋短暂统一。东晋十六国时期,江苏南部属于东晋,北部则先后经历前秦—后赵—前燕—后燕—南燕等政权的统治。南北朝时期,除了刘宋几乎统治江苏全境,其他各朝分辖江苏部分地区。以下分述之。

第一节　三国两晋时期的乡村治理

汉末,由于战乱,乡村聚落多建坞垒堡壁,形成防御性的聚落形式。这种情形在三国时期更加普及。有学者认为,"东汉末三国时期战争频繁,一些大族不得不修建壁垒以自保,加之民众流亡甚多,故原来农村

---

① 赵秀玲:《中国乡里制度》,社会科学文献出版社 2002 年版,第 16 页。

乡里制度难以延续,延续已久的里居形态受到严重破坏"①。坞垒堡壁的建设一般由豪族主持,因此,豪族成为乡村社会的实际管理者。但也有不少地方沿袭汉代的乡里制度。如吴国,"乡置有秩、三老,百石,第八品。小者置有秩、啬夫,亦百石,第九品"②。

在坞垒堡壁之内,民众多依附于豪强大族,"自然受他们管控,而国家则失去对这些民众的管控权"③。钱穆指出,"农民在大动乱中,地方政权随着中央政权而解体,他们无所托名,不得不依存于当地或附近的强宗豪族。强宗豪族把他们武装起来,成为一种自卫的集团,他们便成为强宗豪族的'部曲'"。强宗豪族经过兼并战争可以重建国家政权,但百姓从部曲到农民的再转变并非易事,以至于出现国家有军队而无农民的尴尬局面。这是三国时期屯田制发生、发展的时代背景。在屯田制下,"兵队代替农民作了国家的基本公民",其直接后果是导致农民的租税不断加重。④ 豪族对乡村的控制同时强化了国家政权对豪族的依赖,这种内在的张力又是导致门阀士族最终走向衰落的根源。为了稳定税赋来源,国家势必要对乡村社会加强控制,但在乱局之下,国家政权与豪族往往处于一种相互妥协的状态;一旦政权稳定下来,国家政权就要推出新的举措以加强对乡村社会的管理。从某种程度上讲,乡村治理体系的变化实际上影射了国家政权与门阀士族的博弈。

西晋统一之后,力图改变乡村社会为豪族所把持的局面,主要做法是大规模复行秦汉体制。在县一级,晋代推行郡县制,大县设置县令,小县设县长。县又设置非常繁杂的职务,如主簿、录事史、主记室史、门下书佐、干、游徼、议生、循行功曹史、小史、廷掾、功曹史、小史书佐干、户曹掾史干、法曹门干、金仓贼曹掾史、兵曹史、吏曹史、狱小史、狱门亭长、都亭长、贼捕掾等。县级政府员属的多少一般是根据县的大小而定的:不满三百户的县,职吏十八人,散吏四人;三百户以上的县,职吏二十八人,散吏六人;五百户以上的县,职吏四十人,散吏八人;一千户以

---

① 汤勤福:《魏晋南北朝乡村聚落的变迁》,《中州学刊》2020年第8期,第121页。
② 杨晨:《三国会要》卷二十五《职官四》,清光绪刻本,第12页。
③ 汤勤福:《魏晋南北朝乡村聚落的变迁》,《中州学刊》2020年第8期,第121页。
④ 钱穆:《国史大纲》上册,商务印书馆2009年版,第313—316页。

上的县,职吏五十三人,散吏十二人;一千五百户以上的县,职吏六十八人,散吏十八人;三千户以上的县,职吏八十八人,散吏二十六人。另外,县还设置方略吏四人。江右、洛阳县等地方还设置六部督尉等。由此可见,县的规模和功能已然蔚为大观。

县以下为乡。乡的设置因县的大小而有所不同。五百户以上的县设置一乡,三千户以上的县设置二乡,五千户以上的县设置三乡,一万户以上的县设置四乡。乡设置啬夫一人,乡户不满一千,设置治书史一人;乡户在一千以上,设置史、佐、正各一人;乡户在五千五百以上,则设置史一人,佐二人。如果县只有一百户,则设里,置里吏一人。如果地广人稀,则应根据情况设置里,但不得少于五十户。县在千户以上者,还要设置校官一人。①

各级行政组织完善之后,首先要改变以往户籍凌乱的局面。"东汉末年以降,军阀割据,战争频仍,自然灾害加剧,以至流民逃亡、脱籍现象日趋严重。"②加强户口管理势必成为一个十分重要的问题。晋代之所以推出乡里制,主要是"企望民众集中定居,便于收取赋税与管控"③,解决汉末以来国家对乡村失控的局面。但由于战乱不断,这一政策实施的效果并不理想。

其次,为了完善赋税制度,晋代推行户调制,计丁课田。《晋书·食货志》中说,平吴之后,制户调之式:"丁男之户,岁输绢三匹,绵三斤,女及次丁男为户者半输。其诸边郡或三分之二,远者三分之一。夷人输賨布,户一匹,远者或一丈。男子一人占田七十亩,女子三十亩。其外丁男课田五十亩,丁女二十亩,次丁男半之,女则不课。男女年十六已上至六十为正丁,十五以下至十三、六十一已上至六十五为次丁,十二已下六十六以上为老小,不事。远夷不课田者输义米,户三斛,远者五斗,极远者输算钱,人二十八文。"④户调制推出之后产生了一定的效果。

① 房玄龄等撰:《晋书》卷二十四《志第十四·职官》,中华书局 1974 年版,第 746—747 页。
② 吴海燕、冯殿羽:《魏晋南北朝"什伍"之制与乡村社会控制》,《郑州大学学报(哲学社会科学版)》2003 年第 2 期,第 137 页。
③ 汤勤福:《魏晋南北朝乡村聚落的变迁》,《中州学刊》2020 年第 8 期,第 121 页。
④ 房玄龄等撰:《晋书》卷二十六《志第十六·食货》,中华书局 1974 年版,第 790—791 页。

"是时天下无事,赋税平均,人咸安其业而乐其事。"①但晋惠帝之后,战事又起,天灾不断,户调制无形中受到严重冲击。钱穆对这一制度也不看好。他认为,这是延续三国以来兵士屯田的旧规。总体来看,农民的负担仍然非常沉重。"对民众绝无丝毫善意与德政,户调税收,依然与屯田兵一律,只想凭王室威严,向其下强夺豪取,岂能有成? 晋室不永,至此等处可见。"②

西晋灭亡之后,西晋宗室司马睿在江南建立东晋政权,偏居东南一隅。南迁百姓与南方土著实行两种不同的户籍制度。前者实行白籍(临时的户口登记册),入侨居户;后者实行黄籍(正式的户口登记册),为固定户。其中白籍不服役、不纳税。为了增加政府赋税,东晋政权开始推行土断政策,即把南迁侨居户纳入本地户籍,"故土断之法既行,而间伍之制遂复"③。同时清查出不少原依附于门阀士族的户口。司马睿在晋王任上就非常重视农业,"课督农功"。及其建立政权后,更是如此。太兴元年(318)下诏说:"徐、扬二州土宜三麦,可督令燋地,投秋下种,至夏而熟,继新故之交,于以周济,所益甚大。"④

与此同时,北方则陷入政权林立的境况。乡村社会为了自保,纷纷建立坞壁。坞壁成为北方乡村社会十分重要的组织形态之一。高贤栋系统考察了十六国时期的乡里坞壁,认为乡里坞壁其实代替了传统的乡里组织,并论及其三大功能:一是行政功能,即通过自立或选举产生坞主,来具体管理坞壁内部的各种事务。"坞主的身份一般是庄园主或是在乡里有号召力的官吏等人员。"二是生产组织功能,即在坞主的管理下,通过劝课农桑、恤贫养孤,"促进了社会的延存与发展"。三是自保与治安功能。坞壁拥有自己的武装力量,自身是为了自保,但同时又有"比较完整的律令、仪礼、条文,以维护内部稳定"。乡里坞壁与当时各政权的关系非常复杂,大体上可以分为三类:"一部分归附于十六国各个政权,成为各政权的军事与经济支柱,但这些归附的坞壁给予各政

---

① 房玄龄等撰:《晋书》卷二十六《志第十六·食货》,中华书局 1974 年版,第 791 页。
② 钱穆:《国史大纲》上册,商务印书馆 2009 年版,第 317—319 页。
③《保甲运动之理论与实际》,广东民政厅编辑处 1929 年编印,第 19 页。
④ 房玄龄等撰:《晋书》卷二十六《志第十六·食货》,中华书局 1974 年版,第 791 页。

权的军事与经济支持并没有制度化;有些坞壁则始终没有归附任何政权;处于各个政权交界处的乡里坞壁则往往采取左右逢迎的策略。"[1]北魏结束十六国的乱局,必然要改变这种坞壁林立的局面,由是三长制呼之欲出。

第二节　北朝乡村治理的变化

作为少数民族建立的王朝,北朝乡村治理的制度多仿照西周旧制,并经历了一个不断完善的过程。

北朝时期的县级政权,"大县为令,小县为长,皆置丞、尉。郡县置吏,亦各准州法,以大小而制员。郡县吏有书童,有武吏,有医,有迎新、送故等员。亦各因其大小而置焉","县为国曰相"。[2] 具体而言,县分九等,县令之下各种职位的设置在人数上略有区别。在上上县,县令之下的属员包括丞、中正、光迎功曹、光迎主簿、功曹、主簿、录事、西曹、户曹、金曹、租曹、兵曹等以及市长等职员。加在一起共五十四人。以下各等县人数依次递减:上中县四十九人,上下县四十四人,中上县三十八人,中中县三十三人,中下县三十二人,下上县三十一人,下中县三十人,下下县二十九人。同时,各县还根据等级设置"白置","以供其役"[3]。县以下则推行三长制、均田制等制度。

一、北魏的三长制和均田制

北朝时期,江苏北部先后经历乡里坞壁、宗主督护制、三长制等三个阶段。

坞壁源于边防军事建筑物,最早始于西汉末年。至东汉末年,由于战乱和基层组织被破坏,形成了更多以血缘关系为纽带的坞壁,其多由

---

① 高贤栋:《南北朝乡村社会组织研究》,山东大学出版社 2008 年版,第 13—20 页。
② 魏徵、令狐德棻撰:《隋书》卷二十六《志第二十一·百官上》,中华书局 1973 年版,第 729 页。"国"的存在应该是过去分封制的一种遗留。
③ 魏徵、令狐德棻撰:《隋书》卷二十七《志第二十二·百官中》,中华书局 1973 年版,第 762—763 页。

第三章　魏晋南北朝时期的江苏乡村治理

053

强宗豪族建筑,带有明显的自保性质。西晋末年,战乱更加频繁,基层社会组织遭遇严重破坏。坞壁在北方进一步普及。十六国时期的乡里坞壁虽然也向所归附政权缴纳赋税,但并未制度化。北魏政权建立之初,试图通过武力削弱乡里坞壁的力量,但最后以失败而告终,于是政府采取羁縻之策,承认宗主对乡里坞壁的控制权,由此开始了宗主督护制阶段。"宗主督护是北魏政府面对中原坞壁林立的事实,采取的不改变原有乡里坞壁内部隶属关系,坞壁主(亦即宗主)作为一个大户的户主要按照九品差调制度向国家缴纳赋税的一种临时性举措。"在宗主督护制之下,"按人均计算,宗主所纳赋税比普通民户少一半以上"。"宗主所督护的大量荫附人口所交租赋为宗主所独有","没有改变原来乡里坞壁的部众隶属关系"①。就国家政权对乡村社会的控制而言,虽然宗主督护制仍然存在很大的限制,但已经明显带有制度化的倾向。随着北魏政权的日渐稳定,推出新的政策以改变国家政权与宗主之间相互制衡的关系势在必行。

北魏太和十年(486),推出三长制。"后魏初,不立三长,唯立宗主督护,所以人多隐冒,五十、三十家方为一户,谓之荫附。荫附者皆无官役,豪强征敛,倍于公赋矣。"②因此,内秘书令李冲上奏建议:"宜准古法:五家立邻长,五邻立里长,五里立党长,取乡人强谨者为之。邻长复一夫,里长二夫,党长三夫。三载无过,则升一等。其民赋,一夫一妇,帛一匹,粟一石。大率十匹为公调,二匹为调外费,三匹为百官俸。此外复有杂调。民年八十以上,听一子不从役。孤独癃老笃疾贫穷不能自存者,三长内迭养食之。"③李冲的建议得到了文明太后的支持:"立三长,则课有常准,赋有恒分,苟荫之户可出,侥幸之人可止,何为不可?"④三长制遂行。三长制推出之后,以前隐冒户口的现象大为减少,加强了国家对户口的直接管理。"计省昔十有余倍。于是海内安之。"⑤侯旭东认为,三长制的主要功能就是"通过不同的编排方式,把村

---

① 高贤栋:《南北朝乡村社会组织研究》,山东大学出版社2008年版,第141页。

② 杜佑:《通典》卷三《食货三·乡党》,北宋本,第10—11页。

③ 司马光编著:《资治通鉴》第三卷,光明日报出版社2012年版,第691页。

④ 魏收撰:《魏书》卷五十三《列传第四十一·李孝伯李冲》,中华书局1974年版,第1180页。

⑤ 魏收撰:《魏书》卷一百一十《食货志》,中华书局1974年版,第2856页。

民纳入邻长、里长与党长的管辖下,以保证完成朝廷的赋役任务,并防止村民逃亡或剃度为僧,规避朝廷的赋役"①。陈柏心则指出推行三长制的另外一个背景,"北朝后魏,初行宗主都护之制,但不同宗者,常因细故,时起争端"②。也就是说,推行三长制还有规范各宗行为、减少民间冲突的意思。公元 490 年,高闾在上表中说"惧蒸民之奸宄,置邻党以穆之",③也指出设置三长制以维护社会治安的意图。

从制度史的角度讲,三长制并没有多少创新,但作为北方少数民族在中原建立的王朝,其很多制度均经历了一个从无到有不断完善的过程。三长制的推出首先是解决户籍混乱、民多隐冒的问题,其次则是为了使鳏寡孤独皆有所养。这种制度设计中稳定社会秩序的意图非常明显。

至于三长制推行之后,乡里组织仍然大量存在的问题,学界则有不同的说法。如侯旭东认为在三长制推出之后,大部分地区仍然沿用乡里编制。但北朝的乡里与汉代的乡里有所不同,譬如,北朝的"'里'具有划定的区域""朝廷也利用乡里的名称灌输儒家思想,推行教化"④。高贤栋则提出不同意见,认为此时的乡里不过是乡里民众"记录地域空间,它已经不再是行政组织"。政府"将之作为一种地域单位推行教化,而不是利用其完成政治及经济等组织功能"⑤。因此,三长制实际取代了乡里制度,并真正在基层社会中发挥行政组织的功能,但其并未否认乡里继续存在的事实,只不过已经不发挥实际的行政功能而已。

另外,"村落"大量出现,并在民众心中的地位更加稳固。在北朝,村落具有防卫与治安、经济、教育、教化等功能,其与三长制的关系比较复杂。因为村落规模大小不一,"一党、一里、一邻都可能是一村,也可能是数党一村、数里一村,还可能一党数村、一里数村"⑥。那么,党长、里长也许是一村的领袖,也许是几个村的领袖,甚或一村有几个党长、

---

① 侯旭东:《北朝村民的生活世界》,商务印书馆 2022 年版,第 294 页。
② 陈柏心:《中国的地方制度及其改革》,广西建设研究会 1939 年版,第 12 页。
③ 魏收撰:《魏书》卷五十四《列传第四十二·高闾》,中华书局 1974 年版,第 1205 页。
④ 侯旭东:《北朝村民的生活世界》,商务印书馆 2022 年版,第 294 页
⑤ 高贤栋:《南北朝乡村社会组织研究》,山东大学出版社 2008 年版,第 11—12 页。
⑥ 高贤栋:《南北朝乡村社会组织研究》,山东大学出版社 2008 年版,第 72—73 页。

第三章 魏晋南北朝时期的江苏乡村治理

055

里长并存。侯旭东通过对当时造像记的研究,认为大多数情况下,人们用"村"而不是"乡里"或"三长"来表达造像活动者的身份,表明"村"更能得到人们的认同。"百姓并不理会作为地域概念的'乡里'与作为户口组织概念的'三长',更谈不上用它们来界定组织与人群"①。换句话说,在北朝乡村治理的过程中,村落逐渐发挥出更加重要的作用。

北魏时期,与乡村治理密切相关的还有均田制。北魏之际,战乱不息,"田土无主,地多入官",改变了秦代以来"田皆民有"的现象。土地复归国有,"盖乱世田土无主,地多入官,复由民有之制,渐变为国有之制"②。此为后魏推行均田制奠定了物质基础。

> (太和)九年,下诏均给天下民田:诸男夫十五以上,受露田四十亩,妇人二十亩。奴婢依良。丁牛一头,受田三十亩,限四牛。所授之田率倍之,三易之田再倍之,以供耕牛及还受之盈缩。诸民年及课则受田,老免及身没则还田。奴婢、牛随有无以还受。诸桑田不在还受之限。但通入倍田分。于分虽盈,没则还田,不得以充露天之数。不足者以露田充倍。诸初受田者,男夫一人,给田二十亩,课莳余,种桑五十树,枣五株,榆三根。非桑之土,夫给一亩,依法课莳榆、枣。奴婢依良。限三年种毕,不毕,夺其不毕之地。于桑榆地分,杂莳余果及种桑榆者不禁。诸应还之田,不得种桑榆枣果,种者以违令论,地入还分。诸桑田皆为世业,身终不还,恒从见口。有盈者无受无还,不足者受种如法。盈者得卖其盈,不足者得买所不足。不得卖其分,亦不得买过所足。诸麻布之土,男夫及课,别给麻田十亩,夫人五亩,奴婢依良。皆从还受之法。诸有举户老小癃残无授田者,年十一以上及癃者,各授以半夫田,年逾七十者,不还所受。寡妇守志者虽免课,亦授妇田。诸还受民田,恒以正月。若始授田而身亡,及买卖奴婢、牛者,皆至明年正月乃得还受。诸土广民稀之处,随力所及,官借民种莳。役有土居者,依法封授。诸地狭之处,有进丁受田而不乐迁者,则以其家桑田为正

① 侯旭东:《北朝村民的生活世界》,商务印书馆2022年版,第141页。
② 柳诒徵:《中国文化史》,上海三联书店2007年版,第409页。

田分。又不足，不给倍田；又不足，家内人别减分。无桑之乡，准此为法。乐迁者听逐空荒，不限异州他郡，惟不听避劳就逸。其地足之处，不得无故而移。诸民有新居者，三口给地一亩，以为居室，奴婢五口给一亩。男女十五以上，因其地分，口课种菜五分亩之一。诸一人之分，正从正，倍从倍，不得隔越他畔。进丁受田者恒从所近。若同时俱受，先贫后富。再倍之田，放此为法。诸远流配谪、无子孙及户绝者，墟宅、桑榆尽为公田，以供授受。授受之次，给其所亲；未给之间，亦借其所亲。诸宰民之官，各随地给公田。刺史十五顷，太守十顷，治中、别驾各八顷，县令、郡丞六顷。更代相付。卖者坐如律。①

根据这一段文字，大体可以总结出均田制的几个特点。首先，授田以年龄、性别为准，奴婢、耕牛同样获得授田的权利。但耕牛有一定的限制，这是为了防止土地发生新式的集中。等到一定年龄或人（牛）亡，土地被收回，这样国家始终掌握一部分可授之田。其次，所授之田种植何种农作物，国家有明确规定，一是满足国家所需；二是防止均田过程中发生新的纠纷。再次，田地分露田和桑田等不同类型，露田为可授受之田，桑田属于世业田。最后，对老弱病残、寡妇等弱势群体的授田也有详细的规定。另外，除了所均之田（即公田），还存在私田。公田不准买卖，私田则不受严格限制。钱穆评价此制的精神在于"用意并不在求田亩之绝对均给，只求富者稍有一限度，贫者亦有一最低之水准"②。柳诒徵则认为，"魏之制度最善者，首推均田"③。

二、北齐乡村治理的变化

至北齐，基层社会制度又有了新的变化。北齐文宣帝时，"定九等户制，后又定邻、比、闾、党、族之制。即合十家为邻比，五十家为闾，百家为族党，党有党族长一人，副一人，闾长二人，邻长十人，合领百家"④。《隋

① 魏收撰：《魏书》卷一百一十《食货志》，中华书局1974年版，第2853—2855页。
② 钱穆：《国史大纲》（上册），商务印书馆2009年版，第335页。
③ 柳诒徵：《中国文化史》，上海三联书店2007年版，第408页。
④ 陈柏心：《中国的地方制度及其改革》，广西建设研究会1939年版，第12页。

书·食货志》中说,"至河清三年(564)定令,……男子十八已上,六十五已下为丁;十六已上,十七已下为中;六十六已上为老;十五已下为小。率以十八受田,输租调,二十充兵,六十免力役,六十六退田,免租调"①。又《通典·乡党》中记载,"一党之内,则有党族一人,副党一人,闾正二人,邻长十人,合有十四人,共领百家而已"②。由此可见,北齐的基层制度仍为三级:党族—闾里—比邻。但各个单位所辖户数与此前的三长制有所区别。

至于赋役情况,北齐也有特别的规定:

> 京城四面,诸坊之外三十里内为公田。……
>
> ……其方百里外及州人,一夫受露田八十亩,妇四十亩。奴婢依良人,限数与在京百官同。丁牛一头,受田六十亩,限止四牛。又每丁给永业二十亩,为桑田。其中种桑五十根,榆三根,枣五根。不在还受之限。非此田者,悉入还受之分。土不宜桑者,给麻田,如桑田法。
>
> 率人一床,调绢一匹,棉八两,凡十斤绵中,折一斤作丝,垦租二石,义租五斗,奴婢各准良人之半。牛调二尺,垦租一斗,义租五升。垦租送台,义租纳郡,以备水旱。垦租皆依贫富为三枭。其赋税常调,则少者直出上户,中者及中户,多者及下户。上枭输远处,中枭输次远,下枭输当州仓。三年一校焉。租入台者,五百里内输粟,五百里外输米。入州镇者,输粟。人欲输钱者,准上绢收钱。诸州郡皆别置富人仓。初立之日,准所领中下户口数,得支一年之粮,逐当州谷价贱时,斟量割当年义租充入。谷贵,下价粜之;贱则还用所粜之物,依价籴贮。
>
> 每岁春月,各依乡土早晚,课人农桑。自春及秋,男十五已上,皆布田亩。桑蚕之月,妇女十五已上,皆营蚕桑。孟冬,刺史听审邦教之优劣,定殿最之科品。人有人力无牛,或有牛无力者,须令相便,皆得纳种。使地无遗利,人无游手焉。③

---

① 魏征、令狐德棻撰:《隋书》卷二十四《志第十九·食货》,中华书局1973年版,第677页。

② 杜佑:《通典》卷三《食货三·乡党》,北宋本,第12页。

③ 魏征、令狐德棻撰:《隋书》卷二十四《志第十九·食货》,中华书局1973年版,第677—678页。

以上规定除了均田以防止贫富悬殊的精神外,还有着更加丰富的社会治理的内涵,如"垦租送台,义租纳郡,以备水旱""谷贵,下价粜之;贱则还用所粜之物,依价籴贮"。类似于过去平准之法及仓库制度。"人有人力无牛,或有牛无力者,须令相便,皆得纳种"类似于农户互助之法,而目的则是使"地无遗利,人无游手"。有论者认为,这一制度的主要特色就在于"富者税钱,贫者役力"①,可谓一语中的。

三、族治与绅治的萌芽

在北朝,门阀士族得到了充分的发展。在乡村治理的过程中,族治发挥了十分重要的作用。有研究者具体考察了北朝的宗族组织,认为其功能主要有三,即收族、地方自治和宗族自保。

在收族方面,一是通过"宗族内的赈济、让财、抚孤、侍寡嫂、养老等","使整个家族更加稳定,更具有内聚力,同时也使资助者个体获得族人敬重",并获得晋升之阶;二是通过"对祖先的祭祀和乡村的社祭","不断强化族人的血缘观念,加强宗族的内聚力"。

在地方自治方面,一是负责地方教化。无论是乡里坞壁的坞壁主、宗族督护制中的宗主,还是三长制中的三长,都有教化民众的义务。二是负责宗族成员的教育。在传统学校教育衰落的同时,家学兴起并形成一系列世家。三是处理宗族内部和各宗族之间的纠纷。族内纠纷一般"由族长进行调解或裁决";对于宗族之间的纠纷,虽有法律规定,但族长仍然有调解的作用。四是影响地方政治。这主要包括"宗族首领出任乡村基层官吏""出任州郡县官员""影响并控制地方选举"等。

在宗族自保方面,从乡里坞壁到三长制,宗族自保功能有一个逐渐减弱的过程。一般情况下,动荡时期,宗族的自保功能会得到强化;安定时期,宗族的自保功能则会减弱。② 需要注意的是,虽然此时的宗族已经基本具备后世宗族所具有的所有功能,但其主要存在于世家大族,并未普及到一般百姓之家。

虽然此时还没有士绅的正式提法,但在乡村治理的过程中,"豪右"

---

① 《保甲运动之理论与实际》,广东民政厅编辑处 1929 年编印,第 21 页。
② 高贤栋:《南北朝乡村社会组织研究》,山东大学出版社 2008 年版,第 103—130 页。

"民望"等实际发挥着后世士绅的作用。"乡曲中的豪右是指在地方上有影响的人或家庭。他们不一定是拥有很多的财富,重要的是具有社会影响和声望,因此,他们与地方统治的成败得失关系密切。朝廷要巩固地方,不得不依靠利用他们,此时豪右是笼络的对象。一旦豪右势力坐大,武断乡曲,荫附众多,动摇朝廷的统治,则成为打击的对象"①。而朝廷加强乡村教化的举措主要是通过这一群体来实施的。如孝文帝在487年下诏在民间推广教化,"乡饮礼废,则长幼之叙乱。孟冬十月,民闲岁隙,宜于此时导以德义。可下诸州,党里之内,推贤而长者,教其里人父慈、子孝、兄友、弟顺、夫和、妻柔。不率长教者,具以名闻"②。所谓"贤而长者",无外乎那些"豪右""民望"一类的人物。

第三节　南朝乡村治理的承继

南朝各政权仍然推行乡里制。如有宋一代,"以五家为伍,伍长主之;二伍为什,什长主之;十什为里,里魁主之;十里为亭,亭长主之;十亭为乡,乡佐、三老、啬夫、游徼各一人。乡佐、有秩主赋税,三老主教化,啬夫主争讼,游徼主奸非"③。由此可见,其制度基本承继于秦汉。陈柏心认为,这些人"所职与秦汉同"④。

但在"村落"已经普遍存在的情况下,乡里往往仅具其名,实际行政功能不断弱化。在南朝各政权中,政府对乡村社会的控制,"主要是通过'村'来实现的。在南朝,村已经成为基本的税收单位。安置流亡人口、开垦荒地、政府救助等经济事务,也多以村为单位进行。村落的经济功能依赖相关村司来执行。南朝的村司主要有村长、路都等。除了村长之外,村耆也起着重要的作用。社会治安方面,南朝时期,什伍设于村之下。村里之内,什伍相连,构筑起了一道严密的大网。另外,南

---

① 侯旭东:《北朝村民的生活世界》,商务印书馆2022年版,第269页。
② 魏收撰:《魏书》卷七下《高祖纪第七下》,中华书局1974年版,第162—163页。
③ 沈约撰:《宋书》卷四十《志第三十·百官下》,中华书局1974年版,第1258页。
④ 陈柏心:《中国的地方制度及其改革》,广西建设研究会1939年版,第12页。

朝村落还具有防御等功能。这就表明,南朝村落已经开始具备了自然聚落与法定乡村组织单位的双重意义"①。

就村与乡里之间的关系来看,因为村落规模大小不一,其与乡里之间的关系也就比较复杂。有的村与里大致相当,有的村比里大,有的村比里小。但村、里的使用有一定区别,"在实际生活中,里在法律上是存在的,人们在表述本籍时,常举乡亭里的名称;当表述居住地的时候,则常用村名"。由此可见,从法律上讲,里的地位仍然固定;但在日常生活中,以村为辨识的情形更加常见。南朝的村"具有防御、治安、互助、经济的功能"②。

同时,乡里在教化过程中发挥着更加重要的作用。有论者认为,"每遇某人有孝行,朝廷或'榜表闾门',彰表其里;或将原里名改为含有'孝义'字样的里名"③。这在后代乡的命名中更加常见,各地不乏孝义乡、仁爱乡等诸如此类的提法。这种方式恰恰体现了一种柔性的治理方式,促使乡里人民能够向善而行。

南朝时期,赋税制度仍缺乏相应的法令。东晋以来,北人移居南方者,"皆取旧壤之名,侨立郡县,往往散居,无有土著。而江南之俗,火耕水耨,土地卑湿,无有蓄积之资。诸蛮陬俚洞,霑沐王化者,各随轻重,收其赕物,以裨国用。又岭外酋帅,因生口翡翠明珠犀象之饶,雄于乡曲者,朝廷多因而署之,以收其利。历宋、齐、梁、陈,皆因而不改。其军国所须杂物,随土所出,临时折课市取,乃无恒定法令。列州郡县,制其任土所出,以为征赋。其无贯之人,不乐州县编户者,谓之浮浪人,乐输亦无定数,任量,准所输,终优于正课焉"④。赋役制度的不固定必然影响国家的财政收入,因此制定相应的赋役制度就被提上了日程。

固定的赋役制度首先要明确户籍。因此,南朝继续进行土断政策,即撤销侨州郡县和侨籍,让侨户和原所在地民户同样依所在地户籍并负担赋役。这在陈朝有比较典型的例子。《南朝陈会要》中说:"文帝天

① 高贤栋:《南北朝乡村社会组织研究》,山东大学出版社2008年版,第214页。
② 高贤栋:《南北朝乡村社会组织研究》,山东大学出版社2008年版,第61页。
③ 高贤栋:《南北朝乡村社会组织研究》,山东大学出版社2008年版,第8页。
④ 魏征、令狐德棻撰:《隋书》卷二十四《志第十九·食货》,中华书局1973年版,第673—674页。

嘉元年(560)七月乙卯诏,亡乡失土逐食流移者,今年内随其适乐,来岁不问侨旧,悉令着籍,同土断之例。"对于"侯景以来遭乱,移在建安、晋安、义安郡者,并许还本土"。"宣帝太建二年(570)八月甲申诏,籍有巧隐,并王公百司辄受民为程荫,解还本属,开恩听首。在职治事之身,须递相检示,有失不推,当局任罪。令长代换,具条解舍户数,付度后人。户有增进即加擢赏,若致减散,依事准结。""太建十一年(579)三月丁未,诏淮北义人率户口归国者,建其本属旧名,置立郡县,即隶近州,赋给田宅。唤订一无所预。"①这一系列举措对于厘定户籍、增加赋税具有重要意义。

公元570年,陈宣帝又下诏颁布赋役征派办法。"有能垦起荒田,不问顷亩少多,依旧蠲税。"②"荒境自拔,不问远近,并蠲课役。"③"有梁之季,政刑废缺。役赋征徭,尤为烦刻。大陈御宇,拯兹余弊,便可删革,去其甚泰,冀永为定准,令简而易从。自今维作田,值水旱失收,即列在所,言上折除,军士年登六十,悉许放还。巧手于役死亡及与老疾,不劳订补。"④固定赋役是为了维持国家的正常运转;而蠲免赋役,则能调动百姓参与垦荒的积极性。

重视农桑是传统封建王朝的统一特征。南朝各代皇帝亦不例外,如陈朝皇帝大部分重视农桑。"文帝天嘉元年(560)三月丙辰,诏守宰明加劝课,务急农桑。八月壬午,诏班宣远近,并令播种,亲临劝课,务使及时。""宣帝太建六年(574)四月辛丑,诏青齐旧隶胶光部落,可遣大使劝课,士女随近耕种。""十四年(582)三月辛亥,后主诏曰:今阳和在节,膏泽润下,宜展春耨,以望秋抵,其有新辟塍畎,进垦蒿莱,广袤勿得度量,征租悉皆停免,私业久废,咸许占作,公田荒纵,亦随肆勤。傥良守教耕,淳民载酒,有兹督课,议以赏擢。外可为格班下,称朕意焉。"⑤不可否认,统治者的重视是农业发展的重要保障。

在历朝历代,赦免税赋与恩赐之举也是稳定乡村秩序的重要举

---

① 朱铭盘:《南朝陈会要》《民政·户籍》,稿本,原书无页码。
② 朱铭盘:《南朝陈会要》《民政·垦田》,稿本,原书无页码。
③ 朱铭盘:《南朝陈会要》《民政·新附》,稿本,原书无页码。
④ 朱铭盘:《南朝陈会要》《民政·徭役》,稿本,原书无页码。
⑤ 朱铭盘:《南朝陈会要》《食货·督劝农桑》,稿本,原书无页码。

措之一。这在陈朝多有记载。"武帝永定元年(557)十月乙亥即皇帝位,赐鳏寡孤独不能自存者,人谷五斛。""文帝天嘉元年(560)正月癸丑改元,大赦,诏鳏寡孤独不能自存立者,赐谷人五斛。八月壬午,诏守宰亲临劝课,务使及时,其有尤贫,量给种子。""六年(556)正月甲午皇太子加元服,鳏寡孤独不能自存者,谷人五斛。""宣帝太建元年(569)正月甲午即位,大赦,鳏寡孤独不能自存者,人赐谷五斛。""后主至德二年(584)七月壬午,皇太子加元服,鳏寡癃老不能自存者,人谷五斛。"①这种情形在江苏亦有事迹可循。"宋文帝元嘉十二年(435)六月,丹阳淮南吴兴义兴大水,赐米谷百万斛,八月原除诸郡逋负。""齐武帝永明五年(487)七月,诏原丹阳属县积年逋租。""陈宣帝太建十二年(580)亢旱,诏丹阳吴兴晋陵建兴义兴东海等十郡,即年田赋禄秩各原半,其丁租半,申至来岁秋登。"②由此可见,赦免税赋与恩赐之举一般是在国家发生重大政治事件之际,诸如以上所示之新皇帝即位、太子加元服等。

无论统治者针对乡村采取何种举措,其目标基本都是一致的。所谓"民安于农,盗贼止息""训之德礼以移其风,示之轨仪以移其俗""井遂有辨,闾伍无杂""尽力三时,黔首之所克济。各修其分,谓之有序",最终都是"稳定统治、纳税征役"③。南朝宗族的功能与北朝雷同。"南北朝乡村宗族的这些功能在整合社会、维护民间秩序方面发挥了巨大作用,确保了乡村社会的有序运转,填补了传统国家因受政治资源限制而留下的权力真空,体现出乡村宗族强大的自治功能。"④

虽然南北朝时期的乡村治理采取了不少革新举措,但对这一时期基层社会治理的实况,后人评价仍然不高,"战乱相寻,以言成绩,无足称道"⑤。

---

① 朱铭盘:《南朝陈会要》《民政·赈贷》,稿本,原书无页码。
② 嘉庆《溧阳县志》卷六《食货志·蠲恤》,第59页。
③ 吴海燕、冯殿羽:《魏晋南北朝"什伍"之制与乡村社会控制》,《郑州大学学报(哲学社会科学版)》2003年第2期,第140页。
④ 高贤栋:《南北朝乡村社会组织研究》,山东大学出版社2008年版,第215页。
⑤ 陈柏心:《中国的地方制度及其改革》,广西建设研究会1939年版,第13页。

第四节　魏晋南北朝乡里制度的革新

在中国乡村治理转型的进程中,魏晋南北朝是一个十分重要的转型期。传统乡里制度虽然延续,但因为"村落"的普及并在乡村治理中发挥了实际作用,乡村治理体系中存在名与实的差距。"一般说来,魏晋南北朝在较长动乱时期的典型乡村居住形式是堡坞垒壁,而一旦政局有相对较长稳定时期则会采用或推行乡里制度,民众居住当以没有防御功能的聚落为主。从乡村民众居住形态来看,魏晋南北朝时期在防御性坞堡垒壁与普通村落里居的纠结之中,反映出动乱时期政府对前者的管控十分有限,乃至有时完全失控,而对后者则能进行有效管控,从中亦可见'里'级管理向'村'级下移之趋势。"①关于村的产生问题,赵秀玲的推测更具说服力:"由于这一时期社会处于动荡期,乡里百姓多背乡离井,四处逃难,这样,原来的'里'就多有废弛者。随着新地的开发,也随着人数的增加,久而久之,就形成了新的聚落,这些新的区域往往与原来的'里'不同,被冠以'村'名。一般来说,在没有受到严重破坏的城镇中多留有'里',而在城镇与山野之间的地带'里'与'村'往往并存,那么,在穷乡僻壤或新垦区则以村居多。"②这一点在晋代如此,在南北朝时期依然如此。

针对这一转型时期乡里制度的变迁,除了中国学者的研究外,日本学者的研究尤其值得重视。堀敏一认为汉代之前的"里"实际包含行政村与自然村两种组织(虽然此时还没有"村"的名称),行政村主要在城,其形成是国家设计的产物;自然村则是"民众展开生活并互助合作的"自然的结果。但"里"在东汉末年逐渐解体,根本原因是"里民之间相互平等的体制的崩溃所引起的阶层分化",而"东汉末期的动乱导致了'里'制度的最终解体"③。里的解体必然需要新的事物来替代,这就是

---

① 汤勤福:《魏晋南北朝乡村聚落的变迁》,《中州学刊》2020 年第 8 期,第 124 页。

② 赵秀玲:《中国乡里制度》,社会科学文献出版社 2002 年版,第 19 页。

③ 堀敏一:《魏晋南北朝时代的"村"》,常建华主编《中国乡村社会史名篇精读》,上海教育出版社 2020 年版,第 45 页。

"村"。魏晋时期,中国始有"村"的提法。但"里"并非全部消失,村、里并存也许才是当时实际的状态。与以往的里不同,村一般远离政治中心,村、里的并存其实揭开了中国城乡分离的历史。宫崎市定认为:"在魏晋南北朝至隋唐时期,为了让聚落内部民众相互监视、彼此承担连带责任,实施了由五个家庭组成'保'或'保伍'的制度。"①

当论及魏晋南北朝时期村的内部构造时,堀敏一认为,豪族在村中发挥着非常重要的作用,他们往往以领导者的身份存在。在同族中,血缘关系发挥着重要作用。特别是豪族遵守着基本的伦理规范,通过对宗族、乡党的救济,从而获得同族的支持。而对于外来融入的群体,则需要通过推举的方式获得权力的合法性。一旦被推举出来,就会制定相应法令和制度,共同遵守。另外,在战乱年代,以军事起家的豪族通过归顺、武力征服等方式形成的村落,也反映了村内构造的一种关系。

以上讨论为人们进一步认识魏晋南北朝时期乡村治理体系的变化提供了新的视角。

① 堀敏一:《魏晋南北朝时代的"村"》,常建华主编《中国乡村社会史名篇精读》,上海教育出版社 2020 年版,第 47 页。

第二编

职役制阶段的江苏乡村治理

自隋唐至明清，中国乡村治理的主要特色是基层行政人员的职役化。那么，职役制与乡官制到底有哪些不同呢？一是性质不同。乡官制中的基层管理人员具有"官"的身份，而职役制中的基层管理人员归根到底则为"民"。"周制乡鄙置大夫，汉世乡亭置吏，皆有教养之责。凡户口之登耗，田赋之多寡轻重，籍于乡者，详则一邑之典，粲如也。乡鄙各举其职而邑总其成，裕如也。今之乡都名略同而实大异，所置里胥，供役而已。"①这一变化恰恰是从隋唐开始的。二是基层管理人员的产生方式不同。乡官制中的基层管理人员或由民众推选，或由郡县派遣，而职役制中的基层管理人员多由派定。"隋氏罢乡官，革自辟，调选人，改荐举，纷纷更易，尽以私弊防天下之人。"②三是任期不同。乡官一旦任命则没有一定的任期；而职役制中的管理人员则采取定期轮换制。唐文基认为，"从秦汉到唐初，担任'有秩''啬夫''里正'等的乡官，职位较高，权力较大。中唐以后，随着大地主土地私有制的发展，由官府委吏征赋的办法，变成了由地主承当征赋职责。……里正（由地主担任）从唐初以前是官府委任的乡官，一变为按财力佥派的差役，社会地位明显下降"③。总之，职役制之下，基层管理人员的地位日趋下降，人们常常可以看到这些人因为轮差而破产的现象，这在隋唐之前是很少有的。

---

① 乾隆《常昭合志》卷之四《乡都》，第 53 页。
② 顾炎武著，黄汝成集释，栾保群、吕宗力校点：《日知录集释》上，上海古籍出版社 2014 年版，第 189 页。
③ 唐文基：《明代赋役制度史》，中国社会科学出版社 1991 年版，第 6—7 页。

第四章　隋唐时期的江苏乡村治理

　　隋唐时期,乡村治理从乡官制向职役制过渡。马端临指出,隋代之前,"乡长里正非役也"。但隋唐之后,情形发生了大的变化,"虐用其民为乡长里正者,不胜诛求之苛,各萌避免之意,而始命之曰户役矣。唐宋而后,下之任户役者,其费日重;上之议户役者,其制日详。于是曰差曰雇曰役,纷纭杂袭而法出奸生,莫能禁止"[①]。隋代废除了乡官制,而唐代乡村治理体系则正式向职役制过渡。

第一节　隋唐时期的乡里制度

一、隋代的保闾族里党制

　　隋代县级政权建制主要沿袭前朝旧制。"隋、唐之制,亦渊源于魏、周焉。"[②]"县,置令,丞,尉,正,光初功曹,光初主簿,功曹,主簿,西曹,金、户、兵、法、士等曹佐,及市令等员。"县仍分为九等,但人数与前朝略有不同。如上上县共有九十九人,上中县九十五人,上下县九十人、中上县八十人、中中县七十五人、中下县七十人、下上县五十八人、下中县

---

① 马端临:《文献通考·自序》,浙江古籍出版社 1998 年版影印,第 9 页。
② 柳诒徵:《中国文化史》上,上海三联书店 2007 年版,第 412 页。

五十二人、下下县四十七人。① 人数的增加是县级政权职能进一步复杂化的直接体现。

至于县级以下的行政机构，隋代发生了重大变化。隋文帝时，颁布新的法令，取消乡官制度。"开皇十五年（595），罢州郡乡官，即为保间族里党制，……顾隋行斯制之目的，乃在以相检察，维护地方治安，他如抽丁计税之作用，未尝寓焉。"②可见隋代地方制度最大的变化是废除乡官制度，推行保间族里党制。

废除乡官制一度引发朝臣的争论。吏部尚书苏威是乡官制度的维护者，他认为应"置五百家乡正，令理人间词讼"。但内史令李德林认为，"本废乡官判事，为其里间亲识，判断不平，今令乡正专理五百家，恐为害更甚。且今时吏部总选人物，天下不过数百县，于六七百万户内铨简数百县令，犹不能称其才，乃欲于一乡之内选人能理五百家者，必恐难得。又即要荒小县有不至五百家者，复不可令两县共管一乡"。就当时的情形来看，大部分人认同李德林的建议。隋文帝十年（590），大将军虞庆巡查关东诸道，回朝后上奏说："五百家乡正专理词讼，不便于人。党与爱憎，公行货贿。"由此可见，废除乡官制的理由，一是认为乡的规模设置太大；二是强调行政人才不易得；三是由于乡官品德得不到保证。总之，乡官体制不利于基层社会的治理，废除是大势所趋。

废除乡官之后，隋代开始推行保间族里党制。保间族里党制有畿内、畿外之分。③ 这一点与乡遂制度有些类似。在畿内，五家为保，五保为间，四间为族，保有保正、间有间正、族有族正。畿外则设置家、保、里、党的层级，"里正比间正、党正比族正，以相检察"④。保间族里党主要负责地方治安，抽丁计税另有其人。

抽丁计税的前提是厘定户口。由于隋初存在"投机奸伪，避役惰游"与"诈老诈小，规免租赋"的现象，隋文帝"令州县大索貌阅，户口不

---

① 魏徵、令狐德棻撰：《隋书》卷二十八《志第二十三·百官下》，中华书局 1973 年版，第 783—784 页。

② 闻钧天：《中国保甲制度》，直学轩 1933 年发行，第 124—125 页。

③ 魏徵、令狐德棻撰：《隋书》卷二十四《志第十九·食货》，中华书局 1973 年版，第 677 页。如北齐的基层政权组织："十家为比邻，五十家为间里，百家为族党。"

④ 魏徵、令狐德棻撰：《隋书》卷二十四《志第十九·食货》，中华书局 1973 年版，第 680 页。

实者,正长远配,而又开相纠之科"。同时,"兼令析籍,各为户头,以防容隐"①。以上举措产生不错的效果。

在征收赋税时,宰相高颍认为:"人间课输,虽有定分。年常征纳,除注恒多,长吏肆情,文帐出没,复无定簿,难以推校,乃为输籍定样,请徧下诸州,每年正月五日,县令巡人,各随便近,五党三党,共为一团,依样定户上下。"②通过输籍定样,则可以有效地减少赋税征收过程中的弊病。

至于赋税征收的形式及数量,隋代也有非常细致的规定:"丁男、中男永业露田,……并课树以桑榆及枣。其园宅,率三口给一亩,奴婢则五口给一亩。丁男一床,租粟三石。桑土调以绢絁,麻土以布绢。絁以匹,加绵三两;布以端,加麻三斤。单丁及仆隶各半之。"③但也有不征收赋役的特殊情况:"未受地者皆不课。有品爵及孝子顺孙义夫节妇,并免课役。"④征收赋税是国家的权力,而缴纳赋税自然属于人民的义务。不征收赋税的特例显然有倡导"公序良俗"的意图,社会治理的意义不言自明。

二、唐代坊野分治与保邻里乡制

至唐代,县级政权的建制发生了更加明显的变化。就县的等级而言,从九等减为六等。⑤ 分别为京县、畿县、上县、中县、中下县、下县。具体而言,京县主要包括长安、万年、河南、洛阳、太原、晋阳六县。而京兆、河南、太原所管各县称畿县。其他各州所属县分别被划分为上县、中县、中下县、下县。这种划分方式比隋代更加简洁。就诸州所属各县的编制来看,从上县到下县,依次递减。上县有县令一人,县丞一人,主簿一人,县尉二人,录事二人,司户、司法、仓督二人,典狱十人,问事四

<hr>

① 魏徵、令狐德棻撰:《隋书》卷二十四《志第十九·食货》,中华书局 1973 年版,第 681 页。
② 魏徵、令狐德棻撰:《隋书》卷二十四《志第十九·食货》,中华书局 1973 年版,第 681 页。
③ 魏徵、令狐德棻撰:《隋书》卷二十四《志第十九·食货》,中华书局 1973 年版,第 680 页。
④ 魏徵、令狐德棻撰:《隋书》卷二十四《志第十九·食货》,中华书局 1973 年版,第 680—681 页。
⑤ 李治安等人认为,唐代的县是按照户口数和地位轻重来划分的,前者分为上、中、中下、下四个等级,后者分为京(或赤)、畿、望、紧四个等级。(李治安主编:《唐宋元明清中央与地方关系研究》,南开大学出版社 1996 年版,第 20 页。)"望""紧"的标准是唐代开始的,还是宋代才有的? 值得进一步探讨。

人,直白十人,市令一人,博士一人,助教一人,学生四十人。中县有县令一人,县丞一人,主簿一人,县尉一人,录事一人,司户、司法、仓督一人,典狱八人,问事四人,直白八人,博士一人,主教一人,学生二十五人。中下县有县令一人,县丞一人,主簿一人,县尉一人,录事一人,司户、司法、典狱六人,问事四人,直白八人,市令一人,博士一人,助教一人,学生二十五人。下县有县令一人,县丞一人,主簿一人,县尉一人,录事一人,司户、司法、典狱六人,问事四人,直白八人,市令一人,博士一人,助教一人,学生二十人等。①

唐代各县虽分别设县令、县丞、主簿、县尉等职,但品级与人数因县的等级不同而存在不小的区别。其中以京县各职品级最高,如其县令为正五品上、县丞为从七品上、主簿为从八品上、县尉为从八品下,另设主簿二人,这一职位是其他类型的县所没有的。县令的职掌非常广泛,包括"掌导风化,察冤滞,听讼狱。凡民田收授,县令给之。每岁季冬,行乡饮酒礼。籍帐、传驿、盗贼、堤道,虽有专官,皆通知"。"县丞为之贰,县尉分判众曹,收率课调。"②主簿则"掌付事勾稽,省署钞目,纠正县内非违、监印、给纸笔之事"。司户、司法为各县的主要职能机构,前者负责国家赋役的征发,后者掌管刑狱。博士负责教育等。③

唐代的基层社会制度有两个比较明显的特征。一是继承北魏的坊野分治。"在邑居者为坊,在野居者为村。村坊邻里,递相督察"④。有论者认为,"唐代推行城乡分治的管理方式,是村落发展史上的重要节点"⑤。坊置坊正一人,村置村正一人。"其村满百家增置一人,掌同坊正,其村居如满十家者,隶入大村,不须别置村正。"⑥在坊野分治的情况下,村正的职权与坊正同。从坊正的选择及职权大体可以推知村正的选择与职权。坊正人选,"县司选勋官六品以下白丁清平强干者充";

① 刘昫等撰:《旧唐书》卷四十四《志第二十四·职官三》,中华书局 1975 年版,第 1920—1921 页。
② 欧阳修、宋祁撰:《新唐书》卷四十九下《志第三十九下·百官四下》,中华书局 1975 年版,第 1318—1319 页。
③ 李治安主编:《唐宋元明清中央与地方关系研究》,南开大学出版社 1996 年版,第 20 页。
④ 刘昫等撰:《旧唐书》卷四十八《志第二十八·食货上》,中华书局 1975 年版,第 2089 页。
⑤ 谷更有、王文兵:《唐宋时期的村落与乡村治理研究》,中国社会科学出版社 2022 年版,第 61 页。
⑥ 刘昫等撰:《旧唐书》卷四十三《志第二十三·职官二》,中华书局 1975 年版,第 1825 页。

"若当里无人,听于比邻里简用,其村正取白丁充,无人处,里正等并通取十八岁以上中男,残废等免充"①。坊正的职权包括掌坊门管钥,督察奸非;坊正的待遇是"并免其课役"。二是唐代基层组织为"户—里—乡""家—邻—保"。据《文献通考》记载,其进制"以百户为里,五里为乡;四家为邻,五邻为保"②。也就是说,每保为二十户,五保组成一里。有论者认为,唐代的乡级政权仍然是一级实体组织,但后来乡长被废除,乡政由五个里正共同负责。③里正的主要职能是按比户口,课植桑农,检察非法,催驱赋役。里正的人选,规定非常严格。④保邻作为乡里以下的组织,往往不设正长。"除乡与里,设正一人外,余如保邻二者,皆不设置正长。"⑤邻保的功能在于"以相禁约"⑥。具体而言,一是相互监督;二是分摊逃户赋税。⑦结果导致邻保负担大大加重。

　　广德二年(764),朝廷下令,"天下户口委刺史、县令据见在实户,量贫富等第科差,不得依旧籍帐"。大中九年(855),"诏以州县差役不均,自今每县据人贫富及役轻重作差科簿,送刺史检署讫,炼于令厅,每有役事,委令据簿轮差"⑧。此时,乡官的身份逐渐由"官"向"役"转变。基层职员的职役化致使愿意担差的人逐渐减少,甚至出现为避差逃亡的现象。景云二年(711),监察御史韩琬在上疏中提道:"往年两京及天下州县学生、佐史、里正、坊正,每一员阙,先拟者辄十人。顷年差人以充,犹致亡逸,即知政令风化渐以敝也。"⑨至大中九年(855),政府采取轮差的方式,其依据则是"每县据人贫富及役轻重"而制作差科簿。有学者

---

① 刘昫等撰:《旧唐书》卷四十三《志第二十三·职官二》,中华书局1975年版,第1825页。
② 按此计算,闻钧天在《中国保甲制度》中唐代"三家为保"(直学轩1933年发行,第127页)的说法应该有误,应该是二十家为保。
③ 参见杜文玉:《乡官选任方式为何在唐代发生变化》,《人民论坛》2020年第23期。
④ 马端临撰:《文献通考》卷十二《职役考一·历代乡党版籍职役》,浙江古籍出版社1988年影印版,第23页。
⑤ 闻钧天:《中国保甲制度》,直学轩1933年发行,第127页。
⑥ 刘昫等撰:《旧唐书》卷四十三《志第二十三·职官二》,中华书局1975年版,第1825页。
⑦ 参见杜文玉:《乡官选任方式为何在唐代发生变化》,《人民论坛》2020年第23期。
⑧ 马端临撰:《文献通考》卷十二《职役考一·历代乡党版籍职役》,浙江古籍出版社1988年影印版,第24、25页。
⑨ 马端临撰:《文献通考》卷十二《职役考一·历代乡党版籍职役》,浙江古籍出版社1988年影印版,第24页。

认为:"唐宣宗大中九年是中国乡里制度演变的转折点,它标志着中国的乡里制度由乡官制向职役制转变,而乡里组织领袖的选任则由以德才为主要标志的荐任制和选任制向以财力为主要标准的轮差制转变。"①

丁口是授田和缴纳赋税的主要依据。唐代计算丁口的方式如下:"男女始生者为黄,四岁为小,十六为中,二十一为丁,六十为老。每岁一造记账,三年一造户籍。"有时又以十八为中,二十二为丁。② 丁不分男女,也许更能彰显唐代男女平等的精神。

唐高祖武德七年(624),制定量田及授田之法,"五尺为步,步二百四十为亩,亩百为顷。丁男、中男给一顷,笃疾、废疾给四十亩,寡妻妾三十亩。若为户者加二十亩。所授之田,十分之二为世业,八为口分。世业之田,身死则承户者便授之;口分,则收入官,更以给人"③。

至于赋役征派的办法,唐代最初实行租庸调制。此制实由北魏之均田制演变而来。④ "唐之始时,授人以口分、世业田,而取之以租、庸、调之法,其用之也有节。"⑤在租庸调制下,"每丁岁入租粟二石。调则随乡土所产,绫绢絁各二丈,布加五分之一。输绫绢絁者,兼调绵三两;输布者,麻三斤。凡丁,岁役二旬。若不役,则收其庸,每日三尺。有事而加役者,旬有五日免其调,三旬则租调俱免。通正役,并不过五十日"⑥。

租庸调制的精神在轻徭薄赋。"以租而言,孟子在战国时,以什一之税为王者之政;而汉制则什五税一,常收半租,则为三十税一。若以亩收一石计,唐制只是四十税一,较之汉制更轻更为宽大。以庸而言,汉制更役一岁一月,唐则只二十天,只有汉三分之二。调输布帛,与汉口赋骤难相比。惟西晋户调,丁男之户,岁输绢三匹、绵三斤,比唐多六倍。北魏均田,一夫一妇调帛一匹,比唐亦多一倍。"⑦因此,租庸调制能

---

① 赵秀玲:《中国乡里制度》,社会科学文献出版社 2002 年版,第 78 页。
② 刘昫等撰:《旧唐书》卷四十八《志第二十八·食货上》,中华书局 1975 年版,第 2089 页。
③ 刘昫等撰:《旧唐书》卷四十八《志第二十八·食货上》,中华书局 1975 年版,第 2088 页。
④ 钱穆:《国史大纲》上册,商务印书馆 2009 年版,第 406 页。
⑤ 欧阳修、宋祁撰:《新唐书》卷五十一《志第四十一·食货一》,第 1341—1342 页。
⑥ 刘昫等撰:《旧唐书》卷四十八《志第二十八·食货上》,中华书局 1975 年版,第 2088 页。
⑦ 钱穆:《国史大纲》上册,商务印书馆 2009 年版,第 407 页。

够成就农民比较宽舒安逸的生活。

至于赋税征收的实际状况。"凡里有手实,岁终具民之年与地之阔狭,为乡帐。乡成于县,县成于州,州成于户部。……国有所须,先奏而敛。凡税敛之数,书于县门、村坊,与众知之。水、旱、霜、蝗耗十四者,免其租;桑麻尽者,免其调;田耗十之六者,免其调;耗七者,课役皆免。凡新附之户,春以三月免役,夏以六月免课,秋以九月课役皆免。徙宽乡者,县复于州,出境则复于户部,官以闲月达之。"①唐代统治者亦有蠲赈的现象,如"唐德宗贞元八年七月,江淮大水,遣官宣抚""穆宗长庆三年,江南旱,遣使宣抚",等等。② 但这里只能看到"宣抚"一词,至于如何使民得到实惠,却无法详知。

另外,民户根据资产多寡被分为九等,"三年一造户籍。凡三本,一留县,一送州,一送户部。常留三比在州县,五比送省"③,"每三年,县司注之,州司复之"④。既然是按等征税,"量贫富等第科差",所以有不少富贾大户与地方官请托,希望降低户等。为保障赋役征派,唐代不断调整征税征丁方面的规定。如天宝元年(742),"如闻百姓之内,有户高丁多,苟为规避,父母见在,乃别籍异居。宜令州县勘会。其一家之中,有十丁已上者,放两丁征行赋役;五丁已上,放一丁。即令同籍共居,以敦风教。其侍丁孝假,免差科"。也就是说,凡是规避国家义务的,如果户高丁多,则采取别籍异居的方式;凡是能够按照正常要求履行国家义务的,可以同籍共居。广德元年(763),又规定"一户之中,三丁放一丁。庸调地税,依旧每亩税二升"。永泰元年(765),又有大臣奏请,"每十亩官税一亩"。大历四年(769),又根据户等而设置不同的税钱,"上上户

---

① 欧阳修、宋祁撰:《新唐书》卷五十一《志第四十一·食货一》,中华书局1975年版,第1343页。唐代的乡又分狭乡与宽乡,"田多可以足其人者为宽乡,少者为狭乡。狭乡授田,减宽乡之半"。另外,"其地有厚薄,岁一易者,倍授之。宽乡三易者,不倍授。工商者,宽乡减半,狭乡不给。凡庶人徙乡及贫无以葬者,得卖世业田。自狭乡而徙宽乡者,得并卖口分田。已卖者,不复授。死者收之,以授无田者。凡收授皆以岁十月。授田先贫及有课役者。凡田,乡有余以给比乡,县有余以给比县,州有余以给近州"。欧阳修、宋祁撰:《新唐书》卷五十一《志第四十一·食货一》,中华书局1975年版,第1342页。

② 乾隆《上元县志》卷八《民赋下·蠲赈》,第4页。

③ 杜佑:《通典》卷三《食货三·乡党》,北宋本,第14页。

④ 刘昫等撰:《旧唐书》卷四十八《志第二十八·食货上》,中华书局1975年版,第2089页。

四千文,上中户三千五百文,上下户三千文;中上户二千五百文,中中户二千文,中下户一千五百文;下上户一千文,下中户七百文,下下户五百文"①。制度的不断变化,恰恰说明其存在的困难,也是后来租庸调制为两税法所取代的某种前兆。

至唐中后期,方镇叛乱,制度败坏,用度大增,"口分、世业之田坏而为兼并,租、庸、调之法坏而为两税"②。"租庸调之法,以人丁为本。自开元以后,天下户籍久不更造,丁口转死,田亩卖易,贫富升降不实。"遂至无法推行,结果被两税法取代。"自代宗时,始以亩定税,而敛以夏秋。至德宗相杨炎,遂作两税法,夏输无过六月,秋输无过十一月。置两税使以总之,量出制入。户无主、客,以居者为簿;人无丁、中,以贫富为差。商贾税三十之一,与居者均役。"③但人们对新法颇有微词。

第二节　隋唐时期的仓库制度

一、隋代义仓的建立

仓库制度在隋代有了新的发展,其中最主要的变化是义仓制度的倡导。"义仓为民间自组之慈善机关,分富赈贫,其利合义,故曰义仓。其谷物依于富豪巨室之慨捐,或由民间自由之愉纳,设遇水旱饥荒,即以此谷周济灾民。义仓之建制稍稍迟于常平仓,历两汉、三国、晋、南北朝各代,虽代有水旱饥荒,开仓赈民之举,但义仓之名,实肇于隋代。"④

公元585年,度支部尚书长孙平上疏说:"言经国之理,须存定式,奏令诸州劝课军民,共于当社立义仓。收获之日,随所得出粟麦,委社司检校,以备水旱。遂诏天下州县置社仓,准上中下三等税。上户一

---

① 刘昫等撰:《旧唐书》卷四十八《志第二十八·食货上》,中华书局 1975 年版,第 2091—2094 页。
② 欧阳修、宋祁撰:《新唐书》卷五十一《志第四十一·食货一》,中华书局 1975 年版,第 1341—1342 页。
③ 欧阳修、宋祁撰:《新唐书》卷五十二《志第四十二·食货二》,中华书局 1975 年版,第 1351 页。
④ 于佑禹编著:《中国仓储制度考》,正中书局 1948 年印行,第 60 页。

石,中户七斗,下户四斗。"①此是隋代设置义仓之始,因为义仓立于社,所有又称之为社仓。也就是说,在义仓诞生之初,其就与社仓出现混称,以至于造成后人的误会。朱熹就认为社仓制度发生于隋唐。"隋唐所谓社仓者,亦近古之良法也"②。而朱熹所说的社仓实际上是指义仓。"宋朝以前全是义仓,而当时也有时把义仓呼为社仓;而宋朝以后,则有时把社仓呼为义仓,也有时把义仓呼为社仓;社仓和义仓的用语,在沿革上常相混同。"③

延至后代,义仓与社仓的区别逐渐明显。义仓是"依富者的义捐或特别课税,收集米谷,由官府管理之,在便利重要的地方设置仓库而贮藏之,待必要时,散出以赈济贫民"。而社仓"乃多数人民任意的结合,按其身分凑出适当的米谷,即贮藏其所居住的村庄上,由设立者公举管理人,以自治的处理其事务"。④ 由此可见,无论是地点的选择、仓库的管理,还是仓本的筹集,义仓与社仓均有所不同。

从词汇学上讲,义仓之得名,主要在于"义"字。从仓本来源来看,最初采取劝募的方式,主要由殷实人家任意捐输,这大概是义仓之所以得名的第一种原因。但劝募的方式很难确保仓本来源的稳定性,最终结果往往导致义仓陷入有名无实的困境,开皇十五年(595)朝廷下诏,"本置义仓,止防水旱,百姓之徒,不思久许,轻而费损,于后乏绝"⑤。至开皇十六年(596),义仓仓谷主要来源发生变化,改为随粮带征,"准上中下三等税,上户不过一石,中户不过七斗,下户不过四斗"⑥。一旦义仓仓本变为特别课税,就使义仓仓本具有了可持续性,也就增强了义仓制度的延续性。但仓本来源一旦变为随粮带征,义仓的管理权就逐渐掌握于政府,在一定程度上影响义仓的灵活性。隋炀帝时,征发越来越严重,"百姓废业,屯集城堡,无以自给。然所在仓库,犹大充牣,吏皆惧

① 魏祝亭:《一是纪始》第三类,上海会文堂书局1925年版,第6页。又见《隋书》卷二十四《志第十九·食货》,中华书局1973年版,第684页。
② 俞森:《社仓考》,商务印书馆1939年版,第3页。
③ 东方杂志社编:《农荒豫防策》,商务印书馆1923年版,第56页。
④ 东方杂志社编:《农荒豫防策》,商务印书馆1923年版,第55页。
⑤ 魏徵、令狐德棻撰:《隋书》卷二十四《志第十九·食货》,中华书局1973年版,第685页。
⑥ 魏徵、令狐德棻撰:《隋书》卷二十四《志第十九·食货》,中华书局1973年版,第685页。

法,莫肯赈救,由是益困"①。

对于隋代义仓的效果,后人评价说,"故隋开皇立制,天下之人,节级输粟,多为社仓,终于文皇,得无饥馑",但至隋炀帝中期,"国用不足,并贷社仓之物,以充官费,故至未涂,无以支给"。② 但劝募与随粮带征两种筹集仓本的方式给人们提供了重要启发,常为后代所效法。

虽然人们对义仓与社仓的名与实存在争论,但对其功能的认知基本一致。统治者倡导仓储制度是为了赈救贫民,而赈救贫民是为了维护统治秩序。从乡村治理的角度出发,义仓的存在的确有助于乡村社会的稳定。

二、唐代义仓的兴废

唐承隋制,社仓与义仓往往混称,且多以义仓命名。陆曾禹认为,唐代所输谷粟,皆纳入义仓。"所在为义仓,则与社仓无异也。"③"社仓与义仓同以防荒救穷为目的,世人以其任务相同,颇多混用,实则义仓为富者救济贫民之机关,社仓乃农民未雨绸缪之设置,经由地方团体主持,用备救济借放,固一纯粹之信用合作组织,两者之意义殊不相同也。考社仓原为隋长孙平所建置之义仓,其后改变办法,移设州郡,转为官办,并按亩随赋征纳社本,顿失当社置仓由民经营之原意。"④

武德元年(618)九月,有社仓的设置。⑤"有凶荒则有社仓赈给,不足则徙民就食诸州。"⑥自贞观二年(628)始,开始讨论义仓的设置问题。尚书左丞戴胄上书说:"水旱凶灾,前圣之所不免。国无九年储蓄,《礼经》之所明诫。今丧乱之后,户口凋残,每岁纳租,未实仓廪。随时出给,才供当年,若有凶灾,将何赈恤?……今请自王公已下,爰及众庶,计所垦田稼穑顷亩,至秋熟,准其见在苗以理劝课,尽令出粟。稻麦之乡,亦同此税。各纳所在,为立义仓。若年谷不登,百姓饥馑,当所州

---

① 魏徵、令狐德棻撰:《隋书》卷二十四《志第十九·食货》,中华书局1973年版,第688页。
② 刘昫等撰:《旧唐书》卷四十九《志第二十九·食货下》,中华书局1975年版,第2122页。
③ 陆曾禹:《康济录》卷二,出版信息不详,第104页。
④ 于佑禹编著:《中国仓储制度考》,正中书局1948年印行,第86页。
⑤ 刘昫等撰:《旧唐书》卷四十九《志第二十九·食货下》,中华书局1975年版,第2122页。
⑥ 欧阳修、宋祁撰:《新唐书》卷五十一《志第四十一·食货一》,中华书局1975年版,第1344页。

县,随变取给。"①户部尚书韩仲良上奏说:"王公已下垦田,亩纳二升。其粟麦粳稻之属,各依土地。"②朝廷皆如所请,并规定"宽乡敛以所种,狭乡据青苗簿而督之。田耗十四者免其半,耗十七者皆免之。商贾无田者,以其户为九等,出粟自五石至于五斗为差。下下户及夷獠不取焉。岁不登,则以赈民;或贷为种子,则至秋而偿"③。

于是,天下州县开始设置义仓,每逢饥馑则开仓放赈。唐高宗、武则天在位期间,义仓粮谷不准杂用。但后来"公私窘迫,渐贷义仓支用"。至唐中宗时,义仓所藏全部用尽。④ 此后,义仓又有复兴。如唐德宗时,尚书李诉认为通过移民救济灾民弊大于利,"既废营生,困而后达,又于国体,实有虚损",因此建议设立仓库,"年丰籴粟,积之于仓,谷贵平价,粜之于民",其效果十分明显,"数年之中,谷积而人足,虽灾不为害也"。⑤

唐代义仓主要采取随粮带征的方式。永徽二年(651),高宗下诏认为,"义仓据地收税,实是劳烦。宜令率户出粟,上上户五石,余各有差"⑥。

但在义仓存续的过程中,仍然经常发生各种各样的弊病:"义仓之制,其来日久。近岁所在盗用没入,致使小有水旱,生人坐委沟壑。永言其弊,职此之由。"⑦而赈济过程中,审批手续过于复杂、审批时间过长等也使义仓难以很好地发挥赈济的功能。

为了防止惠民政策变为累民之源,充分发挥义仓的作用,开元四年(716),朝廷下诏:"诸州县义仓,本备饥年赈给。近年已来,每三年一度,以百姓义仓糙米,远赴京纳,仍勒百姓私出脚钱。自今已后,更不得义仓变造。"⑧元和十三年(818),户部侍郎孟简上奏:"天下州府常平、义

① 刘昫等撰:《旧唐书》卷四十九《志第二十九·食货下》,中华书局1975年版,第2122页。
② 刘昫等撰:《旧唐书》卷四十九《志第二十九·食货下》,中华书局1975年版,第2123页。
③ 欧阳修、宋祁撰:《新唐书》卷五十一《志第四十一·食货一》,中华书局1975年版,第1344页。另一说法,"从戴胄请,诏亩税三升入仓"。魏祝亭:《一是纪始》,上海会文堂书局1925年版,第6页。
④ 刘昫等撰:《旧唐书》卷四十九《志第二十九·食货下》,中华书局1975年版,第2123页。
⑤ 陆曾禹:《康济录》卷二,出版信息不详,第105页。
⑥ 刘昫等撰:《旧唐书》卷四十九《志第二十九·食货下》,中华书局1975年版,第2122—2123页。
⑦ 刘昫等撰:《旧唐书》卷四十九《志第二十九·食货下》,中华书局1975年版,第2127页。
⑧ 刘昫等撰:《旧唐书》卷四十九《志第二十九·食货下》,中华书局1975年版,第2124页。

仓等斛斗,请准旧例减估出粜,但以石数奏申,有司更不收管,州县得专达以利百姓。"①为了使地方官充分重视义仓,唐代还把义仓办理成绩与地方官的考核直接挂钩。长庆四年(824)三月,提出"宜令诸州录事参军,专主勾当。苟为长吏迫制,即许驿表上闻。考满之日,户部差官交割。如无欠负,与减一选。如欠少者,量加一选。欠数过多,户部奏闻,节级科处"②。另外,减少义仓开赈时的中间审批环节则是充分发挥义仓赈灾功能的前提。大中六年(852)四月,户部上奏建议减少常平、义仓赈贷的程序,防止"申奏往复,已至流亡"的现象。"自今已后,诸道遭灾旱,请委所在长吏,差清强官审勘,如实有水旱处,便任先从贫下不支济户给贷。"③

总体来看,隋唐时期的仓库制度往往是义仓、社仓混称。义仓最初多为民间创办,后来则具有比较浓厚的官方色彩。及至宋代,义仓和社仓的分野逐渐明显,义仓主要由政府控制,社仓主要由民间经营。随着社仓管理权向政府倾斜,一是可以感受到政府逐渐集中权力的意图;二是可以看到政府职能不断复杂化的迹象。

---

① 刘昫等撰:《旧唐书》卷四十九《志第二十九·食货下》,中华书局 1975 年版,第 2127 页。
② 刘昫等撰:《旧唐书》卷四十九《志第二十九·食货下》,中华书局 1975 年版,第 2127 页。
③ 刘昫等撰:《旧唐书》卷四十九《志第二十九·食货下》,中华书局 1975 年版,第 2127 页。

第五章　宋元时期的江苏乡村治理

宋代的乡村治理主要通过两个系统，一为官治系统；二为绅治系统。在宋代，官治系统包括县—乡—里—户的垂直设置，保甲制、青苗法的推行最具创新色彩；绅治系统主要包括乡约、仓储等教化、救助体制。在此一阶段，基层行政人员的职役色彩更加浓厚。"号为里正户长者，但责其防贼捕盗，不令与闻地方教治，……不过县令之公役。以视前代之耆长里正，又显有轻重之悬殊，尊卑之异位矣!"①元代的乡村治理主要有两个特征：一是乡里与都图并存，并有以都图取代乡里的趋势；二是村社的设置。另外，义仓、社学的设置同样成为宋元乡村治理过程中不可或缺的重要组成部分。

第一节　宋代乡里保甲制

一、乡里保甲制的设计

宋代县分为七等，分别为赤县、畿县、望县、紧县、上县、中县、下县。一般而言，县设县令、主簿、县尉等职。县令的主要职责是"总治民政、

① 杨天竞：《乡村自治》，曼陀罗馆 1931 年版，第 102 页。

劝课农桑、平决狱讼,有德泽禁令,则宣布于治境。凡户口、赋役、钱谷、振济、给纳之事皆掌握之,以时造户版及催里二税。有水旱则有灾伤之诉,以分数蠲免;民以水旱流亡,则抚存安集之,无使失业。有孝悌行义闻于乡间者,具事实上于州,激劝以励风俗。若京、朝、幕官则为县知事,有戍兵则兼兵马都监或监押"[①]。可见宋代县令职责之繁杂。在这种情况下,就必须设置县丞、主簿、县尉等职务加以辅佐。

最初,各县并未设置县丞一职,后因苏耆请求,先在开封两县设置县丞,主要在幕僚中选择充任,地位在主簿、县尉之上。后来在大县普遍设置。但通观有宋一代,县丞设置并不稳定,一般在户口比较多的大县才增设,小县不设县丞,而由主簿兼任。[②] 县丞的主要职责是协助县令治理全县的事务。

各县是否设置主簿也是根据各县户口来确定的。一般来说,如一县户口超过千户以上,则设置县令、主簿、县尉;如县户口在四百户以上、千户以下,则设置县令、县尉,主簿职务由县令兼任;如县户口在四百户以下,则仅设置主簿、县尉,由主簿兼任知县。咸平四年(1001),川蜀及江南各县普遍设置主簿一职。主簿的主要职权是"掌出纳官物、销注簿书,凡县不置丞,则簿兼丞之事。凡批销必亲书押,不许用手记,仍不许差出,以防销注"[③]。

县尉的设置比较普遍,有的县甚至设置两个(如开封、祥符等县),其地位在主簿之下,但俸禄与主簿同。其职责主要是"掌阅习弓手,缉奸禁暴"[④]。

除了设置县令、县丞、主簿、县尉等职外,各县还根据实际需要设置其他若干专职。如宋代句容县还有八名吏,十名贴司,以及儒学教谕、茅山巡检司巡检、东阳巡检司巡检、县市酒务监务、东阳税务监务、东阳水站提领及副提领、下蜀马站提领及副提领各一人等。[⑤]

县级以下,宋代基层政权可以用"乡里保甲"四个字来总结其特色。

---

① 脱脱等撰:《宋史》卷一百六十七《志第一百二十·职官七》,中华书局 1977 年版,第 3977 页。
② 脱脱等撰:《宋史》卷一百六十七《志第一百二十·职官七》,中华书局 1977 年版,第 3978 页。
③ 脱脱等撰:《宋史》卷一百六十七《志第一百二十·职官七》,中华书局 1977 年版,第 3978 页。
④ 脱脱等撰:《宋史》卷一百六十七《志第一百二十·职官七》,中华书局 1977 年版,第 3978 页。
⑤ 《天一阁藏明代方志选刊》,弘治《句容县志》卷之三《历代衙门官吏》,第 1 页。

乡里是乡村社会最基本的行政制度。如宋代江阴"以附治地,为南北厢,统九坊。以郭外地为十七乡,统五十五里"①。县城之内与县城之外有所区别,县城之内为城厢,县城之外为乡里。乡里行政人员包括乡书、里正、户长,主要职掌是课督赋税。太平兴国三年(978),京西转运使程能上疏,提出户分九等,上四等"量轻重给役",其余五等免役。"后有贫富,随所升降"②。淳化五年(994),里正、户长的任职资格以户等为标准:"户长以二等户充,里正以一等户充。"其他如乡村警备、守望等由当地居民(耆老、弓手、壮丁)、地方驻军负责。以不同职务分管不同事务,有分工明确的好处,但多设职位的结果往往增加人民的负担,且乡村之事素来简单,本不必如此繁复。至王安石变法,则把乡村各种职务统统纳入保甲法中,在保甲法中则有"保丁捕盗""甲头催税"的规定,行政治安连为一体,这大概是人们认为王安石变法有取法管仲"乡连里轨"制的主要原因。

推行保甲制度是宋代基层社会制度变革中最具创新意义的举措。首创保甲制度的是程颢。程颢做地方官时非常关心民间疾苦,"民税粟多移近旁,载往则道远,就籴则价高。颢择富而可任者,预使贮粟以待,费大省。民以事至县者,必告以孝悌忠信,入所以事其父兄,出所以事其长上。度乡村远近为伍保,使之力役相助,患难相恤,而奸伪无所容。凡孤茕残废者,责之亲戚乡党,使无失所。行旅出于其途者,疾病皆有所养。乡必有校,暇时亲至,召父老与之语。儿童所读书,亲为正句读,教者不善,则为易置。择子弟之优秀者,聚而教之。乡民为社会,为立科条,旌别善恶,使有劝有耻"③。由此可见,程颢所倡导的保甲与其推行乡村教化的思想是内在一致的,军事色彩远不如后来王安石推行的保甲法,"其一则为地方自治之警察,其一则为后备兵及国民兵也"④。

宋神宗初年,王安石开始大规模推行保甲法。"籍乡村之民,二丁

---

① 《天一阁藏明代方志选刊》,嘉靖《江阴县志》提封记第二上《坊乡》,第9页。
② 马端临撰:《文献通考》卷十二《职役考一·历代乡党版籍职役》,浙江古籍出版社1988年影印版,第26页。
③ 脱脱等撰:《宋史》卷四百二十七《列传第一百八十六·道学一》第三十六册,中华书局1977年版,第12714—12715页。
④ 《保甲运动之理论与实际》,广东民政厅编辑处1929年编印,第28页。

取一,十家为保,保丁皆授以弓弩,教之战阵"①。熙宁三年(1070),"始联比其民以相保任"。具体而言,"畿内之民,十家为一保,选主户有干力者一人为保长;五十家为一大保,选一人为大保长;十大保为一都保,选为众所服者为都保正,又以一人为之副。应主客户两丁以上,选一人为保丁。附保。两丁以上有余丁而壮勇者亦附之,内家资最厚、材勇过人者亦充保丁,兵器非紧者听习。每一大保夜输五人警盗,凡告捕所获,以赏格从事。同保犯强盗、杀人、放火、强奸、略人、传习妖教、造畜蛊毒,知而不告,依律伍保法。余事不干己,又非敕律所听纠,皆毋得告,虽知情亦不坐,若于法邻保合坐罪者乃坐之。其居停强盗三人,经三日,保邻虽不知情,科失觉罪。逃移、死绝,同保不及五家,并他保。有自外入保者,收为同保,户数足则附之,俟及十家,则别为保,置牌以书其户数姓名。既行之畿甸,遂推之五路,以达于天下。时则以捕盗贼相保任,而未肆以武事也"②。可见保甲最初的作用就是缉捕盗贼,稳定社会秩序。自熙宁三年(1070)起,开始让畿内保丁练习武事。在每年农闲时期,"所隶官期日于要便乡村都试骑步射,并以射中亲疏远近为等"。共分四等,并按照不同等级给予一定的奖励。③ 这样,保甲就具有了地方民兵的性质。这种制度"先行畿甸,渐及五路,以修改御侮之用为依归"④。

闻钧天进一步分析说,宋代保甲制度在组织原则方面包括编置、设备、选丁、教练、赏爵五点。其编制有两种方法,一种是标准做法,即十家为一保,选主户有能力者为保长;五十家为一大保,选举产生大保长一人;十大保为一都保,选举保正一人,副保正一人。另一种是特殊情形做法,即同保不及五家时并入其他保,有从外来入保者并入同保,等户数满十家时,并为新保。另外,宋代保甲还有一个特点,"保者指家而言,殆以家与家联合编置之称。甲者指人而言,殆以人与人蝉联编伍之

① 脱脱等撰:《宋史》卷三百二十七《列传第八十六·王安石》,中华书局1977年版,第10544页。
② 脱脱等撰:《宋史》卷一百九十二《志第一百四十五·兵六》,中华书局1977年版,第4767—4768页。
③ 脱脱等撰:《宋史》卷一百九十二《志第一百四十五·兵六》,中华书局1977年版,第4768页。
④ 闻钧天:《中国保甲制度》,直学轩1933年发行,第151页。

谓"①。这大概是"保"与"甲"之间的一个重要区别。

然而,王安石推行的保甲法遭到时人非议。熙宁四年(1071),宋神宗召集大臣议政。枢密副使冯京说:"修差役,作保甲,人极劳敝。"实际上他是不满王安石变法,但由于神宗的支持,变法得以继续推行。宋哲宗即位之后,保甲之法遭到司马光的强烈攻击,他认为保甲之法妨碍稼穑、驱民为盗、破坏乡村秩序等,要求朝廷停止推行此法。② 司马光之后,又有不少人上书列举保甲法的害处,颇有群起攻击之势。马端临评价说,王安石变法有利于民但不利于士大夫:"盖介甫之行新法,其意勇于任怨而不为毁誉所动,然役法之行,坊郭、品官之家尽令输钱,坊场、酒税之入尽归助役,故士夫豪右不能无怨,而实则农民之利。"③这也许是王安石变法遭到士大夫阶层攻击的主要原因。

但用人不当导致新法产生诸多弊病又是不争的事实。政和三年(1113),宋徽宗下诏,给予保甲制度一个比较理性的评价:"先帝若稽成周制保伍之法,自五家相比,推而达之,二十五家为一大保,二百五十家为一都保。保各有长,都各有正,正各有副,使之相保相爱,以察奸慝。故有所行,诸自外来者,同保互告,使各相知;行止不明者,听送所属。保内盗贼,画时集捕,知而不纠,又论如律。所以纠禁几察,织悉具备,奇邪盗宼,何所容迹? 访闻法行既久,州县玩习弛废,保丁开收既不以实,保长役使又不以时。如修鼓铺、饰粉壁、守败船、治道路、给夫役、催税赋之类,科率骚扰不一,遂使宼贼奇邪无复纠察,良法美意浸成虚文。可令尚书省于诸路提点刑狱或提举常平官内,每路选委一员,令专一督责逐县令佐,将系籍人丁开收取实;选择保正长,各更替如法,使钤束保丁,递相觉察,毋得舍亡赖作过等人,遇有盗贼,画时追捕,若有过致藏匿者,许诸人告首,仍具条揭示。"④这一评价既没有全盘否定保甲制度,但同时也指出保甲制度存在的问题。

---

① 闻钧天:《中国保甲制度》,直学轩 1933 年发行,第 155 页。
② 脱脱等撰:《宋史》,卷一百九十二《志第一百四十五·兵六》,中华书局 1977 年版,第 4779—4781 页。
③ 马端临撰:《文献通考》卷十二《职役考一·历代乡党版籍职役》,浙江古籍出版社 1988 年影印版,第 38 页。
④ 脱脱等撰:《宋史》卷一百九十二《志第一百四十五·兵六》,中华书局 1977 年版,第 4788—4789 页。

有论者推测,王安石推行保甲法的目的主要是节财减兵。① 这就必须追溯到宋代的兵制问题。宋代分天下之兵为禁兵、厢兵、乡兵、蕃兵。其中乡兵的主要职能是除了防御外敌入侵,还要维护社会治安。"乡兵者,选民户之强健丁口,使习弓弩战阵,更番戍守,以御外寇,以靖宿莽者"②。因为宋代对外战争的失败,不得不常年对辽国"赠输岁币",进而导致财政支绌,政府只有通过裁兵的方式来减轻财政困难。但是,乡兵被裁之后的乡村社会稳定问题必然需要新的组织来补充,保甲由此应运而生。"既有保甲代其役,即不需募兵。"③"裁减募兵,训练民兵,以连保编甲之法为约束。"④可见宋代保甲制度实际上是源自旧兵制的瓦解。这又是宋代新兵制的开始,即由募兵制向义务兵制过渡。二是兼采兵政与民政的优点而避免其缺点。⑤ 保甲之法实际蕴含着兵民合一的精神。当宋神宗询问有保丁"质衣而买弓箭"的问题时,王安石辩护说:"然自生民以来,兵农为一,耒耜以养生,弓矢以免死,皆凡民所宜自具,未有造耒耜、弓矢以给百姓者也。"⑥由此一论说可以管窥王安石兵民合一的思想。

总之,乡里与保甲属于两个体系。从范围上讲,乡里仅设于乡村,而保甲则通行于乡村与城市;从职能上说,乡里主要负责课督赋税,保甲则负责捕贼缉盗。而在实际运行中,保甲的功能可能远远超过其规定的权限。后有论者指出:"'保甲'一词,盖自宋王安石之保甲法始,意在寓兵于民,其后而为官府催税、课租、力役、抽捐之工具,后世地方政制,类多沿用之。"⑦

另外,宋代还在乡村推行均田制。宋初,太祖沿用后周田制,"命官分诣各道均田"。并对土地种植何种植物加以详细规定,"课民种树,定民籍为五等,第一等种杂树百,每等减二十为差,桑枣半之;男女十岁以

---

① 闻钧天:《中国保甲制度》,直学轩 1933 年发行,第 141 页。
② 闻钧天:《中国保甲制度》,直学轩 1933 年发行,第 137 页。
③ 脱脱等撰:《宋史》卷一百九十二《志第一百四十五·兵六》,中华书局 1977 年版,第 4778 页。
④ 闻钧天:《中国保甲制度》,直学轩 1933 年发行,第 151 页。
⑤ 闻钧天:《中国保甲制度》,直学轩 1933 年发行,第 141 页。
⑥ 脱脱等撰:《宋史》卷一百九十二《志第一百四十五·兵六》,中华书局 1977 年版,第 4774 页。
⑦《保甲统计·黄厚端序》,内政部统计处 1938 年编印。

上,种韭一畦,阔一步,长十步;乏井者,邻伍为凿之;令、佐春秋巡视,书其数,秩满,第其课为殿最"。对于那些能够广植桑枣的农民可以酌减赋税,而能够劝课农桑的官员则给予奖励。同时规定对那些私自砍伐桑树、枣树的人予以治罪,"民伐桑枣为薪者罪之:剥桑三工以上,为首者死,从者流三千里;不满三工者减死配役,从者徒三年"①。而设置农师一职,又是宋代统治者重视农业的一种表现。"太宗太平兴国中,两京、诸路许民共推练土地之宜、明树艺之法者一人,县补为农师,令相视田亩沃瘠及五种所宜,指言某处土地宜植某物,某家有种,某户有丁男,某人有耕牛。"农师与乡三老、里胥,共同"劝令种莳,俟岁熟共取其利。为农师者蠲税免役。民有饮博怠于农务者,农师谨察之,白州县论罪,以警游惰焉。"②两年之后,因其烦扰,又废除该职务。

二、乡里保甲制的实践

在宋代,乡里行政人员的主要职掌是课督赋税。岁赋主要包括五种,即公田之赋、民田之赋、城郭之赋、丁口之赋、杂变之赋。第一类"凡田之在官,赋民耕而收其租",第二类百姓各得其专,第三类包含宅税、地税等,第四类属于"百姓岁输身丁钱米",第五类为"牛革、蚕盐之类,随其所出,变而输之"。赋税既可以是实物,也可以是金银,包括谷、帛、金铁、物产等。③

与岁赋相比,宋代差役更加沉重,"役之重者,自里正、乡户为衙前,主典府库或辇运官物,往往破产"④。因而避差现象非常严重。宋仁宗年间,并州知州韩琦上疏说:"州县生民之苦,无重于里正衙前,兵兴以来,残剥尤甚。至有嫠母改嫁,亲族分居,或弃田与人,以免上等,或非分求死,以就单丁,规图百端,苟脱沟壑之患。"⑤因而请求罢除里正衙

---

① 脱脱等撰:《宋史》卷一百七十三《志第一百二十六·食货上一》,中华书局 1977 年版,第 4158 页。
② 脱脱等撰:《宋史》卷一百七十三《志第一百二十六·食货上一》,中华书局 1977 年版,第 4158 页。
③ 脱脱等撰:《宋史》卷一百七十四《志第一百二十七·食货上二》,中华书局 1977 年版,第 4202 页。
④ 衙前为宋代负担最重的差役。其主要负责官物押运和供应,负责赔偿失误和短缺,承担该役的人往往赔累破产。包括里正衙前、乡户衙前、长名衙前(投名衙前)等类别。
⑤ 马端临撰:《文献通考》卷十二《职役考一·历代乡党版籍职役》,浙江古籍出版社 1988 年影印版,第 29 页。

前。三司使韩绛对当时役法的弊端有更加深切的认识:"害农之弊,无甚差役之法重者,衙前多致破产,次则州役亦须重费。向闻京东有父子二丁将为衙前,其父告其子云'吾当求死,使汝曹免冻馁',自经而死。又闻江南有嫁其祖母及与母析居以避役者。此大逆人理,所不忍闻。又有鬻田产於官户,田归不役之家,而役并增于本等户。其余戕贼农民,未易遽数。"①

对于乡户衙前的弊端,司马光评论说:"置乡户衙前以来,民益困乏,不敢营生,富者反不如贫,贫者不敢求富。臣尝行于村落,见农民生具之微而问其故,皆言不敢为也,今欲多种一桑,多置一牛,蓄二年之粮,藏十匹之帛,邻里已目为富室,指抉以为衙前矣,况敢益田畴,葺闲舍乎?"因此,司马光建议可以募人为衙前,"凡农民租税之外,宜无所预,衙前当募人为之,以优重相补,不足,则以坊郭上户为之"②。此后则有免役钱、助役钱的方法。"凡当役人户以等第出钱,名免役钱。其坊郭等第户及成丁、单丁、女户、寺观、品官之家,旧无色役而出钱者,名助役钱"③。这是宋代役法的一大改革,从原来的轮流应役变为花钱免役与助役,可以在某种程度上减轻老百姓的负担。

差役法与免役法相互转化。北宋前期的职役一直是以差役法为主。熙宁二年(1069),为了解决差役法的各种弊病,王安石推行变法,以免役法(又称为募役法或雇役法)代替原来的差役法。熙宁四年(1071)十月,宋神宗正式下诏"罢差役法,使民出钱"。免役法正式推行,免役法最主要的是出钱代役。随着王安石下野和宋神宗去世,元祐党人上台,尽废新法,罢免役法,再行差役法。但差役之法"行之十年,州县绎骚,……天下皆思雇役而厌差役"。最终在元祐八年(1093),哲宗亲政后"诏复免役法,凡条约悉依元丰八年见制"④。免役法再次实施。

---

① 马端临撰:《文献通考》卷十二《职役考一·历代乡党版籍职役》,浙江古籍出版社 1988 年影印版,第 33 页。
② 马端临撰:《文献通考》卷十二《职役考一·历代乡党版籍职役》,浙江古籍出版社 1988 年影印版,第 33—34 页。
③ 马端临撰:《文献通考》卷十二《职役考一·历代乡党版籍职役》,浙江古籍出版社 1988 年影印版,第 37 页。
④ 马端临撰:《文献通考》卷十二《职役考一·历代乡党版籍职役》,浙江古籍出版社 1988 年影印版,第 39 页。

南宋继承了北宋以来的职役制度,仍实行免役法。但南宋还产生了一种新的职役方式——义役。义役最初是役者民户自己创造的一种职役方式,主要内容体现在自主排役和集资集田助役两个方面,即役者与民户通过互助,以集资买田以供役,给当役民户一定的钱或以钱买置义田,以义田租金以供役。如江阴,"宋有义役田,乡民出助保正差役"①。这种自创的职役方式,能自主排役,使职役的主控权归为民户自己掌控,不再为吏人所欺。因为义役有一定的优越性,南宋政府积极推行,一直到南宋灭亡。

第二节　宋代乡约仓储及其他

一、乡约制度及实践

在宋代乡村治理的过程中,除了官方的制度设计及实践,民间亦有创新,其中最有特色的是宋代的乡约制度,而宋代最典型的乡约为吕氏乡约与朱子乡约。吕氏乡约明显受关中理学的影响,这一点与吕氏兄弟受教于关中理学大师张载有直接关系。关中理学重视礼仪及实践,这一点在吕氏乡约的设计与实践中有十分具体的体现。

吕氏乡约的设计及践行者为蓝田人吕大钧。但在《宋史·吕大防传》中却把吕氏乡约的倡导者归于吕大防,这一点后经朱熹考证,最终确定吕氏乡约的实际倡导者为吕大钧。吕大钧是吕大防的弟弟,字和叔,嘉祐二年(1057)进士,受教于张载,"大钧从张载学,能守其师说而践履之。居父丧,衰麻葬祭,一本于体。后乃行于冠昏、膳饮、庆吊之间,节文粲然可观,关中化之"②。

吕氏乡约共四条,即德业相劝、过失相规、礼俗相交、患难相恤。朱熹对其进行了更加详细的注解。德业相劝是指"德谓见善必行,闻过必改。能治其身,能治其家,能事父兄,能教子弟,能御童仆,能事长上,能

---

① 《天一阁藏明代方志选刊》,嘉靖《江阴县志》食货志第四上《贡课·徭役》,第28页。
② 脱脱等撰:《宋史》卷三百四十《列传第九十九·吕大防》,中华书局1977年版,第10847页。

睦亲故,能择交游,能守廉介,能广施惠,能受寄托,能救患难,能规过失,能为人谋,能为众集事,能解斗争,能决是非,能兴利除害,能居官举职"。凡有一善为人所推,即可书于籍,以为善行。"业谓居家则事父兄,教子弟,待妻妾。在外则事长上,接朋友,教后生,御童仆。至于读书治田,营家济物,好礼乐射御书数之类,皆可为之。非此之类,皆为无益。"过失相规包括犯仪之过有六:酗酒斗讼、行止逾违、行不恭孙、言不忠信、造言诬毁、营私太甚;犯约之过有四:德业不相劝、过失不相规、礼俗不相成、患难不相恤;四不修之过有五:交非其人、游戏怠惰、动作无仪、临事不恪、用度不节。礼俗相交是指婚姻丧葬祭祀之礼、乡人相接及往还书问之礼、遇庆吊婚嫁之礼等。患难相恤包括患难之事有七:水火、盗贼、疾病、死丧、孤弱、诬枉、贫乏等。①

在吕氏乡约中,要特别注意两点,即登录簿籍的设置和鉴戒赏罚的制裁。通过前一种方式,"能于同约之组合员,执行其一切规定之义务;而其同约者组合之记录,复能别其善绩之记载,与过怠之记载"。通过后一种方式,"于协约遵守者,以奖励其实行","于协约违反者,以责罚其过失"。受罚者给予三次机会,三次劝诫不改,则拒绝其加入协约,等于摒弃于乡人之外。② 由此可见,乡约的主要功能在于教化民众,最大特色在于民间自治。

朱熹后来对吕氏乡约进行增补,由此产生了朱子乡约。朱子乡约在延续吕氏乡约基本精神的基础上,增加了一些新的条目。如其在"德业相劝"部分增加了"能肃政教""畏法令""谨租赋";在"过失相规"部分增加了四种犯约之过;在"礼俗相交"部分增加了"尊幼辈行""造请拜揖""请召送迎""庆吊遗赠"等。从"德业相劝"部分增加的内容可以看到,乡约功能不仅限于和睦乡里,其对国家也将承担相应的职责。

与吕氏乡约相比,朱子乡约除了增加以上内容,还有更加强烈的仪式感,如其在分别役员义务、登录簿籍个别性质、朔日读约宣教仪式、乡射宴集演习等方面均有更加详细的规定。在役员方面,有都约正和副约正之别。都约正选择"年高德劭者",副约正为"有学行者",他们的职

---

① 蓝田吕大钧和叔撰:《吕氏乡约》,陕西通志馆印,出版时间不详。
② 闻钧天:《中国保甲制度》,直学轩 1933 年发行,第 37 页。

责是掌管"组合之事"。同时又设置组合员一人，"按月更番，称之曰直月。"在簿籍方面，分为三种：一是加入成员的总登记簿；二是表扬德业善行登记簿；三是规劝过失恶行登记簿。在读约方面，每月初一，在乡郊集合组合员，行读约礼。"设先圣先师像，老少以次拜之，次一同拜礼，有事则拜尊长者及约正，其序列皆依年齿高下，此乃为表示崇祀先圣，畏敬尊长，尚德齿，序长幼之义。复次行朗读乡约礼，由直月抗声朗读毕，约正副当场演讲，推说其意，未解者，许其质问。事毕，行善过两籍簿之登录，有善行之可赏者，由组合者推举，如有过失宜戒惩者，直月纠之，其善恶之实状，约正询之乡人，众无异议者，分别记入善籍和过籍，善籍由直月读之，过籍交集会者传览，于是同约之人，各自省察，互相规劝。小则密规之，大则众戒之，不听，则更于会集之日直月以告约正，约正以义理诲谕之，谢过请改，则书于籍以俟，其争辩不服，与终不能改者，皆听其出约。"在宴集部分，在完成善恶二籍的登录之后，行会餐的礼节。会餐之后，或者讲书，或者习射。[①]

在现实实践中，乡约对于村民互助精神的提升、乡村秩序的稳定无疑将发挥积极作用。朱熹《增损吕氏乡约》说："凡同约有吉事则庆之，有凶事则吊之。每家只家长一人，与同约者俱往，其书问亦如之。若家长有故或与所庆吊者不相接，则其次者当之。凡庆礼，如常仪，有赠物或其家力有不足，则同约为之借助器用及为营干。"[②]作为名重全国的大儒，朱熹对乡约的提倡产生了重要影响，促进了乡约在当世及后世的流行。需要注意的是，无论是吕氏乡约还是朱子乡约，并没有严格的强制性，而主要强调对社会风俗潜移默化的濡染。

二、仓储制度及实践

宋代的仓储体制比较健全。笼统来说，除了官方的常平仓、惠民仓等，还有民间的义仓、社仓等。"常平、义仓，汉、隋利民之良法，常平以平谷价，义仓以备凶灾。周显德中，又置惠民仓，以杂配钱分数折粟贮

---

① 闻钧天：《中国保甲制度》，直学轩 1933 年发行，第 39 页。
② 朱熹著，郭齐、尹波点校：《朱熹集》，四川教育出版社 1996 年版，第 3908 页。

之,岁歉,减价出以惠民。宋兼存其法焉。"①这在吴县有非常集中的体现:"永昌北仓在子城西北六里五十步,西仓在子城西百八十步,南仓在子城西,北仓在阊门侧。""府仓在饮马桥西,唐龙兴寺故基内。归仁仓、报功仓淳熙元年(1174)韩彦古建,常平仓淳熙十三年(1186)提举罗点奏建,义仓景德三年(1006)王琪奏建。""户部百万仓,在阊门内,西仓开禧三年(1207)建,东仓嘉熙末建。""平粜仓在营桥东,淳祐五年(1245)魏峻以北城废营改建。""宝祐百万仓,在至德庙后,宝祐五年(1257)赵与□奏建,厩二百五十间,浚河通用直抵仓,岸置官与东西两仓。""本府籴纳仓在府治西,景定三年(1262)提举司陈淳祖奏建。"②可见宋代仓库建设之繁复。在《常昭合志》中,人们又可以看到宋代设置顺民仓、常平仓、义役仓等仓库的记载。③ 可以说,各种仓库非常齐备,其中又以义仓的兴废过程最为曲折。

宋代义仓仓本先是源自民赋带征,后改为民间借贷。"户分五等,一等出粟二石,二等一石,三等五斗,四等二斗,五等一斗。停藏既久,又为借贷之法。岁一敛散,俾愿贷者出息什二,使新陈相登,多寡不一。又为通融之法,使彼此相补。"④义仓运作的模式与前代并无本质变化,但其兴革过程及原因颇值得人们反思。

五代十国时期,社会动荡,义仓被废弃。宋初,宋太祖诏令"诸州于各县置义仓,岁输二税,石别收一斗。民饥欲贷充种食者,县具籍申州,州长吏即计口贷讫,然后奏闻"⑤。义仓完全由官厅控制,且非普遍设置,"其后以输送烦劳,罢之"⑥。宋仁宗时,张方平上书请设义仓,但"于兹三年,天下皆无立者"⑦。"明道二年,诏议复义仓,不果。"⑧

---

① 脱脱等撰:《宋史》卷一百七十六《志第一百二十九·食货上四》,中华书局 1977 年版,第 4275 页。
② 吴秀之等修,曹允源等纂:《吴县志》卷第三十一《舆地考·公署四》,成文出版社有限公司 1970 年版,第 474 页。
③《常昭合志》(乾隆)卷四《公署》,第 6 页。
④ 魏祝亭:《一是纪始》第三类,上海会文堂书局 1925 年版,第 6 页。
⑤ 脱脱等撰:《宋史》卷一百七十六《志第一百二十九·食货上四》,中华书局 1977 年版,第 4275 页。
⑥ 脱脱等撰:《宋史》卷一百七十六《志第一百二十九·食货上四》,中华书局 1977 年版,第 4275—4276 页。
⑦ 陆曾禹:《康济录》卷二,出版信息不详,第 105 页。
⑧ 脱脱等撰:《宋史》卷一百七十六《志第一百二十九·食货上四》,中华书局 1977 年版,第 4277 页。

反对设置义仓者,或者认为义仓设置会增加赋税、招致盗贼,或者认为常平仓已足以赈济难民,另设义仓过于烦扰等。支持设置义仓者则认为,义仓不仅能补常平仓之不足,还可以消弭匪盗。如贾黯多次强调设立义仓的重要性,认为盗贼形成的主要原因是迫于饥寒,"臣尝判尚书刑部,见天下断死刑多至四千余人,其间盗贼率十六七,盖愚民迫于饥寒,因之水旱,枉陷重辟"。所以,设置义仓不仅能够赈济灾民,而且可以消弭盗贼。"欲使民有贮积,虽遇水旱,不忧乏食,则人人自爱而重犯法,此正消除盗贼之原也。"①但他的建议并未被朝廷采纳。熙宁初年(1068),陈留知县苏谓又倡议设立义仓。"令户分五等,自二石至一斗出粟有差,每社有仓,各置守者,耆为输纳,官为簿记。岁凶则出以贩民,藏之久,则又为立法,使新陈相登,即诏行之,既而王安石沮之,遂不果行。"②

在义仓兴废争论的过程中,又有惠民仓、常平仓之设。"咸平中,库部员外郎成肃请福建增置惠民仓,因诏诸路申淳化惠民之制。景德三年(1006),言事者请于京东西、河北、河东、陕西、江南、淮南、两浙皆立常平仓"③。惠民仓的设置在一定程度上弥补了义仓的功能。"初,天下没入户绝田,官自鬻之。枢密使韩琦请留勿鬻,募人耕,收其租别为仓贮之,以给州县郭内之老幼贫疾不能自存者"④。

至王安石变法,以青苗法代替常平仓与惠民仓,"青苗法者,以常平籴本作青苗钱,散与人户,令出息二分,春散秋敛"⑤。但朝臣多以青苗法病民而反对推行。后有论者对青苗法代替常平仓的制度加以评判,"将常平钱变为青苗本钱,亦足使常平仓遭受影响,盖前者之目的在乎平准谷价,后者之目的在乎通畅当日低利资金。青苗之法,倘运用得宜,自能造福于民,但债务者每不肯履行其义务,而国家贷款征息,亦有营利之嫌"⑥。

---

① 脱脱等撰:《宋史》卷一百七十六《志第一百二十九·食货上四》,中华书局 1977 年版,第 4278 页。
② 陆曾禹:《康济录》卷二,出版信息不详,第 107 页。
③ 脱脱等撰:《宋史》卷一百七十六《志第一百二十九·食货上四》,中华书局 1977 年版,第 4276 页。
④ 脱脱等撰:《宋史》卷一百七十六《志第一百二十九·食货上四》,中华书局 1977 年版,第 4279 页。
⑤ 脱脱等撰:《宋史》卷三百二十七《列传第八十六·王安石》,中华书局 1977 年版,第 10544 页。
⑥ 徐渊若:《农业仓库总论》,商务印书馆 1935 年版,第 132 页。

苏东坡曾记《唐村老人言》一事，表达了时人对青苗法的看法：

> 儋耳进士黎子云言：城北十五里许有唐村，庄民之老曰允从者，年七十余，同子云言："宰相何苦以青苗钱困我？于官有益乎？"子云言："官患民贫富不均，富者逐什一益富，贫者取倍称，至鬻田质口不能偿，故为是法以均之。"允从笑曰："贫富之不齐，自古已然，虽天公不能齐也，子欲齐之乎？民之有贫富，由器用之有厚薄也。子欲磨其厚，等其薄，厚者未动，而薄者先穴矣！"元符三年，子云过予言此。负薪能谈王道，正谓允从辈耶？①

神宗十年，义仓再次被提起，"诏开封府界先自丰稔畿县立义仓法。明年，提点府界诸县镇公事蔡承禧言：'义仓之法，以二石而输一斗，至为轻矣。乞今年夏税之始，悉令举行。'诏可，仍以义仓隶提举司。京东西、淮南、河东、陕西路义仓以今年秋料为始，民输税不及斗免输，颁其法于川峡四路。元丰二年，诏威、茂、黎三州罢行义仓法，以夷夏杂居，岁赋不多故也。八年，并罢诸路义仓。"②

此后，青苗法与义仓获得不同人群的支持，屡有更替。就两者功能而言，有人评论说："听民之便，则为社仓法；强民之从，则为青苗法矣！此主利民，彼主利国故也。"③

宋代社仓发生于义仓与青苗法的争论中，"乃由隋唐义仓和王安石青苗法的变相而又加以改良者"④。应该说，常平仓、义仓的弊端是宋代推行社仓的直接原因。常平仓的不足主要有六点：一是籴本常被挪用，致使丰年时无钱买米，最终主仓官吏仅将虚券互相授受。这种情形在宋代尤其严重。二是不能实现平调米谷价格的目的。过去官吏多以学习词章为业，对于实务诸如谷米价格的变化根本不通，往往被商人和地主利用、垄断，在放卖的过程中，多被侵蚀。三是程序比较复杂。官吏在买米谷时，须先由县呈州，再由州呈提点，然后由司转呈大司农。公文往还，徒费时日，最终导致购买失时，不能买入便宜谷类。四是由于

---

① 《东坡志林》，中华书局1981年版，第27—28页。
② 脱脱等撰：《宋史》卷一百七十六《志第一百二十九·食货上四》，中华书局1977年版，第4287页。
③ 《增广智囊补》上册，大达图书供应社1935年版，第116页。
④ 东方杂志社编：《农荒豫防策》，商务印书馆1923年版，第68页。

官德不修而导致仓米被侵蚀,由于制度不良而致使开仓散放时,米谷多化为尘埃。五是因为资金有限,常平仓平调谷米价格的功能不能充分发挥。"收买时其实力并不能提高物价,发卖时亦不能低减物价,徒具常平仓空名,实未能左右市价。"六是往往不能普惠一般民众。常平仓由政府管理,"为管理便利计,每多设于通都大邑,且为数亦不甚多。因之享受其恩惠者,不过通都大邑之附近居民而已,更以交通不便,彼此隔绝,一地方谷价纵能平均,而影响于他处者甚鲜少"①。

义仓的缺陷与常平仓有极为相似之处。如"义仓由官吏管理,为便利管理计,每就近建仓,受其利者仅附近居民"。又如,"义仓既由官管,手续不得不严,以防猾吏之侵蚀,但为法太密,使僻事畏法之吏,坐视民殍而不肯发,往往全其封鐍,递相传授;或十数年不一发视,迨至甚不获已,然后发之,则已化为浮埃聚壤,不可食矣"。再如,"义仓每被官吏视作官有物而与其他官有物一律看待。或以连年丰稔,竟私自贩卖,或挪用谷价,甚至完全中饱,直视为官吏之漏规收入,卒致积习难返,纲纪不正"②。义仓本为便民,但因用人不当、管理不善等,终于导致各种弊病。以上为社仓的兴起提供了某种契机。

江苏是较早倡建社仓的地方。通过朱熹所作的《常州宜兴县社仓记》,人们大致可以看到当时江苏设置社仓的一般情形:

> 绍兴五年(1135)春,常州宜兴大夫高君商老实,始为之(建社仓)于其县善拳、开宝诸乡,凡为仓者十一,合之为米二千五百有余斛,择邑人之贤者承议郎赵君善石、周君林、承直郎周君世德以下二十有余人,以典司之,而以书来属予记。予心许之,而未及为也。会是岁浙西水旱,常州民饥尤剧,流殍满道。顾宜兴独得下熟,而贷之所及者犹有赖焉。然予犹虑夫贷者之不能偿,而高君之惠将有所穷也。明年春,高君将受代以去,乃复与赵、周诸君皆以书来趣予文,且言去岁之冬,民负米以输者缤属争先,视贷籍无仑合之不入。予于是益喜高君之惠,将得以久于其民,又喜其民之信爱其

① 徐渊若:《农业仓库总论》,商务印书馆 1935 年版,第 133—134 页。
② 徐渊若:《农业仓库总论》,商务印书馆 1935 年版,第 137—138 页。

上,而不忍欺也,则为之计其所以然者。

抑又虑其久而不能无敝于其间也,则又因而告之曰:有治人,无治法,此虽老生之常谈,然其实不可易之至论也。夫先王之世,使民三年耕者,必有一年之蓄。故积之三十年,则有十年之畜,而民不病于凶饥,此可谓万世之良法矣。其次则汉之所谓常平者,今固行之其法,亦未尝不善也。然考之于古,则三登太平之世,盖不常有。而验之于今,则常平者,独其法令薄书笺轮之仅存耳。是何也? 盖无人以守之,则法为徒法而不能以自行也。而况于所谓社仓者,聚可食之物于乡井荒闲之处,而主之不以任职之吏,驭之不以流徒之刑,苟非常得聪明仁爱之令如高君,又得忠信明察之士如今日之数公者,相与并心一力,以谨其出纳而杜其奸欺,则其法之难守,不待已日而见之矣。此又予之所身试者,故并书之以告后之君子云。①

朱熹充分肯定了宜兴社仓发挥的作用,同时谈到了社仓良性循环的必要条件,即"治人"与"治法",两者缺一不可。

宋孝宗时,社仓得到了进一步的提倡。赵汝愚在给宋孝宗的上疏中提到,州县之间,一旦遭遇水旱,政府的赈济往往只能惠及城郭而不能惠及乡村,结果导致老稚"有避荒就熟,轻去乡井之意",而强有力者,"不肯坐受其毙,夺攘摽窃,无所不至"。因此提出仿行隋唐义仓的建议,"明诏有司,将逐州每年合纳义仓米斛",一半按照现行法规,随正税送州县,一半留乡间贮存。每年派两名上户轮差,掌管受纳,由该县县丞监管。遇丰年则储蓄,可以保障乡里"晏然";即使遇到灾年,也不至于使人产生"奸宄之心"。

"皆藏于州县,所恩不过市井游惰辈,至于深山长谷,力穑远输之民,则虽饥饿濒死,而不能及也。又其为法太密,使吏之避事畏法者,视民之殍而不肯发,往往全其封鐍,递相付授,至或累数十年不一啬省。一旦甚不获已,然后发之,则已化为浮埃聚壤,而不可食矣。"②。正因为

---

① [宋]朱熹:《朱子全书》(修订本)第 24 册,上海古籍出版社、安徽教育出版社 2010 年版,第 3808—3809 页。
② [宋]朱熹:《朱子全书》(修订本)第 24 册,上海古籍出版社、安徽教育出版社 2010 年版,第 3721—3722 页。

如此,朱熹才身体力行,力倡社仓制度,以补救常平仓、义仓的不足。朱熹推行社仓制度始于 1168 年春夏之交,当年崇安发生水灾,朱熹力劝豪民发藏粟赈饥,并向官府请贷粮食散发于民,以事救济。为了实现赈灾的常态化,朱熹倡导推行社仓。在《崇安社仓记》中,他详述具体做法:先以常平仓六百石米作为仓本,夏间贷米于民,冬间纳还。每石量收息米二斗。如遇小歉,则蠲其息之半;如遇大歉,则尽蠲之。六百石常平米还清之后,剩余的部分仍按照原来的做法贷给百姓,稍有变化的是不再收息,而仅收耗米每石三升。至于社仓的管理,"系臣与本乡土居官,及士人数人,同共掌管,遇敛散时,即申府差县官一员,监视出纳"①。这种做法改变了以往仓库官办,而采取官民共同掌理的方法,是朱熹社仓法的主要特色之一。

至于社仓的运作程序,在朱熹所列"社仓事目"中有更加详细的介绍:

一、逐年十二月,分委诸部社首、保正副将旧保簿重行编排。其间有停藏逃军及作过无行止之人隐匿在内,仰社首队长觉察,申报尉司追捉,解县根究。其引致之家,亦乞一例断罪。次年三月内,将所排保簿赴乡官交纳。乡官点检,如有漏落及妄有增添一户一口不实,即许人告,审实申县,乞行根治。如无欺弊端,即将其簿纽算人口,指定米数,大人若干,小儿减半,侯支贷日,将人户请米状托对批填,监官依状支散。

一、逐年五月下旬,新陈未接之际,预于四月上旬申府,乞依例给贷。仍乞选差本县清强官一员、人吏一名、斗子一名前来,与乡官同共支贷。

一、申府差官讫,一面出榜排定日分,分都支散。晓示人户,各依日限,具状。结保、正身赴仓请米,仍仰社首、保正副、队长、大保长,并各赴仓认识面目,照对保簿,如无伪冒重叠,即与签押保明,其日监官同乡官入仓,据状依次支散。其保明不实,别有情弊者,许人告首,随事施行。其余即不得妄有邀阻。如人户不愿请贷,亦不得妄有抑勒。

第五章　宋元时期的江苏乡村治理

---

① 俞森:《社仓考》,商务印书馆 1939 年版,第 4 页。

一、收支米用淳熙七年十二月本府给到新漆黑官桶及官斗，仰斗子依公平量。其监官、乡官人从，逐厅只许两人入中门，其余并在门外，不得近前挨挨，挽夺人户所请米斛。如违，许被扰人当庭告复，重作施行。

一、丰年如遇人户请贷官米，即开两仓，存留一仓。若遇饥歉，则开第三仓，专贷深山穷谷耕田之民，庶几丰荒赈贷有节。

一、人户所贷官米，至冬纳还。先于十月上旬定日申府，乞依例差官将带吏斗前来公共受纳，两平交量。旧例每石收耗米二斗，今更不收上件耗米。又虑仓廒折阅，无所从出，每石量收三升，准备折阅及支吏斗等人饭米。其米正行附历收支。

一、申府差官讫，即一面出榜，排定日分，分都交纳。仰社首、队长告报保头，保头告报人户，递相纠率，造一色干硬糙米，具状赴仓交纳。监官、乡官、吏斗等人至日赴仓受纳，不得妄有阻节，及过数多取。其余并依给米约束施行。

一、收支米讫，逐日转上本县所给印历。事毕日，具总数申府县照会。

一、每遇支散交纳日，本县差到人吏一名，斗子一名，社仓算交司一名，仓子两名。每名日支饭米一斗，发遣裹足米二石，共计米一十七石五斗。又贴书一名，贴斗一名，各日支饭米一斗，发遣裹足米六斗，共计四石二斗。县官人从七名，乡官从人共一十名，每名日支饭米五升，共计米八石五斗。已上共计米三十石二斗，一年收支两次，共用米六十石四斗。逐年盖墙并买藁荐、修补仓廒约米九石，通计米六十九石四斗。

一、排保式，某里第某都社首某人，今同本都大保长、队长编排到都内人口数，下项：……。

一、请米状式：某都第某保队长某人、大保长某人、下某处地名保头某人等几人，今递相保委，就社仓借米，每大人若干，小儿减半，俟冬收日，备干燥糙米，每石量收耗米三升，前来送纳。保内一名走失事故，保内人情愿均备取足，不敢有违。谨状。

一、社仓支贷交收米斛，合系社首、保正副告报队长、保长，队长、保长告报人户。如缺队长,许人户就社仓陈说,告报社首,依公差补。如缺社首,即申尉司定差。

一、薄书锁钥,乡官公共分掌。其大项收支,须监官签押。其余零碎出纳,即委乡官公共掌握,务要均平,不得徇私容情,别生奸弊。

一、如遇丰年,人户不愿请贷,至七八月而产户愿请者听。

一、仓内屋宇什物仰守仓人常切照管,不得毁损及借出他用。如有损失,乡官点检,勒守仓人赔偿。如些小损坏,逐时修整。大段改造,临时具因依申府,乞拨米斛。①

从社仓的运作中,人们可以发现社仓鲜明的社会治理功能。

第一,经济救济的功能。在古代中国,灾荒是影响王朝稳定的主要因素之一,这与传统中国农业经济的状况直接相关。费孝通把传统中国的经济称为"匮乏经济"。在这种经济状况下,老百姓过着不饥不寒的小康生活,但这种生活更多是一种理想化的,一旦灾荒来临,小农经济首先受到冲击,"易子相食"的惨境并非传说,其是人民揭竿而起的直接导因。因此,执政者面对的最大考验是应对灾荒的能力。各种仓库的设立就是为了防止此类现象发生,在秩序与混乱之间筑起一道防线。如崇安社仓的建立,"一乡四五十里之间,虽遇凶年,人不阙食"②。与义仓不同,社仓的建立是为了提高人民自我应对灾荒的能力,只不过在社仓创立之初,其仍然具有浓郁的官方色彩。

第二,户口编查及检举罪犯的功能。在朱熹所列社仓事目中,第一条即规定户口管理办法。编查户口是常平仓与义仓并不具备的一种功能,虽然在社仓制度中设计此一条目是为了方便散纳米谷,却对社会治理产生了直接作用。特别是编查户口过程中对"无行止之人"的检举,有利于乡村秩序的稳定。这种与保甲功能的内在一致性,赋予社仓更加强烈的乡村治理的色彩。

第三,消弭盗匪的功能。消弭盗匪本是保甲制度的目标,但社仓制度发挥着同样的功能。陈龙正曾说:"社仓之利,一以活民,一以弥盗,

---

① [宋]朱熹:《朱子全书》(修订本)第25册,上海古籍出版社、安徽教育出版社2010年版,第4597—4600页。

② 俞森:《社仓考》,商务印书馆1939年版,第4页。

非独弭本境之盗也,且以清邻盗焉。文公赈米于崇安,而盗擒于浦城。魏掞之置社仓于长滩铺,而回源洞之悍民以化。"①这里说到两件事情:其一是朱熹赈灾弭盗的事情。乾道四年(1168)春夏之交,建宁府民大饥。朱熹当时居住在崇安县开耀乡,根据知县的意思联合士绅赈灾。而离崇安不到 20 里的浦城亦发生饥荒,盗贼蜂起,朱熹则联合士绅于县于府请米,最后以常平米六百斛运抵浦城,"民得遂无饥乱以死,无不悦喜欢呼,声动旁邑。于是浦城之盗,无复随和,束手就擒矣"②。其二是魏掞之赈灾弭盗的事情。在瓯宁县有一个回源洞,是盗匪群集的地方,该地民性彪悍,一遇饥馑,盗贼群起。魏掞之认为盗贼群起的原因是民食短缺,民生艰难。因而请求从常平仓取米一千六百石贷给乡民,并在长滩铺设置仓库,每年都放贷于乡民,盗贼因此而消弭。③

从比较的视角来看,社仓乡村治理的色彩比义仓更加浓郁。一是因为义仓往往立于都市,而社仓则多设立在乡村。立于都市则与乡民关系淡薄,立于农村则与乡民关系密切。两者相比,乡民更容易接受社仓的存在。二是社仓更容易涵养乡民合作互助的精神。"义仓的米谷乃出于富者特别的负担,富者实立于救济者的地位,而贫者领取米谷时,实立于被救济的地位。社仓的米谷乃由设立者公同凑出,或是以共同之责任借资作本,则同时救济者和被救济者,并且其散放系依贷借,并不是片面的赈济。所以社仓有涵养人类互助之美德的美点;而义仓有毁灭人类独立心自尊心自助心而养成人类依赖心和卑鄙性的缺陷"④。总之,与常平仓、义仓相比,社仓进一步彰显了乡村自我治理的功能。

三、其他与乡村治理相关的制度

除乡约、社仓(义仓)之外,宋代还有其他社会组织在乡村治理的过程中发挥了重要作用。

一是宗族组织的转型。程颐说:"治家者,治乎众人也,苟不得闲之

---

① 俞森:《社仓考》,商务印书馆 1939 年版,第 2 页

② 俞森:《社仓考》,商务印书馆 1939 年版,第 2—3 页。

③ 俞森:《社仓考》,商务印书馆 1939 年版,第 1—2 页。

④ 东方杂志社编:《农荒豫防策》,商务印书馆 1923 年版,第 57 页。

以法度,则人情流放,必至于有悔,失长幼之序,乱男女之别,伤恩义,害伦理,无所不至,能以法度闲之之始,则无是矣,故悔亡也"。① 这一思想反映在各地大家族的族规家法中,如苏州的范氏义庄就规定,"诸房闻有不肖子弟因犯私罪听赎者,罚本名月米一年,再犯者除籍,永不支米。除籍之后,长恶不悛,为宗族乡党善良之害者,诸房具申文正位,当斟酌情理,控告官府乞与移乡,以为子弟玷辱门户者之戒"②。有论者论及宋代宗族组织在乡村治理中的作用,其认为,以族长为核心的族长管理系统发挥了主立继、主纷争、主族产、教子弟、救孤寡、主祭祀的作用;以义学、族规为中枢的教惩系统发挥了管制个人行为、守护族内秩序,调解族内纠纷、维护宗族稳定,履行国家赋税和差役等作用;以族田、义庄为核心的互助体系发挥了救助宗族贫弱、为族人提供教育条件的作用等。由此,宗族组织功能与政府行政职能产生联系,成为维护宋代乡村社会秩序稳定的重要组成部分。③ 当然,此时的宗族组织与魏晋南北朝时期的门阀士族已经存在本质区别,推广到了所有社会阶层,其平民气质更加浓厚。谷更有、王文兵将之称为"新宗族制度",并对其特征进行了总结:一是宗族的组织化,主要表现为宗族祠堂的修建、族谱的修订和族田的设置;二是宗族的行政化,主要表现在承担征收赋税、维护社会治安、干预地方政治等方面。④ 总之,宗族组织的乡村社会治理功能更加突出。

二是慈善事业的发达。如吴县的居养安济院,"在社坛东,建炎后废。淳熙五年(1178),陈岘重建,有仁政,仓籍官民田千六百六十亩,得米七百石有奇,以给岁用。……绍熙元年(1190),提举张体仁又创院于城西南隅。开禧三年(1207)陈耆寿益以田千一百二十亩"⑤。朝廷也常常通过蠲赈以稳定基层社会的秩序。"宋太宗雍熙二年(985)四月,遣

---

① 程颢、程颐:《二程集》卷3,中华书局1981年版,第885页。
② 范仲淹:《义庄规矩》,《范文正公文集》,景江南图书馆藏明翻元天历本,第10页。
③ 参考谷更有、王文兵:《唐宋时期的村落与乡村治理研究》,中国社会科学出版社2022年版,第336—349页。
④ 参考谷更有、王文兵:《唐宋时期的村落与乡村治理研究》,中国社会科学出版社2022年版,第251—258页。
⑤ 吴秀之等修,曹允源等纂:《吴县志》卷二十九下《舆地考·公署二》,成文出版社有限公司1970年版,第454页。

使赈江南诸州饥民。九月蠲江浙诸州通租。三年(986)以昇宣等十四州前岁官所赈贷并蠲之。""高宗绍兴七年(1137),蠲建康府太平宣州逋赋及下户今年丁钱。""孝宗乾道六年(1170)诏江东运司将健康府太平州被水县人户,今年丁钱并与放免。"①以上慈善行为在《上元县志》中有更加详尽的记载。大体来看,蠲赈包括发米赈饥、官所赈贷、减免租税、免除赋税、免除积欠、供给稻种、安抚流民、收养弃婴等不同类型。②

三是社学与义学的设置。《江都县志》载:江都旧社学有四,分别位于南门内、西门内、小东门内、大东门内,"宋嘉泰间,教授乔行简建"③。在吴县,则有范氏义塾的设置,"在天平山,初文正公建义宅,置义田,以赡族,又设义学,以教族人子弟,后宅毁,宅亦废"④。由于资料缺乏,当时社学、义学的运行机制尚未可知。

第三节　元代都图村社制度

元代统治者习于狩猎,原对农桑不太重视。元世祖时,观念发生了重大变化。元世祖即位之初,就颁布《农桑辑要》于民,"俾民崇本抑末"。后又设立劝农司、司农司等机构,专门掌管农桑水利。⑤ 至元七年(1270),颁布农桑之制十四条。九年(1272),命劝农官举察勤惰。十年(1273),"令探马赤随处入社,与编民等"。二十五年(1288),"立行大司农司及营田司于江南"。二十八年(1291),颁布农桑杂令。"又以江南长吏劝课扰民,罢其亲行之制。"二十九年(1292),"以劝农司并入各道肃政廉访司,增佥事二员,兼察农事"。该年八月,"又命提调农桑官账册有差者,验数罚俸。"⑥由此可见,所谓元代统治者不重视农桑主要是

---

① 《溧阳县志》(嘉庆)卷六《食货志》,第 59 页。
② 《上元县志》(乾隆)卷八《民赋下·蠲赈》,第 8—10 页。
③ 乾隆《江都县志》卷五《学校》,第 20 页。
④ 吴秀之等修,曹允源等纂:《吴县志》卷第二十七下《舆地考·义塾》,成文出版社有限公司 1970 年版,第 417 页。
⑤ 宋濂撰:《元史》卷九十三《志第四十二·食货一》,中华书局 1976 年版,第 2354 页。
⑥ 宋濂撰:《元史》卷九十三《志第四十二·食货一》,中华书局 1976 年版,第 2355—2356 页。

指立朝之初。元代从不重视农桑到极为重视农桑的变化,元世祖是一个十分重要的转折性人物。此后,元代成宗、武宗、仁宗等都重视农桑,并颁行与农桑相关的法令。重视农桑则必然加强对乡村社会的统治,元代的乡村治理也有所创新。以下仍然从制度设计与制度实践的层面分而述之。

一、都图村社制度的设计

元代县分三等,上县、中县、下县,均以人口为标准。在长江以北,六千户以上为上县,二千户以上为中县,不到两千户为下县。在江南,三万户以上为上县,一万户以上为中县,一万户以下为下县。可见当时江南人口比较稠密,江北则地广人稀。一般而言,上县设置达鲁花赤一人,县尹一人,县丞一人,主簿一人,县尉一人,典史二人。中县除了不设县丞,其他职位与上县同。下县与中县基本相同,但在人口稀少的地方则以主簿代替县尉。后来又特别设置县尉,主管捕盗情事等。[1]

各县除了达鲁花赤、县尹、县丞、主簿、县尉等职外,也设置若干专职。如句容县同时设置八名吏员、十名贴司,儒学教谕、医学教谕、阴阳学教谕、县务提领及副提领、昭华望仙驿提领及副提领、茅山巡检司巡检员、东阳巡检司巡检员等各一人。[2]

县级以下的政权设计主要有两个特点:一是都图制与乡里制并存,并逐渐以都图代替乡里;二是村社的设置。

清代赵翼认为,都图制始于南宋,[3]但至元代得到了更广泛的推广。所谓都图,实为田亩坐落四至的地图,"图"原为征收赋税的田亩图,"都"为总田亩图。"不曰里而曰图者,以每里册籍首皆列图故耳。"[4]后来逐渐演化为具有一定行政功能的基层单位。[5] 元代乡里制是对宋代

---

① 宋濂撰:《元史》卷九十一《志第四十一上·百官七》,中华书局 1976 年版,第 2318 页。

② 《天一阁藏明代方志选刊》,弘治《句容县志》卷之三《历代衙门官吏》,第 1 页。

③ 赵翼:《陔余丛考》卷 27,河北人民出版社 1990 年版,第 89 页。

④ 民国《宝应县志》卷二《建置志·铺庄》,第 13 页。

⑤ 关于"图"还有另外一种解释。有人认为,图即"鄙","其实'图'即'鄙'字的省文,鄙即是图,图即是鄙,图字省去了口,便成啚了,啚是简写,好似今日新文字的作风"。(申兰生:《江南财政论丛》,经纶出版社 1943 年版,第 104 页。)这种解释对于清代的"图"也许是合理的,但却不一定能够解释元代刚刚诞生之际的"图"。

乡里制度的延续,而以都图制代替乡里制则反映了统治者对征收赋税的重视。根据至顺《镇江志》的记载,当时乡村社会推行的"乡—都—里(保村)"制度,其对乡都的解释是,"乡都之设,所以治郊墅之编氓重农桑之庶务。润(镇江)皆中县,田高下不均,互有旱涝。虽道隶浙西,然非若他郡豪右兼并之家,连阡亘陌,所收动计万石之比。旧宋各都设立保长,归附后但藉乡司应酬官务,厥后选差里正主首(里正催办钱粮,主首供应杂事),科役繁重,破家荡产,往往有之。延祐乙卯,经理田粮,限期颇趣,奉行弗至,封洫虽明,弊端未革。⋯⋯为政者有忧之复令民出田以助役,逃亡事故,仅可补益。间有桀黠之徒,稍能枝梧,复为细民之蠹,抑肥者不一二而瘠者已什伯矣!然后使变更随时,而都保则仍旧贯。今叙列乡都村保之名,以便批阅。为民父母有能承流宣化,宽假而抚字之,使之耕桑乐业,各安田里,则诚三农之福也"①。由此可见,乡都之设是为了纠正宋代基层制度的弊端。但在乡都设置中,并未见"图"的说法,如"洞仙乡在县西南,都四里保村十一"。那么,在江苏一地,都以下是否有"图",或者是后来才有"图",便成为悬案。就浙江萧山县来看,"改乡为都,改里为图,自元始"②。这一点显然与镇江的乡都设置有所不同。

都图制度对后世产生了深远影响,成为中国南方乡村社会普遍推行的基层社会制度。一直到清代,江苏仍然有不少地方继续沿用。如《镇洋县志》中说:"清雍正四年分割太仓州地,建县,共五乡,辖都三十三,管图一百一十六,领圩六百六。""光绪年间,各都如旧,图一百十七,圩六百二十三。"③。在吴县,"乡领都,都领图,图领镇、领邨。为政者,各治所领,所领悉治,斯全县治"④。这里也不是以乡改都,而是以乡领都。直至南京国民政府时期,都图制才最终被废除。

关于村社的设置。县邑所属的村庄,以五十家为一村社,选择通晓农事的老人为社长。如果该村庄多至一百家,则增加一社长。不到五

---

① 至顺《镇江志》卷二《地理·乡都》,第10—11页。
② 民国《宝应县志》卷二《建置志·铺庄》,第12—13页。
③ 王祖畲等纂:《镇洋县志》卷四《乡都》,成文出版社有限公司印行,民国八年刊本,第104页。
④ 吴秀之等修,曹允源等纂:《吴县志》卷第二十一上《舆地考·乡镇一》,成文出版社有限公司1970年版,第271页。

十家的村庄,则可以与附近的村庄合设一村社。在地广人稀的地方,听任其设置村社。在合设村社的地方,仍然在数村之中选立社长,以"教督农民为事"。在各家田地之侧,立一牌橛,上面书写某社某人,由社长时常"点视劝诫"。对于那些不听从教化的人,不敬父亲兄长的人,则记其姓名,由提点官管教。并将其所犯过错写在大门上,等其改过自新之后再行抹除,如果一年未改,则惩罚他代充本社的夫役。村社中有因疾病凶丧而不能耕种的人家,则集全社之力帮忙。如一社中灾病者多,则集合他社之力协助等。另外,社长拥有较高的地位,"郡县官不得以社长与科差事"①。由此可见,村社在乡村治理方面发挥着重要作用。有论者指出,元代的社长类似于汉代的三老、孝悌、力田,其意在于纠正隋唐以来基层行政人员沦为贱役的弊病。② 赵秀玲认为,社制是继承于金朝③,但又有别于金。元代社制特点有二:一是"社制的养民、化民精神";二是"社制管理方式的强制化"。④ 如果说前者体现的是一种教化的精神,后者则带有明显的强制味道。

以都图征收赋税,以村社推行教化,也许是元代乡村治理中最主要的制度设计。结合至顺《镇江志》中的乡都命名方式,人们大致可以进行如下猜想:乡的命名往往赋予美好的寓意,如孝德乡、登荣乡、游仙乡等;"都"皆以数字命名,如一都、二都、三都等;后世"图"的命名也是如此,一图、二图、三图等。乡的命名可以看到教化的意图,而都图如此草率,显然与其征收赋税的社会功能是相适应的,简洁且易于记忆。都以下的村里则又不同,里与乡类似,名字往往赋予好的寓意,如节义里、怀仁里、折桂里等;村则以姓氏、方位等命名,如丁庄、徐村、张庄等。概因里多处于城镇,里之居民文化水平较高,通过命名以示教化、鼓励;而村多属自然聚落,血缘关系及宗族意识浓厚,以姓氏命名,既是宣示"主权",也是宗族情结。

---

① 宋濂撰:《元史》卷九十三《志第四十二·食货一》,中华书局 1976 年版,第 2354—2355 页。
② 杨天竞:《乡村自治》,曼陀罗馆 1931 年版,第 105 页。
③ 金朝村社制度,"三百户以上,则设主首四人,二百户以上三人,五十户以上二人,以下一人,以佐里正,禁察非违;置壮丁以佐主首,巡警盗贼"。杨天竞:《乡村自治》,曼陀罗馆 1931 年版,第 103 页。
④ 赵秀玲:《中国乡里制度》,社会科学文献出版社 2002 年版,第 37—38 页。

二、都图村社制度的实践

赋税的征收。"古之善治其国者,不能无取于民,亦未尝过取于民,其大要在乎量入为出而已。"①元代的税收制度存在两个体系。"取于内郡者,曰丁税,曰地税,此仿唐之租庸调也。取于江南者,曰秋税,曰夏税,此仿唐之两税也。"②最初,元太宗按户课税,后改丁税和地税。丁分成丁、驱丁,新户成丁、驱丁等不同类型,征税数目各有不同。对于有耕地的民户,则按耕牛和土地多少征税。并且规定"丁税少而地税多者纳地税,地税少而丁税多者纳丁税"。以就高不就低为原则。对于虚报瞒报的现象,则规定惩罚之法。"虚配不实者杖七十,徒二年。仍命岁书其数于册,由课税所申省以闻,违者各杖一百。"③中统十七年(1276),税制更加稳定。"全科户丁税,每丁粟三石,驱丁粟一石,地税每亩粟三升。减半科户丁税,每丁粟一石。"新收交参户、协济户等各有不同。另外,还有一些更加细致的规定,如离官仓近的交粟,离官仓远的折钞;富裕之户输远仓,贫困之户输近仓等。④ 江南则推行两税法。最初,除江东、浙西外,止征秋税。至于征收税粮还是实物,则变化未定。元贞二年(1296),两税法才名副其实,"秋税止命输租,夏税则输以木棉布绢丝棉等物","其所输之数,视粮以为差","其折输之物,各随时估之高下以为值"⑤。这实是承继唐、宋两代税制的产物。

除了一般赋税的征收,元代还曾推行助役之制。泰定之初(1324),有所谓助役钱。"命江南民户有田一顷之上者,于所输税外,每顷量出助役之田,具书于册,里正以次掌之,岁收其入,以助充役之费。"⑥如江阴,"有助役田,人户津助赋役,每亩收租不等,除纳正粮外,余悉助役"⑦。

---

① 宋濂撰:《元史》卷九十三《志第四十二·食货一》,中华书局 1976 年版,第 2351 页。
② 宋濂撰:《元史》卷九十三《志第四十二·食货一》,中华书局 1976 年版,第 2357 页。
③ 宋濂撰:《元史》卷九十三《志第四十二·食货一》,中华书局 1976 年版,第 2357 页。
④ 宋濂撰:《元史》卷九十三《志第四十二·食货一》,中华书局 1976 年版,第 2358 页。
⑤ 宋濂撰:《元史》卷九十三《志第四十二·食货一》,中华书局 1976 年版,第 2359 页。
⑥ 宋濂撰:《元史》卷九十三《志第四十二·食货一》,中华书局 1976 年版,第 2360 页。
⑦《天一阁藏明代方志选刊》,《江阴县志》(嘉靖)食货志第四上《贡课·徭役》,第 28 页。

税收之外,与乡村最为紧要者为科差。元代科差主要包括丝料和包银两种,"各验其户之上下而料焉"。中统元年(1260),"立十路宣抚司,定户籍科差条例"。但元代在民户等级设计方面非常复杂,一般划分方式包括元管户、交参户、漏籍户、协济户等;根据交纳丝银多少又分为全科户、减半科户、止纳丝户、止纳钞户等;另外还有摊丝户、复业户等不同说法。"户既不等,数亦不同。"①中统二年(1261),又制定科差的期限,"丝料限八月,包银初限八月,中限十月,末限十二月"。中统三年(1262),又规定,丝料不能超过七月,包银不能超过九月。"诸差税皆司县正官监视人吏置局均科。诸夫役皆先富强,后贫弱;贫富等者,先多丁,后少丁。"②

另外,与乡村相关的制度还有经理制度,主要是对土地进行重新调查核实,使政府在征收赋税、均派徭役方面有所依归。延祐元年(1314),朝廷派官员到各省经理此事,其中派往江浙的是章闾等人。大体做法如下:首先榜示民众,以四十日为限,主动向官府报告所有田亩。对于谎报行为,准许人们告发。谎报在十亩以下的,田主及管干佃户皆杖七十七;谎报二十亩以下者,罪加一等;谎报一百亩以下,杖一百七;谎报一百亩以上,流放北边,谎报田亩没收入官。如果地方官在查勘的过程中发生脱漏,"量事论罪,重者除名"③。此处鼓励首告,但并未说明首告是否有奖励,其效果值得怀疑。事实证明,这次清查田亩由于"期限猝迫"而产生"贪刻用事,富民黠吏,并缘为奸,以无为有,虚具于籍"等问题。

元代乡村既以社为单位,元代基层政权的实践则大部分围绕"社"展开。如义仓的设置。元世祖时,赵天麟上疏请设义仓,"每社立一义仓,社长主之。遇大有年,听自相劝督,而增数纳之。饥馑不得已之时,计口数之多寡而散之。官司不得拘检借贷,并许纳杂色。如是,非惟共相赈救,而义风亦行"④。张大光说:"古有义仓,又有社仓,义仓立于州

① 宋濂撰:《元史》卷九十三《志第四十二·食货一》,中华书局1976年版,第2361页。
② 宋濂撰:《元史》卷九十三《志第四十二·食货一》,中华书局1976年版,第2362页。
③ 宋濂撰:《元史》卷九十三《志第四十二·食货一》,中华书局1976年版,第2353页。
④ 陆曾禹:《康济录》卷二,出版信息不详,第111页。

县,社仓立于乡都。皆民间积贮,储以待凶荒也。国朝酌古准今,立义仓于乡都,一举兼尽社仓之设,惠至渥也。"①按照这种说法,元代设立的义仓本质上就是社仓。元代的义仓设置始于至元六年(1269),其设立方法大体如下:"社置一仓,以社长主之,丰年每亲丁纳粟五斗,驱丁二斗,无粟听纳杂色,歉年就给社长。"②其管理人员主要是各社的人。具体来讲,就是"令附近税户,各以差等出谷为本,每年收息谷一斗,候本息相停,以谷本还元主,以利为本,立掌仓循环规运。丰年贮积,凶年出贷,有司许令点检,而不许干预侵借,其立法最为详备,惠民之意,亦甚切至"。

但理想与现实之间往往存在差距,就元代义仓而言,"未及十年,仓庾充斥,过于本倍。然百姓困于义仓。民间但见其害,而不见其利,凶年积岁,而民不免于流离死亡,其故何也? 良由有司,任法而不任人。法出而奸生,令行而弊起。以暴心行仁政,政无非暴。虽曰惠民,实所以厉之也"。其中最大弊端有四:一是掌仓不得人;二是点校不得人;三是出贷过程弄虚作假;四是回收过程侵渔刻剥。其根本原因在于义仓管理人员素质不过关。③ 因此,张大光建议削弱义仓的官方色彩,提高管理人员的素质,"选择乡里,有德望诚信谨愿好义之人,或贤良缙绅,素行忠厚廉介之士,不拘产税抵业,但为众所敬而悦服者。许令乡民推举,不必拘于乡都所司。察其行实,以礼敦请"④。根据至顺《镇江志》的记载,人们大概可以看到元代镇江义仓设置的基本情况:镇江府共设义仓九十六所,"本府录事司二所,丹徒县乡都三十二所,丹阳县市及乡都二十二所,金坛县市及乡都四十所"⑤。

义仓之外,还有常平仓的设置,"立义仓于乡社,又置常平于路府,使饥不损民,丰不伤农,粟直不低昂,而民无菜色"⑥。在镇江府,"至元十九年复置(常平仓)"。"至大二年奉诏起盖仓廒。"其运行模式与前代

---

① 俞森:《社仓考》,商务印书馆 1939 年版,第 19 页。

② 宋濂撰:《元史》卷九十六《志第四十五上·食货四》,中华书局 1976 年版,第 2467 页。

③ 俞森:《社仓考》,商务印书馆 1939 年版,第 19—20 页。

④ 俞森:《社仓考》,商务印书馆 1939 年版,第 21 页。

⑤ 至顺《镇江志》卷十三《仓·义仓》,第 24 页。

⑥ 宋濂撰:《元史》卷九十六《志第四十五上·食货四》,中华书局 1976 年版,第 2467 页。

无异,"随处路府州县设立常平仓,以权物价,丰年收籴粟麦米谷,值青黄不接之时,比附时估减价出粜,以遏沸涌,民间有以米麦回易至大钞者,验时时支给价钞。尚书省部斟酌路府州县大小名数多寡,议给常平仓本钞。各处便宜摽拨官仓,如无仓廒去处,官为起盖"①。

村社除了设立仓库,同时还设立社学。"社学是元代的地方小学,建于村社。""元至元二十三年(1286),颁令于各路劝农立社,……每社设社学一所,择请'老成有品,深知古今,能解说古训者'为社师。每年阴历十月,农家弟子入学读书,先教读《稽古千字文》《孝经》《小学》,次及《大学》《论语》《孟子》。使学生在家能孝顺父母,外出对长者有礼貌。"②社仓、社学均处于村社,二者结合在一起成为元代乡村治理的另外一个重要特点。

另外,元代又有义学的设置。元代泰定二年(1325),杨伯麟在昭文县(今属苏州)三十七都沙头之南设立义学。根据元代阎复记载:"吴郡义田自范文正公始,常熟县杨君实踵之。君家居琴川百有余年,宗派既蕃,思以义庇其族,于沙头里垦田若干,筑舍二十楹,延耆儒以主师席,比族中之贫者,有养老者,有奉少者,得致力于学。"③

如前所述,元朝虽为少数民族建立的王朝,但随着汉化日趋加深,对农业的重视程度也不断发生变化。元世祖除了颁布重农的相关法令外,还非常关心与农桑相关的事业。如水利,为防止干旱,令各地委托正职官员一名,浚治河渠。并针对乡村存在的各种情形,或加以引导,或提供材料,或教以耕种之法。又如灭虫,每年的十月份,令州县正职一名在所辖境内巡视,如发现虫蝗遗卵,要多方设法清除。再如,限定种植品种及数量,如每丁每年种植桑枣二十株为定制,在土性不适宜的地方,也可以种植数量相当的榆柳;每丁每年种杂果十株,但以生成者为数。为防止饥年,还令各社种植苜蓿。傍水之家还令凿池养鱼并鹅鸭,并种植水生植物,"以助衣食"等。④ 以上均反映了元代统治者对农

① 至顺《镇江志》卷十三《仓·常平仓》,第23—24页。
② 李厚发:《明清时代的溧水社学》,《溧水古今》第十三辑,中国人民政治协商会议江苏省溧水县委员会学习文史委员会1994年编印,第36页。
③ 乾隆《常昭合志》卷四《学校》,第38页。
④ 宋濂撰:《元史》《志第四十二·食货一》,中华书局1976年版,第2355页。

桑的重视。

另外,元代统治者也常常通过"蠲赈"的方式来稳定基层社会的秩序。1291 年,"溧阳饥,发粟赈之"。1296 年,"建康、溧阳、池州及浙西等处水旱,并有赈恤"。1298 年,"建康、常州、江陵饥,给粮济之"。1300 年,"复赈建康饥民"。1308 年,"广德、建康、镇江诸路饥,户月给米六斗并给钞赈之。十一月免建康、广德田租"。1325 年,"建康、太平、池州等路饥,有赈"。1329 年,"诏赈池州、广德、宁国、太平、建康、常镇诸路及江阴州饥民"。1330 年,"建康、广德、镇江诸路饥,赈粮一月"。1337 年,"发义仓粮赈溧阳饥民"。① 由以上几例可见一斑。

---

① 嘉庆《溧阳县志》卷六《食货志·蠲恤》,第 60 页。

第六章　明清时期的江苏乡村治理

至明代，乡村治理体系之官治、绅治、族治的三维结构更加清晰；乡里、保甲，社学、社仓、乡约等一应俱全，"里社敦睦谊，社仓主救恤，社学兴教育，乡约决词讼"①，形成一个非常完善的乡村治理体系。清代更是如此，有论者指出："清代的乡里制度具有集历代乡里制度大成的性质，但从发展演变来说，基本与明代一致。"②因此，我们把明清两代结合在一起进行分析。

第一节　明清两代的乡里制度

一、明代里甲保甲制的设计及运行

（一）里甲保甲制的设计

在明代，县的主官为知县、县丞、主簿，各设一人；另设典史一人。主簿、县丞的设置比较灵活，如果编户达不到二十里，则不设置。就他们的职责而言，知县"掌一县之政。凡赋役，岁会实征，十年造黄册，以

---

① 杨天竞：《乡村自治》，曼陀罗馆 1931 年版，第 107 页
② 赵秀玲：《中国乡里制度》，社会科学文献出版社 2002 年版，第 118 页。

丁产为差。赋有金谷、布帛及诸货物之赋,役有力役、雇役、借倩不时之役。皆视天时休咎,地利丰耗,人力贫富,调剂而均节之。岁歉则请于府若省蠲减之。凡养老、祀神、贡士、读法、表善良、恤穷乏、稽保甲、严缉捕、听狱讼,皆躬亲厥职而勤慎焉。若山海泽薮之产,足以资国用者,则按籍而致贡"。由此可见知县职责之繁杂。县丞、主簿"分掌粮马、巡捕之事。典史典文移出纳"。部分县有县丞无主簿,或有主簿而无县丞。前者由县丞兼领主簿之责,后者则由主簿兼领县丞之责。由于知县是直接的亲民之官,朝廷非常重视。为了使府州县职能够知廉耻,明朝廷除多次"敕命厚赐"外,还制定相应的规则对县官加以约束。如洪武十七年(1384),制定府州县条例八事,"颁示天下,永为遵守"①。其中关系乡村治理至大者为第一条:"州县之官,宜宣扬风化,抚字其民,均赋役,邮穷困,审冤抑,禁盗贼,时命里长告诫里人,敦行孝弟,尽力南亩,毋作非为,以罹刑罚。行乡饮酒礼,使知尊卑贵贱之体,岁终察其所行善恶而旌别之。"②洪武二十六年(1393),又刊布了县官《到任须知》三十一条,成为考核地方官的重要依据,"依式对款,攒造文册,及将原领勒谕,诸司职掌内事迹文簿,具本亲赍奏缴,以凭考核"③。

除知县、县丞、主簿、典史等职外,各县还根据需要设置其他专职。如洪武初年(1368),句容县设置司吏、儒学教谕、训导、税课局大使、东阳驿驿丞、龙潭驿驿丞、龙潭巡检司巡检、阴阳学训术、医学训科、僧会司僧会、道会司道会等职。永乐至弘治年间,又增加管马主簿、云亭驿驿丞等职。④ 宿迁则设置儒学教谕、训导、禀膳、钟吾驿驿丞、刘马庄巡检司巡检、阴阳学训术、医学训科、僧会司僧会、道会司道会、乡社学教读等职务。⑤

至于县以下的乡村治理体系,明代大致经历了两个阶段,"一是明初期的里甲制,二是明中后期的保甲制"⑥。针对这一变化,唐文基从经

---

① 张廷玉等撰:《明史》卷七十五《志第五十一·职官四》,中华书局 1974 年版,第 1850—1851 页。

②《明太祖高皇帝实录》卷一百六十一,钞本,第 5—6 页。

③ 王恕:《王端毅奏议》卷十四,四库全书本,第 13 页。

④ 弘治《句容县志》卷之三《历代衙门官吏》,第 1—2 页。

⑤ 万历《宿迁县志》卷之五《秩官志》,《天一阁藏明代方志选刊续编》第 08 册,第 945—946 页。

⑥ 赵秀玲:《中国乡里制度》,社会科学文献出版社 2002 年版,第 40 页。

济动因加以考量,指出"明朝通过里甲组织,把农民控制在户籍中,束缚于乡里,使他们失去变更职业和离乡外出的自由,被迫接受赋役剥削。而徭役折银和摊丁入地的改革,使里甲失去了控制劳动人手的意义和职能,渐趋消亡,逐渐被以'缉拏奸盗'为主要职责的保甲制所代替"①。就里甲制而言,江苏各地均有详细的资料记载。如在丰县,"全县分为四个乡,十九个里,一里分若干甲"②。可见,其采取的就是"乡—里—甲"的建制。但各地基层行政机构的名称略有不同,在吴县则是"乡—都—图","乡以统都,都以统图,此古经野之制也。后相沿袭"③。松江府为"乡—保—区—图"④,昆山是"乡—保—村"⑤,句容是"乡—都—里村"⑥,江阴县为"乡统都,都统图,如宋制,南北厢易为坊。乡十有七,都五十,图三百七十四"⑦。海州则是"乡—里""都—里"建制并存,"初编为一百十六里,后并为六十里"⑧。六合县又变为"乡—都—图",其对"都""乡"有更加详细的解释,"古以万二千五百家为乡,今一方之聚落遂谓之乡;古者国必有都,……今之都则指一里言也,盖今之郡邑即古诸侯之国"⑨。总之,明代县级以下,里甲的设置最为普遍,其他名称虽然不同,主要是约定俗成的结果,功能并无本质区别。

里甲的任务非常繁杂。按照规定,以一百一十户为一里,推举丁、粮多的十户为里长,剩下的一百户为十甲,每甲十户。以丁、粮多寡为标准,里长、甲首轮流当值,每十年为一个周期,称为排年。里甲"董一甲一里之事",但主要功能是管理本里甲的赋役。《六合县志》中记录:"县一十九里,里统十甲。……历十年输役一次,里长十有九人,甲首百有九十人。有事则县责之以里,里责之以甲,贡赋则甲输之以里,里归

① 唐文基:《明代赋役制度史·前言》,中国社会科学出版社1991年版,第3页。
② 《丰县行政区划沿革考》,《丰县文史资料》第7辑,中国人民政治协商会议江苏省丰县委员会文史资料研究委员会1988年编印,第143页。
③ 崇祯《吴县志》卷之二《乡都》,《天一阁藏明代方志选刊续编》第15册,第195页。
④ 正德《松江府志》第九卷《乡保》,《天一阁藏明代方志选刊续编》第5册,第468页。
⑤ 嘉靖《昆山县志》第三卷《乡保》,第15—20页。
⑥ 弘治《句容县志》卷之一《市乡村里》,第8页。
⑦ 嘉靖《江阴县志》提封记第二上《坊乡》,第9页。
⑧ 隆庆《海州志》卷一《舆图·图里》,第8—9页。
⑨ 嘉靖《六合县志》卷一《地理志·乡都》,《天一阁藏明代方志选刊续编》第07册,第771页。

之官,此为正役。"①除此之外,里甲还肩负其他职责,消极方面包括"民事诉讼裁判权,凡民间户婚、田土、斗殴、争占、失火、窃盗、骂詈、钱债、赌博、擅食田园瓜果、私宰耕牛、弃毁器物稼穑等,畜产咬杀人、卑幼私擅用财、亵渎神明、子孙违犯教令、六畜践食禾稼等,这些民间诉讼,都应由里甲裁判"②。积极方面则包括对本里子弟进行法制教育、劝课农桑、管理水利设施、恤贫扶弱等,几乎包括地方上的一切事务。

里直属于县,里所处位置不同,名称也迥然不同,"在城曰坊,近城曰厢,乡都曰里"。也就是说,"里"既是县以下的行政单位,同时又特指乡村的行政设置。里以下为甲。每里编一户籍册,册首总为一图。对于不负担徭役的鳏寡孤独,则附在十甲之后。每十年相关部门就要重新制册,主要根据丁、粮的增减来决定升降。另外,里甲还负责对户口的管理,明初设置户帖、户籍,在上面详细记录姓名、年龄、居住地,"有司岁计其登耗以闻"。所谓"有司",最基层的管理者就是里甲。另外,里还设置"老人"一职,"选年高为众所服者,导民善,平乡里争讼"③。具体而言,则是"理其乡之词讼,若户婚田宅斗殴者,则会里胥决之。事涉重者,始白于官"。老人一职的设置,"盖仿汉三老、啬夫之意也"④。《通州志》中记载,该地方共"里长一百一十一名,老人数同里长"。

但对于明代所设之"三老",顾炎武大体采取否定的态度,"近世之老人,则听役于官,而靡事不为,故稍知廉耻之人不肯为此,而愿为之者,大抵皆奸猾之徒,欲倚势以陵百姓者也。其与太祖设立老人之初意悖矣"⑤。但老人良善与否,常与地方官吏之素质相关。明英宗时,赵豫为松江知府,"和易近民,凡有词讼,属老人之公正者剖断,有忿争不已

① 嘉靖《六合县志》卷二《人事志·徭役》,《天一阁藏明代方志选刊续编》第 07 册,第 839 页。由此可见,唐文基的"降至洪武十四年,这样的里甲组织,才于全国统一建立起来"(唐文基:《明代赋役制度史》,中国社会科学出版社 1991 年版,第 30 页)的推论是值得商榷的。但无论名称是什么,它们的功能大概是一致的。

② 唐文基:《明代赋役制度史》,中国社会科学出版社 1991 年版,第 38 页。

③ 张廷玉等撰:《明史》卷七十七《志第五十三·食货一》,中华书局 1974 年版,第 1878 页。

④ 强汝询:《汉州郡县吏制考》,不分卷,清刘履芬抄本,原书无页码。

⑤ 顾炎武著,黄汝成集释,栾保群、吕宗力校点:《日知录集释》上,上海古籍出版社 2014 年版,第 187 页。

者,则已为之和解。故民以老人目之,当时称为良吏"①。良吏被视同老人,可见人们对老人身份的情感认同。另外还有粮长(专门负责税粮征收)、塘长(专门负责水利)等职务的设置。②

至明代中后期,为了防止盗贼、倭寇而推行保甲制度。有论者认为,里甲改保甲,仅为名字的改变,非改制也。③ 其中以王守仁的"十家牌法"最为有名。所谓"牌",分为"十家牌"与"各家牌",牌式不一。十家牌的牌式比较简单,主要写明某县某坊,甲头某,甲尾某,十家共十行。至于十家牌的用法,十家牌由十家轮流掌管,每天酉时,持牌到每家巡查。对于每家人员异动要审问清楚,然后通晓各家。如有可疑之处,应立即报官,如果隐瞒,事发之后,十家同罪。④

各家牌的牌式则分一般户、军户、匠户、客户、官户等不同类型。一般户主要标明某县某坊,民户某人,里长、甲首等信息;军户则标明某所、总旗、小旗等;匠户则标明某里甲、某邑;官户则标明某衙门、某官下舍人等。其中对客户的管理最为严格,除了标明原籍某处,某里甲、某邑等信息外,还要就现做何生理、当某处差役、有寄庄田在本县某都、原买某人田等信息详细标明;另外,还特别规定"若客户不报写田庄在牌者,日后来告有庄田,皆不准。不报写原籍里甲,即系来历不明,即须查究"⑤。这种做法有利于查挤匪徒,但同时也严重限制着人口的自由流动。

如果说最初制定十家牌法是为了防止奸细(窝藏盗贼),而增设保长则直接指向捕盗。十家牌法最初只设甲头而无保长,为了提升防御盗贼功能,王守仁又倡议"各州县于各乡村推选才行为众信服者一人为保长",但同时规定保长不能干预各甲词讼,防止其武断乡曲,保长只有在遭遇盗贼时起统领作用。其具体做法是,在城郭坊巷乡村的紧要之

---

① 顾炎武著,黄汝成集释,栾保群、吕宗力校点:《日知录集释》上,上海古籍出版社 2014 年版,第 187 页。

② 嘉靖《通州志》卷三《官政·里役》,《天一阁藏明代方志选刊续编》第 10 册,第 438 页。

③ 杨天竞:《乡村自治》,曼陀罗馆 1931 年版,第 109 页。

④ 一凡藏书馆文献编委会编:《古代乡约及乡治法律文献十种》第一册,黑龙江人民出版社 2005 年版,第 130—131 页。

⑤ 一凡藏书馆文献编委会编:《古代乡约及乡治法律文献十种》第一册,黑龙江人民出版社 2005 年版,第 131—132 页。

地设置大鼓一面,如果两地相距稍远,便建筑高楼,将鼓置于高楼之上。遇到警报,就登楼击鼓。"一巷击鼓,各巷应之;一村击鼓,各村应之。"只要听到鼓声,各甲都要持械应援,在保长调度下,各司其职。如果闻警不出,"保长公同各甲,告官重治"①。

毫无疑问,王守仁推行十家牌法的初始目标是防贼,但并未限于此一目标,他同时还赋予"十家牌法"更加丰富的社会治理功能。如调解息讼,如果一甲之内发生争讼,即由本甲进行劝解,对于不听劝解、恃强凌弱或诬告他人的情况,则禀告官府量加责治。如果本甲没有发挥劝解的作用,则要"查究同甲不行劝禀之罪"。同时,还要进行日常教化,"互相劝谕,令讲信修睦,息讼罢争,日渐开导,如此,则小民益知争斗之非,而词讼亦可简矣"②。为了进一步彰显这种精神,王守仁还专门制颁《南赣乡约》,最终形成保甲主防贼捕盗、乡约主教化百姓的格局。

江苏各地所办保甲受此法影响甚大。如溧水县,"奉上司明文,先设五哨官兵,复设盘讦捕盗官子弟兵。议者欲于一里男丁之中,择选膂力强壮者若干人为乡兵,复其丁差,仍于该县人丁少增毫末,买办弓、箭、刀、枪、火器授之。命武师教习之。里设保长副管摄之。春冬农暇,檄廉能佐赞官操练之,疲病者更易之。毋借差遣,毋令迎送。每村使设鼓炮,一村有警,则鸣鼓放炮,旁村皆鸣鼓放炮,乡兵群集,遍达四乡。虽大盗亦无所逃矣。此王守仁先生在南赣时,治桶岗贼之遗意也。留神于弥盗安民者,尚思所以变通之云"③。

明代之后,基层行政人员的职役化色彩更加明显,"里老日贱,等于隶役。以市井无赖充之,反为民害"。而公正之士之所以不愿出任这些职务,主要是因为乡吏地位的下降,"无一级之阶,无半升之禄,无礼貌之优,无登擢之路。求其不侪隶役也得乎"④。

---

① 一凡藏书馆文献编委会编:《古代乡约及乡治法律文献十种》第一册,黑龙江人民出版社 2005 年版,第 145—146 页。

② 一凡藏书馆文献编委会编:《古代乡约及乡治法律文献十种》第一册,黑龙江人民出版社 2005 年版,第 143—144 页。

③ 吴仕诠修、黄汝金纂:《万历溧水县志》,凤凰出版社 2019 年版,第 59 页。

④ 强汝询:《汉州郡县吏制考》,不分卷,清刘履芬抄本,原书无页码。

（二）里甲保甲制的运行

就明代来看,基层政权的主要职责包括编查户口地籍、征收赋税、均派徭役等。

一是编查户口地籍。编查户口地籍是一切工作的基础。"邦本系于民数,版图昉于生齿。"①在明代,户口包括军户、民户、匠户、龟户等几种。"凡民,男曰丁,女曰口。男年十六为成丁,未成丁亦曰口。丁口系于户。凡腹民计以丁口,边民计以户。"②明初,首先实行户贴制度。"首先是各家自行填写。填写内容有:一、户口所在的府州县乡都保;二、家庭人口状况,包括成丁和未成丁,男子以及老幼妇女;三、财产状况,包括田地房屋牲畜等。其次,在自行填写的基础上,明朝遣派大批军兵下乡'比勘'。"③通过这一制度,朝廷实际上完成了一次对人口和财产的普查。

但户贴反映的是一种静态的人口及财产状况。想要动态实时掌握人口的变化,则需要建立更加严密的户口管理制度。洪武十四年(1381),朝廷下诏编赋役黄册,即户籍册。户籍册的编制采取自下而上的方式,先由政府颁发各户标准单式,再由各户如实上报籍贯、丁口、事产等,然后由该管甲首会送里正,里正将本里黄册送县编制本县黄册,最后汇集至府、布政司、户部,"依此层层造册"。其中各里黄册最为详细,"内细列各户丁口事产情况,包括所谓'旧管'(原有数)、'新收'(新增数)、'开除'(减少数)、'实在'(现存数)的'四柱式',册首总为一图,册尾附著畸零户。而县(州)府布政司所造黄册,只开列所属里、县(州)、府的人丁事产总数,不列细数"④。户籍册共分四份,分别存于户部、布政司、府、县。其中存在户部的户籍册,册面裱以黄纸,所以被称为黄册。⑤ 后来黄册常常名不副实,相关部门在征税、编徭的过程中,则

---

① 隆庆《仪真县志》卷之六《户口考》,第1页。

② 赵尔巽等撰:《清史稿》卷一百二十《志九十五·食货一》,中华书局1977年版,第3480页。

③ 唐文基:《明代赋役制度史》,中国社会科学出版社1991年版,第21页。

④ 唐文基:《明代赋役制度史》,中国社会科学出版社1991年版,第22—23页。

⑤ 另有一说:"周制黄口始生,遂登其数,后世黄册之名起此。"《天一阁藏明代方志选刊》,隆庆《仪真县志》卷之六《户口考》,第1页。

自编一册，被称为白册。① 由此可见，编制赋役黄册主要是为了征收赋税、派遣徭役。

在户籍管理的过程中，不免有漏口、脱户的现象，针对这一点，明代的政策是"许自实"。其中，对逃户（逃避徭役者）、流民（年饥或逃兵他徙者）、附籍（有故而出侨外者）、移徙（朝廷移民）等设计了不同的管理方式。针对逃户，"明初督令还本籍复业，赐复一年。老弱不能归及不愿归者，令在所著籍，授田输赋。正统时，造逃户周知册，核其丁粮"。

针对流民，"英宗令勘籍，编甲互保，属所在里长管辖之。设抚民佐贰官。归本者，劳徕安辑，给牛、种、口粮"。针对附籍者，"正统时，老疾致仕事故官家属，离本籍千里者许收附，不及千里者发还。景泰中，令民籍者收附"，其他冒充民籍者发还。② 对不同移徙者，明初朝廷给予不同的优待政策。如把苏、松、嘉、湖、杭无田农民迁往临濠耕作，朝廷"给牛、种、车、粮，以资遣之，三年不征其赋税"③。

土地是朝廷征收赋税的重要依据。因此，明代还编制鱼鳞图册，以确定地籍。元朝灭亡后，"版籍多亡，田赋无准"。明朝建立后，首先从浙西开始复核土地田亩，以定天下赋税。有研究者认为，明代这次复核土地主要包括两种方式，"一种是，由明中央政府派员到地方主持绘制工作；另一种是命令某些地方官，自行组织人力绘制"。其中浙西的土地复核属于第一种，浙东的土地复核属于第二种。④ 以上属于第一次大规模复核土地。第二次始于洪武二十年（1387），各州县开始测量田亩，苏州等府县也完成了土地复核。

明代的鱼鳞图册分为分图和总图两个部分，分图根据土地形状如实描绘，同时"要注明土地面积，周围四至，现业或原业主人，并编成字号"。总图则以乡为单位，按土地自然排列绘制，状如鱼鳞，号曰鱼鳞图册。同时注明土地性质，"或官或民，或高或圩，或肥或瘠，或山或荡，逐

---

① 张廷玉等撰：《明史》卷七十七《志第五十三·食货一》，中华书局 1974 年版，第 1878 页。
② 军、匠、龟等户另籍。"凡户三等：曰民，曰军，曰匠。民有儒，有医，有阴阳。军有校尉，有力士，弓、铺兵。匠有厨役、裁缝、马船之类。滨海有盐龟。寺有僧，观有道士。毕以其业著籍。"张廷玉等撰：《明史》卷七十七《志第五十三·食货一》，中华书局 1974 年版，第 1878 页。
③ 张廷玉等撰：《明史》卷七十七《志第五十三·食货一》，中华书局 1974 年版，第 1878—1879 页。
④ 唐文基：《明代赋役制度史》，中国社会科学出版社 1991 年版，第 6—7 页。

图细注,而业主之姓名随之,年月卖买,则年有开注"。通过鱼鳞图册的编制,国家掌握了相对稳定的税源,而百姓的财产权也得到了保证。[①]

由此可见,赋役黄册以户为主,鱼鳞图册以地为主。黄册分旧管、新收、开除、实在四个方面分列详细情况;鱼鳞图册则以原坂、坟衍、下隰、沃瘠、沙卤等分别罗列。赋役黄册和鱼鳞图册的功能各有侧重。"鱼鳞册为纬,土地之讼质焉。黄册为经,赋役之法定焉"。[②] 在赋役征派的过程中,政府主要以人口为依据,所以称之为赋役黄册。这一局面在清代推行摊丁入亩之后发生了质的变化。

二是征派赋役。明初,赋役制度沿用前代的两税法,基本依据是赋役黄册。黄册有丁口、田地的具体数目,根据田地征收赋税,按照丁口负担徭役。其中赋税包括夏、秋两季,夏季称为夏税,秋季称为秋粮。夏税缴纳不能超过当年八月,秋粮征收不能超过次年二月。丁口分为成丁与不成丁,十六岁是不成丁与成丁的界限。成丁之后负担徭役,年满六十则免除徭役。徭役分为里甲、均徭、杂役三种,"以户计曰甲役,以丁计曰徭役,上命非时曰杂役,皆有力役,有雇役"[③]。明初,江浙赋税之重甲天下。朱元璋之所以加重江浙地方的赋税,主要原因是"怒其为张士诚守,乃籍诸豪族及富民田为官田,按私租簿为税额"[④]。又因为该地区土地膏腴,导致赋税进一步加增。"大抵苏最重,松、嘉、湖次之,常、杭又次之"[⑤]。朱元璋之后,朝廷针对江浙地区的赋税问题多有争论。总体来看,政策变化无常,有增有减。赋税过重对老百姓的生产生活造成严重影响,江浙地方常常发生百姓因赋税过重而逃亡的现象。

根据嘉靖年间内阁首辅顾鼎臣关于钱粮积弊的条陈,可以进一步观察明代粮赋征收的实况及存在的问题:

> 一曰察理田粮旧额。请责州县官,于农隙时,令里甲等仿洪武、正统间鱼鳞、风旗之式,编造图册,细列元额田粮、字圩、则号、

---

① 唐文基:《明代赋役制度史》,中国社会科学出版社 1991 年版,第 11 页。
② 张廷玉等撰:《明史》卷七十七《志第五十三·食货一》,中华书局 1974 年版,第 1881—1882 页。
③ 张廷玉等撰:《明史》卷七十八《志第五十四·食货二》,中华书局 1974 年版,第 1893 页。
④ 张廷玉等撰:《明史》卷七十八《志第五十四·食货二》,中华书局 1974 年版,第 1896 页。明初,田赋分民田赋、官田赋两种,其中官田赋税较民田赋为重。
⑤ 张廷玉等撰:《明史》卷七十八《志第五十四·食货二》,中华书局 1974 年版,第 1896 页。

条段、坍荒、成熟步口数目,官为覆勘,分别界址,履亩检踏丈量,具开垦改正豁除之数。刊刻成书,收贮官库,给散里中,永为稽考。仍斟酌先年巡抚周忱、王恕简便可行事例,立为定规。取每岁实征、起运、存留、加耗、本色、折色并处补、暂征、带征、停征等件数目,会计已定,张榜晓谕。庶吏胥不得售其奸欺,而小民免赔累苛扰之患。

一曰征收岁办钱粮。成、弘之前,里甲催征,粮户上纳,粮长收解,州县监收。粮长不敢多收斛面,粮户不敢挽杂水谷糠秕,兑粮官军不管阻难多索,公私两便。近者,有司不复比较经催里甲负粮人户,但立限敲扑粮长,令下乡追征。豪强者则大斛倍收,多方索取,所至鸡犬为空。孱弱者为势豪所凌,耽延欺赖,不免变产补纳。至或旧役侵欠,责偿新佥,一人逋负,株连亲属,无辜之民死于棰楚囹圄者几数百人。且往时,每区粮长不过正、副二名,近多至十人以上。其实收掌管粮之数少,而科敛打点使用年例之数多。州县一年之间,辄破中人百家之产,害莫大焉。宜令户部议定事例,转行所司,审编粮长务遵旧规。如州县官多佥粮长,纵容下乡,及不委里甲催办,辄酷刑限比粮长者,罪之。致人命多死者,以故勘论。①

根据顾鼎臣的条陈,可以看到明代赋税征收过程中存在的积弊。户部的批复是"所陈俱切时弊,令所司举行"。但实际上并未按所奏执行。

在征收赋税的过程中,粮长成为明代基层社会中一种非常重要的职位。虽然粮长一职并非全国统设,但苏南地区是较早设置粮长的地区,"江南田赋最重,所以特设粮长"②。"每乡佥富厚者一人,总其敛运,谓之粮长。"③但因粮长任务过于繁重,后来则不断增加粮长的人数,有副粮长、大小粮长及根据专职而命名的粮长,如催办粮长、兑收粮长等。

① 张廷玉等撰:《明史》卷七十八《志第五十四·食货二》,中华书局 1974 年版,第 1898—1899 页。
② 《震川别集》第九,"长兴县编审告示"。转引自梁方仲:《明代粮长制度》,上海人民出版社 2001 年版,第 60 页,
③ 嘉靖《江阴县志》食货志第四上《贡课》,第 32 页。

粮长设立的目的,主要是为了革除过去税粮征收过程中官吏贪污中饱、揽纳户肆意侵吞的弊病。至于粮长的人选,"令田多者为之,督其乡赋税"。最初由乡里推选,政府任命;后来则完全变为政府任命。最初,每名粮长督收粮食在几千石到一万石之间。如洪武十九年(1386),苏州府常熟县秋粮 40 万石余,有粮长 30 名余,每名粮长督粮平均达 13000 余石。

在征收税粮的过程中,粮长与里甲密切配合,完成国家交派的任务,"粮长督里长,里长督甲首,甲首督本甲人户缴纳。最后粮长将各里甲的税粮汇集一起,并率领里长及运粮人户,车载船运到缴纳地点"①。为了减轻百姓运输税粮的负担,朝廷还允许粮长之下设置专门的解运团队。如洪武六年(1373),朝廷令"松江、苏州等府,于旧定粮长下,各设知数一人,斗级二十人,送粮夫千人,俾每岁运纳"②。在不同时期,粮长任期不同,最初未设副粮长时,为长期担任;后设副粮长,则变为轮流应役;再后来出现数户轮流充当粮长,成为朋充制。随着粮长从永充制到轮充制再到朋充制的转变,粮长的身份也经历了从大户到中户再到下户的转变。粮长地位不断下降的同时也反映出这一制度设计自身存在的问题,粮长任务过重导致人们怨声载道,"江南富民,皆不乐为粮长,以粮额多而转运包赔之累也"③。由此可见,对于粮长一职的态度,人们已经从最初的趋之若鹜变为避之唯恐不及。

粮长制度行之既久,弊病也日益明显,"科敛横溢,民受其害,或私卖官粮以牟利"。因此屡有兴革。④ 其中,尤以里甲等基层行政组织代替粮长催收税粮的现象最为突出。在江苏,"洪武十九年(1386)革罢常熟县粮长,用里长催办"。"景泰六年(1455)三月,巡抚淮安等处左副御史王弘奏江北直隶扬州等府县粮长准湖广例尽数革除,令官吏里甲催办,从之。""嘉靖十四年(1535)昆山县主簿揭豢立图头法以代粮长。""崇祯九年(1636),武进知县马嘉植创图收法,以代粮长。"⑤另外,为了

① 唐文基:《明代赋役制度史》,中国社会科学出版社 1991 年版,第 14 页。
②《明太祖高皇帝实录》卷八十五,钞本,第 1 页。
③ 陈子龙辑:《皇明经世文编》卷之一百三十七《许文简公奏疏》,明崇祯平露堂刻本,第 1 页。
④ 张廷玉等撰:《明史》卷七十八《志第五十四·食货二》,中华书局 1974 年版,第 1899 页。
⑤ 梁方仲:《明代粮长制度》,上海人民出版社 2001 年版,第 82—83 页。

完善粮长制度，也有人针对其中弊病提出若干建议。如宣德八年（1433），杨一清"奏立部运细米法。苏松常三府上供细米，民自转输，劳困无度，累岁愆期，乃奏请每府造黄船二十艘，令民运而官督之，所至官司应给人力"，"立水次仓。先是诸处税粮俱里胥粮长就私家征索，推敛无艺。乃于附城水次设仓总征并畜而时出之，令民径自送纳，较之往昔省减二分之一"；等等。①

除了催缴税粮之外，粮长还在其他方面发挥非常重要的作用，如"劝导违法豪户，不可勾结官吏，洒派诡寄税粮，侵损小民""农闲时会集乡中父老，劝导耕种""向皇帝面奏拒纳税粮的'刁顽'人户，具报灾伤及抛荒土地，请求豁免这些土地税粮""遇到攒造黄册或鱼鳞图册时，要奉命参加"等。② 梁方仲也指出，粮长在保证完成税粮征收总任务的同时，"还附带担负了对老百姓进行封建主义的劝导教化及检举不法官吏和'顽民'的任务"③。这一判断凸显了粮长在乡村社会治理中的重要作用。随着粮长权力范围的扩大，其擅权的现象也就越来越多，"如对于乡村讼诉案件，粮长初时似乎只有参加会审的权利；其后，竟独揽裁判权了；更进一步还干预地方事务，包揽打官司了"④。其实这又与最初粮长多由各地富人担任的现象是一致的。地方精英本身就是地方事务的仲裁者，粮长身份则使这些仲裁行为更具合法性。

根据洪武元年（1368）所定役法，"田一顷出丁夫一人，不及顷者以他田足之，名曰均工夫。寻编应天十八府州，江西九江、饶州、南康三府均工夫图册。每岁农隙赴京，供役三十日遣归。田多丁少者，以佃人充夫，而田主出米一石资其用。非佃人而计亩出夫者，亩资米二升五合。迨造黄册成，以一百十户为一里，里分十甲曰里甲。以上、中、下户为三等，五岁均役，十岁一更造。一岁中诸色杂目应役者，编第均之，银、力从所便，曰均徭。他杂役，曰杂泛。凡祗应、禁子、弓兵，悉金市民，毋役粮户。额外科一钱、役一夫者，罪流徙"。后来，"编徭役里甲者，以户为

---

① 嘉靖《江阴县志》食货志第四上《贡课》，第24页。
② 唐文基：《明代赋役制度史》，中国社会科学出版社1991年版，第15页。
③ 梁方仲：《明代粮长制度》，上海人民出版社2001年版，第43页。
④ 梁方仲：《明代粮长制度》，上海人民出版社2001年版，第46页。

断,放大户而勾单小。于是议者言,均徭之法,按册籍丁粮,以资产为宗,核人户上下,以蓄藏得实也。稽册籍,则富商大贾免役,而土著困;核人户,则官吏胥轻重其手,而小民益穷蹙。二者交病。然专论丁粮,庶几古人租庸调之意。乃令以旧编力差、银差之数当丁粮之数,难易轻重酌其中。役以应差,里甲除当复者,论丁粮多少编次先后,曰鼠尾册,按而征之。市民商贾家殷足而无田产者,听自占,以佐银差"①。由此可见,明代徭役经历了以田亩为标准到以户为标准再到以丁粮为标准的过程,为了限制额外剥削、市民商贾逃避徭役的现象,明代朝廷还相应做了更加灵活的规定。

在役法实际执行的过程中,徭役变得越来越繁重。"凡役民,自里甲正办外,如粮长、解户、马船头、馆夫、祗候、弓兵、皂隶、门禁、厨斗为常役。后又有斫薪、抬柴、修河、修仓、运料、接递、站铺、闸浅夫之类,因事编金,岁有增益。"②可谓名目繁多,民无宁日。顾炎武曾描述江南吏役之苦,"沿乡催办,则有跋涉之苦;入城比限,则有盘缠之苦;完不如数,又有血杖之苦;田地抛荒,又有拖欠之苦;人户逃亡,有代赔之苦;若遇水旱凶年,钱粮犹出,一鄙之困苦,独萃于一人。破身亡家,卖妻鬻子,累月穷年,未能脱累。故百亩以下人户充一役犹虑不堪,若以零星数亩之户朋充,未有不立毙者也。"③这从另外一个角度映射了明代赋役的严苛。

随着"一条鞭法"的推行,徭役才得以减轻。嘉靖、隆庆之后开始推行"一条鞭法"。其基本做法是"总括一州县之赋役,量地计丁,丁粮毕输于官。一岁之役,官为金募。力差,则计其工食之费,量为增减;银差,则计其交纳之费,加以增耗。凡额办、派办、京库岁需与存留、供亿诸费,以及土供方物,悉并为一条,皆计亩征银,折办于官,故谓之一条鞭"④。

赋役是政权正常运转的前提,而蠲免赋役则显示皇恩浩荡,是天

---

① 张廷玉等撰:《明史》卷七十八《志第五十四·食货二》,中华书局 1974 年版,第 1904—1905 页。
② 张廷玉等撰:《明史》卷七十八《志第五十四·食货二》,中华书局 1974 年版,第 1905 页。
③ 顾炎武:《天下郡国利病书》第六册《田赋一·苏松》,稿本,第 75 页。
④ 张廷玉等撰:《明史》卷七十八《志第五十四·食货二》,中华书局 1974 年版,第 1902 页。

子与小民之间最为直接的互动方式。在明代，蠲免主要是指灾蠲，即发生水旱灾害时朝廷蠲免受灾地区的赋税。如朱元璋曾下令，"凡四方水旱辄免税，丰岁无灾伤，亦择地瘠民贫者优免之。凡岁灾，尽蠲二税，且贷以米，甚者赐米布若钞"。在明初，如果州县发生旱灾而主官不上奏朝廷，"许耆民申诉，处以极刑"。朱元璋在位期间，"赐予布钞数百万，米百余万，所蠲租税无数"。同时，"又设预备仓，令老人运钞易米以储粟"。预备仓之外，还赐给内帑。对于那些遭灾而没有储粮的，"发旁县米振之"。发生蝗灾时，则派人捕蝗。对于因贫苦而出卖子女者，则由官"收赎"。其他举措还有令富人蠲免佃户地租，大户贷粮给贫民，免除杂役，等丰年再偿还，等等。①

在江苏地方，也不乏这类行为的记载。《宝应县志》就如是记录："正统五年（1440），江淮大饥，人相食，天子遣户部主事何来学赈济。""万历十六年（1588），旱，大疫，帝发帑金，遣户科给事中孟养浩赈之。"②《溧阳县志》也记录了明代朝廷蠲恤的情况，如"洪武二年（1369）十二月，赈应天苏松诸府贫民"；"宏治五年（1492）十一月，免应天苏松常镇太平兴国七府四年分之夏税秋粮。八年（1495）五月，以水灾免应天苏松常镇等府七年分之粮草子粒有差"；"嘉靖二年（1523），应天苏松淮扬徽池徐滁等府州大旱，特留苏松折兑折盐银两、苏常粳白、浒墅关钞、应天府缺官皂薪赎镪等银，并发太仓银二十万两折漕米九十万石赈之"；③等等。毋庸置疑，蠲免赋役的深层含义除了对小民的救济，更是为了稳定基层社会的秩序。

二、清代乡里保甲制的设计及运行

（一）乡里保甲制的设计

清代基本沿袭明代建制。县级政府设县长、县丞各一人，典史一人。主簿则没有定额。知县权限在于"掌一县治理，决讼断辟，劝农振

---

① 张廷玉等撰：《明史》卷七十八《志第五十四·食货二》，中华书局1974年版，第1908页。
② 民国《宝应县志》卷五《食货志·蠲恤》，第12页。
③ 嘉庆《溧阳县志》卷六《食货志·蠲恤》，第60页。

贫,讨滑除奸,兴养立教。凡贡士、读法、养老、祀神,靡所不综"。县丞、主簿分别掌管粮马、征税、户籍、缉捕等。典史掌管稽检、狱囚等。① 如涟水县,县署设知县,下设县丞(负责粮马、正税)、主簿(负责户籍、巡捕)、典史。同治年间,裁撤县丞、主簿,只设典史。又设学管称教谕,副职称训导。又设佐治人员包括幕友(又称师爷,包括刑名师爷、钱谷师爷)、书吏。又设三班(皂班、快班、壮班,皂班负责仪仗、护卫;快班负责缉盗、维持治安;壮班负责值堂站班并缉捕等)、六房(吏、户、礼、兵、刑、工),六房各司其职,"吏房管理官制、官规等事务;户房管理财务、地亩、粮租、契税、盐务等;礼房管理学务礼俗、祭祀等;兵方管理缉捕、马政、邮传、递解等;刑房管理狱讼;工房管理河道、城工、桥梁及各种建设事宜"。又设典狱一人,狱史、狱卒数人。②

县以下的行政单位为乡里。清代之前,常熟县以下为乡—都—里,清代则改为乡—区—图(每区又有村若干),以都改为区,里改为图。③ 宝应县则实行乡图制。④ 太仓州(今属太仓市)则实行乡都图制。雍正四年(1726),"分割太仓州地,建县,共五乡,辖都三十三,管图一百一十六,领圩六百六"⑤。实际上,这种功能的划分并不是泾渭分明的。如里甲最初的职能是传达公事、催征税粮。后来凡祭祀、宴飨、营造、馈送等费用,都摊派到里甲供应。⑥ "明万历年间,宿迁全境分为五乡二十二社。清康熙时期改社为里,宿境变化为五乡五十里。凡一百一十户为一里,从中推丁多、田多的十户轮流当里长;下余一百户分十甲,每一甲有十户,轮流充当甲首。里甲起初只担任传达公事、催征税粮。以后,官府聚敛繁苛,凡祭祀、宴飨、营造、馈送等费,均摊派里甲供应。乾隆、嘉庆之际,因安仁乡九、十两里水泛成湖,故全县只存五十二里。光

① 赵尔巽等撰:《清史稿》卷一百一十六《志九十一·职官三》,中华书局 1977 年版,第 3357 页。
② 万汉勋:《从清末到抗战开始行政机构及县属地方组织的变迁》,《涟水文史资料》第 1 辑,政协涟水县文史资料委员会 1982 年编印,第 151—152 页。
③《江苏地方志集成·江苏府县志辑·康熙常熟志》,江苏古籍出版社 1991 年版,第 76 页。
④ 康熙《宝应县志》卷之二《区里》,第 10 页。
⑤ 王祖畬等纂:《镇洋县志》卷四《赋役·乡都》,成文出版社有限公司印行,民国八年刊本,第 104 页。
⑥ 田宜桂:《宿迁民国时期的基层政权》,《宿迁文史资料》第 12 辑,宿迁县政协文史资料研究委员会 1991 年编印,第 183 页。

绪、宣统时期，里也称为图，故有五十四图之说。"①图的存在仍然彰显其在赋税征收过程中的功能，"旧志言某都某里，今赋役版串皆言某都某图"②。

另外，乡村还延续了保甲制度。清世祖时，命令编置户口牌甲。"州县城乡十户立一牌长，十牌立一甲长，十甲立一保长。户给印牌，书其姓名丁口。出则注所往，入则稽所来。"③就清代江阴县的保甲而言，具体做法是在每户门上张贴一张门牌，除了详细记录户主的姓名、年龄、职业外，还记录全家人口数，包括童仆、财产状况，"每十户为一甲，设一甲长。因此一甲内孰'正'孰'邪'孰'贫'孰'富'，甲长无不知之，'盗匪'无所托足。复以数甲为一保，由保长统辖保内户口事宜，遇有异动，立即注明于门牌，并造具底册，存于县署"。设保甲的目的是清查户口，弭盗安民，但实际效果值得商榷。"造册时并不按户调查，仅是闭门造册，等于具文而已。"④"十家牌法联十家为一牌，又一家自为一牌，牌书某姓名、习某业、男妇若干口悬于门，总甲散牌于各图各家，其事已毕。实未尝互为纠察，窝盗窝赌之家安然入故，徒费纸墨，岂有丝毫之益哉！惟社仓之法，苟得实心任事之人，真可于民有济，而邑之为社长者，多平日垄断罔利之人，但有剥民之心，岂能行利民之事，虽有良法，究同具文，可叹也！"⑤清前期，涟水县以下的建制有保、甲、牌三级，十家为牌，十牌为甲，十甲为保，分别设保长、甲长、牌首。保长又称保正，管理全保的政务。后期，保改为团，团设团总、副团总。⑥ 由此可见，保甲主要是维护治安，但同时也承担地方上的政务。职权分化的模糊性在传统中国并不鲜见。

清代继承了明代的建制，在一定程度上也延续其弊病，如里长之役

---

① 田宜桂：《宿迁民国时期的基层政权》，《宿迁文史资料》第 12 辑，宿迁县政协文史资料研究委员会 1991 年编印，第 183—184 页。
② 道光《泰州志》卷之二《疆域·乡都》，第 2 页。
③ 赵尔巽等撰：《清史稿》卷一百二十《志九十五·食货一》，中华书局 1977 年版，第 3481 页。
④ 《清代江阴县政之种种》，《江阴文史资料》第 3 辑，中国人民政治协商会议江苏省江阴县委员会文史资料研究委员会 1986 年编印，第 6—7 页。
⑤ 裘昌龄：乾隆《锡金识小录》第一本卷一《备参上·社米》，第 12 页。
⑥ 万汉勋：《从清末到抗战开始县行政机构及县属地方组织的变迁》，《涟水文史资料》第 1 辑，政协涟水县文史资料委员会 1982 年编印，第 156 页。

即如此。"昔邑中多逋赋且多死绝逃亡,官惟责成里长一人,赔累不堪,多被杖责,往往破家。"①就江苏来看,部分地方仍然按照明代的役政,"按甲输充,或曰保长、或曰里长、或曰地总,各处名目不一,大约总名为现年(总甲)"。康熙初年,锡金士绅孙洤佳等"条列其弊,具呈于邑令吴公兴祚,详请革去里长钱粮,止责成的户,勒碑永禁"②。这一建议与当时部分有识之士存在共鸣。1684年,两江总督于成龙倡议禁革里排。"里役之设,原属明季陋规。设立里长,编为十甲,而一甲之中,排年一人,轮流充当催办。似乎任轻役小,而奸豪恃顽抗纳,每累赔垫。于是经承有费,差役有费,科派杂项有费,以及站柜、修仓、解饷、兑漕种种有费,大半入官胥之囊,而小民倾家败产,甚且流离死徙矣!"因此提出废除里排催交的制度,而代之以限串之法,"令花户自封投柜,完即给串归农,如有抗欠,始行摘比,一应钱粮并漕凤米豆,悉令官征官解"③。

1686年,江苏巡抚汤斌提出永远革除现年里长,主要内容是革除现年总甲、里长、图书、扇书、粮书等役。在最高行政长官的倡议下,江苏各县相继取消。但锡金两县仍然沿革弊政,"每岁押令甲内田多之户充当地保,名曰现年总甲。始则责令领催公事。近年以来,凡派养流徒人犯,缉捕凶盗盘川,官司相验踏勘等费,悉令支值"。实际上,由现年总甲代理了里长的职务。由于负担沉重,"大户一当此役,即变为中户,中户一当此役,无不倾家,甚至生监向来不准充当总甲"④。康熙之后,仍然有人继续倡导革除里排弊政。嘉庆七年(1802),江苏巡抚岳起倡议永远禁止差役借端诈扰行为,"所有后开各条款,如应官办者即官为办理,不许苛派民间。如有差查造册者,永禁差役借端诈扰。倘敢故违,一经访闻或被告发,定即照例从严究办,决不姑宽"⑤。嘉庆十年(1805),江苏布政司庆保倡议永禁地保垫完钱粮。⑥ 由地保垫完钱粮,最初意图也许是给地保增加压力,使其能够尽力从事。但人的本质不

① 裴昌龄:乾隆《锡金识小录》第一本卷一《备参上·民役》,第2页。
② 裴昌龄:乾隆《锡金识小录》第一本卷一《备参上·民役》,第2页。
③ 道光《锡金志外》卷五《增辑·赘言》,第3—4页。
④ 道光《锡金志外》卷五《增辑·赘言》,第1—2页。
⑤ 道光《锡金志外》卷五《增辑·赘言》,第6页。
⑥ 道光《锡金志外》卷五《增辑·赘言》,第8页。

同,无论是顽劣地保与善良之民相对,还是温顺地保和刁顽之民相遇,必然导致一方利益受损。

清代还设置"耆老"一职,耆老的标准,"须于本乡年高、有德、众所推服人内选充;不许罢闲吏卒及有过之人充应"①。部分地区所设"乡约"一职,实与耆老相类,如宝应县的九铺三十三庄皆设置"乡约"一职。少则一名,多则五名不等。据文中所按:"每庄乡保同属官役,而乡约尚近古之乡耆,岁满无过可请札付顶戴,士族中失业者,间或为之。"②这是乡约与地保迥然不同之处。

在清代乡村治理的过程中,地方士绅多是以正面形象出现在乡村政治舞台的。"本朝邑绅居乡较前明远胜。风雅自命,工于诗词者有之;闭户读书,留心经史者有之;加意任恤,惠及贫困者有之;谨饬自守,不入县庭者,犹间有之。"但士绅多持无为的理想,对于乡村治理并不一定能够发挥积极作用。"其下者,亦不过持筹握算,蹙额忧贫,或饱食无为,呼朋纵博。至吊丧,不拘良贱远近,博取折帛舆金,斯其甚矣! 若与闻讼事,关说得财则康熙中为甚,雍正中绝无之。近日虽稍通往来而不至狼藉于乡里,未为有害如前明之沈酣声色,广取艳妓妖童者无有也,多收豪仆人号平分白夺者无有也。虽曰时势使然,然以今视昔,概曰今人不如古者,过矣! 第前明一代人物载于明史者,大抵多以气节胜昌言正论。杖戍贬黜,累朝有之,即理学名儒,前如文庄,后如端文忠宪,未有不以气节表著者。今科名日盛,列谏垣者有人,居九列者有人。百余年来,从未有抗权倖、陈疾苦,谔谔不回如古人者,虽谨慎小心不敢放纵。要之,保位安身之念周其胸中,久不知有气节二字矣。"③

更有部分士绅沦为衙棍的靠山。所谓衙棍,是指"生监之出入县庭,把持官府,鱼肉乡民者"。在锡金县,这一部分人主要靠把持民间诉讼为业。"在顺治、康熙初,曰十三太保,时有正十三、拗十三之称。康熙中,曰州桥七棍。盖此辈上以邑绅之不肖者为靠山,下以各乡之土棍

---

① 《大清律例》卷八《户律·禁革主保里长》,四库全书本,第23页。
② 民国《宝应县志》卷二《建置志·铺庄》,第19页。
③ 裴昌龄:乾隆《锡金识小录》第一本卷一《备参上·邑绅》,第14—15页。

为爪牙。乡民有讼事，则土棍牵引令投此辈为之主，先以甘言慰之，而阴量其家之厚薄，产不垂尽，事不得结也。有殷实畏事者，借端恐吓，不遂其欲不止。大约最易指陷人者，莫如漏税一事（凡交易田产事，其契未经官印者曰漏税），又有包揽税粮，窃其余以自肥者，俗谓之仓老鼠。至雍正以后，此风始息，而胥吏之横则十倍于前。即有衣食公门者，亦仰胥吏之鼻息而分其余润耳！"[1]

（二）乡里保甲制的运行

第一，户口编审。清代制定了更加严密的户口编审制度。编审制度为赋役征派提供了主要依据。"顾保甲行于平时，而编审则丁赋之所由出也。编审之制，州县官造册上之府，府别造一总册上之布政司。凡军、民、匠、龟四籍，各分上中下三等。丁有民丁、站丁、土军丁、卫丁、屯丁。总其丁之数而登黄册。督抚据布政司册报达之户部，汇疏以闻。"但至雍正四年（1726），各省停止编审，改行保甲。乾隆五年（1740），户部又请令各省督抚每年十一月，将户口数与谷数一并造册汇报。[2] 乾隆二十二年（1757），颁布户口管理条例：

> 一、直省所属每户岁给门牌，牌长、甲长三年更代，保长一年更代。凡甲内有盗窃、邪教、赌博、赌具、窝逃、奸拐、私铸、私销、私盐、踩曲，贩卖硝磺，并私立名色敛财聚会等事，及面生可疑之徒，责令专司查报。户口迁移登耗，随时报明，门牌内改换填给。
>
> 一、绅衿之家，与齐民一体编列。
>
> 一、旗民杂处村庄，一体编列。旗人、民人有犯，地方官会同理事同知办理，至各省驻防营内商民贸易居住，及官兵雇用人役，均另编牌册，报明理事厅查核。
>
> 一、边外蒙古地方种地民人，设立牌头总甲及十家长等。如有偷窃为匪，及隐匿逃人者，责令查报。
>
> 一、凡客民在内地贸易，或置有产业者，与土著一律顺编。

---

① 裘昌龄：乾隆《锡金识小录》第一本卷一《备参上·衙棍》，第 13—14 页。
② 赵尔巽等撰：《清史稿》卷一百二十《志九十五·食货一》，中华书局 1977 年版，第 3485—3486 页。

一、盐场井龟，另编排甲，所雇工人，随龟户填注。

一、矿厂丁户，厂员督率厂商、课长及峒长、炉头等编查。各处煤窑雇主，将佣工人等册报地方查核。

一、各省山居棚民，按户编册，地主并保甲结报。

一、沿海等省商渔船只，取具澳甲族邻保结，报官给照。……

另外，针对苗人以及云南、四川、甘肃等边地百姓，均有特别规定。[①] 保甲功能进一步延伸，基本取代了里甲的功能。如江浦县，雍正年间以县乡保的建制取代明代县乡里的体制就是一个明证。[②]

乾隆三十七年（1772），除了运漕军丁，其他永远停止编审。[③] 就实际情况来看，编审户口是推行保甲的前提，但其五年一举的做法实与保甲功能重叠，且不如保甲灵活。根据雍正时期直隶总督李绂的说法，编审户口五年一次，虽然其目的是清查户口，但不如保甲法严密，既可以稽查游民，又不必另查户口。[④]

第二，赋役征派。至清代，赋役制度又有新的变化。清初，首先废除明代的"加派三饷"。由于明末清初战乱不断，征收赋税的图籍多被毁坏。顺治年间，为整理天下赋税，汇编了《赋役全书》。清世祖十一年（1654），右侍郎王宏祚订正赋役全书，所列项目包括地丁原额、荒亡、实征、起运、存留等。赋税册籍则包括"丈量册，又称鱼鳞册，详载上中下田则"。"黄册，岁记户口登耗，与赋役全书相表里。""赤历，令百姓自登纳数，上之布政司，岁终磨对。""会计册，备载州县正项本折钱粮，注明解部年月。"在后来的赋役征派过程中，黄册、会计册、赤历等相继废除。

清初继续延用明代的"一条鞭法"，即"以府、州、县一岁中夏税秋粮存留起运之额，均徭里甲土贡雇募加银之额，通为一条，总征而均支之"[⑤]。在"一条鞭法"之下，"一切民间杂役俱改折编入正供，其田上输

---

① 赵尔巽等撰：《清史稿》卷一百二十《志九十五·食货一》，中华书局1977年版，第3481—3482页。

② 《江浦县行政区划沿革》，《江浦文史》第2辑，政协江浦县委员会文史资料研究委员会1987年编印，第51页。

③ 赵尔巽等撰：《清史稿》卷一百二十《志九十五·食货一》，中华书局1977年版，第3486页。

④ 赵尔巽等撰：《清史稿》卷一百二十《志九十五·食货一》，中华书局1977年版，第3486页。

⑤ 赵尔巽等撰：《清史稿》卷一百二十一《志九十六·食货二》，中华书局1977年版，第3528页。

役惟总甲、里长、里书三者。总甲管一图事务，里书管推收过割，里长管图内钱粮"①。清代田赋标准主要以地丁、漕米为据。"地，即以田亩为标准完赋税；丁，即以人口为比例服徭役，后并丁于地，免徭役，称为地丁。将东南之粮运往西北，农民除完纳地丁以外，还要负担运输费，称为漕粮。"②在实际征收的过程中，"官吏往往私行科派，其名不一。阖邑通里共摊同出者，名曰软抬，各里各甲轮流独当者，名曰硬驼，于是设滚单以杜其弊。其法于每里之中，或五户或十户一单，于某名下注明田地若干、银米若干、春秋应各完若干，分为十限，发于甲首，依次滚催，自封投柜。一限既定，二限又依次滚催，其有停搁不完不缴者严惩，民以为便"③。

为剔除钱粮积弊，清代发明了"易知由单"，试图通过这种举措消除吏胥的无端需索。易知由单的格式由"每州县开列上中下则，正杂本折钱粮，末缀总数，于开征一月前颁之"。同时，"又佐以截票、印簿、循环簿及粮册、奏销册。截票者，列地丁钱粮实数，分为十限，月完一分，完则截之，钤印于票面，就印字中分，官民各执其半，即所谓串票也。印簿者，由布政司颁发，令州县纳户亲填入簿，季冬缴司报部。循环簿者，照赋役全书款项，以缓急判其先后，按月循环征收。粮册者，造各区纳户花名细数，与一甲总数相符。奏销册者，合通省钱粮完欠支解存留之款，汇造清册，岁终报部核销"④。但是，由于农民文盲占绝对多数，易知由单过于复杂，不利于百姓周知。康熙时则对这项政策再进行改革，"以由单款项繁多，民不易晓，命将上中下等则地每亩应征银米实数列单内，由单报部，违限八月者，罪州县卫所及转报官"⑤。康熙二十六年（1687），更是"免刊刻由单"。

在江苏，苏松巡按秦世桢曾上奏赋税八事，即"田地令业主自丈，明注印册""额定钱粮，俱填易知由单，设有增减，另给小单，以免奸胥藉

① 裘昌龄：乾隆《锡金识小录》第一本卷一《备参上·民役》，第1—2页。
② 《靖江田赋》，《靖江文史资料》第3期，中国人民政治协商会议江苏省靖江县委员会文史资料研究委员会1983年编印，第211页。
③ 赵尔巽等撰：《清史稿》卷一百二十一《志九十六·食货二》，中华书局1977年版，第3531页。
④ 赵尔巽等撰：《清史稿》卷一百二十一《志九十六·食货二》，中华书局1977年版，第3528—3529页。
⑤ 赵尔巽等撰：《清史稿》卷一百二十一《志九十六·食货二》，中华书局1977年版，第3529页。

口""由单详开总散数目,花户姓名,以便磨对""设立滚单,以次追比""收粮听里户自纳簿柜,加钤司府印信""解放先急后缓,勒限掣销""民差查田均派,与排门册对验""备用银两,不得额外透支,征解银册,布政司按季提取,年终报部"①。其主要精神是使赋税征收的过程更加透明,防止吏胥中饱的弊病。但是,在赋税征收的过程中,各省官吏多不宣示,这就为胥史上下其手提供了机会。"胥吏因缘为奸,亏空拖欠,视为故常。"雍正五年(1727),提出公示之法,"各督、抚、布政饬州县官每年将各乡里完欠之数,呈送复核,张贴本里,俾民周知。如有中饱,许人民执串票具控"②。

乾隆年间,御史蒋炳在奏折中提到州县征粮的弊端及纠正办法:"一、田亩科则不同,请每年照部颁定额,核明刊示;一、州县拆封如有短平,即于袋面注明数目,令花户自行补交;一、州县设立官匠,倾销银两,勒索包完,侵渔重利,嗣后准花户随处倾销,官匠永行禁革。"③

通过清代靖江县田赋征收的概况,大致可以管窥江苏的真实情况。靖江县在征收赋役时,增设不少专职人员,如设总书一人(不同时期名称不一样,或名漕总、田赋主任),经管全县田赋征收。设柜书二十三人,"办理编造册串及农民赴柜完纳、核算、登簿、收款等事务",其中二十人分管东西六十图,二人经管课田,一人经管溢田。"设管串一人,保管串票及裁串等事。设图差即催征吏二十人,每人分管三图,经办传卯、催征、提追等事务。设庄书六十四人,每图一人,田亩多的图二人。设段正二十人,每段一人,或数段一人不等,是管理田赋的最基层人员。"④

田赋征收的方式大约有四种:由粮户自动赴柜完纳;由图差到户催完;由庄、段垫资裁串或借串向粮户征收;延迟不完,缴纳滞纳金。在田赋征收时常常产生弊病:一是庄书、段正的需索。田赋征收的过程中,平田由庄书征收,课田由段正征收。民间田地买卖一般要请庄书、段正做中间人,因此要收中介费。土地买卖后还要推粮过户,因

① 赵尔巽等撰:《清史稿》卷一百二十一《志九十六·食货二》,中华书局1977年版,第3527—3528页。
② 赵尔巽等撰:《清史稿》卷一百二十一《志九十六·食货二》,中华书局1977年版,第3533页。
③ 赵尔巽等撰:《清史稿》卷一百二十一《志九十六·食货二》,中华书局1977年版,第3534页。
④《靖江田赋》,《靖江文史资料》第3期,中国人民政治协商会议江苏省靖江县委员会文史资料研究委员会1983年编印,第212页。

此要收"推收费"。由于庄书、段正把持田粮底册,他们又通过这一点要挟政府,任意需索。二是柜书亏挪。柜书通过苛收多算从粮户获得的部分属于固定收入。利用收款与上缴的时间差,亏挪税款。借用亲戚朋友请托代完银米款项,至扫数时归入己囊。三是秋勘过程中的舞弊行为。"田赋征收数目的多少,均由秋勘而定。"四是一般土豪劣绅的不完粮行为。①

清初役法沿用明朝制度。"计丁授役,三年一编审,嗣改为五年。凡里百有十户,推丁多者十人为长,余百户为十甲,甲十人(户)。岁除里长一,管摄一里事。"里属于乡间的说法,在城称为坊,近城称为厢。"里长十人,轮流应征,催办钱粮,勾摄公事,十年一周,以丁数多寡为次,令催纳各户钱粮,不以差徭累之。"由此可见,清代里、甲长与明代不同,后者还要考虑财产多寡。但里长、甲长的事务都属于劳役,他们是替国家办事的最基层的人员,却没有官吏的荣耀。编审的办法是核实登记天下丁口的数量,丁口计数以十六岁至六十岁为准。②

各省丁徭又有不同种类,"有分三等九则者,有一条鞭征者,有丁随地派者,有丁随丁派者"。后来改为随地派(实即摊丁入亩)。三等九则、"一条鞭法"都是沿用明制。"凡十甲丁粮,总于一里,各里丁粮,总于一州县,而府,而布政司。"至于州县以下所设吏员,则非常复杂。首先强调其身份必须为良民,"吏典由各处佥拨,后改为考取,或由召募投充。役以五年为满,不退者斥革。其府州县额设祗候、禁子、弓兵,免杂派差役。又有快手、皂吏、门卒、库子诸役,皆按额召募。额外滥充者谓之白役,白役有禁。然州县事剧役繁,必藉其力,不能尽革也。又定州县铺司及弓兵之制,禁止私役。禁人民私充牙行、埠头"③。

康熙元年(1662),令江南苏州、松江两府施行均田均役。户部给事中柯耸历数二府存在的弊端,"名为佥报殷实,竟不稽查田亩,有田已卖尽而报里役者,有田连阡陌全不应差者。年年小审,挪移脱换,

① 《靖江田赋》,《靖江文史资料》第 3 期,中国人民政治协商会议江苏省靖江县委员会文史资料研究委员会 1983 年编印,第 213—216 页。
② 赵尔巽等撰:《清史稿》卷一百二十一《志九十六·食货二》,中华书局 1977 年版,第 3543 页。
③ 赵尔巽等撰:《清史稿》卷一百二十一《志九十六·食货二》,中华书局 1977 年版,第 3544 页。

丛弊多端。田归不役之家,役累无田之户,以致贫民竭骨难支,逃徙隔属"。他提出的办法是"按田起役,毋得凭空金报,以滋卖富差贫之弊。其他花分子户、诡寄优免、隔属立户、买充册书诸弊,宜严加禁革"①。

康熙五十一年(1712),以"户口日增,地未加广",提出以后所生人丁,永不加赋。雍正初年,"令各省将丁口之赋,摊入地亩输纳征解"。"自后丁徭与地赋合而为一,民纳地丁之外,别无徭役矣"②。需要注意的是,摊丁入亩不是人们不用缴纳丁银,而是摊入田亩中一起征发,但田亩是最主要的标准。《安东县志》载,"雍正六年,总督范时绎请以丁银随田并征,疏略曰江南州县,向有丁银随田,亦有丁田各办,应请悉就地亩均摊,可省改造全书之烦"③。按照土地多少摊派丁银可以在一定程度上减少田地多者把力役转嫁给穷人的弊病。但到咸丰年间,为镇压太平天国运动,不得不增加丁银,结果"粮银一两,派差银数倍不等"④。至此,摊丁入亩已经失去其最初的功能。

在明代,"绅户免役,富民之田多诡寄于绅户,于是贫民独出其力,以代大户之劳"。为了改变以往弊政,清代则采取各种举措,力图改变徭役不均的现象。如锡金地方士绅高世泰"创议图分十甲,以次输役"的方法,由于"每甲田数多寡不齐,有一甲多至千余亩者,有一甲仅数十亩者,田数悬殊而应役则一,极为偏枯不均。康熙元年始行顺庄法,将邑中田亩配搭均平,截然划一。通计四百一十四图,每图额编田三千亩零,每甲以三百亩为率,不拘绅衿民户,一概编入里甲,均应徭役,民始不偏累矣。分县后,金匮之田每甲三百亩而赢,无锡之田每甲三百亩而缩,由金之田多于锡也"。其实,即使均田均役,仍然难以做到完全均等,"盖总甲之役有难有易,富户择善区,每甲多溢额,至沿塘诸图,有每甲止一百四五十亩者,又皆零星细户,贫不堪应役,此其

---

① 赵尔巽等撰:《清史稿》卷一百二十一《志九十六·食货二》,中华书局 1977 年版,第 3545 页。
② 赵尔巽等撰:《清史稿》卷一百二十一《志九十六·食货二》,中华书局 1977 年版,第 3546 页。
③ 光绪《安东县志》卷之四《民赋上》,第 1 页。
④ 赵尔巽等撰:《清史稿》卷一百二十一《志九十六·食货二》,中华书局 1977 年版,第 3548 页。

弊。由于税书必于推收时严禁受贿，使易役之区田不得溢，则难役之甲自田不致亏，苟留心查核，何能隐遁。惟漫不经意，视非急务，故令彼得上下其手耳"①。

清代的赋税蠲免则分为恩蠲、灾蠲两种。恩蠲主要是逢国家庆典及皇帝登基、大寿、巡幸、用兵等情况。如顺治三年(1646)，"收江南，免漕粮三之一"。康熙二十七年(1688)，巡幸江南，"免江南积欠地丁钱粮，及屯粮芦课米麦豆杂税"。后来的多次恩蠲均涉及江苏。清世宗即位之后，"蠲免江苏各属历年未完民屯地丁芦课等银千二百十余万"②。这在《宝应县志》中也有不少记载，如乾隆帝登基时，"诏免天下田租，又谕免雍正十二年以前逋租，其江南逋租内有官侵吏夺二款，亦予放除"；乾隆三十五年(1770)，"上六旬万寿，次年位皇太后八旬万寿，恩诏将次年应征钱粮尽行蠲免"；等等。③

灾蠲包括免赋、缓征、赈济、贷钱，或者免除一切拖欠。清初，规定"凡遇灾蠲，起运存留均减。存留不足，即减起运"。各代蠲免的比例不同，"顺治初，定被灾八分至十分，免十之三；五分至七分，免二；四分免一。康熙十七年，改为六分免十之一，七分以上免二，九分以上免三。雍正六年，又改十分者免七，九分免六，八分免四，七分免二，六分免一。然灾情重者，率全行蠲免"④。大致来看，蠲免的比例越来越大。一般情况下，每年报灾两次，六月报夏灾，七月报秋灾。报灾之后，各省督抚亲自到遭灾地方考察，先令所属地方官府开仓赈灾，然后报告朝廷。朝廷根据报告实施蠲免，"旨下之日，州县不即出示，或蠲不及数、纳不留抵者，科以侵欺之罪"⑤。

除了官方正式的乡村治理体系之外，明、清两代的乡村治理还体现为士绅与宗族的参与，具体如乡约、仓库及社学等制度的设计及实践。

① 裴昌龄:乾隆《锡金识小录》第一本卷一《备参上·均田均役略》，第2—3页。
② 赵尔巽等撰:《清史稿》卷一百二十一《志九十六·食货二》，中华书局1977年版，第3550—3551页。
③ 民国《宝应县志》卷五《食货志·蠲恤》，第17页。
④ 赵尔巽等撰:《清史稿》卷一百二十一《志九十六·食货二》，中华书局1977年版，第3552页。
⑤ 赵尔巽等撰:《清史稿》卷一百二十一《志九十六·食货二》，中华书局1977年版，第3553页。

第二节　明清两代的乡约

一、明代乡约制度及其实践

明代乡约仿行宋代，且体制更加完备。"明高帝制教民榜六条，设州县乡约所，月吉有司临莅讲所，宣谕劝戒，俾民围观而竦听焉，亦犹古读法巡国之遗意也。"①其不同之处在于，明代乡约多由监察官或地方官提倡（也有由邑民倡行的），彰显了更加浓厚的官方色彩。

乡约的场所，或建专所，或利用社学、寺庙等公共建筑物。但乡约所往往因人事而存废，这大概是人治社会最为典型的问题之一。就江苏溧水来看，"每里设乡约堂一所，（立）圣谕碑，集里人讲解之。设木铎循行道路以教万民。岁久弛废，虚名图存，不知敦俗化民此其首务。嘉靖间知县王从善曾行之，后官不能继，遂废。万历间，知县傅应祯复行之，每乡设乡约堂一所，立约长副，置二簿登记善恶，间行劝惩"。傅应祯重立乡约堂十二所，除县城一所外，其他分别在上原乡、思鹤乡、赞贤乡、白鹿乡、丰庆乡、归政乡、崇贤乡、长寿乡、山阳乡、仙坛乡、仪凤乡等。② 万历《上海县志》中说："正德末，知县郑洛书以无敕额庵院为之，凡九十六所，讲行乡约。"③

明初，乡约的重头戏是讲演明太祖教民六谕。"洪武三十年（1397）九月辛亥云：'上命户部令天下民，每乡里置木铎一，选年老或瞽者每月六次持铎徇于道路，曰：孝顺父母，尊敬长上，和睦乡里，教训子孙，各安生理，毋作非为。'"④"除讲演明太祖教民六谕外，其他一切仪式，要皆仿蓝田吕氏之法。"⑤但明代乡约比吕氏乡约更加复杂。就职员来看，吕氏乡约规定设置约正与置月，分别主持约中事务。而至明代，所设职员增多，包括约长，须"年高有德，众所推服者"，职责是"收掌善恶簿"；约正，

①《康熙常熟县志》，《江苏府县志辑》21，江苏古籍出版社1991年版，第50页。
② 吴仕诠修，黄汝金纂：《万历溧水县志》，凤凰出版社2019年版，第58页。
③ 王兰荫：《明代之乡约与民众教育》，《师大月刊》第二十一期油印本，1935年9月，第6页。
④ 王兰荫：《明代之乡约与民众教育》，《师大月刊》第二十一期油印本，1935年9月，第12页。
⑤ 王兰荫：《明代之乡约与民众教育》，《师大月刊》第二十一期油印本，1935年9月，第5页。

须年长有德、公正果断、明通礼仪者,其职责是"董治一约之事";约副,与约正同;约讲,以约正副兼充,或以社师充,职责是讲说圣谕;约赞,须熟习礼仪者,职责是唱礼;约警,以保长副充之,职责是宣扬圣谕;约巡,以各庄头、甲长副充之,职责是巡逻;约干,须平日无过犯、知事体者,职责是供办一约之事。另外,还以精神健康者充知约、通达明察者充约史等。①

参加乡约的人,称之为约众,其义务包括纳会资、强迫出席、重礼貌等。约期各地不同,包括朔、望、朔及望、初二及十六、初四及十九等,一般是每月六次。乡约仪式包括会前筹备,如置放善恶二簿、置放圣谕碑、置放香案讲案梆锣鼓木铎等;会时程序,如鸣鼓开会、约正读圣谕、约正读乡约、酌酒、彰善、讲过、约正训词、散会等。②

有论者指出明代乡约的流弊:乡约未能普遍设立,虚设者不少,乡约职员良莠不齐,虚文粉饰者不少;等等。③ 另外,无论是乡约的倡导者,还是乡约的内容,其官方色彩更加浓厚,这也是明代乡村治理的主要特点之一。

讲乡约的主要目的是教化民众。如仪真县(现仪征县)乡约所,"城市内外坊厢,凡十五所,各乡镇凡六所。嘉靖四十五年(1566),知县申明事例,每坊厢都图各社谕长、谕副、乡耆,凡朔望令会民于约所,讲读太祖高皇帝圣谕六条,督劝以录其善良,识其顽梗,提撕鼓舞,大有补于世风"④。

明代乡约与社仓、社学、保甲等地方组织关系密切,相互为用。这一点从乡约所设置的场所及乡约职员的身份可以发现某些端倪。有时乡约内部设置社学、社仓;有时乡约以社学为场所;乡约部分职员由社学师生担任。乡约与保甲则为里与表的关系,乡约通过教化劝善纠恶,保甲则相互纠察、防盗安民等;又保、甲长也充任部分乡约职务。⑤ 据《社仓考》所说:"每里各设乡约,取私创寺院改造,里中推年高有德谊

① 王兰荫:《明代之乡约与民众教育》,《师大月刊》第二十一期油印本,1935 年 9 月,第 7—9 页。
② 王兰荫:《明代之乡约与民众教育》,《师大月刊》第二十一期油印本,1935 年 9 月,第 9—12 页。
③ 王兰荫:《明代之乡约与民众教育》,《师大月刊》第二十一期油印本,1935 年 9 月,第 19 页。
④ 隆庆《仪真县志》卷之八《学校考》,第 6—7 页。
⑤ 王兰荫:《明代之乡约与民众教育》,《师大月刊》第二十一期抽(油)印本,第 18—19 页。

者一二人主之,或老乡贡、耆儒、老诸生,皆可。月朔则召民讲谕读法,教子弟以孝悌廉让。即于其后为仓房,高其墙垣。每遇收获时,听有田者各捐米一石以上,至于十石封贮之。多寡从人,不以相强。此不过省数日宴会之资,无益之费,即可救异日数人之命。"①沈兰先认为,"欲立社仓,必先立乡约,讲明德义,人皆乐输,又为法简便易行。如乡约未能立,仍须劝置,大凡勉强之事,一时即或奉行,久之终归废坏"②。由此可见乡约地位之重要。

与乡约发挥相似功能的还有乡饮酒礼的推行、申明亭和旌善亭的设置等。"记曰:'乡饮酒之礼废,则争斗之狱繁矣。'故仪礼所记,惟乡饮之礼达于庶民。"1372年,"诏礼部奏定乡饮礼仪,命有司与学官率士大夫之老者,行于学校,民间里社亦行之。十六年(1383)诏班(颁)乡饮酒礼图式于天下,每岁正月十五日、十月初一日,于儒学行之"③。这种仪式一般在县儒学进行,如《通州志》中就有记录:"岁正月望,十月朔,就明伦堂举行如制。"④作为一种非常烦琐的仪式,其目的仍然在于教化,"举行乡饮,非为饮食。凡我长幼,各相劝勉。为臣竭忠,为子尽孝,长幼有序,兄友弟恭。内睦宗族,外和乡里,无或废坠,以忝所生"⑤。由此可见,其与乡约有着十分相近的功能。乡饮酒礼的官方色彩同样十分浓厚,这一点从《句容县志》所载《请乡饮书》中可窥得一斑:

> 句容县知县某　肃书申请
> 某　阁下　恭惟　尊养齿德乃
> 朝廷之盛典举行乡饮寔首令之当为旧章俱在礼教攸存
> 某忝职兹邑不敢有违兹于孟春望日孟春朔日式遵
> 明制特令礼生赍书敦请请至期一临黉舍歌鹿鸣歌四牡少
> 罄一日宾主之情讲　律令讲道德庶明百里劝惩
> 之义敷陈不浅　光贲为荣　年月日礼生某敦请⑥

---

① 俞森:《社仓考》,商务印书馆1939年版,第53页。
② 俞森:《社仓考》,商务印书馆1939年版,第54页。
③ 张廷玉等撰:《明史》卷五十六《志第三十二·礼十》,中华书局1974年版,第1419页。
④ 万历《通州志》卷三《经制志·学校》,第51页。
⑤ 张廷玉等撰:《明史》卷五十六《志第三十二·礼十》,中华书局1974年版,第1419—1420页。
⑥ 弘治《句容县志》卷之十二《杂录类》,第19页。

另外，为了强化对基层民众的教化，明代还创设了申明亭和旌善亭。在《海瑞集》中，人们大致可以看到二亭创设的缘由："圣制老人之设，一乡之事，皆老人之事也。……有渠人，因构一亭书之曰申明亭。朔望登之以从事焉。是不计仇，非不避亲，毋任口雌黄，不凭臆曲直。善则旌之，恶则简之。此亦转移风俗之大机括，而乡落无夜舞之鳅鳝矣。"①江苏各地广设二亭，如在句容县，申明亭在县治前西，1375 年知县柴恭建，1445 年知县韩晢，成化年间知县张惠、徐广，相继修理；旌善亭在县治前东，1375 年知县柴恭建、1445 年知县韩晢、1483 年知县李澄、1490 年知县王僖，相继修理。"本县一十六乡，俱有旌善、申明二亭"②。在吴县，旌善亭建于 1475 年，"初在署内。弘治八年邓璠移建于治南直街"；申明亭，"与旌善亭同建，后亦移建治南"③。在宝应县，申明亭在县前街西；旌善亭在县前街东。④ 在海门县，谯楼右为旌善亭；谯楼左为申明亭。⑤ 在上海县，1369 年，每保建申明亭一座；1382 年，每保建旌善亭一座。⑥ 申明亭为各地民事裁判场所，"上以田野之名（民）不知禁令，往往误犯刑宪，乃命有司于内外府州县及乡之里社，皆立申明亭。凡境内人民有犯，书其过名，榜于亭上，使人有所惩戒"⑦。与此相对，旌善亭则为褒扬善行美德的场所，其上往往置放旌表节妇的勒石。

二、清代乡约制度及其实践

至于清代的乡约，从《常熟志》中可以管窥大致情形："国朝更定彝宪，彰明六礼七教，广而为十有六条，其所以禁民而非迪民，善者意深切矣。越在下邑，奉行之劝，惟贤令长是赖，否则循为具文，辄举而辄废者有之矣。今知县杨振藻宝心教民，正己化俗，力举讲约之政，虑乡隅辽远，煌煌圣谟未及周知，爰择神宫佛宇凡六十四所，按八卦以定八方，每

① 海瑞：《海瑞集》上册，中华书局 1981 年版，第 149—150 页。
② 弘治《句容县志》卷之二《公署类》，第 6—7 页。
③ 吴秀之等修，曹允源等纂：《吴县志》卷二十九《舆地考·公署一》，成文出版社有限公司 1970 年版，第 439 页。
④ 嘉靖《宝应县志略》卷一《地理志第二》，第 14 页。
⑤ 嘉靖《海门县志》卷三《建置第五》，第 2 页。
⑥ 弘治《上海志》卷五《建设志》，《天一阁藏明代方志选刊续编》第 07 册，第 170 页。
⑦《明太祖高皇帝实录》卷七十二，钞本，第 5 页。

所各颁铎书,编列某所某号,悬额以垂永久,俾遐迩相率,翕然从风。"① 乡约的官方色彩浓厚,以教化民众为主,一如明代。

清代讲乡约最早始于顺治。"顺治九年,颁行六谕卧碑文于八旗直隶各省。"所谓六谕,包括孝顺父母、恭敬长上、和睦乡里、教训子孙、各安生理、无作非为。为了保障讲乡约的效果,朝廷还特别规定:"乡约正副,不应以土豪仆隶奸胥蠹役充数,应会合乡人,公举六十以上,经告衣顶,行履无过,德业素著生员统摄。若无生员,即以素有德望,六七十岁以上平民统摄。"至于讲乡约的时间,一般在每个月的初一、十五(或十六),"申明六谕,并旌别善恶实行登记簿册,使之共鼓舞"。②

至康熙年间,讲乡约的主要内容变为诵读《上谕十六条》。康熙九年(1670)颁布上谕,列十六条规训以规范人们的行为,主要内容包括:敦孝弟以重人伦、笃宗族以昭雍睦、和乡党以息争讼、重农桑以足衣食、尚节俭以惜财用、隆学校以端士习、黜异端以崇正学、讲法律以儆愚顽、明礼让以厚风俗、务本业以定民志、训子弟以禁非为、息诬告以全善良、诚匿逃以免株连、完钱粮以省催科、联保甲以弭盗贼、解仇忿以重身命。③ 简而言之,上谕十六条主要包括以下几个方面内容:一是人际关系的处理,包括家庭、宗族、乡党等不同的范畴。二是个人美德的培养,如重视农桑、崇尚节俭等。三是良好社会风气的养成,如重视教化、法律和礼让等。四是对不正当或不正确行为的禁止。

此后,定期诵读《上谕十六条》就成为清代乡约的主要任务,也是清代地方政府施政的要目之一。清代规定各级官员皆需每月两次(朔、望或初二、十六)举行公开集会,对百姓进行宣讲,解释圣谕。如邳县讲约就定在每月的初二、十六。④ 乡约所一般设在各地方的庙庵堂所。如常熟县的乡约所分设于清源神庙、大慈寺、何王庵、东湖三官堂、刘太尉庙、东岳庙、香堂周孝子庙、邵庄庵、李墓三官堂、何市三元堂等地共六十四

---

① 《江苏地方志集成·江苏府县志辑·康熙常熟志》,江苏古籍出版社1991年版,第50页。
② 素尔讷:《学政全书》卷七十四《讲约事例》,乾隆三十九年武英殿刻本,第1页。
③ 素尔讷:《学政全书》卷七十四《讲约事例》,乾隆三十九年武英殿刻本,第2页。
④ 乾隆《邳州志》卷之三《学校·乡饮酒礼》,第29页。

所，①概因这些地方本来就是善男信女经常聚集的地方，更有利于宣传。

雍正二年(1724)，清廷又颁布《圣谕广训》，"颁发直省督抚学臣，转行该地方文武各官暨教职衙门，晓谕军民生童人等，通行讲读"②。《圣谕广训》主要是针对《上谕十六条》进行详细解释，有助于《上谕十六条》的贯彻执行。③

根据《钦定大清会典》的记载，人们可以看到清代读乡约的大体情形："月朔望嘱民以读法，直省各府州县文武官每朔望诣文庙、关帝庙、文昌庙、城隍庙上香，行礼毕，易吉服，诣公所，集士民宣读圣谕广训及律条，文武官东西席地坐，宣读者立于东北西面以次宣读，耆老军民阶下环立而听。"以上为在城，至于乡村，则"各乡邨巨堡及番寨土司地方，设立讲乡约之所，拣选老成公正者一人为约正，朴实谨守者三四人为值月，每月朔望集老幼人等宣读圣谕广训及律条，州县教官不时循行宣导"④。

雍正一朝进一步推行并普及乡约制度。《钦颁州县事宜》一书就要求农村遵照定例，设立讲约所，进行宣讲。雍正七年(1729)，严令全国普遍设立讲约所，在举贡生员内选一老成之人担任约正，选择二三朴实谨守之人为值月。每月初一、十五，集合乡里的耆老、里长及读书人，宣讲《圣谕广训》。如约正、值月能够"化导督率"，三年而有显著成效，则给予相应奖励；如果怠惰废弛，不能起到表率作用，则罢黜职务，加以惩罚；对于不能实力奉行的地方官，则"据实参处"⑤。《圣谕广训》颁布后，圣谕宣讲则以该书内容为主要依据。乾隆年间，讲乡约得到了进一步强化。1736年，朝廷命各省督抚，严令地方官实力奉行讲乡约。同时指出，直省各州县在乡里民众中选举约正数名，令他们在附近村镇宣讲《圣谕广训》。地方官及教官要时常巡行讲约所，实力宣讲伦常大义。对于虚立讲约所者，"照例议处"⑥。同时，朝廷还把《圣谕广训》刊发成册，以使乡村能够得到普及，而强调对在学学生加强教化则是乾隆一代

---

① 《江苏地方志集成·江苏府县志辑·康熙常熟志》，江苏古籍出版社1991年版，第50—51页。

② 托津等：《钦定大清会典事例》卷三百九十七，清嘉庆二十五年武英殿刻本，原书无页码。

③ 雍正《泰州志》，《卷首·圣谕广训序》，第1—35页。

④ 允祹：《钦定大清会典》卷三十，四库全书本，原书无页码。

⑤ 素尔讷：《学政全书》卷七十四《讲约事例》，乾隆三十九年武英殿刻本，第4页。

⑥ 素尔讷：《学政全书》卷七十四《讲约事例》，乾隆三十九年武英殿刻本，第5页。

重视讲乡约的另外一个集中体现。

为求宣讲内容更能为百姓所理解,后来又陆续出现部分白话版的《圣谕广训》,其中最有名的是《圣谕广训衍》(王又朴著)、《圣谕广训直解》(咸丰初年敕颁)等。《高淳县志》详细记录了该县乡约发展及实践的具体情形,"大书圣谕十六条于牌,朔望日令保甲供牌约所,县官率僚属暨士民行三跪九叩首礼,乡约生立台上宣读圣谕,读毕,官属仍望阙叩首。七乡依次递及。乾隆九年,每乡立约正一人,值月一人,按乡约即古遒人木铎徇于道路之意,所以著劳来广教化者也"。"同治四年三月初五日,奉抚宪文刊发圣谕广训直解,选举讲生每月朔望日,敬谨宣讲。七年复奉文并钞发章程,邑中每月逢五逢十宣讲,乡则学师亲赴周历宣解,由学按月申报。后叠次奉文,至光绪六年三月,复奉文宣讲圣谕,仿照七年章程。"①

至于讲乡约的效果,恐怕仍然值得商榷。《锡金识小录》中对当时讲乡约的情形有比较生动的描写:每乡在举贡生员中选一人为约正,选耆老二人为约副,在村镇庙坛宽阔的地方设置台案,先由约副宣读一条《圣谕广训》,然后由约正用俗语演说讲解,举行三四次后,由于官府不再督促,讲乡约遂停止。在宣讲的过程中,由于宣讲人"举止羞缩,语言蹇涩",结果被观听者"指目姗笑",这种宣讲方式"毫尢裨于风教"②。

有论者认为,清代的"讲乡约是一个宣传机构,专为皇帝服务的。讲的人,听的人,都是皇帝的子民,应当对皇帝忠诚不二(贰),如果违背皇帝的意旨,就叫违旨,重则杀头,轻则充军,以此老百姓把皇帝看得非常之大,不敢或违,而皇帝则以此巩固他的统治权。雍正帝撰的《圣谕广训》全书共分十六章,讲乡约的材料,大都节选其中的一段或者一章"③。可见此时的讲乡约已经严重官方化。就江阴县的实际情况来看,"额定讲生五人,规定每人每月应赴城乡各地宣讲两次,每人每月发给川旅薪水等费用计制钱五千文。城内宣传地址在城隍庙大殿之东

---

① 光绪《高淳县志》卷五《学校·附乡约》,第33页。
② 裘昌龄:乾隆《锡金识小录》第一本卷一《备参上·社米》,第13页。
③ 《清代江阴县政之种种》,《江阴文史资料》第3辑,中国人民政治协商会议江苏省江阴县委员会文史资料研究委员会1986年编印,第11页。

首,每月朔望两次。事前由地保搭一高台,上置桌椅,并由两个学老师轮流到场监督。惟以所讲内容,不为百姓所欢迎,宣讲时有时仅有讲生而台下竟无一人。于是地保异想天开,将城隍庙头门里的乞丐及来庙烧香之香客围集台前,权充听众"①。由此可见,清代的讲乡约与过去的民间乡约旨趣已经大不相同,民间乡约主要是为了建立公序良俗,而清代乡约则完全变成一种巩固皇权的方式。

在不同情势下,乡约也会发生特殊的作用。如《江阴县志》载:"同治七年,巡抚丁日昌通饬各属宣讲乡约,城乡共举讲生五名,两学轮流督率,按月宣讲六次,知县每月捐廉钱二十五千文,分送讲生薪水"②。郑经在《现行乡约录》中论及此处大规模推行讲乡约的原因,主要是在办团练的过程中,强化人们团结互助的精神。

另外,部分地区还延续了明代设置申明亭与旌善亭的做法。如宝应县,"申明亭在县西,知县陈可大重建。康熙二十九年(1690),知县徐鿆重修"。"旌善亭,在县前街东,知县闻人诠建。"毫无疑问,其功能仍在于宣传与教化。另外,还有圣谕亭等新鲜事物,"在县治西,知县张准建",③这是皇权进一步加强的表现。乡饮酒礼在清代也得到了延续,从顺治到乾隆均强调通过乡饮酒礼进一步弘扬"养老尊贤"的传统。④

第三节　明清两代的仓储

一、明代仓储制度及其实践

明代仓储以仿效古人"勤事蓄积,丰凶治乱唯此为首务"⑤。就仓库类型而言,其主要包括官方仓库与民间仓库两种类型。其中,官方仓库

---

① 《清代江阴县政之种种》,《江阴文史资料》第3辑,中国人民政治协商会议江苏省江阴县委员会文史资料研究委员会1986年编印,第11—12页。
② 光绪《江阴县志》卷五《学校·乡约》,第32页。
③ 康熙《宝应县志》卷之二《公署》,第4—6页。
④ 素尔讷:《学政全书》卷七十五《乡饮酒礼》,乾隆三十九年武英殿刻本,第2页。
⑤ 崇祯《吴县志》卷之十七《仓场》,《天一阁藏明代方志选刊续编》第16册,第415页。

包括预备仓、济农仓、常平仓等；民间仓库则为社仓。

　　明初，州县设预备仓，按照规定，"东南西北四所，以振凶荒"。最早倡导设置预备仓的是明太祖朱元璋，"选耆民运钞籴米，以备振济，即令掌之。天下州县多所储蓄"。后世屡有兴革。永乐年间，"令天下府县多设仓储，预备仓之在四乡者移置城内"。从四乡向县城集中，是地域的变化，同时又是预备仓官方性质强化的一种体现。如海门县预备仓在县治东南，便民仓在县治南。① 明英宗时，加重对侵盗预备仓行为的惩罚，同时奖励多缴纳仓谷者。其中，缴纳仓谷达到一千五百石的人，"敕奖为义民，免本户杂役"。赈米一石，丰年还官二石五斗。弘治三年（1490），令州县十里之内积谷一万五千石，二十里内积谷二万石。达不到指标的，根据积谷目标差额，惩罚相应主官。

　　与预备仓性质类似的还有济农仓。如宣德年间巡抚侍郎周忱在吴县所办济农仓，"收贮兑粮余米及积谷备赈，中有厅事，左右各廒舍十二间。嘉靖九年（1530），知县苏佑重修。万历二十九年（1601），巡抚都御史曹时聘再修。崇祯初圮废"②。《王□济农仓记》记录了苏州各县济农仓设立及其发挥作用的具体情况：明代苏州田赋天下最重，时任太守况钟与工部侍郎周忱为缓解民困而有设置济农仓的打算。正好当时朝廷下旨，"许以官钞平籴及劝解储备以待赈恤"。于是周忱联合况钟及松、常两郡太守，共谋济农仓的建设。其中，"苏得米二十九万石，分贮六县，名其仓曰济农。明年江南夏旱，米价翔贵，有诏令赈恤，而苏饥民四十余万户凡一百三十余万口，尽发所储，不足瞻，田里多殍"。后来周忱又考虑"广为之备"。为了增加济农仓仓本来源，周忱从革除以往赋税征收积弊开始："先是各府秋粮当输者，里胥皆厚取于民，而不即输之官，逋负者累岁。公欲尽革其弊以惠民。是年立于水次置场择人，总收而发运焉。视旧所纳减十之一，而三府当运粮一百万石贮南京仓以为北京军职月俸，计其耗费，每用六斗至一石。公曰彼能于南京受俸，独不可于此受乎，若请于此给之，既免劳民且省耗费米六十万石，以入济农仓，民无患矣！"周忱的建议得到朝廷的准许。这种做法效果非常明

① 嘉靖《海门县志》卷三《建置第五》，第8页。
② 崇祯《吴县志》卷之十七《仓场》，《天一阁藏明代方志选刊续编》第16册，第419页。

显，"宣德九年(1434)，江南又大旱，发济农米赈之，而民不知饥"①。

除预备仓、济农仓之外，还有常平仓的设置。嘉靖年间，朝廷令有司仿照古代设置常平仓的办法，设法多积累米谷。"府积万石，州四五千石，县二三千石为率。"后又规定，十里以下积累一万五千石，八百里以下积累十九万石。"其后积粟尽平粜，以济贫民，储积渐减。"隆庆年间，大郡没有过六千石的，小邑不过千石。万历年间，上州郡不过三千石，而小邑仅百石而已。② 崇祯九年(1636)，巡抚都御史张国维在济农仓旧址设立常平仓，其作用即"以备凶荒，平粜饲饥"③。

王焕如曾作"咏常平仓"一诗，从中大致可以看到时人对常平仓的评价：

> 周制囷仓备省耕，三年畜九陈陈因。
> 汉唐储粟边筹急，惠民溢羡犹强兵。
> 宋轸东南根本地，提举专司核常平。
> 郡邑封椿恒满万，给缯修浚江与泾。
> 还积余钱佐经费，增治陴隍饰署黉。
> 高皇神圣足民计，著令有司贮谷盈。
> 文襄衔命勤抚恤，廪庾广建济农名。
> 迩岁公家鼫鼠穴，什伯散去诡易新。
> 节省存留不复入，空廒圮废无粒秔。
> 涝罹潦叹人艰食，勾吴千里米贵腾。
> 都台曲询下愁苦，贷金就籴江楚津。
> 如茨巨艘氤氲至，千仓鬼构花洲滨。
> 减粜遥闻都市侩，昂价俄抑慰茕惸。
> 山陬髫稚狂趋郭，其向轩辕厥角崩。
> 小子正编康济传，于公握管不能停。④

---

① 崇祯《吴县志》卷之十七《仓场》，《天一阁藏明代方志选刊续编》第16册，第419—422页。
② 张廷玉等撰：《明史》卷七十九《志第五十五·食货三》，中华书局1974年版，第1925—1926页。
③ 崇祯《吴县志》卷之十七《仓场》，《天一阁藏明代方志选刊续编》第16册，第429页。
④ 崇祯《吴县志》卷之十七《仓场》，《天一阁藏明代方志选刊续编》第16册，第427—428页。

明代社仓进一步发展。最初倡导于弘治年间。至嘉靖八年（1529），朝廷诏令各地设立社仓，做法大致如下：每社规模为二十三户，举社首、社正、社副等各一人，社首须家庭殷实且有义行，社正须处事公平，社副则要会书算。每个月的初一、十五聚集民户，分上、中、下三等，分别出米四斗至一斗不等，每斗加折耗五合。遭遇饥年，上户因不足所进行的借贷须在丰收年按数还仓，中、下户的借贷则不需要归还。有司造册汇送抚按衙门，每年例行检查。如果发生仓库虚空之事，惩罚社首补给一年的贮米。①

明代社仓兼具过去义仓的某些特点，最为明显的表现是在仓本来源方面，并非完全按人户不同等级捐输，而是由官员"先捐俸金，以为倡率，或罚纸赎，以便上纳，且诚心劝谕各村士民，使咸知以义相尚，不待督责，而出谷皆其情愿"。其运行方式也体现了这一特征，"每年青黄不接之时，令其出放，息止加二，小饥加一，大饥免息。成熟之年，仍令各村量行添入"。至于管理，则"官府给印文簿，付乡约正副，每岁稽查，其各村管理收放，即于本乡每年轮一公直殷实者，以司出纳，量与免其火夫丁差，以示酬劝"②。行政官厅对社仓并不进行过多干预，虽然明代社仓仍然延续朱熹社仓之法，"不过以后的社仓，一天一天脱离官僚的干涉，而入于农民纯然的自治的境遇"③。

曾任应天府尹的张朝瑞详细介绍了明代社仓制度的旨趣：

一、社仓之设，本以为一乡也。谷以义名，则当以义相先，斯为善俗，除捐俸并发纸赎，以为之倡，及士民尚义出谷，多至百十石者，不可为例外，大凡当秋熟之时，或每亩量出谷半升，或通乡各户，富者以石计，贫者以升斗计，俱报数约正副登簿。保长收入社仓，每春有阙者，量准借与，就于保长处，会同约正副，批立合同，登记簿籍，候秋收之日，加息二分纳还，但借谷者，亦不得多至十石之外，恐一人奸顽无耻，催收稍难，则将并一乡之义举而坏之也。

二、每遇大荒，大户例有劝借。盖官谷有限，各村又无义谷故

① 张廷玉等撰：《明史》卷七十九《志第五十五·食货三》，中华书局1974年版，第1926页。
② 俞森：《社仓考》，商务印书馆1939年版，第21—22页。
③ 东方杂志社编：《农荒豫防策》，商务印书馆1923年版，第76页。

也。若使村村有谷，则一乡之积，自足以供一乡之人，加以县仓积有官谷，劝借之事，以后可免。且尚义出谷，而使本乡之人，俱感其惠，亦处富和邻之一道也。不然，富本众所忌也。积心悭吝，因之阻坏义举，宁能独保其富哉。

三、出谷虽非贫者之事，而岁时丰稔，或一斗或二三斗，亦可量力出办，准与荒年揭借义谷，亦有数倍之利。若丰收之年，斗谷不肯出者，荒歉之年，义谷官粮，俱不准与。

四、各乡旧有土神庙，即有社稷之礼，但俗尚奢侈，因而迎神赛会，花费不赀，……今乡约举行，一切禁止。或有情愿施舍，冀神祐助，即宜准作香钱，自家告诸神明，登记乡约簿，积为义谷，以济人贫难，不且神人两得之乎。每岁春秋祈报，买办猪羊酒果香烛等项，即于义谷内支用。祭毕举行社饮，申明约法，和睦乡里，庶彬彬然成礼让之俗矣。或有贫不能存，丧不能举者，亦于义谷内量给以助之，会众公议，而后动支，各明白登簿，以备稽查，毋得徇私滥支冒破。

五、各村纳谷，或社仓未备，权借民间空房收贮，待置社仓后，再行收入，或乡村空旷，苦于看守，不愿吏仓者，即公议积贮，亦从其便。

六、给借固贵均平，亦虑陷失谷本。每年支借之时，须会众公议，量其可借，方准托保借与。敢有轻借游手无赖之人，以致负骗，及强梁奸贪之徒，以市私恩，俱于收管人名下追赔。其收管人，敢有捏开花名，私取规利者，众共呈官追罚。若出入公明，每年宜量给，以酬收管之劳。[1]

通过以上介绍，人们可以进一步看到明代社仓的确融合了义仓的某些特征。如在仓本筹集的过程中，其进一步提倡士民捐输，这种方式显然有别于以往官米垫支以筹集仓本的做法。社仓的管理相对灵活，可以借贷，但同时有数量限制，主要防止奸猾之徒借机不法谋利。向大户劝借也含有调剂贫富、和谐乡里的意思。相反，对于那些吝啬之人，

---

① 俞森：《社仓考》，商务印书馆 1939 年版，第 21—24 页。

则采取相应举措,既然平时不能为丰裕社仓做贡献,自然也就不可能在关键时刻得到社仓的救济。对缓和贫富矛盾的期许,对缺乏公益心者的限制,本身就含有乡村治理的意思。另外,在仓本筹集的过程中,还建议提倡节约、革除旧弊,把节省的谷米输仓以裕仓本等,这些倡导都有利于改善乡村风俗,促进乡村和谐。

至于社仓组织及运作方式,则可以通过应天府尹汪道亨修举社仓的例子做进一步的分析。

首先,仓谷来源。其主要分为四种:本谷、义谷、罚谷、息谷。其中,本谷是仓谷的主要来源。根据贫富及人口多寡,集众议定农户等级,分为上上、上中、上下、中上、中中、中下及下等不同等级。等级不同,输谷数量就不同,其中下等不用输谷。每月一会,每会一输,但也不拘于定例,可以一次输全年之量,也可以缴纳银钱代替输谷。对于殷富而未曾输谷入仓的农户,"即书某人名,加以顽吝二字,贴社仓内,但遇荒歉,官社仓谷,俱不准给"。义谷则是鼓励殷实富户捐谷,并给予相应的表彰奖励:如在本谷之外,多输谷二石者,记善一次;多输谷四石者,记善二次;多输谷十石者,记大善一次;多输谷二十石者,记大善二次;多输谷三十石者,记大善三次,且州县掌印官奖赏;多输谷五十石以上者,该府及州县送"好义"匾额;多输谷百石以上者,本道送"施仁"匾额,照例给予冠带;多输谷二百石以上者,准给冠带优礼,该道及两司送"乐善"匾额;多输谷四百石以上者,申请两院送"积德"匾额,给予冠带,优免杂泛差役,[1]犯罪不许加刑;而多输谷达到八百石者,则申请两院,奏请竖坊表里。罚谷则是针对违犯乡里各种规约稍轻的不当行为,通过罚谷方式给予惩戒。如乡约演礼不到、保甲值牌怠玩、小事口诉不平,等等。所收罚谷都输入社仓。息谷即借出仓谷所产生的利息,利息多少适时而定,"初年谷本尚微,每石取息二斗,如时小歉,则减息之半;行至三年之后,谷本渐裕,每石取息一斗,如时小歉,止取五升,大歉则尽免其息"[2]。对借谷人,则有严格的资格限制,特别是杜绝借给那些游手好闲、刁顽无信、强豪不驯的人。

---

[1] 元、明时期各种不定的零碎的徭役、差使,如斫柴、修仓、运料、接递等。
[2] 俞森:《社仓考》,商务印书馆1939年版,第26页。

其次,社仓管理。一般设置社长、副社长、收掌、社杰、典守、稽核等。其中,社长以"本处齿行俱优者为主,更兼家资殷实者为之更妙,或即以约正保正为之",职责是裁决社中一切事务。副社长以"年力强壮,行能服众者为之,或即以约讲、约副、保副为之",其职责是"一管出簿,一管入簿"。收掌主要是掌管仓谷出入。社杰"以壮年公直,有才干者为之",职责是根据社长、副社长的命令,"分任勤劳"①。典守,主要是看守社仓。社仓典守的设置非常灵活:或者根据距离社仓的远近,由离社仓较近的社长、副社长、社杰主守之;或者专门设立社直;或者由本地人轮流值日;或者在社仓附近公立社学,令在学子弟兼守社仓等。稽核,社仓虽然由乡里自己掌管,但官厅仍然要按时稽核,或随时抽查,防止各种不法行为发生。

再次,社仓的运转。这主要包括分赈与推恩两种。分赈规定对不同人户的赈济次序:平时施谷入仓,按照从上上户至中下户的顺序;而凶年赈谷,则按照从下下户到中上户的顺序。其中还特别规定,准赈先富而后贫者,不准赈先贫而后富者等。推恩则是针对社中好修贫士、孝子顺孙、节妇孀妇、年长而贫病者等。"俱听社长等酌议周恤,登簿报官,不许徇私冒滥。"②

最后,其他如仓房建设。或者专门设立仓房,或者借乡约所、废寺庙庵观暂存,等社谷充裕,再公议扣谷建设仓房。社仓费用,主要是指社仓运作过程中纸张笔墨、佣工茶食、仓厫修正、春秋祈报等产生的费用,其原则是"不丰不俭,经久可行"。社学设置,或根据社仓的做法,劝谕众人捐输以建立;或在社仓丰裕之后,从义谷、息谷中出资创设。③ 由此可见,社学与社仓的关系非常密切。

昆山人蔡懋德④曾作修复社仓议,可以管窥时人对社仓的一般认知。"定仓制",主要是在朱熹社仓制的基础上加以改善,"即附乡约保甲而行,每乡有约,每约有仓,以本里之蓄,济本里之饥。……曩时社

① 俞森:《社仓考》,商务印书馆 1939 年版,第 27 页。
② 俞森:《社仓考》,商务印书馆 1939 年版,第 28 页。
③ 俞森:《社仓考》,商务印书馆 1939 年版,第 24—29 页。
④ 蔡懋德(1586—1644),南直隶苏州府昆山人。

仓,难举易废者,以士民一输谷入仓,即为官物,封贮不动,有耗无增,人安得常乐施,廪安得有余积。盖袭社仓之美名,而失社仓之妙用"。"因仓基",建议可以在宽敞的寺观等地寻找坚固的空房、预备仓与常平仓的剩厫、公署的空闲房屋等。"裕仓本",对于官仓借拨与民间劝输都有疑虑,但仍然希望通过劝谕获得部分仓本。另外,特别建议"四积之法",即以罚没犯罪者的财产充仓本。"推仓长",以约正、约副担任。"发仓储",对各人户调查清楚,分门别类,以便于赈济的过程中有的放矢。"厘仓蠹",约束社仓管理人员,防止武断生事、欺侵仓谷。① 根据"定仓制"部分,可以看到明代保甲、乡约、社仓的内在联系。结合前文所议,保甲、乡约、社仓、社学实际构成一个包括治安、教化、经济等功能在内的乡村治理的统一体。

二、清代仓储制度及其实践

(一) 常平仓

在清代,从省会到府、州、县,均建常平仓。② 顺治十一年(1654),命各道员专管各省常平、裕备等仓的建造,每年造册报部。十七年(1660),户部议定"常平仓谷,春夏出粜,秋冬籴还,平价生息,凶岁则按数给散贫户"。康熙对地方仓库非常重视,多次出台政策加强管理。康熙十九年(1680),"谕常平仓留本州县备赈,义仓、社仓留本村镇备赈"。三十年(1691),议定"州县积谷,照正项钱粮交代,短少以亏空论"。三十四年(1695),户部议定"江南积谷,每年以七分存仓,三分发粜,并著为通例"。四十三年(1704),议定"州县仓谷霉烂者,革职留任,限一年赔完复职;逾年不完,解任;三年外不完,定罪,著落家产追赔"③。由此可见其对仓库建设的重视程度。但就当时各省州县贮谷数量来看,江苏并不算突出,"率不过五六千石"。康熙四十七年(1708),议定"州县官于额贮外加买贮仓,准其议叙,若捐谷以少报多,或将现贮米捏作捐

---

① 俞森:《社仓考》,商务印书馆 1939 年版,第 44—46 页。
② 赵尔巽等撰:《清史稿》卷一百二十一《志九十六·食货二》,中华书局 1977 年版,第 3553 页。
③ 赵尔巽等撰:《清史稿》卷一百二十一《志九十六·食货二》,中华书局 1977 年版,第 3554—3555 页。

输,后遇事发,除本管知府分赔外,原报督抚一并议处。至官将仓谷私借于民,计赃以监守自盗论,谷石照数追赔"。康熙五十四年(1715),又议定"绅民捐谷,按数之多寡,由督抚道府州县分别给扁,永免差役"①。由此可见,常平仓等仓本来源,有官买,有绅民捐输等。江苏各县亦设有常平仓,如《镇洋县志》中提道,"常平仓傍县治,清雍正四年(1726)知县陶士偰、九年(1731)知县唐尊尧、十一年(1733)知县王惟恭、乾隆五年(1740)知县金鸿先后建修"②。

雍正三年(1725),以南方潮湿,"命改贮一米易二谷"。这是一个十分必要的举措,体现出南方与北方的不同。不久,重新加强对仓库管理的规定,"州县仓廒不修,致米谷霉烂者,照侵蚀科断,并将亏空各州县解任。其谷令自行催还,限以一年,逾限者治罪"③。

雍正十三年(1735),内阁大学士方苞上奏平粜仓谷事宜:一是每年仓谷存七粜三,如果遇到谷价高昂,穷苦百姓不能得到实惠,则须呈请各州县议定官价,一边粜米,一边详报。二是江淮以南地气潮湿,如果按照存七粜三的惯例执行,恐怕积累数年之后,产生大量的腐烂存谷,而相关部门害怕因此获罪,往往将腐烂稻谷派给乡户。所以,应令江南各省督抚对各仓存谷加以验察,根据实际情况设定存粜的比例;河北等五省如果遇到灾歉,也不必拘泥于存七粜三的惯例。三是在谷米存仓贮藏的过程中,会产生各种花费损耗,粜米所得盈余往往与各种花费损耗相当。相关部门要加强稽查,防止不法行为;花费损耗之外的盈余,也要做好登记,以备歉岁之用。④

可见方苞的建议更能体现因地制宜的精神。另外,对于平粜价格,时人也有虑及。乾隆三年(1738),两江总督那苏图就建议朝廷,"平粜之事,止须比市价酌减一二分"⑤。这一做法主要是防止商贩抢购仓米,借以囤积居奇。

① 赵尔巽等撰:《清史稿》卷一百二十一《志九十六·食货二》,中华书局 1977 年版,第 3555 页。
② 王祖畬等撰:《镇洋县志》卷二《营建·仓廒》,成文出版社有限公司印行,民国八年刊本,第 53 页。
③ 赵尔巽等撰:《清史稿》卷一百二十一《志九十六·食货二》,中华书局 1977 年版,第 3556 页。
④ 赵尔巽等撰:《清史稿》卷一百二十一《志九十六·食货二》,中华书局 1977 年版,第 3556—3557 页。
⑤ 赵尔巽等撰:《清史稿》卷一百二十一《志九十六·食货二》,中华书局 1977 年版,第 3557 页。

嘉庆之后,常平仓逐渐有名无实。齐彦槐在《图赈法》中提及嘉庆十九年江南大旱,官府开常平仓平粜的事情。他认为,这种方式只能惠及比较近的百姓而不能救济比较远的百姓,只能惠及次贫而不能惠及极贫。另外,在富者捐助的过程中,有的因怀疑捐资去向而不积极,有的是不想捐助而找借口,因此齐彦槐提出图赈法。所谓图赈,就是用各图所捐的钱来赈济本图。另外还有以富图赈济贫图的用意。这种方法更能体现自治的色彩,如经理人员为本图自举,所捐之钱存于捐者之家而不必存入公局。官府仅仅发挥调查、协调的作用。某图有多少饥民、捐银多少、赈济多少,这些要素均在图内榜示,"施者知其财之所由往,食者知其食之所自来。则捐者无所迟疑,不捐者无所藉口。且以富稽贫,其口必清;以贫核富,其捐数必实"。图赈法既可以加强监督,又可以避免有人中饱私囊,同时还可以刺激富者捐赈的动力,确实是一个不错的方法。"自十月初旬捐廉以倡,至今岁三月,计捐钱十有二万四千余缗矣!而殷富之家好行其德,复于其间为粥以赈,城乡设厂十余处,计所捐又不下万数千缗,饥民赖以全活者无算。呜呼!孰谓人心之淳、风俗之厚,今不若古哉!赈既毕,尚有余钱六千余缗,而无锡之赈亦有余钱,于是谋之乡先生,言之上游。以所余钱留为修建南北二桥之费,亦以工代赈也。"①可见其效果也是不错的。

道光十一年(1831),"各直省州县于常平仓大率有价无谷"。虽然咸丰、同治、光绪三朝均提出整顿常平仓的举措,但效果如何值得怀疑。

常平仓之外,还兼设裕备仓、济农仓等,常平仓的功能主要是调节物价,既要防止粮价过高,又要避免粮贱伤农。其他仓库的功能主要在于通过赈济以稳定社会秩序。如常熟济农仓,"君子之为政也,既有以养其民矣,则必思建长久之利,得其养于无穷。盖仁之所施,不可以有间也"②。

(二) 社仓与义仓

社仓之重要,可以恤国费、免剿盗贼、善培国本,"口食得而上下安,

---

① 道光《锡金志外》卷二《补遗下》,第67页。
② 《江苏地方志集成·江苏府县志辑·康熙常熟志》,江苏古籍出版社1991年6月,第48页。

枵腹饱而人心附"①。由此可见社仓对于乡村秩序稳定的重要性。清代，社仓制度在江苏普遍推行。如镇洋县，"社仓三所。一在大西门外，西一都一图，潮圩。清乾隆六年知县金鸿倡率士民公建，基地一亩七分，廒房十五间，咸丰年毁。一在柳河镇，十九都六图，北区圩，亦金鸿率士民公建，基地二亩零，廒房十四间，后改建甘草司巡检署，咸丰年毁于寇。一在鹤王市，二十二都三图，乾隆八年监生王承烈、何淑捐建，基地一亩，廒六间，嘉庆年废"②。

　　1653 年，令各州县对社仓每年造册两次，报告户部，按照积谷多寡来判定有司的功罪。③ 社仓设立之初，陕西、湖南、湖北、广州均有试行，但效果并不显著。1725 年，根据江苏巡抚何天培的建议，颁布推行社仓的五条准则："一、赈贷均预造排门册存案；一、正副社长外，再举一殷实者总司其事；一、州县官不许干预出纳；一、所需纸笔，必劝募乐输，或官拨罚项充用；一、积谷既多，应于夏秋之交，减价平粜，秋收后照时价买补。"④社仓的官方性质有所削弱，至乾隆年间，这一点更加明显。1754 年，直隶总督方观承上奏折称："义仓始于隋长孙平，至宋朱子而规画详备。虽以社为名，实与义同例。其要在地近其人，人习其事，官之为民计，不若民之自为计，故守以民而不守以官，城之专为备，不若乡之多为备，故贮于乡而不贮于城。今使诸有司于四乡酌设，粟黍从便，并选择仓正、副管理，不使胥吏干预。"进一步强调社仓由民间管理的趋势，但社仓由官营还是民营的问题，后来屡有反复。1772 年，根据户部建议，"社仓仍令官经理出纳"⑤。嘉庆年间，又把社仓的出纳管理权下放给民间，"由正、副长经理，止呈官立案"⑥。如溧阳县的社仓，"仓谷由社长经营，春放秋收，照例石加斗息，内除消耗三升，以七升收存，均须社长结报，每年由县造册详送"⑦。

① 陆曾禹：《康济录》卷二，出版信息不详，第 114 页。
② 王祖畬等纂：《镇洋县志》卷二《营建·仓廒》，成文出版社有限公司印行，民国八年刊本，第 54 页。
③ 徐渊若：《农业仓库总论》，商务印书馆 1935 年版，第 144 页。
④ 赵尔巽等撰：《清史稿》卷一百二十一《志九十六·食货二》，中华书局 1977 年版，第 3560 页。
⑤ 赵尔巽等撰：《清史稿》卷一百二十一《志九十六·食货二》，中华书局 1977 年版，第 3561 页。
⑥ 赵尔巽等撰：《清史稿》卷一百二十一《志九十六·食货二》，中华书局 1977 年版，第 3561 页。
⑦ 嘉庆《溧阳县志》卷六《食货志·社仓》，第 74 页。

清代社仓原本最初以正赋带征获得,"初有与正赋同时另征一石以充当之者"。这一点至1729年发生了改变,"禁止征收,采奖励绅商义捐之方法,捐款者在各乡所备之印簿上须亲自签名及记入其捐款之数量,以防中间人之侵蚀。此外社仓原本之蓄积,亦有常平仓内之谷拨来者,或由耗羡款银购买者。社仓时亦施行借放,在未达收获时期以前,贷与谷物,至秋收时加息返还。凡借放社仓谷物,须预作排门细册,详细记入乡民之姓名,年貌,住所,职业,藉资识别。借放利率,每一石谷收息十升,凶年则免除本谷,仅收每石谷息十升,小凶年则免除息谷而收本谷,但此率并非绝对不变者,应从社仓基础确立之程度而使息谷减轻,或全部免除之"①。可见,清代社仓在积累仓本方面实际上借鉴了以往义仓的某些做法。

以上亦可以从太仓镇洋县社仓的运作中窥豹一斑。康熙雍正年间,"诏令田亩随漕,捐社谷二合。听民愿输,俟息米已多造仓收储。乾隆五年(1740),巡抚徐士林复令实力兴行,太仓州知州傅椿、镇洋县知县金承橄劝谕捐输并建社仓。定例无谷农民春间借谷于仓,秋成计息偿还,丰年加一取息,歉岁免息缓征其社谷,例责印官,稽察同常平一体交待结报,而春贷秋偿,必择乡里操行端方者为社长,岁司出纳,理社之政,备极周详矣。按鳌志所载,太仓自康熙年间,捐积木谷二千四百九十三石五斗九合。雍正十二、十三两年,共收捐米抵本谷二千六十一石二升七合六勺。乾隆六年(1741)士民顾岐、王璟等捐本谷六千二百石三十五年,共本息谷一万八千六百七十六石九斗二升三合三勺。其如何动支之处,大率由于胥徒侵蠹,前志未详。道光初年,邑绅钱宝琛募捐钱数千缗,存典生息,后由刑部郎中汪元爵妻刘氏,捐建小北门义仓,始买谷数千石储仓,余钱存典"。1860年,镇洋县社仓毁于太平天国战乱。"及同治五年(1866),知州方传书、知县李荸馨议捐积谷,随漕带征,义仓厫房次第修建,专备储谷之所征钱买谷。歉岁平粜,遴选殷实公正绅董,岁司其事。月有报销,由州及县,转禀藩司,刻有征信录,而备荒之策以举其历年带征存储支放细数详著于表中,以示慎重民食之

---

① 徐渊若:《农业仓库总论》,商务印书馆1935年版,第145页。

意也"①。

之所以采取劝捐方式而废弃正赋带征,主要原因是后者扰累一般民众。《大清律例》中规定,"社仓捐谷听民自便,不得绳以官法,违者以违制论"②。乾隆元年(1736),江南总督赵弘恩等奉谕妥议江苏社仓听民捐输一事,其中提及朝廷听闻江苏社仓仓本"俱令随漕完纳,每交漕米一石者完社米一升,民间皆以勒捐为苦",因此,令大学士张廷玉询问江南总督赵弘恩、苏州巡抚顾琮。二人的回复是,最初江苏社仓米谷根据旧例随漕并征,民田每亩捐谷二合,由常平仓存贮。后来又改为劝捐,米谷多寡均从民便,结果捐者寥寥,社仓多有名无实。1734年十月,前任苏抚高其倬令苏州布政司采取"民间完漕一石,劝捐一升"的方法积贮仓谷,人民负担不重,且捐输方便。在"社米渐充"的情况下,高其倬又决定减少捐输,并于乾隆元年一概停止捐输。③ 由此可见,江苏社仓仓本的来源主要有两种方式,一是按亩捐谷,随漕并征;二是劝捐。相比较而言,劝捐方式虽然更加柔性,却不稳定。如江阴县,"额定贮谷三万石,如有动用,随即补足。但经费来源,并无的款,专靠募捐,不能持久。后改为就全县成熟田每亩出谷二升,折收钱二十二文,连续行之五年,共储谷三万七千余石,于城内、华市、长寿、月城、三官、后梅六处建廒储存,以为备荒之用。并规定每年翻晒一次,鼠雀耗百分之五,如超过此数,由官董负责分赔。每年崇陈籴新一次,直至清末,此制未改"④。也就是说,在仓本问题上,仍然存在反复的现象。

至于社仓的功能,仍然不外乎调剂民食。"积贮之法,年丰谷贱,加价买进,以防谷贱伤农。年荒减价卖出,以济民食,法至良,意至善也。"⑤但其实效如何,往往受各种因素影响。如锡金县,"乾隆五年(1740),奉宪檄县各图设立社仓,备社米以济贫乏。图内业户照田蠲米

① 王祖畲等纂:《镇洋县志》《县自治款产·仓谷》,成文出版社有限公司印行,民国八年刊本,第579—581页。
② 三泰:《大清律例》卷十一《仓库上》,四库全书本,原书无页码。
③《乾隆朝整饬社仓档案(上)》,《历史档案》2014年第3期,第14页。
④《清代江阴县政之种种》,《江阴文史资料》第3辑,中国人民政治协商会议江苏省江阴县委员会文史资料研究委员会1986年编印,第6页。
⑤《清代江阴县政之种种》,《江阴文史资料》第3辑,中国人民政治协商会议江苏省江阴县委员会文史资料研究委员会1986年编印,第6页。

有差,即令本乡生监家殷实者管领,俾于青黄不接之时借给贫民,成熟后加利一分偿还。其立意甚善,且不积于县而积于乡,不司于官吏即司于本乡殷实之户,既可免役隶之侵渔扣克农民,又无奔走伺候之患,宜于民实有济矣。然实力奉行者殊少,其不肖者至藉以营运取利,尤甚者私照乡间放米例取息至四五分。有北郭袁某者,以社米盘取重息,为监生朱姓者所发,佐证甚具。邑令王允谦得袁重贿,力为弥缝。首者坐以诬告律,佐证咸被斥责,而所费盖至万矣! 呜呼,上官有如此美意,而反为继富之赀,于贫人毫无裨补。如袁某者,明不畏法律,幽不畏鬼神,为民牧者,不能惩其罪反婪贿而曲护之,此可为长太息者也"[1]。这就是制度设计与实践效果的差距。

与常平仓、义仓相比,社仓有更多的优点,但其不足之处也非常明显。徐渊若曾列举古代社仓的几个弊病:第一,由于人民知识幼稚,不理解社仓自助助人的精神且无管理能力,最终社仓的管理权常为地方上的权势人物所把持。第二,社仓既为地方上权势人物所把持,就很难坚守社仓创立的初意,各种不法操作的结果必然导致社仓事务废弛。第三,即使社仓管理者为地方上的公正敦实之人,但受各种因素影响无法保障社本,而常常陷入不断赔累的困境。[2]

正是因为社仓存在诸多不足,戴晟针对"部议六条"质疑:"如收掌在民,官无加派稽查,在官民无侵蚀似矣。社长之立,果皆通达,抑且良善乎? 乡镇之中,果皆有大屋可以立仓,且足防奸宄之觊觎乎? 即如客冬劝捐之簿一立,闻有欲谋为社长者,有绝不欲为社长者,其中情形,亦可知矣。"进而从社仓的管理、劝输之法、取息之法等方面提出"改进"的建议,但其建议又非全然在理,如关于社仓的设置问题,其主张"不如掌之于官,贮之于城,一遇凶年,议赈议恤,犹有收放之权焉。倘委之乡镇,常时且有爬抢之虞,而用一萎靡社长,事有不可知谁乡兵而为之守护者"[3]。这样一改,不啻又把社仓推向了义仓一边。

另外,关于纠正社仓积弊的问题,时人多有议论。通政司右通政李

---

① 裘昌龄:乾隆《锡金识小录》第一本卷一《备参上·社米》,第12—13页。
② 徐渊若:《农业仓库总论》,商务印书馆1935年版,第145—146页。
③ 戴晟:《社仓议》,《瘰砚斋集》,乾隆七年戴有光等刻本,第53页

世倬在革除社仓弊端的奏折中论及胥吏在社仓运行过程中的不法行为，"捏造花名，虚增户口，愚民浮冒，奸吏烹分，有资者反得钻营射利，而无资者不获一体均沾"。发生这种情况的主要原因在于，"有司不难于按名给散，而难于逐户确知也"。李世倬给出的解决方案是有司亲自加强对户口的管理，而不必假手胥吏。其主要方法则是有司在春借秋还之日，详细询问各社"家业户口"，然后根据自己掌握的情况展开赈灾活动，由此而防止"钻营浮冒之弊"而共沾"普天之泽"①。

对于李世倬的建议，江南总督赵弘恩、安庆巡抚赵国麟、苏州巡抚顾琮等不以为然。他们认为，社仓存在以下几个方面的问题。第一，由于社仓数量有限，人民不能得到普惠。且社仓往往建在市集村镇或居民稠密之处，远乡僻壤和村社寥落处很难得到实惠。第二，社仓借贷期限太短，无法真正缓解贫户困难。贫苦之家很难在春借之后做到及时秋还，且社长也未必轻易借给。第三，社仓管理人员素质良莠不齐，弊病无法避免，且常常发生浮开户口、假捏花名、那移出纳的事情。偶遇旱涝，遗漏、浮冒之弊丛生；遇到丰收之年，又有"社长藉名纷纷查造，扰民滋事"。因此，他们建议，赈济可以通过其他更简便的方法推进，即一地发生灾情，朝廷派员会同地方官，"随带平时清厘保甲户口底册，挨户稽查核对，区别贫富，随查随给印票，遇有迁徙穷民临时变通办理，似无遗漏、浮冒之虞，而被灾黎元立得均沾实惠矣"②。毋庸置疑，这些人仅仅看到了社仓的赈灾功能，而没有看到社仓在乡村自治方面所发挥的作用。

应该说，李世倬的建议主要体现为一种理想的制度设计，而江苏主官的奏折则道出了社仓的实情。李世倬过于主动有扰民之嫌；而江苏主官过于被动，则容易造成怠政。

乾隆五年（1740），对于江苏社仓存在的问题，江苏按察使陈弘谋的认识十分到位，其建议也能针砭时弊，非常具有建设性。

首先，陈弘谋历陈常平仓与社仓存在的问题。"如常平仓则有惧其盘量折耗而不敢多贮之患，有惧其买补不敷而不能多贮之患；如社仓则

---

① 《乾隆朝整饬社仓档案（上）》，《历史档案》2014年第3期，第15页。
② 《乾隆朝整饬社仓档案（上）》，《历史档案》2014年第3期，第17—18页。

有捐输不前社本不敷之患,有远近不均借还不便之患,又有社长不得公正殷实之人,而公正殷实者又惧其赔累需索而不肯充当社长之患。"进而提出建议,对于常平仓:一是在常平仓输米时带征适量折耗,减轻州县官员因惧于赔累折耗而不愿多贮米谷之心。二是在常平仓平调物价的过程中,官米与市米价格不宜过于悬殊,以总比市米价格少贱为宜,防止有人囤积官米。

针对社仓,陈弘谋认为,听凭官民捐输的方式不能持久,因此,需要通过其他方式积累仓本。就江苏来看,"江宁布政使晏斯盛奏请将省仓积谷分拨各属作为社本"。陈弘谋主张,每州县至少须存仓本千石,对于那些社本不多甚至没有社本的州县,准许其于"常平捐监谷内如数动拨作为社本,分贮各乡出借收息,俟积有多余,仍拨还常平本款";如果有公项可动用,也可以买谷永做社本。至于社仓的运行,每年借还以方便百姓为准,官府仅仅发挥稽查的作用,但需要做到有借有还,有本有息。如果有愿意捐输的,无论是官绅士庶还是多寡杂粮,只要有益于增加社本,均听捐输,且报告官府给予奖励。

陈弘谋同时建议增加社仓的数量,以使受惠者更加普及。他认为,应该根据各州县境内村庄的疏密程度,每县设置社仓四五处,或七八处。至于社仓的选址,一般是选择大的村镇市,然后将附近的村庄编定于某仓借谷,既不许遗漏,也不许重复。因为社仓所需仓库无法一时全部筹建,可以利用各地空闲的庵观,稍为修理以贮存谷物,同时倡导向士民赁借空房空仓以贮存社谷,等以后逐渐将仓库建齐。对于那些要求分仓贮存社本的情况,陈弘谋主张"亦听其便,盖地愈近则借还愈便,仓愈多则责成更易",但是要求"将各仓分贮数目报官稽查,以杜侵隐"。

另外,对于社长的人选、地位、待遇等亦有明确的设计。陈弘谋认为,社长与保甲、地保不同,必须选择当地殷实良民,或者是士绅的家属,前提是为人公正。每个社仓设置社长一人、社副一人,地方官对社长、社副要以礼相待,免其杂差。如此,那些殷实公正之人才肯接受社长、社副的任命。社长、社副得人则出纳公平,然后可以避免各种弊病。至于社仓管理人员的办公经费,也要有适当来源,"责之捐赔则人多裹足,取之借户则藉口滋弊"。因此,可以于每石社米增加一层利息外,再收耗米三升,用于社长日常办公费用。当然,也要防止借机需索的弊病发生。这就需要地方官"发一册式",详细填写数目,避免胥吏需索。每次借出收还,都要将数目报官,"每年一借一还,数目亏盈,最易查察"。对于社长、社副的奖惩同样有所涉及,如果社长、社副有浮收索费等不法行为,无论是同社之人告发还是官方查访获得,都要提审究拟;如果社长、社副经营三年无过且社息增加,则"详请奖励"①。

乾隆六年(1741),江苏巡抚许士林历数人民不乐捐谷的原因:一是劝捐方式有问题。名为劝捐,实则勒派。二是社仓所处位置问题。多建在市镇,数量少,离乡村远,输运不便。三是社长不得其人。"出纳不公,侵年冒滥。"四是小民见识问题。认为社谷只能用于本社,对于社仓拨济外地的情况不理解。五是奖励不到位。虽然国家有社仓奖励之法,但地方官并未实力奉行,无法取信于民,富而好捐者不积极。根据这些问题,许士林建议地方官应"亲历乡村,善为劝导,勿强派,勿限数,勿差役滋扰";"多建社仓以便民,慎选社长以司事,不操纵于地棍,不假手于胥吏,简其查造册籍之繁,定其户口完备之则,遵照定例,善为调剂"②。

乾隆二十六年(1761),江苏布政使安宁对各州县社谷进行清查,发现苏、松等属社仓本应贮谷 211 000 余石,但因各州县经理不善,致有亏缺谷 32 800 余石。安宁到任后,督饬各属彻底查核,后完谷 20 600 余石,未完谷 12 200 余石。在未完各项中,除可追谷 7 200 余石外,社长侵亏无法追还的占 3 040 余石,民欠无法追还的占 1 960 余石。其处理办法:社长侵亏之谷,照例问拟追补,如追补无完,则由社长之州县赔补。至于民借无完之谷,若实在贫穷不能完纳及因逃亡不能完纳者,则邀恩豁免。③ 这里提到仓谷亏缺的两种主要原因:一是社长侵吞;二是百姓贫而不能偿还。这大概是社仓普遍存在的问题。

乾隆三十五年(1770),护理江苏巡抚、苏州布政使李湖查核苏州、松江、常州、镇江、太仓五府州的社仓,发现应储之额应为 269 000 余

① 《乾隆朝整饬社仓档案(上)》,《历史档案》2014 年第 3 期,第 35—36 页。
② 《乾隆朝整饬社仓档案(上)》,《历史档案》2014 年第 3 期,第 38 页。
③ 《乾隆朝整饬社仓档案(下)》,《历史档案》2014 年第 3 期,第 33 页。

石,而实际内中存价未买者有六万数千石,社长侵亏 600 余石,历年出借给百姓的 163 000 余石,实际在仓者仅存 40 000 余石。江宁藩司所辖江宁、淮安、扬州、徐州、海州、通州六府州属社仓也不容乐观,应积储额共 106 900 余石,折价未买 5 600 余石,社长侵亏 400 余石,历年出借未还的 33 800 余石,实际存仓仅 66 800 余石。之所以造成这种现象,其原因在于"江苏民情巧伪,事熟弊生,而地方有司又视社仓为无关考成,漠不经意,行之日久,胥役、乡保与社正、副联为一气,就除弊之科条转而为滋弊之涂境"。就社长的轮值来看,过去成规是十年一更换,后来改为三年一更替,再后来又改为一年一轮值。轮值时间逐渐缩短主要是考虑到社长赔累而导致亏欠的弊病,但任期时间过短又导致新的问题产生,如社长更替过于频繁,将增加春借秋还的困难;在社长人才不易得的情况下,社长频繁更换更容易导致"任非其人"的现象;而在官府监督不力的情况下,社长"徇情滥借与土棍强借不偿"的弊病也往往产生。

因此,其提出三点建议:一是社长的人选与轮值年限。社长应由本社"不应试之殷实监生遴访举充",如无此类人,则"举诚实乡民充当"。社长轮值年限不必一年一换,先以三年为限,表现优秀者可再接管三年,六年期满再行选补。如果办理不善,不必等待三年,随时可更换。二是明确州县稽核的责任。虽然出纳之权在于社长,但地方官应该严格查核,确保没有强借拖欠的现象发生。三是禁革苛累社长的现象。社长掌管出纳,容易招惹乡里怨尤与顽户抗欠赔垫,而地方官"每遇造册送结之事,总惟社长是问,奔走城乡,致多浮费",再加上"胥吏之驳诘,差役之传催",乡曲谨原之人常常视社长为畏途。因此,需要采取措施,解决社长的后顾之忧。[1]

后李湖调任贵州巡抚,社仓改革事宜交给后任江苏巡抚萨载。萨载到任后,首先,令江宁、苏州两藩司,将各属社仓存谷严令各府州督率州县彻底清查;其次,乘秋成丰稔之际,在催征条漕完竣后催追社谷,采买常平完竣后买补社谷;再次,令未建社仓各属循照原奏,详请动用息

---

[1]《乾隆朝整饬社仓档案(下)》,《历史档案》2014 年第 3 期,第 40—41 页。

谷建造社仓;最后,责成各该管巡道不时稽查社长,凡有掩挪及地蠹强借拖欠者严行比追惩治。对于社长轮值年限,采取折中方法,一年一换过于频繁,六年更替又难防积弊,因此采取三年更换的定例。①

总体来看,清代社仓与传统社仓也有不同之处。其中最明显的区别则是不断削弱行政官厅对社仓的影响。如清人沈兰先所主张的社仓与朱熹倡导的社仓就有很大的不同:对于朱熹所创的社仓,沈兰先认为其弊端非常明显:"社仓之法,人不乐行者有故。总在收贮于官,设遇饥馑,以完民犹费上纳之苦。况当赈济小民,未必实沾其惠。即如文公遗法,始行甚美,其后行之不终,额定报数,无异正供之征收,归官督催,顿失大贤初意。以至征募之先,人不乐有大户之名。恐将来本里有事,得指名妄报,虽有仁心,废然自沮;积蓄之后,又恐官府那借,将农夫手足胼胝,民间锱铢积累,一朝乌有,则遵行之念又息。"②因此,沈兰先主张社仓削弱了行政官厅的角色。"朱子社仓,初行时,贷常平米六百石,今使仓本仍贷于官,恐日后操纵亦听于官,而流为民害。总之,行于官府者,则为常平,不必下涉于民,行之民间者,则为社仓,不必上行于官。"③

当然,这种"自治"与近代以来的自治还是存在着本质的区别。"我国古代地方自治事业,并非平民一般的,乃由几个地方缙绅代表的","所以社仓虽说是自治的事业,仍然是几个官僚式的缙绅的事业,并非一般平民的自治事业"。④另外,社仓在乡村文化治理方面的功能进一步增强。与朱熹时代主要从经济角度发挥社仓乡村治理的功能不同,明清时期更侧重从文化入手发挥社仓乡村治理的功能。

社仓之外,清代还在基层社会设立义仓。如高邮县义仓,"常年储谷三万石,以备灾荒"。其使用范围有明确规定,灾年对全县义赈,粮价暴涨时碾米平粜,捕灭蝗虫灾害,辅助施粥厂用粮,修理义仓廒屋等。仓谷来源是从全县田亩中提取农业税款储谷。⑤且始终受到朝廷的褒

① 《乾隆朝整饬社仓档案(下)》,《历史档案》2014 年第 3 期,第 42 页。
② 俞森:《社仓考》,商务印书馆 1939 年版,第 54 页。
③ 俞森:《社仓考》,商务印书馆 1939 年版,第 54—55 页。
④ 东方杂志社编:《农荒豫防策》,商务印书馆 1923 年版,第 76 页。
⑤ 《高邮县义仓始末记》,《高邮文史资料》第 6 辑,高邮县政协文史资料委员会 1987 年编印,第 117—118 页。

扬。康熙十八年(1679),"诏令地方官吏,于各乡村设立社仓,各市镇设立义仓。平时春贷秋偿,每石取息米一斗"①。"公举本乡之人,出陈易新。……岁底州县将数目呈详上司报部。"②睢宁县知县申其学在《义仓记》中说:"富岁则劝民出粟以聚于斯,凶岁则出粟赈民以散于斯,不烦请讨,无俟旬日,其推恩甚易,其沾恩甚速。"③乾隆十二年(1747),"规定山西义仓事例。……清代义仓之特色,在乎官绅商民之自动捐输,朝廷亦时有褒扬"④。

汤来贺在任扬州推官时,即劝设义仓,多方赈济灾民:

> 昔紫阳夫子(指朱熹),特举社仓,西山先生,设为义廪。皆以万物一体之心,居安而虑危,先事而夙防也。……迩来数遇水旱,旧岁稍愈,亦非大有年也。然而谷值愈廉者何哉?人惩丁亥之饥,耕者竭力,而户多沉积也。且家窭户乏,购物无赀,而皆以谷为市也。户多陈积,故担新可易斗米,小民不见有饥,似可苟安于目前矣,然以谷市物,则可贮日少,非如丁亥已前之广积也。家窭户乏,则无可称贷,非入丁亥之荒,犹有族党亲邻可以相救援也。假令一旦有荒,则载道饥民,望屋而食,虽或自拥仓箱,岂得而独享哉。今春吾邑大姓,仓庾空矣,春夏之交,谷值虽廉,而时闻饥殍,幸秋霖优渥,差可补救,而食犹未足也。兹导家大人夙训,遍恳有仁心者,互相鼓励,各设义仓,以防饥馑。在城居民者,或设仓于祠堂,以赒宗族,或设仓于近境,以济邻人。在乡居者,或各堡创设之,或一都合力为之。每岁秋成,各出谷输仓,或十余石,或数石数斗,随其心,量其力,委曲劝勉,而不强人以所难。虽所积无多,而荒年得此,犹愈于未设也。每岁初夏,必出陈易新,则无积久成尘之患矣。择本地与宗族之诚悫者,司其散敛,每岁轮流,则可无侵用之弊矣。小荒则减价以利农,大荒则商于众,而酌给之。先给孝子顺孙、义夫节妇之窭乏者,次则老羸之无告者,次则良农之缺食者。惟不孝

---

① 徐渊若:《农业仓库总论》,商务印书馆 1935 年版,第 137 页。
② 赵尔巽等撰:《清史稿》卷一百二十一《志九十六·食货二》,中华书局 1977 年版,第 3559 页。
③ 康熙《睢宁县志》卷十《记》,第 14 页。
④ 徐渊若:《农业仓库总论》,商务印书馆 1935 年版,第 137 页。

不友,败常乱俗,事确名著,及游食不事生业之人,咸勿给焉。此仓一举,可以免沟壑,可以杜争夺,可以睦乡邻,可以维风化,利莫大焉。不亦善乎。王文成曰:为善之人,非特宗族亲戚悦之,乡党邻里敬之,虽鬼神亦阴相之。夫所谓为善,孰有大于赈人之饥,救人之命哉。①

根据汤文可以看到,义仓仓本皆乡民捐输,与社仓仓本来源存在明显区别。另外,其对乡村社会治理的促进作用非常明显,"此仓一举,可以免沟壑,可以杜争夺,可以睦乡邻,可以维风化,利莫大焉"。汤来贺还详细说明了义仓运行的程序:

> 一、每岁将秋成,即委曲相劝,稍有衣食者,各出谷输仓,随心量力,不得相强,以致嫌隙。

> 二、本村有孝子顺孙、义夫节妇,闻其真确者,若属家贫,每岁将谷送与其人,每家各几石,秋成免完。若小荒各奉谷若干,大荒各奉谷若干,就所积之多少,为所馈之厚薄,急宜行此,以见励俗维风至意。

> 三、地方或有不孝不悌著名者,及犯伦伤化逐出祠外者,及游手好闲不事生理者,纵贫亦不得给借,纵荒亦不得给赈济,必须严拒,以端风化,以警游惰。

> 四、谷久必干,且有鼠耗,每十石必算折数四斗,以免赔累。

> 五、凡生日,或子为父母庆寿,或孙为祖父母庆寿,其尊人好静,不喜饮酒请客,则为子孙者,随力随意,入谷义仓,以祈神祝寿,此实福也。亲朋送礼,而主人不肯受者,亦不妨随分入谷,代为祈福,古人有放鹊纵鱼,以祝永年者,况活人之命乎。窃见乡间巣谷,以买礼仪,何不即以谷送,较骰仪侈费,省钱省力,所益更多。

> 六、凡求嗣许愿者,即于福神前拜谒,倘得生子,即入谷若干于义仓,留为赈济,以谢神佑。即生子后,即以汤饼之费,籴谷入仓。或请客情不可缺,即减其酒肉之半,以助义仓。于是神前焚一

---

① 俞森:《社仓考》,商务印书馆 1939 年版,第 50—51 页。

疏文,以酬愿信可也,即亲朋以谷当贺仪,亦有裨于实用。

七、凡有病祈祷者,即于神前发愿,拜许病痊之后,入谷若干于义仓,留为赈济,以谢神佑。及病愈身安,即于神前焚疏入谷,以酬愿信。只随心量力,不拘多少,此实实功德,较之建醮演戏,功德不啻十倍。

八、义仓每年拈阄输管,算清量过,上手传下手接管,必须素行忠信,又稍有身家之人,方许承管。若家力甚贫,纵有忠信者,恐其急时那散,不得徇情,与之输管,度无侵用,而事可久行。①

从义仓的运行程序来看,其彰善惩恶的社会治理功能非常明显。但其弊端也非常明显,一是仓本无固定来源,完全靠劝说百姓捐输,很难维持长久。二是义仓的数量比较少。徐郁认为:"建立义仓本以济民;然一县止一二所,民居星散,振给之际,追呼拘集,动辽旬月,不免饿殍。"②

近代之后,由于战乱,社仓、义仓也遭受冲击。"其后军兴,各省皆废"③。

第四节　明清两代的社学

一、明代社学制度及其实践

明代社学创始于洪武八年(1375),朱元璋诏令全国各地广开社学,"天下郡县每五十家设社学一所"④。在上元县,"每坊厢建社学一区,以学行耆旧为之师,教一坊子弟。悉令通孝经小学诸书,其俊秀者选入郡学。乡饮酒既举于学,每坊即社学为会饮之区,以礼一坊高年。行礼读

---

① 俞森:《社仓考》,商务印书馆1939年版,第52—53页。
② 东方杂志社编:《农荒豫防策》,商务印书馆1923年版,第85页。
③ 赵尔巽等撰:《清史稿》卷一百二十一《志九十六·食货二》,中华书局1977年版,第3561页。
④ 嘉靖《江阴县志》学校记第五《社学》,第5页。

法入仪,未久而废。其基为小民佃居者入租于官,余多为豪滑侵占"①。松江府根据朝廷诏令,"每五十家为一所,延有学行秀才训迪军民子弟"。但不久又相继革除,"止令有德之人各随所在,以十月初开学,腊月终止。丁多有暇,常教常学者,听"。并明确规定,"仍禁有司里甲干预搅扰"②。这里既有因地、因时制宜的意思,也在一定程度上强调了社学的民间特色。

明代江苏各地社学的发展状况不同。一般来讲,县城必然设立社学,部分县则能够普遍设置。如在句容,"社学一所,在县东察院旁。成化间令张惠立。正屋三间,匾曰崇教导民,东西序各二间,引范希文寇莱公事,扁于檐楹,以为童生勉焉。又后堂三间,为教读憩息之所。洪武永乐间,句容等一十六乡俱立社学"③。又如,在江阴,社学"盖自城市以达乡都,无里无之。江阴三百七十里,乡校之名仅仅若此,又其教弛而不振,欲其化行,得乎? 古之学者自童蒙始,蒙养既正,责之以成德,而后大学之功成,此自然之序也"④。再如,在海州,"社学在城内四隅各二,城外东海各乡四,西海各都及坊十四,共计社学二十六所"⑤。

但并不一定都能够普及到各"社"。如仪征县社学,"一在小市口大街西,计屋舍一十间,一在东门内大街,比计屋舍五间,各掌以教读训迪里井童子"⑥。又如,海门县有两所社学,"一在县南,一在县东。教读各一人"⑦。再如,在昆山,"社学在儒学东,成化四年(1468)提学御史陈选立,弘治四年(1491)知县杨子器重修"⑧。此外,江阴除了在县城设立社学外,同时在各大镇设立社学,"正德十年(1515),知县万玘率令创设,惟夏港、青旸、朱塘、华墅四大镇稍稍修举,其他未及也"⑨。

但至正德年间,社学逐渐衰落。如在松江府,"正统天顺间,申明兴

---

① 《中国地方志集成·江苏府县志辑(3)·道光上元县志》,江苏古籍出版社1991年版,第175页。
② 正德《松江府志》第十二卷《学校上》,《天一阁藏明代方志选刊续编》第5册,第735页。
③ 弘治《句容县志》卷二《公署类》,第5—6页。
④ 嘉靖《江阴县志》学校记第五《社学》,第5页。
⑤ 隆庆《海州志》卷之五《教典·学校》,第3页。
⑥ 隆庆《仪真县志》卷之八《学校考》,第7页。
⑦ 嘉靖《海门县志》卷三《建置第五》,第5页。
⑧ 嘉靖《昆山县志》第二卷《学校》,第7页。
⑨ 嘉靖《江阴县志》学校记第五《社学》,第5页。

举,即城隍庙东愿匀亭为在城社学,延儒士钱润为之师。各乡区设一所凡六十所。上海设于县东北一百二十步,各乡凡四十九所。弘治初,毁淫祠及无额庵院,知府刘璟、华亭知县汪宣因即其所在以为社学,凡若干所。今为祠山兰若一区仅存,余多怠弛矣!"①姑苏共建社学737所,亦于正德年间"岁又渐废"②。可见,至正德年间,社学已经消亡不少。此后更是如此,如淮安府社学共计283所,其中山阳县65所,盐城县24所,清河县17所,桃源县15所,安东县9所,沭阳县20所,海州26所,赣榆县16所,邳州17所,宿迁59所,睢宁15所。但至万历年间,所剩无几。③

至于社学的性质,仍然属于初级教育。这从溧水社学可见一斑,"明代在府、州、县儒学之下设立社学,属地方小学性质,为村童的启蒙馆舍。明洪武八年(1375),溧水县署奉命在县城设立社学四所,分布在大东门内儒学旁的崇儒坊、南门街唐朝巷、南门内、北门外。由提学官选择有学行者为社师,在农闲时招收15岁以下儿童入学读书。先从《百家姓》《三字经》《千字文》学起,次讲习冠、婚、丧、祭等之礼仪及经、史、历、算等课,兼读《御制大诰》《本朝律令》等,行之不久即废。到成化元年(1465)和弘治十七年(1504),朝廷一再重申前令,其制为'乡里则凡三十五家皆置一学,愿读书者尽得预焉,又谓之社学'。这时,地方设立社学数量较多。……明正德以后,由于文教不振,社学就逐渐衰落,万历年间社学因法度废弛而毁"④。由此可见,部分社学虽然设在县城,但古代城乡并无严格分野,与后世城乡二元结构明显不同,所以学生仍然是以乡村儿童为主。

在社学中,社师一般选择德行高尚、学识丰厚之人。正统十二年(1447),姑苏重建社学,根据《姑苏志》所载,其"礼聘闻儒郑镠德辉、陈宽孟贤以主师席,选吴长二邑蒙士之秀者充弟子员而教之,遇三学之士有阙员者,则进其良以补焉。俟于临政之暇,辄至学引师儒坐讲堂,进

---

① 正德《松江府志》第十二卷《学校上》,《天一阁藏明代方志选刊续编》第5册,第735—736页。
② 正德《姑苏志》卷二十四《学校》,《天一阁藏明代方志选刊续编》第12册,第412页。
③ 万历《淮安府志》卷六《学校上》,《天一阁藏明代方志选刊续编》第8册,第470页。
④ 李厚发:《明清时代的溧水社学》,《溧水古今》第13辑,中国人民政治协商会议江苏省溧水县委员会学习文史委员会1994年编印,第36—37页。

诸生亲课之。以故民间俊秀彬彬焉兴于学,有古邹鲁之风,……可与汉之文翁,唐之韩愈,宋之范仲淹,异世而同功矣!"①吕坤在《实政录》中强调,社师最好选择"年四十以上、良心未丧、志向颇端之士"。社师的工资主要源自学生的"束脩","如果家道贫难,约正开名报官,官为设处,大段社师以每岁粟二十石为厚供,少亦不减十二石。多寡之数,以学问与功效为差"②。

社学教授对象主要是八岁至十六岁的青少年。③ 作为最基础的学校,社学与其他教育既有区别,又有共同之处。"古者家有塾、党有庠、术有序、国有学,其教人之法,有《曲礼》《少仪》《弟子职》诸篇,盖自其在家塾时,已预养之矣。后世小学法废,而乡村弦诵之声乃今甚缺焉。宜仿古家塾之制,建立社学,择端正生员以主之,教以诗书礼仪,其秀者以备学校之选,养蒙敦俗其在兹乎。州人不知有社学,并其地而侵之,失初意矣!"④由此可见,社学实乃高等教育的基础。

社学教授的内容除《小学》《孝经》外,还学习《三字经》《百家姓》《千字文》等,"初入社学,八岁以下者先读《三字经》以习见闻,《百家姓》以便日用,《千字文》亦有义理"。另外,还倡导诵读乐府古诗及"近世教民俗语,凡切于纲常伦理道义身心者",反对学习"新声艳语"。除了读书之外,还要作文:"作文出极明浅、易于发挥题目。作不得题,细讲一遍,仍作此题,一题三作,其思必尽,其理自通,胜于日易一题也。"⑤

社学不但重视明理识字,还非常重视儿童的身体健康。"读书以勤为先,童子不分远近,俱令平明到学,背书完、读新书。吃饭后,略令出门松散一二刻,然后看书、作文,写仿毕,仍读书。午饭后,再令出门松散一二刻,仍读书。日落后,分班对立,出对一个,破题一个,即与讲改,然后放学。盖少年脾弱,饭后不可遽用心力,恐食不消化也。"⑥

至于社学的功能,主要在于教化民众。弘治三年(1490),分司徐鹏

---

① 正德《姑苏志》卷二十四《学校》,《天一阁藏明代方志选刊续编》第12册,第413页。
② 吕坤:《实政录》民务卷之三《复兴社学》,明万历二十六年赵文炳刻本,第10页。
③ 在古代,一般八岁入小学,十五入大学。社学属于小学。
④ 隆庆《海州志》卷之五《教典·学校》,第4页。
⑤ 吕坤:《实政录》民务卷之三《复兴社学》,明万历二十六年赵文炳刻本,第15页。
⑥ 吕坤:《实政录》民务卷之三《复兴社学》,明万历二十六年赵文炳刻本,第15—16页。

举在东台县县治西南设立社学一所，其在社学训词中说："为民者，父慈而教，子孝而箴，兄爱而友，弟敬而顺，夫和而义，妻柔而正，姑慈而从，妇听而婉，为臣而忠，交友而信，男女有别，子弟有学，言食有节，德业相劝，过失相规，贫穷患难相救，婚姻死丧相助。毋听妇人言，毋争竞长短，毋酣饮酗酒，毋斗狠赌博，毋用僧道，毋惰农业，毋欠粮课，毋学私贩，毋尚奢侈，毋肆奸淫，毋作盗贼，毋好讼事，毋依尊凌卑，毋以幼犯长，毋以恶凌善，毋以富吞贫。行者让路，耕者让畔，则礼仪攸臻，刑宪不犯，身家常保矣。"①由此可见，朝廷设立社学的目的在于推行教化。据《溧阳县志》之"社学记"，亦可以品味其教化民众的深远用意："慎择民间子弟之秀，俾从游其中，朝夕讲求古人立教之意与夫嘉言善行，以收其放心，养其德性，庶几将来小子有造，进可以备大学之选，退亦不失为子弟之良。由市而乡，岁增月益，迨见百里之内，无地非学，无人不学，人才何患于无成，风俗何患于不厚。"②

吕坤批评以往教育仅重视科举、求富贵的倾向，强调"社学非为教举业，全为正童习"③。他十分强调社学在维护纲常人伦方面的功能。在社学之内，"学中以长幼为先，序就齿数。除系相亲自有称呼外，其余少称长者兄，长呼少者名。行则右行，坐则下坐，长者立则立，长者散则散"。在社学之外，则仍然强调学生要尊敬长辈。童子每天早起、早饭、午饭、晚上等时间都要向父母问安，对待父母要孝敬恭顺，如果发生忤逆行为，"父兄即告先生，加倍重责"。维护纲常人伦的背后，则是安定社会秩序的深层意愿。吕坤说："有等昏愚父母，有子不教读书，邪心野性，竟成恶人，做盗贼、犯刑宪，皆由于此。几曾见明理识字之人，肯为盗贼者乎？"④莫伯镕在《乾道修学记》中说："富庶而后教治之，序也。教之不立，则争斗之讼繁，僭侈之风炽，欲富庶得乎？故教者富庶之本也。古之治天下，本于教必于学乎，举焉示教之有所本也。"⑤

虽然朝廷强调社学的民间特色，但明代社学的倡建者多为地方官。

---

① 嘉庆《东台县志》卷十二《学校》，第 15 页。
② 嘉庆《溧阳县志》卷七《学校志·社学义塾》，第 29 页。
③ 吕坤：《实政录》民务卷之三《复兴社学》，明万历二十六年赵文炳刻本，第 17 页。
④ 吕坤：《实政录》民务卷之三《复兴社学》，明万历二十六年赵文炳刻本，第 12 页。
⑤ 嘉靖《江阴县志》学校记第五《社学》，第 9 页。

吴县各地社学就反映了这一现象。如共社学，"正统十二年（1447），知府朱胜乃总建一所，名为共社学，……选民间俊秀子弟教之"。普济社学，"成化二年（1466），提学御史陈选修，兼育民间俊秀。隆庆元年（1567），知府蔡国熙、知县魏体明重修"。利济社学，"成化二年（1466），提学御史陈选建，内有顾野王祠。隆庆元年（1567），知府蔡国熙、知县魏体明修。崇祯三年（1630），知府史应选重修"。丽泽社学、崇正社学、义慈社学等均为成化二年（1466）提学御史陈选建。隆庆元年（1567），知府蔡国熙、知县魏体明修。① 由此可见，社学实际上属于政府在地方上宣传意识形态的重要载体。

明代亦有义学之设，其包括民间与官方两种类型。《常熟县志》载，"义学，万历三十八年知县涟创，每门塾师、举业师各一人，凡十二人，以教贫民子弟，其师听儒学推举，而官给廪饩，然无定所，但寄席于寺院公宇"。也有民间义学的兴办，如杨氏义学，"杨伯麟创在沙头镇"。莲泾义学，"在四十二都，邑民过士良建"。另外，还有曹氏义学等。②《江阴县志》中则提及："城乡各义学初无常处，明正德年间，知县万玘于在城及四乡大镇创设，嗣后迭有兴废。"但真正大规模地创设义学是在清代，"国朝各州县节次奉文广设义学，知县蔡漱以次增创，乾隆癸亥各城乡开设始遍"③。

二、清代社学制度及其实践

清初承继明代的做法，各地多设社学，后社学衰微，义学兴起。"顺治九年（1652）提准每乡置社学一区（所），择其文义通晓，行谊谨厚者，补充社师，免其差役，量给廪饩养膳。"④如溧水县，"在孔镇、邰村之东巷、西仓、仓后、蒲塘镇、洪蓝埠、柘塘镇各增置社学一所。社师择优行生员担任，免其差徭，量给廪饩。民间 12 岁以上、20 岁以内的农家子弟，有志学文者可入学。先读《三字经》《百家姓》《千字文》，兼习史学、

① 吴秀之等修，曹允源等纂：《吴县志》卷二十七下《舆地考·义塾》，成文出版社有限公司 1970 年版，第 417 页。
② 崇祯《常熟县志》卷四《学校》，第 32—33 页。
③ 道光《江阴县志》卷五《学校·社学义学》，第 25 页。
④ 素尔讷：《学政全书》卷七十三《义学事例》，乾隆三十九年武英殿刻本，第 1 页。

地舆、修身,令学生作文、习字、算术、体操,然后习《大学》《中庸》《论语》《孟子》四书"。时间既久,社学往往产生弊病。"康熙二十五年(1686)后,因社学冒滥,提学官令地方严行查革,后无续办。社学屋舍逐渐被豪绅刁民侵占,或为地方办'团练'场所,社学无形瓦解。"①

江苏其他各县也存在类似现象。无论是明代延续下来的社学,还是当代新设的社学,均在康熙年间发生日渐衰微的情形。《淮安府志》载:"国朝康熙初,学道胡在恪岁试淮安,奉部文考取社师数十人以教社学子弟,行之未几,遂废。"②在宝应县,明代社学两所,"一所在府馆西街南。旧在委巷内,明嘉靖三年(1524)巡按御史李东憎其僻隘,命知县刘恩以民人仲还地易之重建,今圮。一所在通济桥南街东,(洪武)五年(1372)知县闻人诠即废税课局名之,已废"③。这又是发生在康熙朝的事情。虽然其他社学衰微不一定发生在康熙朝,但社学日渐衰微的态势并未改变。在安东县,共设社学6所,均在县城。"每学屋三间,门一间,碑亭一座。成化五年(1469)知县李纬奉督学御史陈公选建,后寝废"④。在阜宁县,共有社学14所,包括"马逻乡社学四所,羊寨乡社学四所,添差乡社学四所,柳淮乡社学二所",均由山阳县知县于隆庆六年(1572)重修,全部废弃。⑤ 在赣榆县,共建4所社学,分布于县城、青口镇、沙河镇、城头镇,"皆明知县樊兆程建,久废"⑥。在太仓直隶州,明代设置社学5所,分别位于太仓卫西、茜泾镇、璜泾镇、沙头镇、双凤镇,皆当时知县杨子器毁庵院改建,"后并废"⑦。高淳县的"社学在宾阳门外五显祠左,门房三间,正堂三间,即今项公祠"⑧。显然也已经废弃。

部分地区社学屡废屡兴,屡兴屡废。如丹阳县社学,"明成化六年(1470)邑宰蔡实禀提学御史陈选构社学于儒学东,计一十三楹,久废。

---

① 李厚发:《明清时代的溧水社学》,《溧水古今》第13辑,中国人民政治协商会议江苏省溧水县委员会学习文史委员会1994年编印,第37—38页。
② 乾隆《淮安府志》卷之十《学校·附社学》,第32页。
③ 康熙《宝应县志》卷之二《学校》,第9—10页。
④ 雍正《淮安府安东县志》卷八《学校·社学》,第6页。
⑤ 光绪《阜宁县志》卷九《学校·社学》,第19页。
⑥ 光绪《赣榆县志》卷六《学校》,第13页。
⑦ 光绪《太仓直隶州》卷十二《学校下》,原书无页码。
⑧ 光绪《高淳县志》卷五《学校》,第31页。

同治五年(1866)，知县金鸿保复设，无常所，光绪八年废"①。又如，东台县县治西的社学，是万历十八年(1590)分司周汝登倡建，后废。"康熙、乾隆间两修，嘉庆二年(1797)通判巴彦岱倡修，十七年(1812)邑人姜本德等修，二十一年(1816)邑人姜本德等重修"②。总体来看，明代社学至清代有延续也有废弃，但清代社学不如明代之盛，却是事实。

清代社学的存在，主要功能仍在于教育教化民众。"化民成俗，莫善于学。……在两京有国学、有武学，在州县卫各有儒学，而里中又设社学。盖为学有次第，进身有等级，而所以明人伦、厚风俗，无二道也。……每乡每镇有之，田间幼稚皆知诵习，化嚣讼之风以成礼让之俗。"③但社学作用并不限于此，还有培养选拔人才的功能。河南学政汪士锽在给东台场社学撰写的碑记中有这样一段话："周礼三物之教，自乡而兴，育德茂材，至为该备。自朱以来，惟国建学，旁及郡邑。其举于乡隅者益寡。东台辖于泰兴，而地广人稠，才俊所集，特立。"④但至康熙年间，社学开始衰落。"康熙二十五年议准，社学近多冒滥，令提学严行查革。"⑤

社学衰微之际，义学(义塾)在基层社会兴起。如太仓直隶州的义塾皆建于清代，包括城东义塾、城南义塾、璜泾镇义塾、双凤镇义塾、沙溪镇义塾、陆河镇义塾、浮桥镇义塾、陆公市义塾等。⑥又如，武进阳湖县的义学，包括养正义学、敬节堂义学、集英义学、冠英义学、左厢义学、青山义学、敦仁义学、同仁堂义学、怀仁义学、怀南义学、安西乡义学、通江乡义学、广敷义学、青云义学、同仁义学、文亨义学、启英义学、西延义学、崇德堂义学等。⑦这些义学(义塾)设立的时间，散布于康熙、雍正、乾隆、嘉庆、道光各朝，其中大部分创设于同治、光绪年间。义学兴起之时恰是社学衰微之际，由此可见二者的承继关系。如江都两所义学皆

① 光绪《丹阳县志》卷十《学校》，第 10 页。
② 嘉庆《东台县志》卷十二《学校》，第 15 页。
③《江苏地方志集成·江苏府县志辑·康熙常熟志》，江苏古籍出版社 1991 年版，第 47 页。
④ 嘉庆《东台县志》卷十二《学校》，第 15 页。
⑤ 素尔讷：《学政全书》卷七十三《义学事例》，乾隆三十九年武英殿刻本，第 1 页。
⑥ 光绪《太仓直隶州》卷十二《学校下》，原书无页码。
⑦ 光绪《武进阳湖县志》，卷五《学校》，第 7—8 页。

始建于康熙年间，一为知府倡建，一为本地士民买民居创建。①

清代义学（义塾）的老师多"由众举择，其心地朴诚、屏除外务者，分延各塾。每年正月望日开塾，腊月望日散馆。平日塾师遇有省亲祭扫等事，以十日为限，不得日久迟逾。生徒由塾师挑选。旧例每塾额定三十名内，如诵读多经，准以一人抵二人；能为诗文者，准以一人抵三人。刊发吕氏坤社学要略、唐氏彪善诱法为塾中程课，绅士委员以时督视之，生徒有不率教者，令其父兄领回另选驯谨者补额。塾师修脯，城内各塾按月支领，乡塾分作四季，于季首支领"②。此为义学运行的一般程序，无论是塾师还是学生，都要按照一定规则行事，士绅则处于超然的监督者的地位。

就义学办学的目的与性质而言，与社学并无本质区别。"国朝康熙年间，奉部文遵直省府州县各设义学，延名师，供修脯，立规则，课读外，宣明圣谕。……此亦古社学之遗也。"③高淳县义塾是康熙二十一年（1682）知县李斯佺所建，教谕叶楠为之作记说："古之教者，家有塾，党有庠，州有序，国有学。其为地不同，要其鼓舞造就之心则一也"④。可见社学与义学（义塾）的内在一致性。但社学强调以"社"为单位，义学则更强调"义"的性质，这一区别不可不察。

就义学创办的经费而言，其多为官绅捐助，最终形成官绅共同办理的局面。睢宁县义学主要体现为官办，包括县城义学和四乡义学两种类型。县城义学是"光绪八年（1882）五月由知府曾捐廉创立"。四乡义学包括高作集义学、大李集义学、高兴集义学、木社店集义学等，为"光绪八年（1882）五月由知县黄捐廉创立"⑤。赣榆县义学则进一步体现了官绅合办的精神，该县义学共5所，主要分布于县城关帝庙内西侧、选青书院、古关帝庙、溯沂书院、西堡等，其中，县城义学为"光绪十三年（1887），知县王豫熙蠲建"。青口义学是"光绪二十六年（1900）知县彭

---

① 雍正《江都县志》卷六《学校志》，第13页。
② 光绪《江都县续志》卷十六《学校考·义学》，第11页。
③ 乾隆《淮安府志》卷之十《学校·附义学》，第33页。
④ 光绪《高淳县志》卷五《学校》，第32页。
⑤ 光绪《睢宁县志》卷八《学校·义学》，第17—18页。

荣诰建，由院（选青书院）开支经费"。古关帝庙义学是"光绪八年
（1882）知县特秀建，初由县人徐灿英等蠲助经费，旋并归书院支给"。
大沙河义学是"光绪十三年（1887）知县王豫熙暨县人孙长卿兄弟蠲助，
一切费用由镇蠲给"。小河口义学是"县人乔泮恩蠲建，并蠲田七十九
亩有奇以作经费，由县通详立案"①。

　　一所义学的维持往往需要几代人的不断捐助，如盐城县义学，历
经康熙、乾隆多任知县捐修。② 另外，部分义学经费源自各善堂及僧
庵田租。如淮安府山阳县的义学，无论是城内义学还是城外义学，
"先后建立秋礼经费，由育婴堂款内支给，夏弦经费由节孝总祠公款
支给，闰余及车桥经费由漕督同善局支给，版闸学由翁公书院田租支
给，余春诵等七学经费初由存典生息钱二千三百串及拨景慧寺田租、
极乐社僧捐、乡镇行捐各项支给，近将存款、行捐提典秧田，岁收租稻
六百余石，分别给支"③。以上义塾大部分是在同治、光绪年间重建，或
由官员捐建，或由地方人士捐建，体现了官绅合作的精神。

　　明清乡村治理的实践除了反映在乡约、仓储、社学等社会事业外，
还表现在创办慈善、治水救灾等方面。在创办慈善事业、治水救灾的过
程中，地方官员往往深度参与其中。如明代镇洋县（今属太仓市）的养
济院，是弘治十年（1497）创建，嘉靖十二年（1533）知州黄仁山增建。北
育婴堂，是明弘治十二年（1499）知州李端创建。漏泽园，是明嘉靖十七
年（1538）知州林坐创设。④ 但至清代，情况有所变化，先是地方官员深
度参与，然后是官绅合作的情况更加普遍。同样是镇洋县的北育婴堂，
至"顺治二年（1645），知州李作楹重修乳媪，工食由在城绅士捐给。康
熙四十三年（1704），知州茹之增倡捐并劝绅士捐田以济堂用，复由浙商
唐健倡捐乳媪所住房屋。乾隆元年（1736），知州江之炜详请以社会息
谷酌拨充用并入普济堂，董事经理。七年（1742），知州傅椿、知县金鸿
重修。四十三年（1768），董事陆时化捐修。五十五年（1790），奉两江总

① 光绪《赣榆县志》卷六《学校》，第13页。
② 乾隆《淮安府志》卷十《学校·附义学》，第33页。
③ 光绪《淮安府志》卷二十一《学校》，第7—8页。
④ 王祖畲等纂：《镇洋县志》《城自治款产·慈善》，成文出版社有限公司印行，民国八年刊本，第629—
　　635页。

督孙士毅行令,停止董事,官为经理。嘉庆元年(1796),移建小北门州前铺,邑绅汪学金捐房一所,基地十二亩六分七厘,荡四亩。知州鳌图捐廉改建"①。地方士绅逐渐成为地方慈善事业的主角,这其实又是清代绅权扩张的一种表现。

治水救灾本身就是地方官的职责。在《宝应县志》中,人们可以看到明代历任知县从事社会救济的事迹。刘恩,"字以忠,高阳人,嘉靖元年任,恩为人明敏,决事如流。会岁大饥,又疫死者相籍。恩力请抚按题奏发帑金数万籴谷,分委义民于各坊村设糜赈济,立法周尽,一邑赖以全活。县旧三十六里,恩并为四坊三十里,又遍询诸弊政,悉为釐革,粮长更为廒头,十年一番,均徭役,更为一年一审"②。李涞,"隆庆五年进士,授宝应知县,时倭燹之后,继以水患,田日荒芜,涞招有力者垦种,开□浚河,以济农事"③。耿随龙,"万历十四年进士,授宝应知县,时邑数遭水灾,民贫甚。随龙察民所最患苦者,曰坊长曰里长曰廒头。坊长者,凡诸大吏往来及宾客送迎,□□□□陈设之具皆任之里长者,凡地丁银完□□解皆任之廒头。里长更番为之,漕粮之□□收兑皆任之。随龙尽罢归农,民困大苏"。此后采取"官银募夫"的方式办理。④

而官绅合作现象也是常见。嘉靖初年,江苏天灾连年。王从善在嘉靖三年(1524)四月就任溧水知县,面对严重的灾情,王从善打破"开仓必先请示的条规",下令开仓赈济灾民。在他的感召下,"大富户也拿出了积谷,如白鹿乡的陈讜出谷万余石;蒲村的富户武钟出谷两千石,中小地主也相继拿出了一些粮食,挽救了处于死亡线上的数万灾民"。与此同时,他还动员富户雇人掩埋灾民的尸体,复兴医学救治病人,设立仓库救治灾害。推行乡约制度,"'每里设乡约堂一所,奉太祖谕牌,集里人讲解之。设木铎循行道路,以教万民。'这对稳定大灾后的社会

---

① 王祖畬等纂:《镇洋县志》《城自治款产·慈善》,成文出版社有限公司印行,民国八年刊本,第633—634页。
② 康熙《宝应县志》卷之十《宦迹》,第4—5页。
③ 康熙《宝应县志》卷之十《宦迹》,第8页。
④ 康熙《宝应县志》卷之十《宦迹》,第9—10页。

秩序,激励农民以至士大夫的情绪,起到一定的作用"①。至晚清一代,官绅合作进行治水防灾的现象就更加普遍了。

第五节　明清胥吏群体与乡村治理

自乡官制废除之后,胥吏群体开始壮大。② 这一群体又可称为县役,其与乡役虽然不同,但与乡村治理仍然有非常密切的关系。③ 明清两代,县级政权中的胥吏群体最为典型,这从时人所著官箴书中多论及胥吏的情形可以发现某些痕迹。如明人吴尊的《初仕录》、吕坤的《实政录》,清人戴肇辰的《从公录》、徐栋的《牧令书辑要》等官箴书中均有关于胥吏的论述。与县长、县丞、主簿、典史等比较正式的体制内成员相比,胥吏并无"官"的身份,且进身之阶也受到种种限制。但他们拥有实际的权柄,"天子之所恃以平治天下者,百官也。……今夺百官之权而一切归之吏胥,是所谓百官者虚名,而柄国者吏胥而已"④。另外,胥吏群体还有一个非常重要的特征:没有薪俸。至顺《镇江志》中说:"胥吏,以其未有俸禄,故载于此。"⑤因此,他们必然要通过其他手段获得生活之资,结果导致这一群体最容易发生病民现象。作为县政府事务的直接执行者,胥吏群体关系乡村治理甚大,他们的素质将直接影响乡村治

---

① 吴大林、李厚发:《溧水知县王从善评传》,《溧水古今》第 5 辑,中国人民政治协商会议江苏省溧水县委员会学习文史委员会 1987 年编印,第 58—59 页。

② 赵秀玲认为,"胥吏就是在各衙门掌理案牍等事的具体办事人员,类似于今天的文书、秘书。他们一般分房办事。在明清时期,地方衙门如县衙,分设吏、户、礼、兵、刑、工六房,因而设六房胥吏,分掌选任、钱粮、礼仪、军事、工程等文牍工作。此外,统治者还根据需要,设置库书(贮存钱粮和公家财务)、驿书(负责传递公事)、里书(册书或扇书)、柜书、漕书等胥吏"。赵秀玲:《中国乡里制度》,社会科学文献出版社 2002 年版,第 213 页。

③ 针对职役的概念,学界争议颇多。吴树国对这一问题进行了细致的梳理,认为,"职役是马端临根据宋代乡役特征所构建的特殊役制属性概念,是人为的定义和分类"。也就是说,在日常生活中,职役的概念并不常用。它主要是指向在乡里应役的那部分人,即"只有去除州县吏人和部分衙职,才能契合职役概念的外延,或者说,才可称之为职役"。吴树国:《马端临"职役"概念及其意义》,《历史研究》2023 年第 2 期,第 88 页。

④ 顾炎武著,黄汝成集释,栾保群、吕宗力校点:《日知录集释》上,上海古籍出版社 2014 年版,第 191 页。

⑤ 至顺《镇江志》卷十三《公役·胥吏》,第 43 页。

理的效果。

通过《锡金识小录》中关于胥吏的介绍,大致可以管窥他们在乡村社会中的作用。胥吏与前文所述衙棍有相同之处,亦有不同之处。胥吏与地方官的关系更加密切,在基层政权政令落实的过程中,往往可以看到他们的身影。"胥吏之横,吾邑为尤。而在金匮者更凶恶。既成讼,必先讲差房使费,遇富者动以百计,即贫者亦必数十金。其居中说合抽分者,谓之提篮钱。彼意未厌,事不令审,茶肆酒肆所耗费者,更不资舞文弄法,变乱黑白者犹不在此限。其为官所信任者,群走于其门,藉以通线,暮夜之金非若辈无由致,有司视为腹心、为爪牙。无怪其日盛而靡有止,极也。为邑令者,能使胥吏不敢妄取民财,则为第一贤令尹矣!""康熙以前,邑中有不便于民者,生监耆老得连名具呈官吏。有赃私(者)每恐人告发,生监之出入公门者得挟其短而把持之。故衙棍之势盛而吏有顾忌。雍正中,公呈有禁则官无所畏,而胥吏之恶,甚于虎狼矣!"①这是金匮县(现属无锡市)胥吏群体的一般情形。

总体来看,胥吏对乡村治理的负面影响最大。作为县政府的爪牙,县级政府各种政策法令主要靠这个群体去传达执行。因而,规避胥吏的胡作非为也就成为明清知县必须注意的问题。姑录《防胥吏法》一则,可以概观时人对胥吏群体的一般认知及防治举措:

> 官有胥吏,原以供书写而备。差备其中,虽不乏勤慎之人,然衙门气习,营私舞弊者多。苟本官严于稽查,善于驾驭,则奸滑固皆畏法而敛迹,否则纵滋无忌,虽勤慎者亦且相率而效尤。此胥吏之所以不可不防也。赴任之初,迎接跟随皆是探窥之计;既任之后,前后左右无非伺察之人。家亲友②,择官之所托信者而先致殷勤;举止动静,就官之所喜好者而巧为迎合。官而重财,彼则诱以巧取之方而于中染指。官而任性,彼则激以动怒之语而于中作威。官而无才,彼则从旁献策而明操其权柄。官而多疑,则彼因事比例

---

① 裘昌龄:乾隆《锡金识小录》第一本卷一《备参上·胥吏》,第14页。
② 原文如此,疑缺一字。

而暗用其机谋。官喜偏听,彼则密奸之阴私以倾害其所仇而快其私怨。官而喜慈祥,彼则扬言人之冤害以周全其所托而利其重酬。官惧受赃犯法,彼则先以守法奉公取官之信。官厌酷刑取咎,彼则出以宽怜恤矜助官之仁。官如强干,彼则以官势以凌人。官如软弱,彼则卖官法以徇己。官如任用家人,彼则贿通家人以为内应。官如听信乡绅,彼则联络乡绅以为外援。舞文弄法则云一时疏忽,出票催规则云历年旧例,凡此皆不可不防者也。至于办理文案,则防其抽换按擦;经管钱粮,则防其侵收吞蚀;捕役缉盗,则防其私拷诬良;仵作验尸,则防其匿伤混报。一役有一役之弊,一事有一事之弊。在胥役惟思作弊,放[故]无一事而不欲瞒官;而官务在除弊,故无一事而不防胥吏。盖胥吏之作奸犯科,则全视乎官之性情。所贵喜怒不形,使彼无可揣摩,嚬笑不假,使伊无可凭籍。而尤要者廉以律己,严以执法,明以烛奸,勤以察弊。如点经承点柜出,断不可因仍旧规收受丝毫,毫①换头役出差役,断不可纵令家人索取少许,否则不但有欲不刚不能禁其作弊,亦且立身不正,何颜于此辈相对乎。苟能遵而行之,则官无从容失察之愆,民无恐吓诈索之累,而此辈之才力心思亦皆用之于办理公务之中,为我所用而不为所欺,则于防范胥吏之道其得矣乎。②

由此可见,胥吏之所以能够为非作歹,根源仍在于知县。其一般做法是通过了解知县的好恶,然后借助知县的权威以逞其私。针对胥吏惯用手段,知县要明了于胸并做相应预防。而与百姓之间的信息渠道保持畅通,却是少受胥吏蒙蔽的主要方法。但这一点对于封建时代主要靠文书办理公务的知县而言,确非易事。

针对某些特殊弊漏,时人亦给出相应的建议。如江苏巡抚陈宏谋曾提到州县钱粮案卷"任书承携贮私室,以致残缺无由查考"的问题。③ 在解决胥吏扰累的问题上,陈宏谋提出了有针对性的建议:

① "毫"疑为衍字。
② 佚名:《州县须知》卷一《防胥吏法》,乾隆五十九年刻本,第24—26页。
③ 赵尔巽等撰:《清史稿》卷一百二十一《志九十六·食货二》,中华书局1977年版,第3535页。

居官而有意扰民累民,虽愚不至此,但乡民至愚、地方甚广,奸胥猾吏、地方奸徒情伪百出,稍有举动便可藉端扰累。故无论官政烦苛,即良法美意而体察未到,扰累不浅;无论奉行错谬,即遵奉力行而防闲未周,亦足扰累。如应速而迟,则有守候之苦;应迟而速,则又有逼迫之苦。取结造册,需索生焉;传谕问话,诈吓生焉。即不耗费银钱而废时失业,民已苦之;即不受刑坐罪而耽惊受怕,民已苦之。本人之拘系,此扰累也;无干之株连,亦扰累也。至于官衙借用对象,虽云给还,而取送无非民力,守候更为失时,况未必全还也。买卖物件,虽云给价,而多寡不能相值,迟早不能如期,况未必给价也。加以签差出票,辗转守催,则酒食使费,更在应付对象之外矣!即如州县因公下乡巡历乡村,原以为民,倘或候迎送,或事铺设,或备供应,或供马草,或平道路,均属扰累。即或不须伺候,不肯苛求,亦宜不时检点,以防里甲指派。或自己丝毫不扰,而随带人役亦须防其暗地需索,有一于此,决不姑容。总之,州县乃亲民之官,下乡乃亲民之时非立威之时,止宜拜跪坐立之有礼,不在仪从供帐之可观。虽无扰民累民之事,须时存惟恐扰民累民之心。周历一乡可使乡民群聚乐观,毋使乡民愁苦相对,必使民幸其复来,不可使民忧其再至,乃为美举。①

又如,袁枚认为,胥吏是官民交接的枢纽,是不可或缺的一个群体。在司法审判的过程中,减少胥吏对百姓的需索的主要经验之一就是把案件结案时间限定在十日之内。百姓就不会因为案件长久不结而贿赂胥吏,从而大大减少胥吏需索的机会。②

---

① 陈宏谋《申饬官箴檄》,徐栋:《牧令书辑要》卷一,清同治七年江苏书局刻本,第15—16页。
② 袁枚:《答门生王礼圻问作令书》,徐栋:《牧令书辑要》卷二,清同治七年江苏书局刻本,第56—61页。

第三编

自治制阶段的江苏乡村治理

近代中国遭遇数千年未有之大变局,变与不变构成社会转型的两条主线。就乡村治理体系而言,过去相对稳定的局面被打破,变革的色彩越来越明显。晚清一代,外有列强侵略与西方文明的冲击,内有农民起义与传统义利观的转变,传统乡村治理体系之官治、绅治、族治的三维结构遭遇严重挑战。至清末民初,乡村治理体系的转型进一步加快,近代地方自治的推行成为乡村治理革新中最主要的表现,其基本沿着两条主线向前发展:一是地方自治制度的设计;二是地方自治事业的创办。针对乡村治理体系的革新,历届政府、体制外的不同群体都曾付出很大的努力,但效果迥异。通过对不同群体探索及实践的深入分析,可以管窥近代中国乡村治理转型的困境、经验与教训。

第七章　晚清江苏乡村治理近代转型的起步

　　传统乡村治理体系陈陈相因,具有极强的自我修复能力。但至近代,受内外诸因素影响,最终打破了那种治乱交替的周期律。就晚清一代乡村治理体系的演进而言,人们不但要看到传统乡村治理体系遭遇破坏的一面,同时也要看到战乱之后官绅重构乡村秩序的努力。由于传统力量的巨大惯性,乡村治理转型的步伐仍然缓慢,即使在"得风气之先"的近代江苏,传统乡村治理体系仍然发挥着十分重要的作用。

第一节　传统乡村治理体系的破坏与延续

一、传统乡村治理体系的破坏

　　传统乡村治理体系在近代中国渐趋瓦解的动因非常复杂,人们可以从不同维度进行探讨。

　　农民运动是江苏传统乡村治理体系最直接的破坏力量。在晚清一代,农民运动此伏彼起。江苏作为太平天国运动的政治中心,所受影响必然冠于其他各省。《续纂句容县志》中如此描述太平军过后的情景,"粤寇之难,荆棘满地,城郭破残,凡祠庙公署桥梁之属,无不毁夷殆尽,盗贼凶蠹至此,极矣"①。因为太平天国有自己的制度设计、宗教信仰、教育体系等,农民军所到之处,必然横扫一切不符合其意志的政治符号。

对坛庙祠宇的破坏直接冲击了官方主导的乡村治理体系。太平天国农民军兵锋所指,民间坛庙祠宇几乎摧毁殆尽。如江都的先农坛、社稷坛、厉坛、火星庙、海神祠、八蜡庙、瓜洲城隍庙等均毁于咸丰年间的战火。② 长洲县的五百名贤祠、总孝子祠、节妇祠、节孝贞烈祠等,亦均毁于太平天国运动。③ 在过往的历史中,这些坛庙祠宇实际上构成民众信仰体系的重要组成部分,信仰体系在稳定传统乡村秩序中发挥着潜移默化的作用。随着坛庙祠宇的破坏,传统乡村秩序必然遭受严重冲击。曾国藩在讨伐太平天国的檄文中就罗列了太平军"扰乱乡村生活、废除土地私有、捣毁庙宇、破坏儒家礼纲和中国人的生活方式"等行为。④ 从理论上讲,太平天国运动首先应该冲击传统官方主导的乡村治理制度体系,但实际上并不尽然。如太平天国所设计的有关乡村的最根本的制度——土地制度——就彰显着理想与现实的巨大差距。该项举措的根本目标是废除土地和财产的私有权,体现了对传统土地制度的根本性变革。⑤ 但就基本史实来看,太平天国设计的土地制度并没有普及,仅仅在有限的区域内进行了试验。

士绅主导的教化体系也遭到了重创。在乡村治理的过程中,地方士绅掌握着乡村社会教化体系的主导权,他们筹资发展乡村教育事业、创办各种慈善机构,是稳定传统社会乡村秩序不可或缺的助力。但农民起义对士绅主导的教化体系产生了严重冲击。如教育系统的破坏。

---

① 张绍棠修,萧穆纂:《续纂句容县志》卷二上《建置》,成文出版社有限公司印行,光绪三十年刊本,第145页。
② 钱祥宝等修,桂邦杰等纂:《续修江都县志》卷十二《祠祀考第十一》,成文出版社有限公司1975年版,第832—852页。
③ 吴秀之等修,曹允源等纂:《吴县志》卷三十四《坛庙祠宇二》,成文出版社有限公司1970年版,第526—529页。
④ 徐中约:《中国近代史》,世界图书出版公司2013年版,第175页。
⑤ 徐中约:《中国近代史》,世界图书出版公司2013年版,第168—170页。

在句容，"粤寇煽乱，泽宫为墟"①。在吴县，木渎义学毁于咸丰年间的战火。② 同时，吴县的女普济堂、锡类堂等也被摧毁。③ 而农民运动中对地方绅富的杀伐则产生了更加直接的影响。在江都，"寇乱频仍，著名凋丧，自时厥后浸以微矣！"④郭廷以则说："癸丑（1853）贼至，所扰惟典铺大家为甚。乙卯（1855）再至，惟以仇视官绅，苛勒殷富以售其黠，淫掠焚杀犹未甚也。"⑤总体来看，太平天国战后初期的江苏，由"无锡而常州而丹阳，蔓草荒烟，所在一律"⑥。

魏斐德在总结近代中国旧秩序崩塌的动力时提到三类活动："地方武装的发展、乡村经理阶层的兴起、士绅进入地方政府等。"⑦但这仅仅论及内部因素，如果深入探究近代乡村治理体系的转变，则必须考察西方文明的东渐。就古代中国的历史经验来看，战乱后的秩序重建是历史常态，但近代中国则不同，西方文明的东渐增加了传统乡村治理体系自我修复的困难。

首先，西方文明东渐是导致士绅群体成分复杂化及其功能异化的主要原因之一。从物质层面来讲，商品经济的发展导致传统义利观的转变，无论是"士绅从商"还是"由商入绅"，都极大地改变着传统士绅群体的成分，"商绅"的出现及其在政治、经济上的双重优势决定了他们在近代中国举足轻重的地位。从制度层面来看，清末，地方自治的推行使部分人能够通过选举而成为乡村社会管理的主角，他们依靠体制而获得权威，因而形成一个新的群体——"权绅"。从文化层面来看，在清末废科举、兴新学的过程中，那些接受新思想、获得新功名的人也有机会

---

① [清]张绍棠修，萧穆纂：《续纂句容县志》卷三下《学校》，成文出版社有限公司印行，光绪三十年刊本，第257页。

② 吴秀之等修，曹允源等纂：《吴县志》卷二十七下《舆地考·义塾》，成文出版社有限公司1970年版，第418页。

③ 吴秀之等修，曹允源等纂：《吴县志》卷三十《公署三·善堂附》，成文出版社有限公司1970年版，第461页。

④ 钱祥宝等修，桂邦杰等纂：《续修江都县志》卷八《学校考第八上》，成文出版社有限公司1975年版，第683页。

⑤ 转引自郭廷以：《近代中国史纲》，格致出版社、上海人民出版社2012年版，第113页。

⑥ 近代中国史料丛刊第八十八辑：《太平天国轶闻》（卷四），文海出版社有限公司印行，日期不详，第62页。

⑦ 魏斐德：《中华帝国的衰落》，民主与建设出版社2017年版，第233页。

进入士绅队伍,从而产生"学绅"。士绅成分的变化进而导致其功能的异化,"商绅"的作用主要局限于城市,"学绅"则离开乡村而集中于城市,均难以对乡村社会产生明显的影响。"权绅"群体凭借体制而获得权威,必然秉承国家意志,成为国家渗透于乡村社会的急先锋。从"四民之首"到"无绅不劣"的变化正是士绅功能异化的结果。最终,士绅阶层逐渐失去其在乡村社会的传统地位。

其次,西方文明不断东渐的过程也是儒家思想主导地位日渐式微的过程。从洋务派的"中体西用"到维新派的"君主立宪",从辛亥革命的"民主共和"到新文化运动的"打倒孔家店",儒家思想遭遇空前危机。儒家正统思想的危机严重削弱了士绅群体在乡村社会的权威基础,权威资源的流失导致绅民关系发生质的变化。与此同时,新文化运动把矛头指向父权和族权,这一血缘纽带的断裂对于聚族而居的乡村社会也是一种内在的瓦解力量。就江苏而言,"自上海开埠,贾舶云集,欧西文化,相因而至"。刘肇嘉列举了影响江苏文化的三个原因,即教会之提倡,译书之盛,书院之奖励。[1] 考察这三个因素,无疑都有西方文明的影子。

总体来看,传统乡村治理体系的破坏源于内部和外部的双重压力。但是这并不代表传统乡村治理三维结构的土崩瓦解,就史实来看,在官绅的努力下,这一体系仍然继续发挥着作用。

二、传统乡村治理体系的延续

在太平军占领金陵之后,江南岌岌可危,江苏各地奉檄办理团练。如无锡礼社的薛姓地主,在太平天国运动中,就练乡勇以保卫地方,"甚且远征苏常"[2]。团练之外,加强乡约则是维护乡村秩序的另一项重要举措。1854 年,"无锡绅士顾凤刌、江阴绅士郑经等先后提出,团练是有形的保卫,乡约是无形的保卫,二者合起来才能有效"[3]。乡约局的倡导得到江苏部分县的响应,如江阴、常熟、昭文等地就设立乡约局。

---

① 刘肇嘉编著:《江苏人文地理》,大东书局 1930 年版,第 128—132 页。
② 冯和法编:《中国农村经济资料》,黎明书局 1933 年版,第 416 页。
③ 牛铭实:《中国历代乡约》,中国社会出版社 2014 年版,第 72 页。

从《江苏常州府江阴县乡约局规》中可以看到,乡约局宣讲的内容一部分源自圣谕广训直解、训俗遗规、养正遗规等书,一部分源自民间征集的"孝悌忠信、好善乐施、急公慕义之人及贞孝节烈妇女"的真实事迹。通过江阴县知县的告示,人们对其目的也可以窥豹一斑,"宣解圣谕,化导民风,绅耆士庶,一体遵从,下消沴气,上格苍穹,能知礼仪,自靖兵戎,里仁俗美,人寿年丰,穷乡僻壤,地殊情同,更望师长,训教儿童,现开讲局,先设城中,选董举行,日久奖功,为此示谕,各宜省躬"。除了在城宣讲,乡间同样设置讲生,"各乡宣讲,乘其农隙,分期挨路,各定村坊,配搭均匀"。乡约局除了劝善,还要惩恶。"倘图中有花鼓、滩簧及宰牛、赌场、窝匪等事,……乡约长等会同局绅董,随时禀明,听候究办。"①创办团练和乡约局,文武兼备,既是为了对付太平天国,也是为了加强对乡村社会的统治。

太平天国运动失败之后,官绅即着手恢复乡村秩序。首先是恢复传统的教化体系。如前文所论江都县的社稷坛、先农坛、厉坛等,均在光绪七年(1881)由运使洪汝奎重建。火星庙是在同治元年(1862)由徐州镇总兵詹启纶捐建。海神祠于同治三年(1864)被修复。八蜡庙在光绪十九年(1893)由道士曹本性重建。瓜洲城隍庙,先移入庙北门内民屋内,后又由邑人马康侯、王礼堂等移建四里铺。②长洲县的五百名贤祠于同治十二年(1873)由巡抚张树声重建;总孝子祠于同治六年(1867)由知县蒯德模重建;节妇祠在同治七年(1868)移建于长元县学偏西;节孝贞烈祠于同治五年(1866)由蒯德模重建。③日常生活中政治符号的重建对于民众信仰体系的恢复具有不可言喻的意义。

其次是恢复传统的慈善事业。在太仓州、镇洋县(镇洋县属太仓州),先后重建部分被毁慈善机构。如养济院,同治四年(1865)太仓州知州方传书、知县李萼馨"照额给发",太仓州在头一年增加孤贫六十三名,镇洋县则仍然维持原来额数。同治八年(1869),知州蒯德模

① 牛铭实:《中国历代乡约》,中国社会出版社 2014 年版,第 217—219 页。
② 钱祥宝等修,桂邦杰等纂:《续修江都县志》卷十一《祠祀考第十一》,成文出版社有限公司 1975 年版,第 832—852 页。
③ 吴秀之等修,曹允源等纂:《吴县志》卷三十四《舆地考·坛庙祠宇二》,成文出版社有限公司 1970 年版,第 526—529 页。

额外增加孤贫六十三名,镇洋县知县谭明经则增三十八名,"并捐廉给发"。光绪二年(1876),知州吴承潞增恤孤贫二十名,按照旧例,柴布银两每人每月"大建一钱八厘,小建一钱四厘";口粮每人每月"大建二斗三升八合五勺,小建二斗三升五勺五抄"①。又如普济堂,同治七年(1868),太仓州知州蒯德模拨本堂田租重建,"大门一间,正厅五间"。同治八年(1869),又建"东西门房四间,厢房四间,转为收养茕民之所"。同治十年(1871),知州吴承潞批准定额三十人,"住堂每名每日给发白米八合"。再如北育婴堂,同治十年(1871),"重建大门、厅房等十一间,仍由董事经理,设司事一人,驻堂收养婴儿,无定额。堂中雇媪哺乳,婴多则出资寄乳。朔望验看领婴者,亲自觅保、具单、画押后,方准给与"②。

在乡村教化体系恢复的过程中,地方精英往往积极参与其间。有论者指出,"咸同之际,天下初平,疮痍满目,有志之士,往往赈灾恤贫,或募基金,或置恒产,以垂久远,此各县救济事业,所以多创于洪杨之后也"③。句容县非常重视学校的重建,"承平以来,邑人士他务未遑,首于此眷眷焉,不数年焕然炳然,悉复旧制"④。吴县士绅在善堂系统修复方面成绩斐然。如吴县女普济堂,则由郡人冯桂芬于同治年间移建盘门新桥巷,后来锡类堂也移附设于女普济堂。⑤ 光绪四年(1878),在城绅民可怜各乡溺婴现象,而北门一个育婴堂不足以收养,因此禀请州县在东门外大东铺设东关保婴局,"爰募田集资,度地建屋,立堂屋共十间,……常年经费租息之外,有官捐、典捐、户捐补助,由董事经理,收养弃婴及雇媪寄乳等"。光绪二十二年(1896),在城人士又以西南没有保育婴儿机构,遂"合力募款"设西南保婴局,并"禀请立案,堂屋共十四间,……常年经费田租外,有典捐户捐花、豆、茶各捐补助。由董

---

① 大建、小建,又称大尽、小尽,前者指农历满三十天的月份,后者指农历小月份,只有二十九天。

② 王祖畲等纂:《镇洋县志》《城自治款产·慈善》,成文出版社有限公司印行,民国八年刊本,第629—634页。

③ 刘肇嘉编著:《江苏人文地理》,大东书局1930年版,第58页。

④ 张绍棠修,萧穆纂:《续纂句容县志》卷三下《学校》,成文出版社有限公司印行,光绪三十年刊本,第257页。

⑤ 吴秀之等修,曹允源等纂:《吴县志》卷三十《公署三·善堂》,成文出版社有限公司1970年版,第461页。

事经理"①。由此可见，在农民运动之后，官绅多主动致力于传统乡村治理体系的重建。

除此之外，官绅还从事以下几项事业，以加强对乡村社会的救济和控制：

一是修建各种仓库以保障民食。修建各种仓库增强了农民的抗灾能力，对乡村秩序的稳定发挥着十分重要的作用。常平仓主要是通过平粜以防止米价过高的问题。光绪二十八年（1902）夏，青浦县因上年县境大水使庄稼受灾，知县钱国选在青黄不接之际，令城乡各董设局开办平粜，以解决老百姓缺衣少食的问题。县仓原存谷二万三百七十石五斗六升八合，钱三万五千七十五千四百七十七文。经过平粜，共粜谷一万二千六百四十石五斗六升八合，收回谷价钱一万七千九百三十二千一百二十七文。各乡董借领平粜存典本息钱二万八百三十八千四百七十二文，这些钱自当年冬漕起，每年在贷款各图忙漕项下带征归补。

为了解决平粜后仓库储米不足的问题，光绪二十八年（1902），江苏藩司陆元鼎通饬各属，"本年夏间，苏属米价飞涨，各州厅县纷请将仓谷碾米平粜，现查各处仓谷或所存无多，或尽数粜变，亟应如数买补，以备续遇灾荒，随时动用"。就青浦县而言，钱选国在办理平粜后并没有及时购谷补充仓储，致仓谷仅存七千七百三十石。光绪二十九年（1903），后任知县田宝荣令各董连续几年购谷补充仓库：当年用一万一千六百八十千八十五文向无锡采买籼谷五千三百十八石八斗，光绪三十年（1904）又用一万九百三十六千四百三十二文买谷四千九百八十四石七斗，光绪三十一年（1905）年又用八千七百八十五千文买谷五千石，新旧合在一起，共存谷二万二千六百七十二石八斗三合。及时补充仓储是常平仓能够持续发挥作用的前提。光绪三十二年（1906）春，米价再次上升，知县田宝荣令各董尽出仓谷。"除欠开支外，共收回谷价钱三万五千四百千六百十三文。是年冬，用城乡各董议买本地晚禾新谷五千七百二十七石五斗补之，计用谷价及秤斛等各杂费钱一万五千七百八

---

① 王祖畬等纂：《镇洋县志》《城自治款产·慈善》，成文出版社有限公司印行，民国八年刊本，第634—635页。

十七千五百二十二文。"①

　　义仓主要针对灾荒之后灾民的赈救问题。咸丰年初,"朝廷奖励捐谷,择公正耆绅掌理仓务,禁止官府容喙。后因洪杨之乱,地方义仓多归荒废。同治六年十月,朝廷使各省督抚令饬所属州县官吏,依照旧章,设立义仓,然从此有名无实,平时虽行借放,但非常时每不克赈给"②。恢复后的义仓也许不如过往,但也并非完全不发挥作用。光绪九年(1883),南汇县"淫雨为灾",因用仓谷一万九千七百九十六余石赈济各图贫民,又"提拨积谷存典正本钱八千九百二十二千四百三十一文,存典生息钱七千五百六千一百二十三文,于沿海修筑圩塘,以工代赈"。光绪十年(1884)秋,南汇县"大水为灾",先后提拨"义仓积谷正息钱二万三千二百二十五千九百文又八十千八百文""义仓储谷一万四千九百三十七石三斗六升""义仓储谷五千六十一石二斗"接济各图贫户。③ 光绪十四年(1888)九月,高邮县"亢旱歉收",水南董事郝思敬、水北董事李庆楹等禀请知州谢国恩拨义仓存谷抚恤灾民,后"出谷二千九百七十七石三斗六升,免其归还,仍在历年钱漕带征项下补足"。光绪十五年(1889)二月,高邮县举人王用桢、周子英等因上年水南灾歉较重、百姓困苦,公请顺直协赈局转禀督抚移款抚恤灾民。后拨银二千零三十六两,并由绅士陈世栋到灾区查勘灾情。后因水北灾情亦重,则由协赈局禀请督宪再拨银二千两,由知州谢国恩会同陈世栋共同发放。光绪三十二年(1906)十一月,水北董事嵇鸣山等"因被淹失收",禀请都督抚恤,后用义仓息钱赈恤,共计散放四千千文。④ 需要注意的是,在赈灾的过程中,地方绅董往往能够发挥承上启下的作用。

　　二是创办各种公共事业以维持民生。公共事业的创办也属于乡村治理的重要组成部分。这一部分更能显示官绅协同的特征。如治水,

---

① 张仁静修,钱崇威纂,金詠榴续纂:《青浦县续志》卷六《田赋上·荒政》,成文出版社有限公司1975年版,第378—381页。
② 徐渊若:《农业仓库总论》,商务印书馆1935年版,第137页。
③ 严伟修,秦锡田等纂:《南汇县续志》卷五《户口志·义赈》,成文出版社有限公司1983年版,第335—336页。
④ 胡为和修,高树敏纂:《三续高邮州志》卷二《善举志·赈济》,成文出版社有限公司1983年版,第411—412页。

咸丰七年(1857),南汇县知县冯树勋在治理周浦市河的过程中,就积极劝导士绅协助。"谕董朱斯钟劝令绅业店商分段捐挑,于二月兴工三月完竣。时以兵燹,后岁屡歉,周浦塘运河大工未能遽兴,而市河外周围淤浅,必须捞通。因令附近各图绅业协助。"咸丰八年(1858),冯树勋又治理王家浜。"计长一千七百余丈,由县捐钱三千二百千文,分段雇夫挑浚,其灞座局费俱奚姓捐助。"同一年,又治理南都台浦。"计长八百余丈,附近八个图挑浚,其灞座局费由县捐廉及绅董王晋堦捐助。"①在南汇县王公塘兴建的过程中,也凸显了官绅合作的情形。光绪十年(1884),知县王椿荫令董事陈尔赓、苏学海等借款兴筑王公塘。在修筑该圩的过程中,特地制定了《筑圩章程》,主要内容包括选举总董以专责成、选举夫头分段包筑、编集土夫以应兴筑,以及筑圩工价分成给领、借动积谷分成提支等。在总董、团董、夫头产生的过程中,大致可以看到地方公共事务创办过程中官绅合作的实质。虽然总董、团董的产生被称为选举,而实际上是由行政官厅指定的。"查有职员陈尔赓、文生苏学海公正廉明,众所推服,应请总董其事,其余沿海本分七团,应按团分以筑圩之长短,定团董之多寡,……现由总董选举团董分任其责,由团董按五百丈选总夫头一名,专任其事,开具衔名,通送备案。"②

另外,还特别制定了《善后章程》,内容包括善后事宜拟请派董经理、压掘地亩拟请循旧办理、借动各款拟请摊收归还、摊还归款拟请另刊联单、帮阔加高拟请定限办理、所留余地拟请仍归原业等。③善后事宜的负责人仍是行政官厅指定的地方士绅,"经理惟官有更调,事难专一,拟请遴选廉明干练绅董设立公所专管,以资周妥。查有陈尔赓、金汝厉……等八人,公正廉明,堪以董理其事,责成连环互保,递年输值,和衷经理"④。由此可见,所谓的官绅合作实际上凸显了官

① 金福曾等修,张文虎等纂:《南汇县志》卷二《水利志·开浚》,成文出版社有限公司 1970 年版,第168—169 页。

② 严伟修,秦锡田等纂:《南汇县续志》卷二《水利志·海塘》,成文出版社有限公司 1983 年版,第108 页。

③ 严伟修,秦锡田等纂:《南汇县续志》卷二《水利志·海塘》,成文出版社有限公司 1983 年版,第114—124 页。

④ 严伟修,秦锡田等纂:《南汇县续志》卷二《水利志·海塘》,成文出版社有限公司 1983 年版,第115 页。

方的意志。

另外，皇权也通过各种途径维系其对乡村社会的影响。庙堂之高，江湖之远。皇帝与小民的隔膜依旧，但君父的形象仍然能够通过传统的途径得到彰显。在江苏各县县志的记载中，不乏"皇恩浩荡"的记录。如关于蠲免赋税的记载，《青浦县续志》中说，1880年发生虫灾，蠲免赋税包括白银四千一百二十二两有余，米三千四百十石有余；1881年发生风灾，蠲免赋税包括白银三百四十两有余，米二百九十五石有余；1882年又遭遇水灾，蠲免赋税包括白银二千八百四十三两有余，米一千六百六十九石有余。光绪三十一年(1905)八月三日，飓风为灾，川沙、宝山、南汇、崇明等沙洲居民受灾严重。朝廷"赏银三万两，由周馥等迅派妥员先放急赈，尽心抚恤，毋任流离失所"[1]。除天灾、歉收等自然灾害有蠲免外，太后万寿、皇帝大婚、新帝即位等均有类似行为。[2] 在南汇县，"同治十一年大婚礼成，恩诏普免同治六年以前民欠钱粮"。"光绪元年，恩诏普免同治十年以前民欠钱粮。是年秋歉，本县减免额田条银八厘。九年秋歉，本县减免额田银米八厘。"光绪十年(1884)，慈禧太后"五旬万寿，恩诏普免光绪五年以前民欠钱粮"[3]。通过蠲免，皇权得以与乡村社会产生更加直接的联系。

重建乡村治理体系是农民运动之后统治者的必然行为，这在传统中国是上演过多次的戏码。但过去所谓的重建主要是萧规曹随，轻徭薄赋；在近代中国，重建的过程则面临更多不确定因素，特别是随着西方文明的不断东渐，破坏与重建彰显了晚清一代乡村治理秩序的内在张力。虽然传统乡村治理体系仍然发挥着重要作用，但受内外因素的冲击，使它很难再回到旧的传统中去。

总之，近代中国乡村治理体系的重建与延续既体现了统治者的意志，同时也是传统制度生命力残存的一种表现。由于西方文明的冲击，其已经无法徘徊于古代中国循环往复的老路，而走上一条向近代转型

---

① 严伟修，秦锡田等纂：《南汇县续志》卷五《户口志·官赈》，成文出版社有限公司1983年版，第334页。

② 张仁静修，钱崇威纂，金詠榴续纂：《青浦县续志》卷六《田赋上·恩蠲》，成文出版社有限公司1975年版，第306—309页。

③ 吴馨修，姚文枬纂：《上海县续志》卷六《田赋上·恩蠲》，成文出版社有限公司1970年版，第447页。

的道路。针对近代中国乡村治理体系而言,晚清一代最大的变化莫过于西方地方自治制度的引介与实践。

第二节　清末乡村治理体系近代转型的起步

一、西方地方自治制度的引介

从无到有,从理论到实践,近代地方自治制度是随着西方文明的东来而不断被介绍到中国的。晚清,地方自治的引介得益于两个群体的不懈努力,一是在野之学人;二是在朝之官员。前者主要从学理上对近代地方自治进行了介绍,后者则直接促成近代地方自治在中国的实践。

(一) 近代学人对西方地方自治的介绍

最先对近代西方地方自治进行介绍的是早期维新派人士。如冯桂芬(1809—1874),他在《校邠庐抗议》中曾论及近代西方的地方自治制度,其变法思想特色"一为由复古之路而维新;一为师夷敌而强国,其变法内容特出之点如下:一、官员之选举、罢免由众公决,或由其所属官吏及士绅推举。二、实行地方自治,自县以下之地方职司,悉由公举"[1]。

除了冯桂芬之外,还有不少学人对近代西方地方自治进行了介绍。如李圭,字小池,江苏江宁人。1876 年,李圭作为中国工商业代表,参加美国费城为纪念美国建国一百周年而举办的世界博览会,李圭将此次出使见闻编成《环游地球新录》一书。在书中,他论及美国的地方自治制:

> 每年由副伯理玺天德,会同各督抚,选举官绅二百人居上院;再由民间自选才识出众者四百人居下院,参议国政。⋯⋯其各省政事,各督抚主之,伯理玺天德不预闻。美官格君告圭曰:美国一省即一国,乃合众国而为国,各有事权。督抚以下各官,皆民间选

---

[1] 王树槐:《中国现代化的区域研究:江苏省,1860—1916》,"中央研究院"近代史研究所 1984 年版,第 138 页。

举,四年一任。原可毋庸另举一伯理玺天德。惟遇与他国会盟等事,国分既多,权难归一,因于督抚中公举一人掌之,亦四年一任。任满,众皆曰贤,再任四年。退位后,依然与齐民齿也(此制创自国祖华盛顿)。当在位日,遇事倘国人不欲行,固不能强之使行;而国人欲建一议,改一例,伯理玺天德可遏止之,众亦无如何。①

李圭在此处介绍的主要是美国中央政府与州之间的关系,属于较高层次的自治制度,即联邦主义下的州自治。

又如刘启彤,字丹廷,江苏宝应人。曾主事分兵部职方司,驻法使馆参赞,为中国驻使西欧国家的第一代外交家。19世纪80年代末期,刘启彤奉派出使欧洲,对英、法等国的政情有较为详细的考察。在《英政概》中,刘启彤对英国的自治单位、自治职员的产生、自治事务的范围等都做了详细的介绍:

> 各邑有司官不一,其类或历久相沿,或近时增设。曹务烦剧,有一人治数事者,有以数人治一事者,皆分疆而治。分疆之法,英语曰"康退",或曰"射尔",如所谓部者。……每部所辖邑镇名曰"爬雷司","爬雷司"小则合数"爬雷司"为一"敌司退克","爬雷司"大则分为数"敌司退克"。"敌司退克"之名定自议院。"康退""射尔""爬雷司"之名皆传之古昔,其制恒视人数之多寡,以为沿革分合之准。英格伦及维而司分五十二部,共一万一千有九十九"爬雷司",官多公举,惟邑宰如知县者授自国家,其职分五:一曰赈恤;二曰保卫;三曰学校;四曰营造;五曰税敛。……道光乙未年,英议院定制,择各部中之大邑,名之曰汤,译言为城也,共有汤二百,汤有首事之人,名曰汤康喜尔,皆输税之人,居城中及距城七里内三年或设肆三年者,举之康喜尔,可以举梅尔,略似知府及府佐。梅尔主一邑财用讼狱之事,无梅尔则举一总理事官。梅尔任一年,任满再举,民悦而复举之,则留任一年。②

---

① 李圭:《环游地球新录》,岳麓书社1985年版,第260页。
② 刘启彤:《英政概》,载〔清〕王锡棋辑:《小方壶斋舆地丛钞续编》第十一帙,光绪十七、二十、二十三年上海著易堂印本,杭州古籍店1985影印本,第6页。

在《法概篇》中，刘启彤对法国的地方自治制做了更加细致的描述：

许府议绅公举上议院之人，府议绅必二十五岁以上，居于该"敌怕门"内自正月后，曾纳税置产。举府议绅者，必于二十一岁以上，居于"康缪恩"内逾六月。犯罪监禁者，终身不得举人。其不得充议绅者有十三：一知府府佐；二审视各官；三本地兵官；四巡捕；五机器师；六矿师；七监察书院者；八教士；九税官及经理财用者；十邮政局总办；十一烟局总办及稽查者；十二监察林木官；十三、管权量官，又有包工测地受一府雇佣者，皆不得充。一人不得充数处议绅，每岁议事二次：一四月，一八月。

所议之事，二十有六：一官地；二民人田宅；三租地无论久暂；四官屋，如衙署、监狱、书院、兵房之类；五居民输产入官或受或否；六街道费用；七修道之费，或请国币，或拨府款，或集捐资，议何人承修；八"康缪恩"街道；九公用之物，招人承造；十"康缪恩"内居民输款，以充公用；十一或公会、或公司输地与物充公；十二府治左近车道如何建造，何人承办；十三定路捐并监收；十四房屋保险；十五有所控告议绅具名；十六排难解纷，议院判断；十七疯子经费，聘请医生；十八收养贫民子女；十九各"康缪恩"集资收养疯人与贫民子女；二十善举善堂；二十一恤款；二十二有意之举设法鸠资；二十三各"康缪恩"有意之举，定"康缪恩"摊捐之数；二十四定立墟集或移置；二十五定地税不得逾制；二十六定各"康缪恩"地界，孰为首镇。

议绅所议不合，或收税太重，法京议院可以饬令停止，所定律例作为费（废）纸。议绅非在公所所定之事，不得为例。知府查知其事即行谕禁或治其罪，至轻罚十六方，至重监禁五年，犯者三年不得充议绅。知府由伯理玺天德授治一府事，管一府官。……各官皆由百姓公举。[1]

以上是鸦片战争之后，随着中西交往的不断加强，国人开始重视并

---

[1] 刘启彤：《英政概》，载〔清〕王锡祺辑：《小方壶斋舆地丛钞续编》第十一帙，光绪十七、二十、二十三年上海著易堂印本，杭州古籍店 1985 影印本，第 2 页。

研究西方制度文明的一种表征。甲午战后,知识界风气为之一变,开民智、伸民权、立宪思潮接踵而至,近代西方地方自治亦因此而成为国人宣传的主题之一。有论者认为,地方自治虽然是戊戌变法改制的重要内容,但在当时并未产生强烈的社会反响。直至八国联军侵华战争之后,因为救亡图存的需要和民权思潮的高涨,地方自治才逐渐演变成为一种思潮。[①]

1904 年 9 月 30 日,《时报》载《地方自治政论》一文,指出人治之国因将希望寄托于几个人身上,往往导致人亡政息;而法治国家,则不以人事变动而发生剧变。在当前中国宪政呼声越来越高的情形下,地方自治自然进入人们的视野,并认为舍地方自治别无他途,进而论及地方自治应具备的要素。[②] 这种论说虽然只是从表面现象来解释地方自治,却道出当时中国积弱的一些原因。

1904 年 11 月 12 日,《时报》载《论个人生计与地方自治之关系》一文,则认为:"救中国莫先于地方自治,而欲地方自治莫先于个人自治者,……而个人自治莫先于人人皆有一业以自营。"因此,解决问题的起点应是资本家出资创办铁道、汽船、矿山等事业及工商农业各种公司,以使更多的劳动者可以谋得生计,并促进社会财富的成长。[③] 作者之所以从民生入手阐释实现地方自治的条件,正是因为看到了当时中国国乏民困的现状。

1905 年 5 月 30 日,《同文沪报》之《论中国个人之不能自治》一文首先承认中国图强的路径仅有自治一途,再对国人能否自治提出几点忧虑:爱国心薄弱、公共心缺乏、无尚武精神、无实业知识等。至于解决这些问题的办法则包括"更新宗旨、普及教育,广设良好学校,以良好教育灌输社会,发达其爱国心,使知种族存亡之关系,策励其公共心,使知一群分合之利害,振起国民之精神,使有对外之气魄,开发科学之知识,使有自治之实力"[④],等等。

---

① 汪太贤:《晚清地方自治思想的萌生与演变——从鸦片战争至预备立宪前夕》,武汉大学 2004 年未刊博士学位论文,第 99 页。
② 《地方自治政论》,《东方杂志》第 1 卷第 9 号,第 109—110 页。
③ 《论个人生计与地方自治之关系》,《东方杂志》第 1 卷第 12 号,第 299—300 页。
④ 《论中国个人之不能自治》,《东方杂志》第 2 卷第 6 号,第 123—126 页。

1905 年 9 月 21 日,《南方报》之《论立宪当以地方自治为基础》一文则指出,中国立宪当以地方自治为基础,而建立此一基础的办法则是由朝廷"公布明诏,责成各直省大小府厅州县官,行投票法,公举该地方绅士一二人,赏以职衔,凡有公益于该地方之事,集民公议,由该地方官予以办事之权,责成兴办;其办事之款,则由民间公出,获利则公享。如此,则民间自然舍利而图公益,自然视一乡一邑之事如一家之事,微特可救当时之种种弊端,而且可为下议院之影响,他日宪法宣布,由迩及远,由卑达高,其势易行,而其效亦著矣"①。

总体来看,随着西方政治文明的不断东渐,思想界对西方近代自治制度的介绍从一股涓涓细流逐渐成长为一条蔚为壮观的大河。

(二) 近代官员对西方地方自治的认知

官方对地方自治的重视主要是在日俄战争之后。日俄战争日胜俄败的结局以铁的事实再一次向人们证明了专制劣败而立宪优胜的规律,由此改专制为立宪的呼声一时鹊起。1905 年,清政府派五大臣出洋考察,揭开了立宪运动的序幕。随着考察的深入进行,预备宪政及地方自治成为官员们议论的中心。

就实际情况来看,官员对地方自治的反应大体分为两个阶段,其分界点则是朝廷立宪态度明朗之前后。在朝廷未表明态度之前,人们对地方自治的反应主要有二:一是支持推行地方自治;二是反对推行地方自治。在清廷明确表明立宪态度之后,人们对地方自治的反应则变为另外两种,即缓办与速办。以下分述之。

在第一个阶段,支持与反对推行地方自治的官员都积极上书朝廷陈明自己的态度与理由。

首先,支持推行地方自治者从中国所面临之实际情况、地方自治的好处等方面表达了自己的看法。如出使各国考察政治大臣载泽在奏折中对地方自治如此介绍:

今州县辖境,大逾千里,小亦数百里,以异省之人,任牧民之

195

①《论立宪当以地方自治为基础》,《东方杂志》第 2 卷第 12 号,第 216—218 页。

职,庶务丛集,更调频仍,欲臻上理,戛乎其难。各国郡邑辖境,以户口计,其大者亦仅当小县之半,乡官恒数十人,必由郡邑会议公举,如周官乡大夫之制,庶官任其责,议会董其成,有休戚相关之情,无扞格不入之苦,是以事无不举,民安其业。①

南书房翰林吴士鉴则从中央与地方分权的角度分析地方自治。他认为,"其法凡郡县町村悉举明练公正之士以充议长,综赋税、学校、讼狱、巡警诸大政,各视其所擅长者任之,分曹治事,而受监督于长官。其人之不称职,事之不合法者,地方长官得随时黜禁之,遇有重大事件,则报告于中央政府,以行其赏罚"②。

相较之下,出使俄国大臣胡惟德的认识更加深刻。他指出,"查东西诸国无不分中央统治与地方自治为二事,而地方自治之中,亦有行政、代议之别。府县官吏为地方行政机关,府县议会为地方代议机关,职务权限界划分明,而同受治于法律范围之下,有左右维持之势,无上下隔阂之虞,用能百事俱兴,众心一致"③。胡还对传统的绅治进行了批评,认为绅治会导致"武断对付守令,辗转相蒙,而事终不举"。并对地方自治的精髓加以阐述:一为明定府县官吏职务权限;二为设立府县议会、参事会等。④

江苏学政唐景崇从中国的自然环境、地方自治的功能以及未来应该仿效的对象等方面对自治制度进行了更加详细的介绍。他认为,地方自治是培育宪政的基础。东西各国各种事务的发达均是由于"民间富于地方自治力",而中国恰恰相反,"事事责之于地方官",实际上形成中央统治主义。中国地域辽阔、地形复杂,最适宜实行地方分治主义,但分治主义并不是侵犯中央政府的权限,而是因地因时制宜,"合无数之聪明材力,兴办一方之公事"。在对英、美、日等国地方自治进行简单对比后,他认为日本的府县郡市町村制"意甚美而法颇良"⑤。

---

① 故宫博物院明清档案部编:《清末筹备立宪档案史料》,中华书局1979年版,第112页。
② 故宫博物院明清档案部编:《清末筹备立宪档案史料》,中华书局1979年版,第712页。
③ 故宫博物院明清档案部编:《清末筹备立宪档案史料》,中华书局1979年版,第713页。
④ 故宫博物院明清档案部编:《清末筹备立宪档案史料》,中华书局1979年版,第715—716页。
⑤ 故宫博物院明清档案部编:《清末筹备立宪档案史料》,中华书局1979年版,116—117页。

内阁中书刘坦则认为，推行地方自治可以养成立宪国之国民。与立宪国家相比，中国缺乏选举议员的知识，缺乏担任议员的人才，而通过推行地方自治，可以逐渐养成"适于立宪国民之资格"。

部分官员态度相对暧昧，他们往往把地方自治与中国古代的绅治相类比，但支持的意向还是明显的。如御史徐定超主张，东西各国富强之原在于地方自治，当前中国当务之急是预备立宪，而预备立宪的前提是地方自治。因此，应该学习古代乡官制度，参考西方国家的自治制度，办理地方自治，"以补助地方官吏之所不及"。

内阁校籤中书殷济则担心国民程度不够，选举会被人操纵：

> 投票选举之法宜先造就议员资格也。东西洋立宪之国，无论亲任、敕任、委任大小官员，必事事合乎公理，经多数人之选举，乃能久于其任，是贤否公诸舆论，任免决于朝廷，即三代乡举里选之制也。中国既言立宪，则选举之法，势在必行，无如国民程度不齐，万一劣董刁绅邀集无数党人，强求贿属，其所得票数或多于公正之人，流弊一生，必至因噎而废食。①

其次，反对地方自治的官员亦提出了自己的理由，但在推行新政已是大势所趋的情况下，这股力量明显较弱，其理由亦多牵强。

如御史王步瀛援引古例来指斥地方自治存在的弊端："又洪武朝给致仕官诰敕复其家。御批云：明季绅士归田，肆行乡曲，百姓不敢与之相抗，皆此举有以酿成之，此则地方自治必用乡官难免滞碍也。"②此一言论表明，他对地方自治的实质并不清楚。

内阁学士文海则通过反对立宪而间接地反对地方自治，如其罗列立宪六大错：无裕国便民之计，且有削夺君主权之嫌；学日本乃是学从前日本权在大将军；中国各部院衙门之积弊不在法之不善而是人不能举职；中国风土人情与其他各国不同，不能照搬其他国家之法度；不究利弊，变法速成会引起内外不安；中断新政，使此前君臣努力毁于一旦；

---

① 故宫博物院明清档案部编：《清末筹备立宪档案史料》，中华书局1979年版，第137页。
② 故宫博物院明清档案部编：《清末筹备立宪档案史料》，中华书局1979年版，第122—123页。

等等。①

巡抚陈夔龙则直接指斥地方自治是招乱之阶,"近来预备立宪之举,颇为海内欢迎,而欢迎之故,无非歆动于地方自治之一言。其实程度未到,自治恐为招乱之阶"②。

在反对之声中,亦非完全无见地,如反对照搬他国法令,怀疑人民程度等,但若因此而反对变革,则有因噎废食之嫌。

在第二个阶段,在朝廷明确表明态度之后,官员对地方自治的态度逐渐转变为缓办与速办之争。

1907 年,清廷发布上谕,允许在部分省份先行试办地方自治。1908 年,清廷公布九年预备立宪大纲,允诺七年内完成地方自治,为立宪打下基础。办理地方自治,势在必行。

针对地方自治的推行,署理广西提学使李翰芬属于典型的速办支持者,他认为当时之急务是迅速推行"自治议会"。就实际情形来看,除了天津、上海等处推行自治卓有成效外,其他各地程度参差不齐。因此,应"拟请由民政部速妥定的地方自治章程,颁行天下",然后根据地方贫富、风气开闭等因素,依次推行地方自治。并把地方自治推行的效果作为考核地方官政绩的标准等。③

前工部员外郎刘坤亦属于速办地方自治的支持者。他主张应迅速议行地方自治制度,指出地方自治与教育普及的关系应该是先有地方自治的创办,然后才有可能进行教育普及。并进而指出各项地方事务的创办,均要从"地方自治入手"等。④

另一部分人则主张缓办。如度支部主事陈兆奎则直言借鉴自治的某些举措,但实质是恢复过去之乡官制度:"州县宜设乡官也。"他认为古代绅治是"以乡人治一乡之民,即市町村村长之萌芽也,以乡财奉治乡之官,即地方自治费之先河也"。然自隋朝改制,这种乡官治理衰微。其对日本的地方自治也有介绍:"考诸日本之维新政策,帝权即复,则民

---

① 故宫博物院明清档案部编:《清末筹备立宪档案史料》,中华书局 1979 年版,第 139—140 页。
② 故宫博物院明清档案部编:《清末筹备立宪档案史料》,中华书局 1979 年版,第 178 页。
③ 故宫博物院明清档案部编:《清末筹备立宪档案史料》,中华书局 1979 年版,第 303 页。
④ 故宫博物院明清档案部编:《清末筹备立宪档案史料》,中华书局 1979 年版,第 342 页。

议随倡,以地方之自治,结国家之团体,故一县之内市町村长不乏数十百人,议会之员皆得量地公举。"因此,其建议清王朝把乡官之治与地方自治相结合,"今科举即停,而选举不兴,循名思实,无乃不副,莫若仿投票之义,为联名保举之法。如有徇私舞弊者,则消退其选举之权,以示惩儆。而又考以乡望,隆以职秩,使人人知国民之义务,乡官之足重,一洗从前保甲之恶习,分地而治,相助为理"①。由吏而官,提高乡官地位,以吸引地方公正人士的兴趣,这种"自治"的官治味道更浓。

补用知府岳福的意见亦属于缓办地方自治的一种形式:

> 地方自治,暂由州县选派该地绅士设立保安会,官督绅办,晓谕人民,系仿保甲、团练之制,共保生命财产。每县分为东、西、南、北、中五区,每区设局,派司事三人,一司教育,一司征纳,不设总理,禀承于地方官。乡镇远者设立分局,附于该区,有扰害社会安平秩序者,大事送县究办,小事则由警察官急决也。行之一纪,绅士由民公选,暂用日本市町村制,地方自治会可期兴也。不然形式可仿,实质殊难斠矣。②

这种意见属于典型的官督绅办,与朝廷补助官治之不足的意图是吻合的。但他似乎知道真正的地方自治并不是这样的,所以,把这种方法称为过渡之法,亦算是见识上的进步。

除了以上两种态度,此一阶段亦不乏反对之声,如湖南试用道李颐对地方自治颇多微词:"如不求天下之安,但求行我宪法,所谓自治适以自乱,天下骚然,后悔无及"。③

综上所述,官员对地方自治的态度随着朝廷态度的变化实际上经历了两个阶段。总体来看,能够对地方自治之真意有清醒认知的官员并不多,以过去绅治比附近代地方自治的官员大有人在。这与近代以来所形成的"西学汉化"的一般路径密切相关,"一个又一个中国爱国者,不但被文化自豪感所激动,而且其思考过程,也使之在中国寻找其

---

① 故宫博物院明清档案部编:《清末筹备立宪档案史料》,中华书局 1979 年版,第 266 页。

② 故宫博物院明清档案部编:《清末筹备立宪档案史料》,中华书局 1979 年版,第 294 页。

③ 故宫博物院明清档案部编:《清末筹备立宪档案史料》,中华书局 1979 年版,第 240 页。

在外国看到的相似之物,或同类之物,或中国的与之相对应之物"①。这种认知实为此后清廷所推行的地方自治打上了深深的烙印。

二、乡村自治制度的设计

1908 年 7 月,民政部将本部所拟《城镇乡地方自治章程》转宪政编查馆核议。宪政编查馆经核议并修改后于 12 月公布。宪政编查馆认为,"谘议局议员选举系用复选举制度,现在自治职员选举宜用单选举制度,繁简各殊,一切规制势难通用。且选举人不分等级,尤宜使刁生劣监挟平民冒滥充选,殊非为地方兴利除弊之道"②。所以,在《城镇乡地方自治章程》之外,又单独颁布了《城镇乡地方自治选举章程》。

《城镇乡地方自治章程》凡九章一百一十二条,分别为:总纲、城镇乡议事会、城镇董事会、乡董、自治经费、自治监督、罚则、文书程式、附条等。

城镇乡地方自治结构图

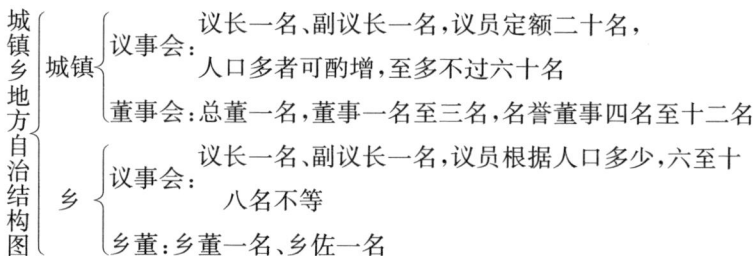

城镇乡地方自治结构图
- 城镇
  - 议事会:议长一名、副议长一名,议员定额二十名,人口多者可酌增,至多不过六十名
  - 董事会:总董一名,董事一名至三名,名誉董事四名至十二名
- 乡
  - 议事会:议长一名、副议长一名,议员根据人口多少,六至十八名不等
  - 乡董:乡董一名、乡佐一名

注:

(1) 议事会设文牍、庶务等员,由议长、副议长遴派。

(2) 董事会(或乡董)设文牍、庶务等员,由总董(或乡董)遴派。

(3) 乡还设乡选民会议,由本乡选民全数充之。其职任权限照乡议事会办理。

(4) 议事会、董事会(或乡董)办公之地为城镇乡自治公所。

在《总纲》中,其明确规定:"地方自治以专办地方公益事宜,辅佐官治为主。按照定章,由地方公选合格绅民,受地方官监督办理。"③该条

---

① 费正清编:《剑桥中华民国史》上卷,中国社会科学出版社 1994 年版,第 8 页。
② 故宫博物院明清档案部编:《清末筹备立宪档案史料》,中华书局 1979 年版,第 725 页。
③ 故宫博物院明清档案部编:《清末筹备立宪档案史料》,中华书局 1979 年版,第 728 页。

款透漏出三条关键信息：一是地方自治是官治的补充；二是地方自治的执行者为合格绅民；三是地方自治接受行政官厅的监督。

第一点是对地方自治的定位，决定了自治机关与行政官厅难以分庭抗礼的弱势地位。从这一刻起，自治机关便与行政官厅形成辅助与主导的关系，这种不对等的关系是中国近代地方自治推行过程中所遭遇的困境之一。

第二点，所谓合格绅民还有其他种种条件限制，如章程对选民资格限定如下：有本国国籍；男子年满二十五岁；居本城镇乡接续至三年以上；年纳正税（指解部库司库支销之各项租税而言）或本地方公益捐二元以上。如居民内有素行公正、众望允孚者，虽不备第三、第四款的资格，亦得经城镇乡议事会议决，成为选民。若有纳正税或公益捐较本地选民内纳捐最多之人所纳尤多者，虽不备第二、第三款的资格，亦可以作为选民。如此规定，能够获得选民资格者，或财产丰厚，或德行素孚，二者必具其一。

但有下列情形者不得为选民：品行悖谬，营私武断，确有实据者；曾处监禁以上之刑者；营业不正者，其范围以规约定之；失财产上之信用，被人控实尚未清结者；吸食鸦片者；有心疾者；不识文字者等。在这七种人中，前六种限制尚属合理，第七种则有完全不顾社会现实之嫌，以当时中国文盲占绝对多数的现实来看，此一限制导致大部分人无法获得选举权。层层限制之后，剩下的便是凤毛麟角，即所谓的地方精英。具备选民之资格者，有选举自治职员及被选举为自治职员之权。但下列人等，仍然不得选举自治职员及被选举为自治职员：现任本地方官吏；现充军人；现充本地方巡警；现为僧道及其他宗教师。并特别规定，现在学堂肄业者不得被选举为自治职员。[1] 这样规定之后，女子、平民百姓、文盲、特殊职业者等皆丧失选举及被选举权，结果自治职员的选举与被选举成为少数人的特权，地方自治亦成为少数人的"专制"。

至于官厅之监督，根据该章程第102、第103条的规定，城镇乡自治职，受该管地方官的严格监督，其不但可以纠正自治机构的行为，而且

---

[1] 故宫博物院明清档案部编：《清末筹备立宪档案史料》，中华书局1979年版，第730—731页。

还对自治机构办理自治成绩、预算决算表册等有定期查验上报的权力；并且地方官还有呈请督抚解散或撤销城镇乡议事会、董事会以及自治职员的权力；等等。纵观整个章程，独不见地方自治机构对行政官厅的监督，这必然导致自治机关和自治职员仰官厅之鼻息，难以形成独立的人格，这种施舍性的权力赋予使地方自治处于随时被取消的境地。既然其存续的前提是以官厅的意志为转移，那么，地方自治势必沦为国家渗透于基层社会的工具。

另外，从《城镇乡地方自治章程》中可以看到，议事会、董事会（或乡董）、行政官厅之间形成议事会与董事会相互制约、官厅从中制衡的权力关系。如议事会议决事件，由议长、副议长呈报该管地方官查核后，移交城镇董事会或乡董按章执行。议事会有选举城镇乡董事会职员，或乡董乡佐及监察其执行事务之权，并得检阅其各项文牍及收支账目。议事会于地方行政与自治事宜有关系各件，得条陈所见，呈候地方官核办。议事会于城镇董事或乡董所定执行方法，视为逾越权限，或违背律例章程，或妨碍公益者，得声明缘由，停止其执行。若城镇董事或乡董坚持不改，得移交府厅州县议事会公断。若于府厅州县议事会之公断有不服时，得呈由地方官核断。如再不服，由地方官申请督抚交谘议局公断。同样，董事会对于议事会议决事件，视为逾越权限，或违背律例章程，或妨碍公益者，得声明缘由，交议事会复议。若议事会坚持不改，得移交府厅州县议事会公断。仍不服者得呈由地方官核断。如再不服，由地方官申请督抚交谘议局公断。由此可知，在议事会与董事会（或乡董）的权力制衡中，行政官厅往往穿插于其间，这种仲裁权的取得使地方自治难以摆脱行政官厅的钳制。

以上多为《城镇乡地方自治章程》的不足，但并不能掩盖其进步意义，其主要进步之处在于引进了西方地方自治制中的部分民主因素，如选举制，在自治职的产生过程中，虽然行政官厅会起到部分作用，但仍然规定以选举为主。遵循了基本的民主程序，这无疑是历史的一大进步。又如任期制，根据《城镇乡地方自治章程》的规定，所有的自治职都是有任期的，流动性的自治职位总会给在职者一定的压力，促使其努力办事，而不是尸位素餐。再如回避制，这样就更能有效地防止以私害公,促进公平、公正。

三、乡村自治的实践

(一)官督绅办地方自治阶段

由于农民运动与西方文明对传统乡村治理体系的双重冲击,在正式推行地方自治之前,某些地方士绅已经根据自己的理解进行地方自治的实验。如在镇洋县,"数百年民生之休戚,地方之兴革与夫人事之消长否泰,无不依赖于国家而受成于官治。……专制之国家,其执行之枢纽在官而不在民也"。至晚清,"粤匪之乱,旧泽荡然,邑绅钱鼎铭与州县收拾遗散,规划布置,设清粮局,丈量田亩,分别高下,厘定科则。虽未竟其事,而昔日大小户之不均与漕书之上下影射诸弊,为之一清。复遴选邑之老成长厚者若干人,使董其事,定分年轮流分项掌管之法,其时知州蒯德模又能修废举坠,一时积谷书院文社育英养老,次第毕举"①。另外,曾任陕西兴安府知府的陆增炜②在回籍后,根据京官陆宝忠、唐文治的建议,"以设学堂、兴工艺、开会议、核度支、筹生计、防耗财六事谆劝。爰于是年夏间,由州县邀集合邑绅衿一百五十余人,公同会议并仿投票选举法选出议员三十人,设立会议公所。于义仓将全邑款产分学务、庶务、实业、仓谷四项,各设经理稽察分项任事"③。

根据《会议公所详订章程》的内容,可以看到乡村治理的某种变化:一、经理宜选公正廉明也。"桑梓办公,动多掣肘,年老任事,力有不逮,宜选勤而不惰,公而无私者任其事。"二、稽察亦实心实力也。三、交代宜官绅监督也。四、带征宜询谋金同也。五、会议宜议定时间也。六、公田宜认真催收也。七、公款宜随时发典也。八、条漕宜年内完纳也。九、办公宜给费养廉也。十、司事亦专心办事也。十一、经费宜设法撙节也。十二、征信录宜照章刊印也。"公款开支不能尽人而

---

① 王祖畲等纂:《镇洋县志》《附录一卷·自治》,成文出版社有限公司印行,民国八年刊本,第545—546页。
② 江苏太仓人,光绪辛酉科进士。
③ 王祖畲等纂:《镇洋县志》《附录一卷·自治》,成文出版社有限公司印行,民国八年刊本,第551—552页。

喻,非明白宣布不足以昭大公"。①

同时,接管以往官办地方公共事业。如镇洋县普济堂,历来均为官办,但随着地方自治的试办,逐渐将其纳入自治事业,"光绪三十一年(1905),邑绅请于知州谢陶清查田亩改归会议公所经理"②。

据王树槐统计,光绪三十三年(1907),设立自治局者有嘉定、太仓、镇江、宝山(并设自治研究所)、江宁(设自治研究所及调查所)、赣榆(设政治研究所)、扬州、常熟昭文、吴县(并设自治研究所)。光绪三十四年(1908),设立者有武进阳湖(设地方自治期成会,并设自治研究所)、宜兴荆溪(并设自治研究会)、南汇(设地方自治期成会)、青浦(设自治期成会及法政讲习所)、镇江(设法政讲习所)等。③

总之,在部颁自治章程之前,江苏各地已经根据实际情况进行地方自治的实验。"近时江苏各属有由地方官照会绅士筹办地方自治者,亦有由地方绅董发起禀请举办者。"如扬州在第一图书馆设立甘泉筹办地方自治机构、常州在忠义祠设立武阳筹办城镇乡地方自治机构、上海则在同仁辅元堂设立地方自治事务所等。④

(二) 官为主导、绅为主体阶段

随着清廷颁布筹备立宪之诏,地方自治的官治色彩更加明显。

首先,各级自治筹备公所规约对自治筹备过程中官、绅的作用均有明确限定。长元吴城厢自治筹备公所规约就有如下规定:"本公所一切事务由地方长官照会郡绅,由各公益团体之领袖及热心士绅协力分任之。调查户口章程第六条调查职员未经选出以前,所有调查事务由本公所酌定相当士绅定期举办,其调查细则另定之。经费在自治公所未成立前议由官绅各半筹垫,其认垫者及垫数别以议案载存之。本公所呈由地方官及省城自治筹办处准办,惟所办系筹备自治公所,不请刊发

---

① 王祖畲等纂:《镇洋县志》《附录一卷·自治》,成文出版社有限公司印行,民国八年刊本,第552—554页。
② 王祖畲等纂:《镇洋县志》《附录一卷·自治》,成文出版社有限公司印行,民国八年刊本,第632页。
③ 王树槐:《中国现代化的区域研究:江苏省,1860—1916》,"中央研究院"近代史研究所1984年版,第199页。
④ 王祖畲等纂:《镇洋县志》《附录一卷·自治》,成文出版社有限公司印行,民国八年刊本,第561页。

图记"①。因此,从自治筹备公所创办者与调查户口人员的确定、自治经费的筹集、合法性来源等几个方面都能说明自治筹备公所"官为主导、绅为主体"的性质。

其次,各级自治筹备公所基本上是由行政官厅召集地方士绅集议成立的。如在接到苏州巡抚颁发的城镇乡自治章程后,常州、武阳两邑长官马上照会劝学所、教育会、商会、乡董公所各团体,筹议办法。1909年6月27日,各团体借商会筹议此事,并请两邑长官莅会,拟以双桂坊忠义祠为城自治筹备公所,公推观察恽莘耕为所长,某绅为副所长,某绅为驻所办事员,等两邑长官照会后,即可成立。② 扬属劭伯镇自治宣讲所于6月22日开会,参加者均为绅商学界人士。③ 6月30日,劭伯镇官绅借来鹤寺开特别大会,组织自治筹备公所,甘泉县令登台演说并捐贴经费七十千文以示提倡。④ 松江青浦县西乡珠家阁镇绅商学界人士于6月27日午后,在城隍庙米行厅议设地方自治研究公所,演说自治进行程序,推举正、副会长等。⑤ 7月3日,华娄张、刘两县令邀集城乡绅士就普照寺会议地方自治事宜,就华娄分合问题、局所、经费、职员等进行讨论,特别是职员一项,"本应公举,现在局所未开,暂由两邑令择委士绅十二人作为干事员"⑥。7月2日,昆、新两邑绅商学界借顾亭林先生祠开会,昆山、新阳两县令均到场,城乡各团体到会者一百余人。⑦ 长洲县赵县令会同本地热心公益之绅商,商榷办理地方自治事宜。⑧ 又如,扬州之江甘、⑨太仓之太镇、⑩苏州之江震、⑪无锡之锡金⑫等皆是在地方行政长官的督促下,由绅学商界人士集议设立自治筹办

① 《自治筹备公所订定规约》,《申报》1909年8月17日。
② 《武阳自治公所之开幕》,《申报》1909年6月28日。
③ 《研究自治之一斑》,《申报》1909年6月29日。
④ 《劭伯镇组织自治公所情形》,《申报》1909年7月8日。
⑤ 《珠家阁镇议设研究自治公所》,《申报》1909年7月4日。
⑥ 《娄县会议自治事宜》,《申报》1909年7月5日。
⑦ 《昆新自治公所成立》,《申报》1909年7月8日。
⑧ 《照会士绅组织自治公所》,《申报》1909年7月12日。
⑨ 《江甘自治合办之先声》,《申报》1909年7月13日。
⑩ 《太镇地方自治研究所成立》,《申报》1909年7月26日。
⑪ 《江震城厢自治公所成立》,《申报》1909年7月27日。
⑫ 《锡金自治公所开幕》,《申报》1909年7月29日。

公所的。

总之，从自治筹备公所建立的过程可以看到，行政官厅与地方精英是一种主导与主体的关系。这种合作关系在利益不一致时，也会发生矛盾。如扬州江甘自治公所在选举自治职员的过程中，行政官厅的专制行为遭到与会者施永华的反诘，因县令回答的理由不能服众，集会的绅学商一哄而散。最后，江甘两县令决定指派，以免再生纠葛。① 反对专制的结果导致专制的变本加厉，适见官厅对自治筹备的主导地位。

在县自治筹备公所建立的过程中，部分职员是由地方推举产生，如华、娄两县的县自治筹备职员皆系推举产生。但更多的是由官厅委定，如武阳县自治筹备公所则由府县委定恽绅等为县自治筹备公所正、副所长，各乡董及劝学所总董、城自治董事为参议。② 这是行政官厅主导地方自治的又一明证。正是因为行政官厅的主导作用严重削弱了地方自治筹备过程中的民主精神，民众的主动性与积极性遭到了一定的打击。

在地方各级自治机关成立的过程中，"官为主导、绅为主体"的性质进一步彰显。根据各级自治机关成立的步骤，以下按照城厢—镇乡—府厅州县的顺序分别予以介绍：

首先，与自治筹备期间不同，在地方各级自治机关成立的过程中，行政官厅开始退到幕后，因为此时他们获得一个更加合法的名号——自治监督。虽然各级自治职员实现了由选举产生的形式，但行政官厅仍然掌握着最关键的权力，即由选举产生的主要自治职位仍然要得到行政官厅的认可，如长元吴城董事会之总董、董事及名誉总董在选出之后，应"呈请抚宪加札委用"③。对于各级议事会，行政官厅则施以严格的监督，在长元吴自治公所议事会第一次开会时，自治监督赵、吴、陈三县令均到会监督。④ 华、娄两县自治公所议事会开幕之际，府尊戚太守、华亭张县令即赴会监督指导。丹徒城厢自治议事会第一次开会之际，监督倪县令亦亲临大会实施监督。⑤ 但这并不

①《江甘自治选举冲突》，《申报》1909 年 8 月 1 日。
②《武阳县自治将开成立大会》，《申报》1910 年 8 月 8 日。
③《长元吴董事会定期成立》，《申报》1910 年 6 月 4 日。
④《苏台自治进行之一斑》，《申报》1910 年 6 月 25 日。
⑤《各省筹办地方自治》，《申报》1910 年 6 月 15 日。

影响自治机关中地方士绅仍为主体的现实。如在青浦县城议、董两会中，议事会正、副议长，董事会总董、董事皆有科举背景，这表明正绅地位仍然稳固，是一个非常典型的例子。另在长元吴城自治公所成立之际，其邀请城厢士绅光临以增加其影响，根据此一邀请名单来看，这些人不是大人，就是老爷，抑或是大老爷。① 在"官督"的同时，还颇有"绅督"的意味。

其次，镇乡自治机关成立于城厢自治机关之后，各地成立的日期亦参差不齐。并且，在镇乡自治机关中出现了比城厢更加复杂的情况：一是自治职员往往由旧有乡董充任。除严重违反自治章程者，大部分旧有乡董皆能当选，如在太仓太镇各乡自治选举中，其旧时镇董除吸烟者略加斥退外，其余一律当选。② 二是镇乡自治机关仍然受到行政官厅的严格监督。如苏州苏乡浒墅关镇自治分所镇议事会开幕时，各绅则邀请长洲县张县令前往监督开幕。③ 三是部分乡镇自治机关被一班土豪劣绅所把持。如松江金山东一乡地方议事会议员中，就有曾犯案被罚五百金之沈少秋、向业地师之子沈子达等，这些人都是通过运动当选的。④ 另外，也有与行政官厅相抗衡的案例，如武进金县令批斥议事会呈报禁止吃请茶议决案，引起循理乡全体议员的不满，并以辞职相抗议。⑤ 但这种情形实属凤毛麟角，表明地方精英不断向国家靠拢的事实。

虽然出现了更加复杂的情况，但可以断言的是，镇乡地方自治仍然不脱"官为主导、绅为主体"的窠臼。并且，越是基层的地方自治机关，存在问题越多，旧绅之恋栈，地痞之把持，导致地方自治失去应有之义。

最后，按照自治章程的规定，厅州县自治机关由议事会、参事会、行政官厅三部分组成。而实际上，清末自治机关的设置仅止于县一级，且

① 《长元吴城自治公所成立之期邀请人员名单》，苏州市档案馆藏，苏州商会（民国）档，I14—001—0274—016。

② 《太镇自治进行之一斑》，《申报》1911年2月5日

③ 《浒关镇议事会开幕》，《申报》1911年7月2日。

④ 《民部注意自治流弊》，《申报》1911年6月12日。

⑤ 《循理乡议员全体辞职》，《申报》1911年6月28日。

县一级自治机关成立者也是寥寥无几；即使成立者也往往未能开议。时人对厅州县自治机关的评价是"其地位介于官府与下级自治之间，兼有官治与自治之性质，故其编制必用官治与自治合并之制度，窥其用意，不过欲夺自治之权归诸官府，名为合并制度，实则官治而已"①。这种自治制完全取法于日本，进一步凸显了行政官厅在上级地方自治中占绝对主导的地位。

总之，江苏省各级地方自治机关的成立进一步彰显了"官为主导，绅为主体"的性质，并且自治级别越高，行政官厅的干预就越强。

按照自治章程，自治经费是有固定来源的，②但是因为过去地方财政过于混乱，往往把持在一二劣绅之手，一时无法整理。③苏垣自治筹备公所绅董在清理公款公产时就遭遇此种困难："城厢内外各善堂、仓所，历年既久，中更数手，头绪又繁，一时清查匪易。现闻某善堂董事会有变卖公产市房等事，因此为难之处甚多。"④所以在各城厢自治筹备期间，其经费主要来源于官厅与士绅的垫付。如在武阳筹备自治公所成立时，所有一切经费均由恽姓士绅担任。⑤娄县在筹办地方自治时，经费"议由绅士联名具禀抚宪借用浚河经费存息，不足提赈余存款"⑥。苏垣地方自治会在开办过程中，议定经费预算开办八个月，经费大约八百元，即以藩署津贴拨充。⑦苏州长元吴城厢自治筹备公所开办经费先由各公团垫付，⑧共同担任各一千元，后因预算一切不敷开支，再由县绅各

---

① 《时评》，《申报》1910 年 2 月 24 日。

② 根据江苏巡抚提议、江苏省谘议局的议决，江苏省地方自治经费将分为三大块：地方公款公产、附捐特捐、过去吏胥胥董保所掌握之公款。除此之外，还特别规定两点：其一，自治区域内如有无主荒地或新涨洲地，得由自治公所查报、承领并设法垦辟作为公产。其二，特捐的征收范围：奢侈消费之品，如烟酒捐、茶捐、肉捐之类；一切作为无益之事，如戏捐、经忏捐之类。鉴于宁苏各属地方情形不同，特捐性质应以本地方能否通行为准，不为通省划一。各地方列举可以征收特捐之种类名目，作为标准，使各地方之办自治者，既有法定的范围，又有参酌的余地。至本地方大宗物产如棉花丝米豆麦之类，亦可酌量地方情形，征收特捐，以助自治之进步，但不得因此妨碍小民生计。《议决案》，《申报》1909 年 10 月 23 日。

③ 东吴：《论地方自治第一次筹款之难(续)》，《申报》1909 年 8 月 5 日。

④ 《清理公款公产之为难》，《申报》1909 年 11 月 13 日。

⑤ 《武阳自治公所之开幕》，《申报》1909 年 6 月 28 日。

⑥ 《娄县会议自治事宜》，《申报》1909 年 7 月 5 日。

⑦ 《地方自治会职员议纪要》，《申报》1909 年 7 月 7 日。

⑧ 《官绅筹办自治公所情形》，《申报》1909 年 7 月 17 日。

担任五百元,等等。① 自治经费既然由官绅垫付,其必然要求在地方自治筹办过程中占据主导地位。

杨寿祺认为,在地方自治推行过程中,自治经费划分不明确是首先要解决的问题,并提出几点办法:第一,以区域范围定之,即厅州县自治经费要与城镇乡自治经费划分清楚;第二,以事务范围定之,防止挖西墙补东墙的现象;第三,以管理征收之法律范围定之,防止少数大绅把持自治经费的现象。② 应该说,杨寿祺指出了其中存在的部分症结,但在当时的情况下,这些建议皆难以立即实现,只得采取官绅垫付的方式。而这种官绅垫付的方式严重影响了地方自治的主导权:由官厅来垫付,一切自治事宜势必仰官厅的鼻息;由士绅来垫付,则自治事务往往取决于出资士绅的个人意志。

城镇乡自治公所成立之后,陆续接收以往地方上的公共事业。如镇洋县普济堂于宣统二年(1910)移交城自治所主管。"是年止共存正本银一千七百元钱三千千文,全花田一千三百九十四亩八分六厘二毫。"③其他诸如北育婴堂、东关育婴堂、西南保婴局等,均于是年"归城自治所主管"④。

四、乡村自治的实质

对于地方自治,时人给予很高的期许。"夫地方自治,经纬万端,决非朝夕所能几。其最要者,教育与实业两端,必人人有普通之智识,斯文明渐进气质,不患其愚蠢。人人有普及之技能,斯生计渐纾,恒业足资,夫事蓄夫而后出其余力,上焉者任指挥,下焉者共奔走,群策群力,相与有成。始之一人一家治,继之一市一乡治,再继之而数十市治,全县全省治,刷新天下之耳目,变换积久之弊政。自治之基础巩固于下,国家安有不富且强者乎! 然则国家之代为谋,自不如国民之自为谋,与

---

① 《筹办地方自治之纲要》,《申报》1909 年 10 月 13 日。

② 杨寿祺:《论地方自治经费宜速明定权限》,《申报》1909 年 10 月 12 日。

③ 王祖畲等纂:《镇洋县志》《城自治款产·慈善》,成文出版社有限公司印行,民国八年刊本,第632 页。

④ 王祖畲等纂:《镇洋县志》《城自治款产·慈善》,成文出版社有限公司印行,民国八年刊本,第633—635 页。

言保育政策,自不如言自由政策之为愈也。所患根本不固,元气不养,空谈政治,角逐权利,法愈变而民气益嚣,适足为民主之害而贻国家之忧。"①但由于清末地方自治的性质,其实际效果是需要重新评估的。

清廷所推行地方自治的性质与其初衷密切相关。欲明确清廷推行地方自治的初衷,就要从预备立宪说起。清廷下诏预备立宪之前,曾先后两次派官员出洋考察。先是以载泽为首的五大臣,这次考察加强了清王朝立宪的决心。这种态度源于载泽在密折中所言的立宪之三大好处,即第一大好处是"皇位永固",第二大好处是"外患渐轻",第三大好处是"内乱可弥"②。

五大臣之后,清廷又派于式枚等出访英、德、日。之所以选择这三个国家,可以看到清廷兴趣之所在:三个国家都属于君主立宪之国,与清廷有若干相似之处。就实际情况来看,第二次考察之结果却是对第一次考察反响的降温。如考察宪政大臣于式枚在考察完德国后指出,立宪应该根据本国实际情况,参考德日等国家成例,不能躁进。"惟在朝廷有一定之指归,齐万众之心志,固不可因群言淆乱,遂有急就之思,亦不可因民气喧嚣,致有疑阻之意。但当预为筹备,循序渐进,先设京师议院以定从违,举办地方自治以植根本,而尤要者,在广兴教育,储备人材。此外凡与宪政相辅而行者,均当先事绸缪,而不容迟缓者也。"③后来,于式枚再次上奏,他在对英法德日等国的立宪进行比较之后,进一步强调了十年预备的必要性,"当此十年预备之期,最为大局安危所系,当使知上下之分,须先明宪法之名"。可见其所强调的实质仍是大权集中于君上。④ 针对两次考察的情况,清廷的选择有折中的意思,即徐图办理。1908 年 9 月间,清政府宣布"预备立宪"以九年为限,九年后正式召开国会,同时颁布《钦定宪法大纲》《议院法选举法要领》《逐年筹备宪政事宜清单》等。但是,在国会请愿运动的压力之下,预备立宪后又改九年之期为七年,"今者,人民代表吁恳既出于至诚,内外臣

---

① 王祖畲等纂:《镇洋县志》《附录一卷·自治》,成文出版社有限公司印行,民国八年刊本,第 576—577 页。
② 故宫博物院明清档案部编:《清末筹备立宪档案史料》,中华书局 1979 年版,第 174—175 页。
③ 故宫博物院明清档案部编:《清末筹备立宪档案史料》,中华书局 1979 年版,第 307 页。
④ 故宫博物院明清档案部编:《清末筹备立宪档案史料》,中华书局 1979 年版,第 337—338 页。

工强半皆主张急进,民气奋发,众论金同,自必于人民应担之义务,确有把握,应即俯顺臣民之请,用协好恶之公。……著缩改于宣统五年,实行开设议院。"①

作为预备立宪的重要组成部分,地方自治的推行日程亦因朝廷对立宪态度的转变而有所变化。在筹办之初,地方自治被视为立宪之始基。袁世凯在光绪三十三年(1907 年)七月的奏折中就援引日、德之例,表达了地方自治为宪政之始基的看法:"比者东西立宪诸国雄长大陆,稽其历史,则地方制度必先乎立宪政治而兴,德之建国发轫于州会,日本之维新造端于府县会,选举有定法,议决有定程,人以被选为荣,斯民德日崇,类能辅官治之所不及,比隆三代有自来矣。"②御史赵炳麟则认为,预备立宪之前,首先要推行地方自治制度:"故今日而言立宪必自地方官自治始,使地方议会组织完密,逐渐而组织下议院,一面就内外官制因名核实,各定办事之权限,无事过为纷更也。"③以上两人的言论颇能代表自治筹办之初人们的观点。

但是,随着立宪步骤的加快,地方自治的地位也随之提升。至宣统元年(1909),根据广西巡抚张鸣岐的奏折可以看到,朝廷对地方自治的认识已经变为"立宪之根本"了。④

总之,清廷对预备立宪的态度直接影响到地方自治的推行,节奏不断加速的背后是清廷面临危机的日趋加深,由此可以管窥清廷欲通过变革来缓和各种矛盾的迫切心情。有论者指出:"清末以内政腐败,外患迭乘,革命潮流,弥漫全国,清政府为缓和民气起见,于光绪三十四年(1908)八月,颁布上谕,筹备立宪,并规定地方自治分年进行之程序。"⑤此言一语中的。

顾名思义,自治与官治是相对而言的,如何正确认知并妥善处理两

① 故宫博物院明清档案部编:《清末筹备立宪档案史料》,中华书局 1979 年版,第 78—79 页。
② 故宫博物院明清档案部编:《清末筹备立宪档案史料》,中华书局 1979 年版,第 720 页。
③ 故宫博物院明清档案部编:《清末筹备立宪档案史料》,中华书局 1979 年版,第 125 页。
④ 故宫博物院明清档案部编:《清末筹备立宪档案史料》,中华书局 1979 年版,第 743 页。
⑤《内政年鉴·一(2)》第一编,上海书店出版社 1936 年版,第 254 页。

者之间的关系,将决定自治的本质。对于这一点,宪政编查馆①的看法十分关键:"臣等查地方自治之名,虽近沿于泰西,而其实则早已根荄于中古,周礼比闾、族党、州乡之制,即名为有地者,实地方自治之权舆。下逮两汉三老、啬夫,历代保甲乡约,相沿未绝。即今京外各处水会、善堂、积谷、保甲诸事,以及新设之教育会、商会等,皆无非使人民各就地方聚谋公益,遇事受成于官,以上辅政治而下图辑和,故言其实,则自治者,所以助官治之不足也。"②自治为补助官治之不足,此一句话明确点出了清廷推行地方自治的本质。除此之外,宪政编查馆还将绅治与自治相类比,也就表明未来地方自治将受绅治与官治的双重制约。在这里,人们不必强求当时官方能够精准理解近代地方自治的含义,但可以从他们的理解中推测此后地方自治的实际走向。

至于有人据此来质疑清廷推行自治的诚意,也是值得商榷的。如果所推行制度与理解程度是一致的,也就不存在诚意的问题。就宪政编查馆为了防止自治推行过程中出现问题而提出的若干建议来看,多是针砭时弊的:

一、明示自治名义也。新政权舆,事端既多创举,即名义不免创设,若或望文生训,笼统误解,以自治为不受管辖之意,不独失国家驭民之柄,而无识官吏,或谈虎变色,阴为摧阻,以隳宪政之基。名之不正,则生心害政,在在堪虞,……。

二、划清自治范围也。地方自治既所以辅官治之不及,则凡属官治之事,则不在自治范围之中。查各直省地方局所,向归绅士经理者,其与官府权限,初无一定,于是视官绅势力之强弱,以为其范围之消长。争而不胜,则互相疾视,势同水火,近年以来,因官绅积不相能,动至生事害公者,弊皆官民分际不明,范围不定所致。今既令人民自治,若再有此种情形,宪政前途何由日进,是以特将自治事项,指实条列,别为款目,俾一览而知其范围之所在,此外非

---

① 系由考察政治馆转变而来,其职责是议覆一切关系宪政及各种法规条陈等。故宫博物院明清档案部编:《清末筹备立宪档案史料》,中华书局 1979 年版,第 45 页。

② 故宫博物院明清档案部编:《清末筹备立宪档案史料》,中华书局 1979 年版,第 724—725 页。

国家之所许，即不容人民之滥涉，经理在民，董率在官，庶得相倚相成之意，而胶扰可以不生。

三、慎重自治经费也。万事非财不举。地方自治既不能动为国家正款，则于旧有公款公产而外，不能不别开筹措之途。然若漫无限制，则浮征滥费，势所难免，而甚者会敛逾等，或至与国税相仿，则尤与自治宗旨相反，故特于经费章程内明定收捐之制，而仍规以定率，以至管理征收预算决算检查，俱各详示准绳，仍随时报由地方官查核，所以防逾滥亏蚀之弊，而期有饩廪称事之实。

四、责重自治监督也。自治之事既渊源于国权，既应收监督于官府，法理当然，无待烦称。所虑官不知所以监督之道，宽猛一失其宜，不独戕折良民自治之机，亦且为长奸启侮之渐。兹故以监督重权，上寄于民政部及各省督抚，下畀于地方官吏，并确示监督条款，特订自治职员罚则，俾得按章督责，无敢非怼，庶自治区域虽多，而一一就我准绳，不至自为风气，自治职员虽众，而一一纳之轨物，不至紊乱纪纲。①

在以上几点建议中，如划清自治范围、慎重自治经费等项确实值得注意，如果这两项问题不能解决，自治必然受阻。事实证明，官绅之不相能、借自治而滥征，实际上是清末自治民变层出不穷的重要原因。当然，这并不能掩盖其浓郁的官治味道，而所有问题的根源，也许都要追根到"自治为补助官治之不足"的初衷。

一言以蔽之，清末地方自治的性质是自治其名，官治其实。在绅办地方自治阶段，人们已经可以看到士绅进入体制内的某种迹象。而在官方主导地方自治之后，有的自治职员属于士绅进入体制内，有的则是因为进入体制内而获得士绅身份。这一部分人以推行国家政令为目标，俨然成为国家伸向基层社会的触角。

---

① 故宫博物院明清档案部编：《清末筹备立宪档案史料》，中华书局 1979 年版，第 726—727 页。

第八章　民初江苏乡村治理的转型与困境

　　辛亥革命之后,君主专制让位于民主共和。但是,这种民主共和体制的形式大于实质,并且,还有很多不确定因素在左右着中国政治制度的转型。总之,时代的过渡性更加明显。南京临时政府与北洋北京政府在共和旗帜下,继续推行地方自治。然而,随着军阀混战、党同伐异时代的到来,江苏地方自治也进入了跌宕起伏的阶段。

第一节　乡村治理近代转型的进程

一、民初江苏暂行县市乡制

　　江苏在辛亥革命中宣告独立,其省级立法机关先后经历了临时省议会和省议会两个阶段,在二者存续期间,曾为江苏省设计了一套地方制度——江苏省暂行县市乡制。临时省议会为创始者,省议会成立之后,则做了进一步的修订,但仍以"江苏省暂行县市乡制"命名。修订后的县市乡制又被时人称为"民二自治制"。为了方便起见,我们把这两个文本分别称为 1912 年文本(临时省议会制定)与1913 年文本(省议会修订)。

（一）江苏省暂行县制（结构如下图所示）[1]

把1912年文本与1913年文本相比较，江苏省暂行县制的不同之处主要有二。

第一，确定县议事会议员名额的标准不同。1912年文本以纳税额为标准，"纳税总数在二十万以下者，以二十五名为定额，自此以上，每加税额三万元，得增设议员一名，至多以六十五名为限"[2]。1913年文本以人口为标准，"人口总数在三十万以下者，以二十五名为定额，自此以上，每加人口三万，得增设议员一名，至多以六十五名为限"[3]。因此，各县议员额数分配所属各选举区之方法，也由"以各选举区纳税之额多寡"转变为"以各选举区人口之多寡"为准。从税额多少到人口多寡的变化是一个不小的进步，体现了新制以人为中心的精神，避免因地域发展不平衡而产生新的不平等。

江苏省暂行县制示意图

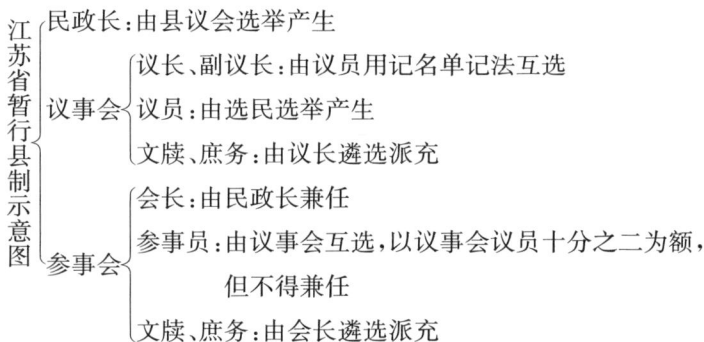

```
          ┌ 民政长：由县议会选举产生
          │
          │        ┌ 议长、副议长：由议员用记名单记法互选
江苏       │ 议事会 ┤ 议员：由选民选举产生
省暂       │        └ 文牍、庶务：由议长遴选派充
行县 ─────┤
制示       │        ┌ 会长：由民政长兼任
意图       │        │
          │ 参事会 ┤ 参事员：由议事会互选，以议事会议员十分之二为额，
          │        │         但不得兼任
          │        └ 文牍、庶务：由会长遴选派充
```

注：(1) 县行政得酌设委员（分常任委员和临时委员），辅助民政长执行行政事宜。

(2) 议事会分常会（每年一次，以八月份为期，一个月为限）与临时会（十日为限）；参事会分常会（每月开会一次）与临时会（可随时开会）。

第二，行政官厅名称上的变化。如1913年文本将民政长改称县知

---

[1]《江苏暂行县制》，《申报》1911年12月8日、12月9日、12月10日、12月11日。

[2]《江苏暂行县制》，《申报》1911年12月8日。

[3]《江苏暂行县市乡制并选举章程》，《申报》1923年7月21日。后者之标准与市乡公所议事会议员名额之标准是一致的。

第八章　民初江苏乡村治理的转型与困境

215

事,都督则改称民政长(或行政公署)等,这一变化源于省官制的变革。① 除此之外,两个文本再无本质区别。

下面以 1912 年文本为依据,从选举与被选举权、县市乡各部分的职任权限、经费来源等方面进一步做比较分析。

其一,关于选举权与被选举权的规定。

《江苏省暂行县制》规定,各县所属市乡公民②,除现任本地方官吏、现充军人或巡警、现为僧道及其他宗教师之外,均有选举县议事会议员的权利;同时规定"凡居民合市乡制第十六条第一、第二及第四款之资格,而在本县接续居住至三年以上者亦同"。为了防止当选者逃避责任,该条文同时规定,凡被选举为县议员,非有正当事由,不得谢绝当选,亦不得于任期内告退。所谓正当事由,即确有疾病,不能常任职务;确有职业,不能常居境内;年满六十岁以上;连任至三次以上;其他事由,特经县议会允许;等等。对于那些无故谢绝和告退者,经过县议事会议决,于一年以上三年以下,停止其公民权。③ 与清末《府厅州县地方自治章程》相比,除了选民的年龄资格从二十五岁降低到二十一岁外,又增加了对谢绝当选的限制,此大概是对清末地方自治推行过程中正绅退避、地痞充斥的一种反思与补救。

其二,县议事会、参事会、县民政长的权限。

县议事会的职任权限主要有:议决关于全县应兴应革事件,议决本县岁出入预算及决算事件,议决本县经费筹集及处理方法,公断和

---

① 江苏都督府成立之后,颁布暂行地方制十四条,其中规定:"凡地方旧称为州者曰州,旧称为县者曰县,旧称为厅者该曰县,所有民政事宜统于州县民政长,从前之道府直隶厅均裁,知州知县均改易名称,同城州县均裁并为一。"(《苏省地方官制之大改革》,《申报》1911 年 11 月 18 日。)不久民政长改称县知事。

② 对于公民的规定,出现在《江苏暂行市乡制》中,其资格如下:一、有本国国籍者,二、男子年满二十一岁者,三、居本市乡接续至三年以上者,四、年纳直接税(合国纳省税地方税而言)二元以上者。居民内有素行公正,众望允孚者,虽不备前项第四款之资格,亦得以市乡议事会之议决,作为公民。若有纳税额较本地公民内纳税最多之人所纳尤多者,虽不备第二第三之资格亦得作为公民。但是,如果有下列各条规定之范围者,仍当取消其公民资格:一、品行悖谬,营私武断,确有实据者;二、曾处徒以上之刑者(政治犯不在此列);三、营业不正者(其范围以规约定之);四、失财产上之信用,被人控实,尚未清结者;五、吸食鸦片者;六、有心疾者;七、不识文字者。(《江苏省议会议决市乡制》,《申报》1912 年 12 月 1 日。)

③《江苏暂行县制》,《申报》1911 年 12 月 8 日。

解市乡争执事件,其余依据法令属于议事会权限内事件。① 参事会应办事件主要有:议决议事会议决事件的执行方法及顺序,议决议事会委托本会代议事件,议决县知事交本会代议事会议决的事件,审查民政长提交议事会的议案,议决本县全体诉讼及其和解事件,公断和解市乡之权限争议事件,查核各项经费收支项目,其余依据法令属于参事会权限内的事件。民政长应办事件主要有:执行县议事会或参事会议决的事件,提交议案于县议事会或参事会,掌管一切公牍文件,其余依据法令属于该县知事职权内的事件。

根据条文规定可以看到,县议事会、参事会、县民政长三者之间存在相互制约的关系,如规定议事会或参事会的议决案,如民政长认为妨害公益或违背法令者,得说明原委事由,交令议复。若议事会或参事会仍执前议,由民政长请省议会公断。当民政长提交议案于议事会时,应先将议案交参事会审查,若参事会与民政长意见不同,应将意见附列议案之后,提交议事会等。② 最明显的进步之处在于规定民政长的选举制度,而最大的不足在于议事会、参事会存在明显的权限重叠现象。另外,参事会的会长由县民政长兼任,同时履行决议与执行两种职能,不免有悖于议行分离的原则。

其三,关于县经费来源。

县经费以下列各款收入充之:县公款公产,县地方税,公费及使用费,因重要事故临时募集之公债。当各县遇有下列各项事由时,得募集公债:为全县永远利益,为救济灾变,为偿还负债等。③

(二) 江苏省暂行市乡制(结构如下图所示)④

《江苏省暂行市乡制》对市乡公所职员的选举与被选举,市乡议事会、董事会(或乡董)的权限,以及市乡经费来源等方面都与暂行县制有

① 《江苏暂行县制》,《申报》1911 年 12 月 9 日。
② 《江苏暂行县制》,《申报》1911 年 12 月 10 日。
③ 《江苏暂行县制》,《申报》1911 年 12 月 11 日。
④ 《江苏省议会议决市乡制》,《申报》1912 年 12 月 12 日、12 月 15 日、12 月 16 日、12 月 19 日、12 月 21日、12 月 28 日。

极为类似的规定。两者最大的不同在于,与《江苏省暂行县制》相比,《江苏省暂行市乡制》严格地执行了议行分离的原则,这种明确的横向分权更加符合地方自治的精神。如其明文规定,议事会议决事件,由议长呈报该管民政长查核后,移交市董事会或乡董按章执行。议事会有选举市董事会职员,或乡董、乡佐及监察其执行事务之权,并得检阅其各项文牍及收支账目。议事会于市董事会或乡董所定执行方法,视为违背法令或妨碍公益者,得声明缘由,停止其执行。若市董事会或乡董坚持不改,得移交县议事会公断。若于县议事会之公断有不服时,得呈由本管民政长请省议会公断。[①]

江苏省暂行市乡制示意图

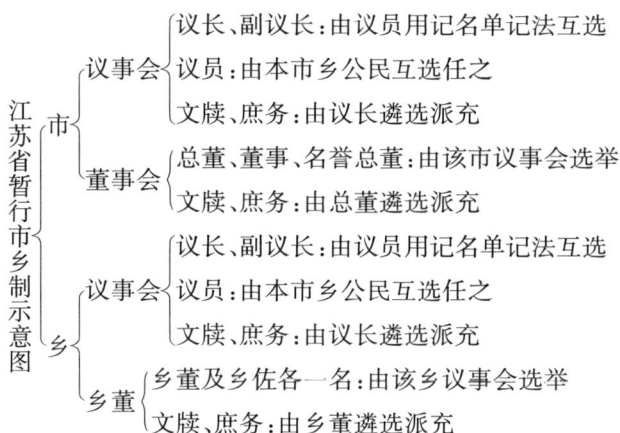

江苏省暂行市乡制示意图

市
　议事会
　　议长、副议长:由议员用记名单记法互选
　　议员:由本市乡公民互选任之
　　文牍、庶务:由议长遴选派充
　董事会
　　总董、董事、名誉总董:由该市议事会选举
　　文牍、庶务:由总董遴选派充

乡
　议事会
　　议长、副议长:由议员用记名单记法互选
　　议员:由本市乡公民互选任之
　　文牍、庶务:由议长遴选派充
　乡董
　　乡董及乡佐各一名:由该乡议事会选举
　　文牍、庶务:由乡董遴选派充

注:

(1) 总董以本市公民,由该市议事会选举,呈由该管县知事申请民政长委任;董事以本市公民,由该市议事会选举,呈请该管县知事委任;名誉董事以本市公民,由该市议事会选任之。

(2) 乡还设乡公民会议,以本乡公民全数充之,乡公民会设议长、副议长,均由会员互选。

另外,与清末地方自治制相比,江苏省暂行县市乡制亦体现出更加明显的自治精神,主要表现有二。

第一,民政长的选举制度。根据《江苏省议会议决县民政长选举章程》的规定,"县民政长,由各本县公民用复选举法选举之,先由公民选出

---

①《江苏省议会议决市乡制》,《申报》1912 年 12 月 21 日。

初选当选人,再由初选当选人选定民政长"①。此一规定更加有利于地方上的自治行为,江苏人民亦十分珍视此一权利。如奉贤光复后,民政长是由苏沪委派的,这引起奉贤绅民的不满,该邑一城四乡绅民特于旧历十二月十八日开联合大会,决定嗣后民政长仍由地方公举。② 最终改换公举之杨荫安接任。③ 高邮县议事会严格按照此一规定,于1月24日选举民政长,当日到会议员22人,吴辅勋得票最多,遂当选为民政长。④

在此一制度实施过程中,往往受到行政官厅的干扰。苏军都督府即曾建议实行选举委任折中制,即"各县照章选举合于民政长资格者三人,由都督择任一人。至民政长之罢免,经议事会指实纠举或由人民控告得实或由都督考查,实系不称职者,均由都督罢免,照章另选"。并且,"变通民政长选举施行之期,凡县议事会、参事会、市乡各职均已成立之县,照章选举,在未成立以前,暂由都督委任"⑤。可见苏军政府都督仍欲把县级行政人员的任免权把持在自己手中,但最终还是遵循了《江苏省暂行县制》。当江浦公民陈士沂等具呈都督府公举民政长请委任办理时,都督庄蕴宽认为,该公民呈请核定委任民政长一事与民政长选举章程不符。⑥ 有人专门撰文对选举与委任之利弊进行论述,结论则是选举、委任皆有利弊,但两害相权取其轻,选举更加有利于伸张民权。⑦

第二,行政官厅与地方自治机关之间行文程式的变化。在清末地方自治章程中,"府厅州县议事会或参事会行文府厅州县长官及监督官府,用呈;府厅州县长官行文议事会或参事会,用照会,监督官府用札;议事会及参事会互相行文及与谘议局互相行文,用知会"⑧。"城镇乡议事会、城镇乡董事会及乡董,行文该管地方官,用呈;彼此行文,及与府厅州县议事会、董事会互相行文,均用知会;地方官行文城镇乡议事会、

① 蔡鸿源主编:《民国法规集成》第1册,黄山书社1999年版,第180页。
② 《奉贤迁治后之议案》,《申报》1912年2月8日。
③ 《奉贤迁治问题之解决》,《申报》1912年3月11日。
④ 《高邮两受虚惊》,《申报》1912年1月25日。
⑤ 《苏都督咨临时议会文》,《申报》1912年3月25日。
⑥ 《苏都督令示一束》,《申报》1912年4月22日。
⑦ 《中国用人制度宜从选举不宜从委任》,《申报》1912年6月28日、6月30日。
⑧ 《国风报》第一年第5号,第11页。

城镇董事会及乡董,用谕;城镇乡议事会、城镇乡董事会及乡董,行文本省谘议局,用呈;本省谘议局行文,用知会。"①清末,金山县张堰镇自治职员认为地方官对自治团体用谕,是降其地位于保甲胥吏之列,导致地方之人都轻视自治而不屑顾问,而一般刁生劣监得以乘机窃取其权,危害百姓,因此建议一律改称照会。② 这一愿望在《江苏省暂行市乡制》中得以实现,其明确规定民政长行文市乡议事会、市董事会、乡董用照会。另外,在江苏省暂行县市乡制中还有其他变化,"县议事会或参事会行文民政长,用移;行文都督,用呈;都督、民政长行文议事会或参事会,用照会;议事会及参事会互相行文,及与省议会互相行文,用移"③,"市乡议事会、董事会及乡董,行文该管民政长,用呈;彼此相互行文,及与县议事会、董事会、省议会互相行文,均用移"④等等。虽然只是行文程式的变化,却进一步彰显了平等精神。当然,也不能无限夸大这种进步精神,时人曾有如此评价:

> 江苏暂行县制及市乡制,其大部分固多采自治章程,然市乡权限,新制(指江苏暂行制)与旧章(指前清自治章程)所差者,惟市总董选举正陪一事,其他虽稍有出入,无甚重要。想县会权限,则新旧比较相差甚巨,旧制府厅州县长官,对于议事会与参事会之议决有径行撤销之权(见五十六条),有停止议会之权(见五十八条),监督官署对于县会议决之预算有消减之权(见九十七条),有更正及批驳议案之权(见九十八条),至行文程式,议事会参事会对于府厅州县长官须用呈,是议参两会直生活于县行政官厅权力之下,一任其指挥监督。⑤

在专制盛行的氛围下,制度的理性并不代表行为的理性。江苏都督即认为新的地方机构是官治与自治的结合体,"各县之地方行政,官治自治虽未显然划分,而暂行之地方制近似地方官制,实仍含有官治性

---

① 故宫博物院明清档案部编:《清末筹备立宪档案史料》,中华书局 1979 年版,第 740 页。
②《江苏金山县张堰镇自治职员呈请改正文书程式文》,《申报》1911 年 8 月 13 日。
③《江苏暂行县制》,《申报》1911 年 12 月 11 日。
④《江苏省议会议决市乡制》,《申报》1912 年 12 月 28 日。
⑤《商量恢复地方自治之制度》,《申报》1916 年 9 月 8 日。

质;暂行之县制本于前清县自治章程,实仍含有自治性质。民政长之列入县制,系以参事会会长之资格为监督自治起见,而委员即为自治中之一人,应受民政长之监督,故亦列入县制。若佐治职,既办署中公务,有官治性质,纯由民政长进退监督,自不待言"①。此一认定将对此后江苏省地方自治的推行产生重大影响。

(三)暂行县市乡制的推行

随着江苏各地的次第光复,一个极为尴尬的局面出现了:清末地方自治刚刚起步,但马上就面临着被取消的命运。在新制度未颁布之前,各地不免陷入迷茫状态。如新成立之苏州公权研究会②即呈请都督设立参事会,而瓜州镇自治公所则呈请设立民政支部处理各项地方事宜。对此,程德全皆答以等新的地方制度法令颁布之后再行办理。③

南京临时政府成立之后,基层政权的第一个变化是把知府、知县更名为民政长。如苏州光复之后,新任民政长江绍杰马上发表示谕一道:

> 奉都督府札饬,将苏州府长元吴三县裁撤,并除去知府、知县等名目,设立苏州民政长一员,驻扎苏城,管理三县民政事宜等。因查府治原领九县,长元吴三县附廓辖境较广,今既设州,凡州境民政事宜,均归本州管理,不兼领各县。其余各县均归都督府管领,所有州境,除词讼、监狱、警察各事应归提法司、审判厅、巡警总监直接管理外,其余民政事宜,如租税、学务、实业等项,均在本民政长职权以内之事,兹于十月初四日开始办事,合行示谕阖属绅民人等一体知悉,凡地方应办事宜,仰即迳行来州呈请办理。④

此一更名预示着地方制度将发生新的变革。但在新制度未颁布之前,旧有之地方自治机构继续履行职责。1911 年 12 月 1 日下午,苏州州议事会在元妙观方丈内开临时州议会,城镇乡自治职员到者 60 人,

①《江苏都督府令汇录》,《申报》1912 年 4 月 1 日。
② 由前出使奥国参赞汪钟霖等号召多人组织成立。
③《苏州新记事》,《申报》1911 年 11 月 30 日。
④《苏州新记事》,《申报》1911 年 11 月 30 日。

议长周祖培主持会议,讨论关于五溇泾乡自治提议该乡汛防裁撤等案。① 在州议事会召开的同时,江苏省临时议会亦投入紧张的工作中,相继审查并通过新的县制②、民政长选举章程、市乡制等③,这些规章制度成为未来相当一段时间内江苏地方自治立法的基础。

《江苏省暂行县市乡制章程》(1912年文本)颁布之后,苏州城自治公所即呈请都督要求更名为"市公所",此举得到程德全的认可,并批示不必另行选举,并可暂用旧时图记,如果该公所已届自治职员改选之期,可照新章程如期改选。④ 不久,苏州城将"城自治公所改为市公所"⑤。这种只改名称不另选举的方式表明民初地方自治机关与清末地方自治机关的承继关系。

更名之后的市公所很快便进入工作状态。1912年1月2日,苏城市公所召开议、董两会联合谈话会,30余名会员到会,主要议决议、董两会的人事变动问题。⑥ 市董事会则根据市乡制暂行选举章程进行改选。⑦ 前任总董刘雅宾因迁居乡间,具书辞职,该市议事会特于二十四日召集议员,用记名投票法重行补选,并决定定期补开冬季议会。⑧ 另外,市公所还积极接收属于职权范围内的各种公款、公产,如育婴堂、男女普济堂、保婴局、仁济堂、洗心局等。这是慈善事业进一步体制化的一种表现。议案主要来自民政长交议和董事会交议。⑨

随着基层改革的不断深入,江苏都督程德全批准江苏省临时省议会的议决,根据暂行县市乡制将旧时州厅县一律改为县,县设民政长。同城州县均裁并为一,府及直隶州均行裁撤。⑩ 此一指令的下达促进了江苏地方省县二级制的确立,但是进程比较缓慢。1912年,江

---

①《苏闽言论机关之近状》,《申报》1911年12月3日。

②《新苏州纪事》,《申报》1911年12月4日。

③《苏闽新气象》,《申报》1911年12月6日。

④《自治公所之改名》,《申报》1911年12月31日。

⑤《新苏州咫闻尺见》,《申报》1912年1月15日。

⑥《金阊新气象》,《申报》1912年1月5日。

⑦《苏州通信》,《申报》1912年2月23日。

⑧《新苏州咫闻尺见》,《申报》1912年1月15日。

⑨《苏州通信》,《申报》1912年2月22日。

⑩《江苏都督府指令一束》,《申报》1912年1月19日。江苏省地方志编纂委员会:《江苏省志》,江苏人民出版社1999年版,第29页。

苏省民政司在给江苏都督庄蕴宽的呈报中称，暂行市乡制、暂行县制及办理市乡选举事宜期限表、办理县选举事宜期限表已颁发多日，而各县呈报者大半是临时机构，且组织方法互有异同。亟应厘订办法，统一县级建制，并督促各县迅速设立市乡职及县议事会、参事会，准县议事会议员额数由清末的以人口为准变为以税额为准，以尽快完成基层组织从临时机关向正式机关转变。此一建议得到了庄蕴宽的支持。①

在省署的一再督促之下，江苏省市乡公所在部分地区陆续成立并开展工作。如苏州城自治公所在改为市公所之后，于1912年4月7日召开议事会临时会议。② 因为从城镇乡自治公所向市乡公所过渡时，未届选举日期，为了方便起见，只是更名而已。等市乡选举届期，各地市乡公所才按照《江苏省暂行市乡制》进行改选。苏州城市公所在1912年4月17日、20日相继选出市之乙级、甲级议员。③ 松江市公所则迟至7月29日、30日相继选出乙级、甲级议员。④ 议员选出之后，则是议长、副议长、董事会成员的互选事宜。

改选之初的市公所，显示出更加积极的精神。在6月20日苏州城市公所召开的夏季议会中，议员到者共50人左右，一片热心为从前城自治公所所未有。⑤ 但是这种热情并未坚持多久，在11月16日召开的苏州市议事会冬季常会中，自"开会以后，连日议员到者不过数人或十余人，均未达半数之额，从未开议一次"。最终市议会汪议长不得已特别通告各议员，请自28日起，连开全日会三天，以期将各议案议决，并且不再拘三读之例，"务乞准时早到"⑥。这种类似于乞求的做法并未打动各议员，以致"到会者终不及法定人数，故提议要件每多因循，虽经催促，到会者仍不及半数，无法开会"⑦。

① 《江苏都督府令汇录》，《申报》1912年4月1日。
② 《市公所记事》，《申报》1912年4月9日。
③ 《苏市公所乙级议员揭晓》，《申报》1912年4月19日、4月21日。
④ 《松江甲级选举揭晓》，《申报》1912年8月1日。
⑤ 《苏市公所议事会记事》，《申报》1912年6月22日。
⑥ 《市会暮气》，《申报》1912年11月30日。
⑦ 《市会议案》，《申报》1912年12月5日。

更为不理想的是,部分地方市乡公所迟迟不能成立,导致县级与省级选举窒碍丛生。6月,苏都督即令饬各县民政长督促各县市乡按照既定时间表加快自治职员的选举;①9月,其再批评说:"查照办理市乡选举事宜期限表,将届乙、甲两级公民投票之期。除市乡公所已经成立各县甚属寥寥外,其余呈报办过调查资格、编造名册等事宜者,尚不多见。如此因循,市乡各镇未能成立,县议事、参事二会无从组织,自治前途,其将奚赖?凡我公民须知,县市乡制所定之选举、被选举权,在个人固视为权利,在地方则视为义务,长此放弃公权,莫明责任,必至市乡公益事宜,欲求地方自办,转成一事不办。影响所及,即国家行政亦将无所措施,民国前途,何堪设想!地方行政官厅负责督促之责任,试问能当此重咎否耶?因此令催各民政长再次督促办理。"②从市乡公所之成立及运行的状况来看,当时人们公权意识尚不发达。

与市乡公所的成立及运行相比,县级议事会、参事会之筹办更显拖沓。以吴县议事会、参事会为例。

1911年12月1日下午,苏州州临时议事会开会,重点讨论当前州临时自治机关之地位问题。城自治职员吴本善等认为,以城镇乡自治职员组织临时州议会,互选正、副议长,而议员无从确定名额,究竟非正式机关。在州县制未颁布之前,先准备案,等州县制公布,再行重新组织。都督程德全指示,应等省议会议决公布新制后再行遵办,但可以暂时备案,等正式州议会组织成立后,再行刊发钤记。州临时议会认为,既然承认本会会员确系公民资格,应继续议事,以为临时言论机关,于是照章投票选举审查员。③12月2日下午,继续开州议会,议决提交各案。④12月3日下午,再开临时州议会,又对州议会及议员名额问题进行了争论。议员汪炳台所提重行组织州议会案被否决;而王宗保所提暂行临时州议会议员名额案却得到与会人员的积极响应。⑤

---

①《苏都督府通令一斑》,《时报》1912年6月12日。

②《苏都督催办市乡选举之通令》,《申报》1912年9月21日。

③《苏间言论机关之近状》,《申报》1911年12月3日。

④《新苏州纪事》,《申报》1911年12月4日。

⑤《新苏州纪事》,《申报》1911年12月5日。

根据《江苏省暂行县制》的规定,长、元合并于吴县,原临时州议会应向县议事会过渡。而实际情况是,在新的县市乡制颁布之后,临时州议事会继续执行职权,并且有向正式州议事会发展的可能,"副议长孔康侯君仍于二十一日开会集议补选议长。是日,市乡自治职员代表到会者仅有三十余人,不过三分之一,当推孔君为正议长,补选汪纲之为副议长"①。旧有自治职员的恋栈行为由此可见一斑。

为了督促县议事会早日成立,5 月 28 日,吴县议员叶德澍、汪炳台邀集当选之县议员,暂借城市公所开会集议。并由汪炳台具呈都督请速撤临时州议会,以促使正式县议会组织完全。② 叶、汪之建议得到了都督的支持,而吴县民政长却持一再拖延的态度。因此,苏州城区县议员不得不再次发出通告,召集市乡被选议员,并于 7 月 21 日在元妙观方丈城市公所开谈话会,集议进行方法,公推代表谒见都督,恳其限催民政长赶速召集议员,正式开会。③ 在上、下双重的压力之下,苏州民政长才有所行动,对于"尚未选举之各乡,亦一律限催选举,以便汇齐知会,定期召集"。7 月 12 日,县议员叶、汪等通知各市乡当选县议员,在元妙观方丈内开谈话会,预备组织开会一切事宜。④ 民政长委托叶小峰主持预备开会前的一切事宜。⑤

通过以上种种努力,吴县县议事会于 9 月 11 日在元妙观方丈内开成立大会,⑥县议事会在千呼万唤之下终于诞生。但很快又陷入另外一个困境,因县议员缺额太多,不能召开。⑦ 在补选议员时,吴县又陷入无穷尽的选举诉讼中。⑧ 直到 12 月 23 日,吴县议事会才正式开会议事,并于 24 日、25 日、27 日相继召开会议,⑨逐渐步入正轨。从

---

① 《苏市议会补选议长》,《申报》1912 年 4 月 23 日。
② 《苏州市县两议会之近况》,《申报》1912 年 5 月 29 日。
③ 《苏州县议员之热心》,《申报》1912 年 7 月 23 日。
④ 《吴县议会成立先声》,《申报》1912 年 8 月 26 日。
⑤ 《议会将成》,《申报》1912 年 9 月 9 日。
⑥ 《吴县县议会开幕纪事》,《申报》1912 年 9 月 13 日。
⑦ 《县会先声》,《申报》1912 年 11 月 30 日。
⑧ 《吴县又定期改选县议员》,《申报》1912 年 12 月 3 日。
⑨ 《续开县议会》,《申报》1912 年 12 月 29 日、12 月 30 日。

章程颁布到正式开议,吴县县议事会经历了一年之久,可见动作之迟缓。

吴县议事会之所以长久迁延不决,原因主要有三:一是县自治筹备公所筹备工作迟缓;二是临时州议会从中梗阻;[1]三是民政长的动作迟缓。临时州议会从中阻梗有地方精英害怕权力交割会失去旧日社会地位的因素,而民政长之所以迟迟不肯执行定章,大概与暂行县制规定民政长由县议事会选举产生有关。只要县议事会不成立,旧有各员就可以安坐其位,一旦县议事会成立,则前途未卜。"迄今各县议事、参事两会及市乡各职,遵照现行定制及迭颁通令正式成立者,尚属无多,缘此,县民政长选举章程能施行者实鲜。本年时届十月,核诸选举章程所定四月选举日期,将逾半载,所有县民政长初选复选事宜,统限于本年内遵照法令正式组成,县市乡各职俟呈候核准"[2]。从这个通令中,略可以推测民政长的一般心理。

与县议事会的迁延相比,参事会之行动效率略高。参事会员一旦选出,便积极开展工作。吴县参事会于 11 月 2 日在民政长署开成立会,参事员 13 人,全数均到,共同议决多件议案,[3]并均能按章办事。[4]

以上并非个别现象,在苏军都督府的一则饬令中,对江苏各县议事会、参事会的成立速度极为不满:"各县应设市乡职及县议会、参事会,叠经府令通告,并刊发暂行市乡制县制各在案,迄今为日已久,而各县呈报成立者尚属寥寥,且多临时机关,未尽正式组织,亟应督促进行。"[5]由此可见各县行动之迟缓。

但是,这并不能抹杀前此一阶段江苏在地方自治推行过程中所取得的成绩。据统计,江苏自治至民国初年已规模大备,"全省市乡议事会、董事会有一千数十所,议员有一万五千四百人,乡市董事三千三百

---

① 《苏州县议会之迁延》,《申报》1912 年 7 月 8 日。
② 《苏都督催办自治机关之通令》,《申报》1912 年 10 月 8 日。
③ 《吴县参事会成立》,《申报》1912 年 11 月 5 日。
④ 《续开参事会》,《申报》1912 年 11 月 7 日。
⑤ 《江苏都督府令汇述》,《申报》1912 年 3 月 21 日。

余人;经费合附加七成,征收特税约百万元"①。

总之,在江苏省暂行县市乡制推行之初,江苏都督程德全曾命令各自治机关在未届选之前,人员可以补选而不必改选,直至届选之期。因此,在地方自治职员改选之前,清末之自治职员仍然在新的自治机关中占据着主导地位,地方精英的成分并未发生大的变化。改选之后,自治机关中地方精英的成分才发生改变。以青浦县为例,据《申报》记载,按照县市乡制,青浦县重行选举自治职员,新当选的自治职员,"新多旧少,如内阁制推翻重建者然"②。在新的青浦县自治机关中,只有钱静方一人具有科举背景,占总数的5%。与清末青浦县自治机关的8.70%相比较,其比例进一步下降。并且,钱静方的特殊身份更让人能感觉到时代的变化。钱静方原名钱学坤,青浦镇人,幼习举子业,清宣统元年(1909)为岁贡生。后赴日本留学,入士官学校专攻警务。在日期间,接触民主思想。辛亥革命青浦光复,钱充《青浦报》主编。县民政署成立后,钱与章汉秋等人发起组织青浦政论会,效法西方民主,协助民政长,办理县政事务,钱任副会长。③ 根据钱静方的经历可以肯定,其虽然具有贡生的身份,但此时更属典型的新式士绅。作为此次重组自治机关中的核心人物,势必对青浦县地方自治的推行产生重大影响。

二、袁世凯政府停办地方自治

1914年2月,袁世凯根据各省民政长呈文,以各属自治机关"良莠不齐,平时把持税捐,干涉词讼,妨碍行政"④为借口,下令停办地方自治。2月3日,袁世凯下令停办各级自治机关;2月6日,停办京师自治会;2月28日,下令解散各省省议会。

时任江苏省长韩国钧于2月9日通令江苏省各县知事,停办各县市乡自治机关。2月12日,韩再通电各县知事,为了顺利完成自治机关

① 《江苏要闻》,《申报》1916年7月20日。
② 《青浦城自治之新议员》,《申报》1912年7月6日。
③ 上海市青浦县县志编纂委员会:《青浦县志》,上海人民出版社1990年版,第785—786页。
④ 《政府公报》民国三年二月四日,第627号。

之交接事宜,订定停办自治执行细则九条,①要求"各该县知事迅即参酌习惯,慎选本县市乡公正士绅,分别委任接收保管地方财产款项,并责成维持现状,保留旧有精神,以为将来设施基础"②。

　　根据停办地方自治九条细则,江苏各县次第停办地方自治。镇江丹徒县遵照省长训令,一律停办各自治机关。但为防止议案、文牍散失,由县刘知事派委王某等四人为接收自治机关委员,所有自治学务、慈善、公款公产收支各委员亦于一月末日撤销,其执行诸事务由县知事所委派四人接手。③ 上海县洪知事亦派委人员对上海县各级自治机关进行接收。④ 吴县宗知事电陈该县县市乡,定三月底为自治停止之期。⑤ 但是,此次停办地方自治所带来的影响是深远的。上海县在自治停办之后,还出现了索还公款的事情,原来在上海县自治机关存在期间,曾向地方商人与团体借款,现在自治机构取消,引起债权人的担忧。泉漳会馆在致前市政厅董事会的函件中写道:"敝会馆所借与市政厅之公债,一为地方自治因公益而需款,一为诸公历年以来热心任事,为众商所信仰,故允为借款。今既停止自治机关改为官办,以前公债即应清还,以昭信用,盖所借之款乃借与自治机关,非官治机关也。"在华成总

---

①《南京政闻纪要》,《申报》,1914年2月13日。细则九条的具体内容:第一条,本省各级自治机关应遵令一律停办,所有各该机关经理事项及所管财务,限三月三十一日以前完全结束,悉数移交,并将钤记图记缴销,勿得逾限。第二条,县议事会、参事会所有文卷、房屋、文件及用余银款,由各该主管人造册,移交县知事收保管之。第三条,凡县公署有之公款公产及其收入款项,现由地方士绅以自治委员名义经理者,改由县知事委任经理之。前项经理士绅受县知事之委任,须将不动产或存典公款生息之收入及开支各款,细数按月造具四柱清册,呈请县知事查核。第四条,凡向为市乡不能担任经费,认归县办之学务公益各项事宜,由县知事委本县士绅分别继续办理。第五条,凡各市乡自治公所所有文卷房屋物件及用余银数,由各该主管人造册呈送县知事验收,由县知事委任本市乡士绅保管之。第六条,市乡公款公产及其收入款项现由市总董或乡董经理者,改由县知事委任各该市乡士绅经理之,前项经理,士绅按月造报,准第三条第二项办理。第七条,市乡现已举办之各项公益事宜,由县知事委任各该市乡士绅继续办理,委任员数得由县知事酌量事务繁简委任之。第八条,凡现充自治委员或市董事会职员及乡董乡佐,管理公款公产而未得县知事继续委任经管者,非交代清楚,不可擅离职守,如有侵蚀情事,即予按律追办。第九条,全县地方现设之自治机关一律停办后,由县知事将接收日期汇报省公署查考。《苏省停办自治之执行细则》,《申报》1914年2月14日。
②《苏省停办自治之执行细则》,《申报》1914年2月14日。
③《接收自治机关办法》,《申报》1914年2月13日。
④《接收自治机关之手续》,《申报》1914年2月14日。
⑤《南京政闻录》,《申报》1914年2月16日。

公司致前市政厅董事会的函件中,亦如是说:"尊处市政厅另改名称,已归官办,所有上年底尊处向敝公司押款规元二万五千两,现在既归公家办理,此款应得厘楚,以清界限。"①

虽然江苏省在下令停办自治机关的同时,还就某些地方必办事项做了补充说明,②但是,并非所有的地方事业均能赓续办理,特别是在附加税通归省财政厅支拨之后,地方事业陷入困顿。如扬州江都县农务分会开办无资,因请县署在自治机关附加税之中拨给部分经费,而省令是,附加税已拨充行政经费,不能拨用。③ 因此,地方人士为争取办理地方事业的主动权,把争取附加税的支配权作为一个重要目标。吴县教育会以附税名目取消,入款提归省库,地方教育公益事业恐致停滞,亟应研究维持方法为由,特定于7月9日下午三时邀集各市乡教育会会长、学务委员及学款绅董并县立各校校长,在吴县教育会事务所开特别大会。④ 太仓县公款公产经理稽核士绅陈某等则具禀县知事请转详省署,认为"地方附税一项系人民自行担负,以为地方教育、慈善、积谷、河工各项善举之用",理应归诸地方管理。⑤ 亦有人借助舆论发表意见:"前此自治名目取消,政府曾声明地方教育及公益各事照常进行,省长亦力任维持,此自治之所以不尽消灭也。今因地方税名目取消,而饬将地方收入,由省支配,将来之支配如何,诚不敢事前逆料。收缩与否且缓论,惟当此通盘筹划之际,支配决非一时所能了如,必俟其确定而后支用,则事业之停滞已多。……当道既有维持之宏愿,又有通饬照常进

① 《停办自治机关之余闻》,《申报》1914年3月4日。
② 在地方教育事业方面,韩国钧函电各县知事说,自治机关虽奉令停止,但地方教育仍应积极进行,该县市乡设立各学校,务照地方行政预算支拨经费,毋稍停滞。(《南京政闻纪要》,《申报》1914年2月12日。)镇江在市乡自治机关取消后,就对学务与善举两项做了较好的善后工作,该地善举原来向由同善、安仁各善堂经办,学务则由市乡自治机关向公署领取附加税提拨,自治机关停办之后,学款由知事署支配,按期分拨,所节省之自治机关用费则仍归公益之需。(《自治取消后之办法》,《申报》1914年2月16日。)又如,在瓜州东岸至扬子桥一带圩岸的修筑问题上,因前瓜州市总董沈廷铭、善里市议长刘世廉等曾经呈请县知事转恳省长拨款兴修,自治机关虽然停止,韩国钧仍饬令县知事在解省附加税内如数支拨。(《瓜州修圩费有着》,《申报》1914年4月25日。)
③ 《附加税不能拨用》,《申报》1914年3月21日。
④ 《苏垣教育会定期开会》,《申报》1914年7月8日。
⑤ 《江苏又有力争附税者》,《申报》1914年7月8日。

行之誓言,其必能鉴此苦衷也乎!"①

县市乡制被取消,地方精英再一次被排除到体制之外,地方事业之创办撤掉了一股重要的力量。没有自治制这一合法渠道,地方精英马上感受到一种前所未有的压抑。

当袁世凯政府停办地方自治时,并不见江苏地方人士的反对之声,这种局面之出现,大概与前此一段时间自治职员选举过程中层出不穷的舞弊与不法行为有关。既然政府是暂停地方自治,人们寄希望于新的自治制。然而实际情况却是,旧制已废,新制未立。因为袁政府迟迟不颁布新的自治法令,人们则开始怀念已经停办的县市乡制了。"各县办地方自治,诚不敢谓其处处得力,然其利赖地方亦自不少。今撤销将及一年矣,据各地报告,因自治废而停闭学校者有之,因自治废而农田水利道路工程无人顾问者有之,因自治废而地方秩序荡然,伤风败俗之事公行乡曲,而无人为之董正者有之,夫不欲授人以权,亦宜尽力行使官权,以弥其阙,今则因不自治而遂不治矣。恢复!恢复!改良!改良!迟之久,迟之又久,杳乎!未有闻民未享自治之福,先受不治之苦,民怨气有所归哉!"②

在自治机关停办的同时,政府透露出此次停办只是暂停,而非终止的信息。当湖南民政长拟将自治经费提请省用时,遭到内务部的拒绝,"今自治虽奉令停办,其机关仅一时中断,并非永久废止,本部正在厘订新章,自治机关转瞬即将重组"③。袁世凯在召见某国驻京公使时亦说:"中国国体已永决为共和,自不能无立法机关,惟各旧机关既不良善,自不能(不)舍旧谋新云云。"④此为袁氏之自治制出台埋下了伏笔。

因为前此一段时间办理地方自治效果不佳,对于将来推行什么样的地方自治,官方进行了一次讨论,《地方自治之最近主张者》一文对各省意见做了如下总结:

严格监督:湖南民政长对于自治制度,主张采严格的官督自治

①《市乡用款可停滞耶》,《申报》1914 年 6 月 26 日。

②《地方自治之去思》,《申报》1914 年 7 月 21 日。

③《内务部保存自治经费之坚决》,《申报》1914 年 3 月 3 日。

④《民国近今两要题》,《申报》1914 年 2 月 20 日。

制。其理由谓我国自治制度发生五载，于兹未见自治之效，首蒙自扰之害。官厅发一布告，自治会每以有碍商民，不便施行为词，不知受人指挥，甘心反对。收税则从中渔利，办事则朋比为奸，尤其小者。今若改订，非严格监督不能收效监督之责，县知事负之，县知事对于该会有指令改革及惩戒议员之权，冀清流弊而收实效云。

折中干涉：陕西内务司长杨开甲来电，对于自治主张采用折中之干涉。略谓近来民气大开，法律智识亦其进化，倘采严行监督，非共和原意；若采放弃主义，非目前所能，舍折中干涉外，别无良法。惟应注意者，即扩张县知事之权限。民国成立，凡县知事应有之权，如判断词讼、征收钱粮，捕拿盗贼，均放弃责任，甚至匪势危迫，弃城而逸。现既重订，非使知事有监督之权，断难见效云。

变通办理：闻某司员上书内务部，废弃自治制度，规复旧时保甲。所陈利害，切中时局，故日前考试县知事时，朱总长以之命题，……①

总体来看，舆论较倾向于保守地对待地方自治。另外，古德诺亦宣扬当时中国应该师法古代的乡官制，由富人、大地主、儒士及曾任高等文官的人组织地方参事会（省参事会、道参事会、县参事会），辅助官治之不足。"夫然后使民知所以参与政事之方，以渐扩充于地方自治之组织也，夫然后直接由民选举之参事会，或得免于凌杂也。吾窃谓中国改革，事事取法欧美，而失其自然之正治修事也。"②此亦为袁氏自治制的登台提供了铺垫。

纵观官方之态度，实以对地方自治实施限制为主，如此一来，地方自治即使恢复，必将陷入官治的泥淖。

1914年12月29日，在地方自治停办将近一年之后，袁世凯政府颁布了《地方自治试行条例》。该条例因浓厚的官治味道，而倍受后人訾议，"地方政权，一切操诸县知事"③，即便如此，仍是拖延不行。1915年

① 《地方自治之最近主张者》，《申报》1914年3月7日。
② 《古德诺氏之中国地方官制说》，《申报》1914年4月17日。
③ 《苏社社员整理省政之意见书》，《申报》1923年3月30日。

4 月 19 日,袁政府再颁布了《地方自治条例施行细则》,把地方自治分为调查、整理、倡导与实行几个时期,实则是把地方自治的推行延宕到遥不可及的未来。

事实证明,袁政府所颁布的自治条例并未付诸实施,而是成为袁世凯政府的陪葬品,"自治停辍后,续订施行条例,不久随袁政府以俱废"①。袁世凯死后,黎元洪递补为大总统,地方自治有再次复活的迹象。

三、黎、徐时期江苏各级地方自治的复活

袁世凯死后,黎元洪继大总统位,国会、省会相继恢复,此举激起了地方绅民重新推行地方自治的热情。江苏士绅亦奔走呼号,在各地县市乡掀起恢复原有自治机关的运动,民气进一步高涨。《申报》如此评论:"共和再造,民意大伸,省会已著手预备开会手续,市乡议员已有为一区域之运动者,惟事关全省,似应联合为组织之预备,有志者正在进行中。"②

袁世凯时代的结束,被江苏人民视为行政官署帝制时代的结束,有人认为县市乡会员额数众多,三年以来,人事变迁,必然难以组织,应徐缓进行。③ 但是,这种顾虑并未削弱人们要求恢复基层自治机关的热情。在恢复地方自治机关的运动中,镇江丹徒县议会走在了时代的前列,其认为自治机关在"癸丑年奉令取消,即行停办,今旧约法已奉明令恢复,则县议会自然有效,本县各议员已会议恢复之法,会议后即经杨议长将办事处仍设于万寿宫内,并将该会从前一应案牍及未完事件逐项清理,以资筹备"④。丹阳县紧随其后,该县议员王某,特写信给县市乡各议员,请开临时会议,共同要求恢复。⑤ 扬州江都县公民张某等认为旧约法已经恢复,县议会有连带效力,因请积极筹备县议会之恢

---

① 《赞复地方自治意见书》,《申报》1922 年 3 月 20 日。
② 《江苏要闻》,《申报》1916 年 7 月 20 日。
③ 《江苏要闻》,《申报》1916 年 7 月 8 日。
④ 《恢复自治之筹备》,《申报》1916 年 7 月 10 日。
⑤ 《县议员请求开会》,《申报》1916 年 7 月 14 日。

复。① 松江县议会亦积极呼应,筹备县议会恢复事宜。② 南通县会议长于振声则在有斐旅馆延请议会议员及官绅,讨论议会召集的办法。③ 上海市议会在也是园开谈话会,商讨恢复自治的问题。④ 由以上行为可见人们要求恢复地方自治的强烈心声。

为了推动地方自治尽快恢复,江苏省各团体还建立起联合组织,准备协同进行。为此,丹徒县议会函请江苏各县市乡议会发起江苏县议会通讯处(又称江苏县议员通讯处)。丹徒县的号召首先得到了松江县五库乡议会的积极响应,其在致丹徒县议会的函件中写道:

> 读七月十日申报载贵会通告,具证诸公伟见,无任赞同。敝议会自奉令取消,即行停办,三年以来,深受官厅压制,有甚于清之季世者。所有乡公所卷牍公件,均被县署接去,自治两字早成风流云散。现约法业已规复,县市乡议会为约法之一部分,当然继续有效,急图进行。若待官厅召集,则自治会固不便于官吏之行为,必至延三约四,闭会无期。此事全在吾民,以一致之行动,为积极之筹备。一面依法请求县署,发还公件。贵会拟设自治联合会,务希急起直追。……⑤

除此之外,江苏各县市乡议会纷纷致函表示赞同。如泗泾乡议员共表赞同,并建议地点设于上海。⑥ 太仓县议会公推陆元华、张文华为赴上海代表,共商县市乡议会恢复问题。昆山县对于江苏县议会通讯处之设立深表赞同。⑦ 吴江县议会推举费玄韫、周维新为驻沪县议员通讯处代表。仪征县临时县议会公推周恩均、欧阳洛书为赴沪代表。沛县议会对县议会通讯处之行为甚表支持,并表示将派员前往。⑧ 此外,

---

① 《函请筹备县议会》,《申报》1916 年 7 月 18 日。
② 《县会预备之动议》,《申报》1916 年 7 月 30 日。
③ 《议会长□宾》,《申报》1916 年 7 月 31 日。
④ 《恢复自治之谈话会》,《申报》1916 年 8 月 14 日。
⑤ 《五库乡议会答丹徒县市议会书》,《申报》1916 年 7 月 15 日。
⑥ 《泗泾乡议员复丹徒议员函》,《申报》1916 年 8 月 1 日。
⑦ 《江苏县议会通讯处之函牍》,《申报》1916 年 8 月 12 日。
⑧ 《江苏县议会通讯处之函牍》,《申报》1916 年 8 月 14 日。

还有宝应县议会、兴化县议会、江阴县议会、①金山县议会、②松江县议会、③南汇县议会、靖江县议会、江都县议会、盐城县议会、④宜兴县议会、砀山县议会、无锡县议会等,均次第函复表示赞同。⑤

1916年8月26日,江苏省议会通讯处在上海也是园召开联合大会,到会者共计上海、吴江、金山、常熟、东海、如皋、丹徒、江阴、青浦、松江、吴县、昆山、嘉定、宝山、泰县、阜宁、泰兴、沛县、宜兴、宝应、江都、太仓、川沙、奉贤、丹阳、武进、仪征、砀山、丰县、崇明、金坛、无锡等三十二县代表。有部分县虽未派代表参加,但致函深表赞同。会上通过联合会临时规约:定名为江苏县议员联合会,以江苏各县县议员代表组织之;宗旨为联络感情,交换意见,取共同促进,恢复县会之志趣;职员主要是选举干事员若干人主持会务;干事员权限在于促进恢复县会范围以内之事件,并有完全行使之职权;经费由承认各县先行筹垫,等县会恢复后,平均摊还等等。⑥

江苏县议员联合会一成立便积极开展活动。首先致电北京大总统、国务院总理、内务部总长,以及北京参众两院、江苏齐耀琳省长,以求得到行政官厅的支持。现将电稿三件摘录如下:

> 北京大总统国务院总理内务部总长钧鉴:国省会先后召集,县会及市乡自治自应连带回复,应请明颁明令,尅日恢复,以继法治而餍人望。江苏县议员联合会叩

> 北京参众两院公鉴:省县议会同时停止,今省会已奉明令召集,县会尚未同时回复,自治停顿,民意不宣,应请主持提议县市乡自治机关一律回复,迅咨政府明颁命令,以遵约法而顺舆情。江苏县议员联合会叩

> 江苏齐省长钧鉴:地方自治为宪政基础,省议会已奉明令召

---

① 《江苏县议会通讯处纪事》,《申报》1916年8月15日。
② 《江苏县议会通讯处之函稿》,《申报》1916年8月16日。
③ 《县会推定代表》,《申报》1916年8月20日。
④ 《县议会通讯处之函稿》,《申报》1916年8月20日。
⑤ 《县议会通讯处之函稿》,《申报》1916年8月24日。
⑥ 《县议员联合大会旁听录》,《申报》1916年8月27日。

集,县会及市乡自治尚未回复,法无偏废,众望喁喁,乞公主持电呈中央,迅复各级自治机关,以振法治精神,而餍人望。江苏县议员联合会叩①

同时,其还致函参众两院江苏省参众议员,请他们立即提出紧急动议,咨请政府命令各县市乡自治机关一律恢复。在致江苏省议会的函电中,则请求对县市乡自治的恢复予以主持。② 另外,县议员联合会还委托干事员杨左熙赴京请愿;通函各省县议会正副议长协力进行;通告各县议员通讯处调查各该县议员额数、姓氏及现在有无缺额,是否需要补选等情;对于县议会有未经成立者,函请各该县教育会、农会略告情形,协谋进行之法,等等。③

而联合其他省的县议会一致进行,则是该组织进一步发展的表现。1917 年,江苏县议员联合会拟联合各省县议会所举代表进京请愿。是年 2 月 11 日下午 2 时,各省代表在北京开会,到者有福建、湖北、江苏等三省代表,并得十二省表示赞同的复函。会议提出议案四条:一是函请各省县会速推全省代表于 3 月 1 日以前来北京请愿;二是具呈国会请愿,迅速恢复自治原状,以餍民望;三是设立请愿恢复地方自治代表通讯处;四是北京通讯处费用暂由江苏、福建两省代表筹垫,下次开会议决公摊等。④

就整体情形来看,恢复自治运动主要是苏南各县,苏北地区热情不高。如通海地区各县就没有派代表参加全省各县议员联合大会。为此,通海旅沪公民张吉丞、沈邦桢等致函本籍各级自治机关,极表遗憾与鞭策:"吾通海素号开化之区,距沪咫尺,交通之便利,消息之灵通,实为全省各县冠。且辖地不广,可朝呼而夕应,召集同人计议进行,事甚易易。诸公之对于沪县议员通信处,毫无表示,慑于前此之积威耶,抑别有原因欤? 诚百思而莫得其故也。然亡羊补牢,犹未为晚,兹届地方自治将行回复之时(得确息与省会同日召集),一切筹备宜着手进行。

若再悠游林下,置若罔闻,必待令始动,不特于组织上之手续,至多仓卒不及之虞,而天职上之责任,恐亦难免。群情之诘难,且向日号为开化之名誉,亦即与之俱堕。"① 但是,苏北的情形也不能一言以蔽之,如淮安县,在地方自治被停办之前,自治机关尚未建立,此次面临复活,则能积极接受苏省县议员联合会的建议,由淮安县教育会、农会协助组织。② 而丰县则被称为自治恢复的好模范。原来,丰县县议会在取消期间,得到县知事孙君的维护,根基得以保存,值恢复之际,积极而迅速。③ 有论者"讷"还专门著文对此一模范进行表扬。④

在这次声势浩大的自治恢复运动中,除了江苏县议员联合会的努力外,还有上海地方自治研究会、上海策进地方自治会等组织。

上海地方自治研究会由上海县公民沈润挹、贾季英等发起,宗旨在于"为地方谋公益,为自治求进步"。该会草章如下:

> 一、定名:上海地方自治研究会,集合全县公民组织之。二、宗旨:联络感情交换意见,研究地方自治事宜,以促进改良为志趣。三、权限:凡关于地方应兴应革事宜,有共同讨论,随时陈请之权。四、会费:由发起人担任,暂不收费。五、会员:凡有公民资格者,由会员二人以上之介绍,均可入会。六、职员:先选举干事员若干人主持会务,其各项职员暂不设置。七、会期:每年开大会一次,每月开常会一次,如有发生特别事件,由会员若干人以上之请求,得开临时会。八、会所:假定也是园。⑤

与县议员联合会相比,该组织规模较小,会员主要来自上海县,提议也相对缓和,以研究自治为主,故而比较容易得到政府的认可,"今上海自治研究会已膺政府之认可,或者政府以人民程度为不足,故许其研究而未许其回复,然而上海人得此,亦聊胜于无矣"⑥。但是该组织因为

---

① 《通海旅沪公民张吉丞沈邦桢等致本籍各级自治机关书》,《申报》1916 年 9 月 3 日。
② 《淮安县筹备自治之报告》,《申报》1916 年 9 月 20 日。
③ 《恢复地方自治之好模范》,《申报》1916 年 9 月 26 日。
④ 《丰县之自治》,《申报》1916 年 9 月 26 日。
⑤ 《发起地方自治研究会》,《申报》1916 年 9 月 5 日。
⑥ 《自治研究会立案》,《申报》1917 年 2 月 28 日。

得到上海士绅的支持,能量并不小。

1917 年 3 月 2 日,上海自治研究会开会,并邀请前内务总长孙洪尹、国货维持会会长王文典演说。① 政府的认可及孙洪尹等人的演说进一步激发了人们对地方自治研究的热情,各地纷纷设立自治研究会或分会,如苏州、②无锡、③丹阳、④溧阳⑤等县,皆有自治研究组织的创设。

策进地方自治会亦是上海一地的组织,是由该县公民谢强公发起,以联络客民,对地方自治共策进行,以期推动地方自治的实现。⑥ 因此,该会亦可视为地方自治研究会的姊妹会,有相互补充之妙。在开会时,谢强公进一步阐述此一组织的宗旨:"现今共和复活,国民责任繁重,对于地方皆有应尽之义务,欲食共和幸福,须从自治做起来,欲求完全自治,须从剔弊着手,鄙人发起是会,即本斯意。"⑦由此可见,策进自治会的主要目的在于探究以往地方自治之弊端,以策进美好制度之恢复。策进地方自治会不但关注本地方的自治事业,对国内外局势亦倍加关注。1917 年 3 月 11 日,上海策进地方自治会邀请地方各团体讨论当前外交问题,会后致电北京大总统国务院参众两院:"外交危迫,本日特开大会讨论利害,加入协约国实背民意,国民誓不承认,电请遵从民意,勿徇私利,以固国本。"⑧这表明,该组织已经超越了区域限制,力图成为更广范围内的民意代表。

在苏南要求恢复自治运动的影响下,苏北也有联合组织的成立。如地方自治促进会,该会发起人即前番反对选举金钱运动之徐淮海松四属省议员,会址设在龙王庙堂子巷。驻会干事为许苏民、刘伯昌、杨友熙等。"据闻该会徐淮海松四属议员仍抱定打破金钱运动选举之弊,以达人才选举之目的。"⑨

①《自治研究会开会记》,《申报》1917 年 3 月 3 日。
②《自治研究会成立》,《申报》1917 年 3 月 7 日。
③《自治分会成立》,《申报》1917 年 3 月 11 日。
④《自治研究会开会记》,《申报》1917 年 3 月 14 日。
⑤《自治研究会成立》,《申报》1917 年 3 月 27 日。
⑥《发起策进地方自治会》,《申报》1916 年 9 月 10 日。
⑦《发起策进自治会续纪》,《申报》1916 年 9 月 12 日。
⑧《策进自治会讨论外交问题》,《申报》1917 年 3 月 12 日。
⑨《地方自治促进会》,《申报》1917 年 2 月 10 日。

　　总之,在此一阶段,江苏地方精英无疑成为自治恢复运动的主角,他们在各地纷纷建立联合组织,或以恢复旧自治制为目标,或以研究地方自治为宗旨,总体上表明人们对地方自治认识的加深。

　　受民间自治恢复运动的感染,江苏地方行政官厅也有所表示,但是显得顾虑重重。在省行政官厅看来,地方自治复行举办已刻不容缓,只是停办时久,一切经费挪用殆罄,一时恢复恐怕不易。但在听说中央将有明令恢复自治之后,为防止临时措办不及,齐省长在1916年7月29日通饬各县知事,先期预备,"各县知事,迅即查明各该县,自地方自治停办后,每年收入自治经费若干,支用于地方公益事宜者若干,抵作他用者若干,现有存款若干,限十日内分别详列细册,报明核办,毋稍漏延"①。接命令后,松江县李知事请各自治委员,在十日之内详细开报市乡自治经费年来收入支出及现存数目,为改组市乡议会的预备。② 无锡县公署则调查自治停办后的余款。③ 镇江丹徒县公署则规定所有丹徒县地方自治经费不得挪为他用。④

　　但是,从中央政府一再拖延的态度来看,其对县级自治机关的恢复似乎并无兴趣。在地方吁请之下,中央最初的反应是恢复前清旧制。⑤ 这引起江苏绅民的强烈不满,江苏县议员联合会赴京代表杨静山认为,县议会恢复前清旧制有阻本省白治之进行。⑥ 并致函江苏县议员联合会,将此情况加以通报。当接到杨静山的信函后,江苏县议员联合会马上召开谈话会讨论此事。⑦ 结果一致反对当局此一行为,认为"谘议局章程之不能适用于省议会,犹府厅州县自治章程不能适用于县议会也"⑧。论者"宇"对此一事件评论是"前清地方自治之旧制,不能适用于今日,此显而易见之事也。盖前清为专制时代,前清之地方自治集权于县行政官,虽曰自治,仍专制之自治也。以专制之时代而欲行自

①《苏省地方自治之筹备》,《申报》1916年7月30日。
②《规复自治之预备》,《申报》1916年8月3日。
③《饬查地方自治停办后余款》,《申报》1916年8月5日。
④《通令禁挪自治经费》,《申报》1916年8月26日。
⑤《恢复各级自治之京讯》,《申报》1916年8月30日。
⑥《县议员联合会之要函》,《申报》1916年9月2日。
⑦《县议员联合会定期集议》,《申报》1916年9月7日。
⑧《商量恢复地方自治之制度》,《申报》1916年9月8日。

治,不得不订如此之自治制。今则为共和时代,而非专制时代矣,如谓共和时代之自治,仍可沿用专制时代之旧制,其将来何以解于共和之真义乎? 此而曰可,则共和二字,亦可以专制二字易之矣,其如世界仅有共和民国,而无专制民国何?"①在另一篇文章中,他还对赞成恢复前清旧制的人进行了严厉的批判。② 在官绅博弈的过程中,实质上是把自治恢复一事搁置下来。最终,中央政府认为,以往地方自治之所以"成效未彰,非自治之不良,实由于立法未周,易滋误会,废止不举"③等故,因而"拟将各项自治法案从速编订,提交国会,议决施行"④。这不啻于又一拖延之法。

在反对恢复前清旧制的同时,江苏省县议员联合会提案争取恢复民元暂行县市乡制,但是该提案需要经过参众两院、国务院、内务部等复杂程序,在政府对此并不感兴趣的情况下,结果必然导致拖延现象。当省议会向江苏省公署转请恢复自治机关时,省公署的回复是"查恢复各级自治机关一案,业经国务会议,议决缓议"⑤。镇江县议会先遵省电,进行筹备,已布置就绪,后因部令暂缓召集,所以并未正式开议。⑥ 在《自治延宕之真因》一文中,有人如此评价:"参议院恢复自治议决案之提交复议也,政府固谓拟将各项自治法案从速编订,然是项法案今方经由国务院会议,退回内(务)部修正,既使内务部迅速办理,而修正后之程序,既须经过国务会议提出两院,而议决而公布而著手筹备,其施行之期,正不知何日,而况内务部之修正,尚未闻有所进行耶! 政府之处理此事务,取纡徐为妍,已辜国民之望矣!"⑦

不久,内务部致电各省,命令各省分三期切实调查各地现在情形。在第一期内,调查地方原有公益事业办理情形及公款、公产的管理方法;在第二期内,调查自治事业因革兴废及自治经费的筹办方法,并收

① 宇:《旧制之不适用》,《申报》1916 年 9 月 14 日。
② 宇:《专制之臭味》,《申报》1916 年 9 月 15 日。
③ 《大总统地方自治法令》,《政府公报》1917 年 1 月 20 日。
④ 《恢复自治案又交复议》,《申报》1917 年 2 月 9 日。
⑤ 《恢复各级自治机关之失望》,《申报》1916 年 10 月 31 日。
⑥ 《会议回复自治问题》,《申报》1917 年 1 月 26 日。
⑦ 庸:《自治延宕之真因》,《申报》1917 年 2 月 22 日。

入成数;在第三期内,调查自治事业停止继续及自治经费保存移拨情况等。并将"利弊得失之所在,比较指陈,造具清册,随时承转咨部,以资考鉴"①。当内务部要求各省对地方自治发表意见时,江苏省长齐耀林在复内务部电文中说:"自治制度,各国不同,要在体察国情,方能导扬民气。前清自治章制,取法东邻,行之数年,不无扞格。弊在分区过多,资格过宽,员额过繁冗,监督过于放任。成事不说,来轸方遒。及此厘订之初,应有折中之论,拟请规定办法,以组织县地方自治为第一期,俟完全成立,再就其县酌划第三四或五六区,定名为区自治,不必再标为城镇乡名称,以杜争议。至资格、员额、监督三者,皆为重要问题,因噎废食,固属不宜,得鱼忘筌,尤非真谛,深望权衡至当,制定良规,自治前途庶其有豸!"②齐之言论对江苏省恢复民元县市乡制的运动无疑是一种打击。

因此,就行政官厅之态度来看,对地方自治之恢复并无诚意。仅无穷尽的讨论就把地方自治陷入长期的延宕之中。怪不得江阴县参事代表费洪声痛陈:

> 吾江苏之县自治,继省自治而组织通讯处,而成立联合会,兹一年于兹矣。其间请愿于省会,省会非不介绍也,而省长则以未奉命令为辞!请愿于国会,国会非不建议也,而开议又以重行组织为辞!千呼万唤,尚未产出,⋯⋯今幸矣,齐省长上意见于内务部,对于自治以组织县自治为第一期;五月八日之阁议,又以县市乡制决交国会;吾知一转瞬间,其范围自治当然产出,吾于未回复之前,为自治之旧议员勉急起直追,踵省自治而发起县自治之研究会,省政既需研究,县治转付阙如,可乎哉?③

1917年之后,中国政局进入更加动荡的时期,府院之争余波未平,又有张勋借调停府院之争复辟帝制事件。大总统黎元洪被迫躲进外国使馆,江苏督军、副总统冯国璋代理总统职务,联合段祺瑞声讨张勋。

---

① 《内部分期调查各省自治》,《申报》1917年3月29日。
② 《苏鄂滇三省长之自治意见》,《申报》1917年5月4日。
③ 《费鸿声之县自治感言》,《申报》1917年5月15日。

张勋战败,冯国璋出任总统,段祺瑞出任国务院总理和陆军总长,中央政府处于皖、直两派军阀的共同控制之下。两派实力军阀共掌政权,为争权夺利而钩心斗角。在这种情况下,把地方自治之恢复寄希望于中央政府,无异于痴人说梦。

就江苏省来看,仍然把自治恢复建立在呼吁当局认可的基础之上。有人在《说江苏人》一文中如此批评道:"江苏人者,事事后于人者也,证之前例,已不少矣,人皆谓宜急,而江苏人则曰需之,人皆谓宜急抗,江苏人则曰待之,至需之无可需则稍举焉,至待之无可待,则稍抗焉,此江苏人之习性也。虽然江苏人之习性即中国人习性之代表也,特江苏人为中国人中之尤甚者。"①

1918 年 2 月,江苏省议员李国铨、马骏"以地方自治恢复在即,此项经费应长款存储,以免临渴掘井"为由特别提出议案,"咨请省署重申前令,通饬各县知事一体遵照"。齐省长根据其请,通令各县不准挪用。② 但是,并不见有恢复自治的迹象。

1918 年 9 月,江苏省长再颁发地方自治编制大纲六条,内容如下:"一、上级自治县会提前办理,其选举应择限制主义。二、下级自治市乡会应采取直接选举主义。三、应以省议会选举之资格为限,以免滥竽。四、权限及公费均为限制的,监督机关为积极的。五、议员均为名誉职,不准额外增加公费。六、其预算制须经上级官厅照会计法核准。"③在此一大纲中,可以看到限制颇多,进一步突出官厅监督的作用。然而,在无实际行动的情况下,此仍不啻于一张空头支票。

1918 年,在民国政府第二届总统选举中,冯、段矛盾尖锐,徐世昌渔翁得利,于是年 10 月出掌中央权柄。以非军阀背景的徐世昌出任总统,给人以自治恢复的新希望。江苏省议会对地方自治的关心也增加了不少,在当年江苏省议会第五号议事日程中,即有多项议案涉及地方自治问题。如徐瀛提议请愿政府先行恢复县自治紧急动议案;顾希曾提出请咨电部速定地方自治制度建议案;屠宜厚提议恢复本省县市乡

① 讷:《说江苏人》,《申报》1918 年 8 月 24 日。
②《自治费不准动用》,《申报》1918 年 2 月 28 日。
③《奉到地方自治大纲》,《申报》1918 年 9 月 17 日。

自治并联合各省请求中央速颁地方自治法制案；宋铭勋等提议恢复县市乡自治案；盛元音提议各县应宣布自治经费案；朱积祺等提议各县带征附税杂捐，均应切实公布以维地方公益经费案；顾作宾等提议清查各县自治经费案等。① 姑且不论议决结果如何，但就如此集中提出与自治相关议案的情形，即可见地方自治与政潮之间的密切关系。

徐世昌继位后，首先忙于调停军阀之间的矛盾，希图通过南北议和达到偃武修文的目的，对于地方自治则持暂时搁置的态度。直到1919年9月，徐世昌政府才颁布《县自治法》，地方自治又有复兴的势头。但是在《县自治法》颁布后，地方自治并未立即推行。中央政府认为，当前之急务在于培养自治人才，方式则是"内务部拟于中央设一地方自治模范讲习所，俟毕业后送回各道以次推行"。对于这一方式，苏省会议员卢瀚荫提出异议，提议江苏六十县应自行组织地方自治讲习所，无须等待中央为之代谋。又有高姓议员等提议，"地方自治讲习所应由人民组织，以发挥民主之精神"，并在提案中详细分析由中央统一培养自治人才的弊端，以及由各地自行培养自治人才的益处。② 比较中央与江苏议员所提两种方式，后者更加适合于江苏省，既然自治为当前之急务，辗转传授不如就地办理。由此亦可以揣度中央政府的诚意。果不其然，江苏省的建议并未被采纳，中央仍坚持设地方自治模范讲习所，各省选派人员进京培训。实际情况正如所预料的那样，自治人才培养的速度明显降低了。就江苏来看，1921年1月，才有江苏金陵、沪海、苏常、淮扬、徐海五道筹设自治讲习分所之说。③ 1921年4月，又有苏常道自治讲习分所之设立。④ 如此培养自治人才，真不知何时才能普及。但是，既然中央有所表示，江苏省绅民也就未放弃恢复县制的希望，并在此后一个阶段又有进一步的活动。

第一，苏社及其他地方自治组织的成立。1920年4月1日，江苏地方人士鉴于本省各项事业渐落后于他省，遂由张季直、韩紫石、黄伯雨

①《苏议会之第二次大活动》，《申报》1918年10月10日。
②《苏议会对地方自治之提议》，《申报》1919年12月13日。
③《筹设道自治讲习分所之省批》，《申报》1921年1月5日。
④《道自治讲习所开学》，《申报》1921年4月17日。

等十八人筹商,分函各地同志,共同发起苏社。宗旨在于谋江苏地方自治之发展,并以实业、教育、水利、交通四者为应,且郑重声明,"不涉政党,不为私人利用,不与官治为敌"。后经各地同志复函加入,定于5月11日在南通开成立大会。

松江县为此特建立地方自治筹备会。其宗旨为促成地方自治,废除障碍地方自治之制度,研究地方自治学,唤起全县公民注意地方自治。① 上海市公民姚文枬请求恢复上海南市地方自治,公民吴履平等则要求收还上海闸北两市自治款产,等等。②

第二,江苏省会议员亦主张恢复地方自治。江苏省议会部分议员认为,1920年为恢复地方自治的最佳时机,"近段徐失败,安部逃亡,刷新政治,此其时也。然以武力铲除武力,吾民若不乘此时机,自悟自决,从严监督,难保有武力者不再受此客播弄,酿成二次军阀之争"。因而提出四点主张:裁减军队,取消军阀傀儡之安福国会,恢复县市乡自治,省县行政长官概由民选。对于地方自治的恢复,其表现出更大的热情,"吾国县市乡自治,自被袁逆非法取消后,万恶官僚,视此为愚弄吾民压抑吾民之良好时机。故七八年来,从无提及恢复者。共和其名,专制其实,腾笑外人,贻祸苍生,莫此为甚。宜从速恢复县市乡自治,以符共和之实"③。

1920年10月,又有关于政府制定自治推行时间表的说法,"政府决定于下月实行地方自治,以本年七月一日起,至本年十二月三十日止,为筹备时期,明年一月起,为试办时期,明年七月起,为实行时期,至民国十二年十二月,为普及时期,内务部已预备顺序,施行计划,并于九年度预算,增加地方自治之经费"④。不久,内务部又咨行各省说:"筹备自治,为现在紧要之举,对于潮流所趋,自须积极进行。各地方所原有之自治经费,应饬所属妥为保存,以待举办自治之用。兹定十年一月起,先将县自治提前恢复,至十年七月,则各地自治机关,须依次成立,务期恢复二年时自治之状况云。"⑤另有电报说:"内部订明年元旦起,先将省

①《松江地方自治筹备会章程草案》,《申报》1921年1月13日。
②《电请恢复自治》,《申报》1921年1月15日。
③《苏省议员之四主张电》,《申报》1920年8月8日。
④《实行地方自治先声》,《申报》1920年10月23日。
⑤《政府筹备自治消息》,《申报》1920年11月8日。

自治恢复,七月朔起,各地方自治机关,依次成立。"①总之,江苏省绅民关于恢复自治的呼声在此一段时间充斥文末报端,对当局产生极大影响。

在恢复地方自治的声浪之下,中央拟召开地方行政会议,由各省派代表讨议自治恢复事宜。对于此一行为,人们并不买账,有人揭露说:

> 自治必先有办法,今日之办法,中央方召开地方行政会议,待各省派员赴京,而后会议,会议之后,又须经若干手续,则办法之公布,遥遥不知何日也。

> 自治必先有经费,然从前之经费,各地早已挪用罄尽,欲另筹的款,而各省财政之穷,又如出一辙,则欲经费之有着,又遥遥不知何日也。

> 如此情势,而欲待官力以希望自治,则自治之恢复,安有希望!故今日地方人士果热心自治者,惟有就已成之办法,固有之款产,而尽力自谋之,向之办有基础者,就其基础而扩张之自治,乃得早日实现。……②

此文进一步揭露了中央政府拖延恢复地方自治的行径。

对此,北京政府张内长的解释是,政府对于地方自治并无阻挠之心,主要是各省对地方自治之范围要求不同,难以制定一部让各省都满意的法令,因此延宕至今。③ 既然制定让各省都满意的法令被政府视为当时复活地方自治的主要障碍,人们的目光开始集中到地方自治法的制定上。根据中央命令,负担此一任务的机构是地方行政会议。1921年5月6日,中央地方行政会议召开,第一议案即内部提出之《县自治施行细则》。④ 该条例共21条,对县自治法的施行做了详细的规定。⑤ 同时,该会还制定了《县议会议员选举规则》《市自治制》《乡自治

---

① 《北京电》,《申报》1920年11月29日。
② 《上海之自治》,《申报》1921年1月15日。
③ 《张内长之选举自治谈》,《申报》1921年2月19日。
④ 《北京电》,《申报》1921年5月7日。
⑤ 吹万:《北京通信》,《申报》1921年5月15日。

制》等。但是这些条例很快便引起人们的质疑,江苏省议员徐瀛于5月28日致电北京内务部地方行政会议,诘问市乡自治为什么反而不如前清城镇乡自治制。①

一个署名"默"的人在《申报》上撰文写道:

> 中央新公布之自治制,在人民视之为非法,不过一种缓和自治潮流之作用而已,无研究内容之价值也。然即宽一步以论,政府纵有实行自治之诚意,此次行政会议纵为合法之会议,所议决之自治制纵为依据民意之自治制。而以自治之原理言之,市之组织各地情形不同,各有个性之存在,非普通市与特别市两种所能包尽,若必欲强立一法,以范围一切,表面上非不整齐划一,然究其实际,则终不能强使一律执行,既行亦足以阻碍其个性之发展。故与其立一有名无实之法,徒供人指摘,则毋宁听任民自谋之,为愈盖欲以自治制缓和自治潮流,用意故非,即欲以自治制迎合自治潮流,亦未为得也。②

可以说,中央地方行政会议召开并颁布新制是自治被停止后中央政府又一次恢复自治的表示,但因新制中官厅色彩过于浓厚,遭到地方人士的强烈反对,并由此卷入了一场是执行新制还是恢复旧制的争论之中。

四、江苏地方自治的恢复问题

在新市乡自治制制定的过程中,江苏省议会认为内政部所召集地方行政会议几乎被各省省长代表所控制,省议会代表几无发挥作用之余地,为防止被利用,江苏省议会首先撤回代表。③ 这实际上表明,江苏人对此次会议所制定新自治制度并不认可,这一点为此后的新制与旧制之争埋下了伏笔。事实上,在新自治制颁布之后,并未马上付诸实施,就上海县来看,"今岁九月,始奉县知事训令饬调查,如有可以施行

---

① 《南京快电》,《申报》1921年5月29日。
② 默:《新自治制》,《申报》1921年7月8日。
③ 《苏省会议撤行政会议代表》,《申报》1921年5月26日。

自治者,先行认定,切实声叙呈复,以凭核转。当将可以施行自治情形,切实声复在案,事隔数月,尚未奉到指令施行之期,故尚未着手筹备,合即奉复"①。

1922 年 1 月,开始有人在报纸上揭露政府自治言论之虚假。② 更有人警告,慎勿为非驴非马之官僚式的自治所迷惑。③ 根据内政部 1921 年 8 月 13 日电,江苏省长对江苏省恢复地方自治的条件及筹备情形做了一个大致的概述:

> 查苏省滨江界海,本为文化之区,民智开通,多数倾心于自治。惟各县原有自治经费,前经令饬查复,均以民国三年自治停办后,移作他项用途,现图自治恢复,亟待设法筹还。适值上年各属水灾,地方凋敝,求饥拯溺之不遑,更难别有所筹集,虽同抱依法程功之愿,寓多怀无米为炊之忧。迭经令催各道尹,调查所属各县,凡可以施行自治者,均令切实认定具报,其实系被灾经费难筹各县,姑准暂从缓办,仍随时筹备进行。兹据各该道尹先后分别呈报前来,本省长复核无疑。除将未能施行自治之县,令准暂缓一年为限外,相应分别开单咨送。所有认定施行自治县分,即希查照县自治议员选举法所定程序,以本年四月一日为施行日期,转呈公布,俾资筹备,实纫公谊。调查表册,俟另案咨送,合并声明。④

经调查,认定之各县有江宁、六合、句容、溧阳、金坛、上海、松江、崇明、青浦、南汇、金山、川沙、太仓、嘉定、宝山、奉贤、吴县、常熟、昆山、吴江、武进、无锡、宜兴、江阴、靖江、南通、如皋、泰兴、淮阴、江都、仪征、东台、泰县、宝应、铜山、萧县、砀山等三十七县,江苏省因拟请转呈大总统教令,以本年四月一日为自治施行日期。展缓之各县有溧水、高淳、江

---

① 《市经董答复询问自治函》,《申报》1921 年 12 月 25 日。

② 讷:《元旦自治令》,《申报》1922 年 1 月 4 日。

③ 《恢复自治与市政督办》,《申报》1922 年 1 月 17 日。

④ "以地方自治,所有施行区域及施行日期,亟应呈请公布实行,嘱为迅速调查,将可以施行自治之县分,先行认定电达,并照调查册式造具表册,另案送部,其余暂时未能施行县分,可俟具有施行之资格时,随时咨部,呈请公布"。《苏省施行自治之筹备》,《申报》1922 年 3 月 3 日。

浦、丹徒、丹阳、扬中、海门、淮安、泗阳、涟水、阜宁、盐城、兴化、高邮、丰县、沛县、邳县、宿迁、睢宁、东海、沭阳、灌云、赣榆等二十三县,拟准暂缓一年施行自治。① 非常明显,暂缓者以苏北各县为主,苏南基本上能够按时筹办。

根据以上江苏省长的呈文,其意图按照内政部所颁新制在江苏推行地方自治,这与江苏人要求恢复暂行县市乡制(旧制)的呼声产生冲突。

先是江苏各县议会及团体纷纷响应恢复旧制。1922 年 3 月,上海县议会通函全省各县议会,呼吁恢复民国三年(1914)被袁氏解散之县议事会。② 不久,常熟县第一届县议会议员狄恩霖等致上海县议会,主张沿用元年制:"缘我国自癸丑以还,地方自治,本由中央以命令停办,即今日无难以命令回复,正不必舍旧谋新,强人民以未完善之法制,使各级自治团体,亦如国会之发生新旧疑问也。……翌年(1921)六月,始由部召集地方行政会议,惟于根本法并未遵令修正,谨将县自治法施行细则,及县议员选举规则,省参事会条例,乡自治与市自治法等草案,提交会议。我江苏省议会,以所议各法不完不备,当开议省参事会条例时,即电部反对,撤回代表。第三届省议会成立,复一致否认省参事会预算案,咨还省长,是我苏对于中央,实无民意公认之地方法案。施行自治,与其强制更张,转为省宪期成之口实,孰若暂行旧制,可免另案筹备之纷歧,况停办之与复活,原为对待。则主张沿用元年制,似较有充分理由。"③吴县各社团集议,号召恢复旧县议会。④ 松江、青浦、泰县、金山、⑤宝山、太仓、⑥阜宁、常熟、⑦沭阳、灌云、⑧嘉定、太仓⑨等县,纷纷响应,主张恢复旧制。

<hr>

① 《苏省施行自治之筹备》,《申报》1922 年 3 月 3 日。
② 《江苏自治之鼓吹声》,《申报》1922 年 3 月 16 日。
③ 《赞复地方自治意见书》,《申报》1922 年 3 月 20 日。
④ 《恢复旧县议会之运动》,《申报》1922 年 3 月 30 日。
⑤ 《又有四县主张恢复县自治》,《申报》1922 年 4 月 6 日。
⑥ 《恢复县议会之继续响应》,《申报》1922 年 4 月 9 日。
⑦ 《又有三县赞同恢复县自治》,《申报》1922 年 4 月 13 日。
⑧ 《关于恢复县议会之函牍》,《申报》1922 年 4 月 15 日。
⑨ 《又有二县赞成恢复县议会》,《申报》1922 年 4 月 16 日。

江苏县议员联合会的提倡增加了恢复旧制的砝码。在 4 月 22 日的会议上,该会提议各县应采取一致态度,方家珍认为:"地方自治,以议会为主体,但亦有良否? 官治分子多,民治分子少,诸君请注意组织善良之团体,乘此机会,尽力做去。"梁鸿卓则道:"本会主张恢复,不是反对中央命令,只因中央所布之令,不适用于现在。故主张恢复旧会,本会不是命令取消的,是无形解散的,最要之点,在主张恢复自治之决心,积极进行,咨请省长,恐未必违背民意。"陈传德说:"各省比较起来,以江苏自治为最善,现在遵照命令做事,从前是停顿,现在是继续,并无违反命令之处,以本人地位论,恢复职权,亦是人民应尽之义务。"①据此,县联合会拟派代表赴省请愿一致恢复旧制。② 同时,江苏县议会联合会还致江苏六十县各法团函电,请求主持公道,协力进行恢复民元旧自治制。③ 并要求江苏诸父老昆弟赞助。④ 5 月 22 日,县联会代表赴南京省议会,以"自治新制,官治太重,民治太轻",请愿恢复旧自治制。⑤

其中,亦不乏个人与舆论界的呼吁,如松江教育会会长张芝请恢复旧县市乡议会。⑥ 国闻通讯社亦云,"推行自治之实行方法,各方面尚多意见,最重要者,即一部分人士,颇以为政府所颁行之自治法规,实系违法性质,宜由苏省议会自订法条,以重民意"⑦。

对于新制与旧制之争,有人指出"近者苏省以自治之施行,起官民之争执,在人民方面,则要求恢复元二年之条例,在官厅方面,则筹备中央行政会议议决之条例,盖一则欲实行民治的自治,一则欲制造官治的自治,根本相差过甚"⑧。时人曾如是评价:"地方自治一问题,究竟何时解决乎? 县自治也,民曰恢复,官曰新组;自治筹备处章也,民曰单行章程,官曰部令;特别市自治也,民欲速复,官则主缓。"⑨这些生动地反映

---

① 《江苏县议员联合会纪》,《申报》1922 年 4 月 22 日。
② 《江苏县联会致省会电》,《申报》1922 年 4 月 25 日。
③ 《县联会致全省各公团函》,《申报》1922 年 4 月 29 日。
④ 《江苏县议员联合会继续开会宣言书》,《申报》1922 年 4 月 29 日。
⑤ 《县联会代表赴省请愿》,《申报》1922 年 5 月 21 日。
⑥ 《恢复旧县市乡议会之请议》,《申报》1922 年 4 月 16 日。
⑦ 《苏省自治问题》,《申报》1922 年 3 月 27 日。
⑧ 《提议制定江苏自治单行条例》,《申报》1922 年 5 月 2 日。
⑨ 无用:《问力争地方自治者》,《申报》1922 年 4 月 11 日。

了当时官民之间在自治恢复问题上的激烈矛盾。

1922年7月,内务部颁布新的市自治施行细则,①江苏省要求恢复旧县制的呼声也随之鹊起。江苏县议员联合会上书韩国钧省长,请求恢复县议会。② 韩国钧比较支持县联会建议,但认为应待省议会召开并讨论后行之,韩国钧的许诺让江苏人看到一丝希望。③

9月12日,江苏县议员联合会致电北京众议院要求迅速议决恢复旧自治制案,其中转述8月16日众议员张善与提议恢复县自治一案:"公道在人,深慰海内喁喁之望,嗣付审查,尤殷翘企,乃时逾浃旬,尚未公决。今日阅报,悉贵院定于十八日闭会,而此案尚在悬搁,殊深惶骇。总之,同属议会,贵会两次恢复,省会一次恢复,独令县会向隅,不平孰甚。当此宪法尚在审议,正式县制未定以前,惟有恢复非法停办之各省县自治,藉以发展民治。伏乞贵院将此案,于闭会前议决,以符法案,而顺舆情,自治幸甚! 全国幸甚!"④

不久,江苏县议员联合会又函电内务部,摆明了对新自治制的看法:"县自治法为第二届国会所议决,而县议员产生之选举规则,仅由贵部拟议,业经公布在案。惟比者第三届国会议员,尚以徐大总统退位而同归无效,则此项县自治法,人民更无公认之理由。况参众两院,合开宪法审议会,县制问题,正在讨论起草,第三届开会时,必有解决。然则县自治法于法律上、事实上,苟属可行,两院亦何必另行审议,其为不承认明甚。应请贵部对于各省省长咨请遵行新自治制时,加以郑重考虑,静候国会解决,勿谓案关公布,将来决无纷扰也。 自治幸甚! 全国幸甚!"⑤10月18日,江苏县议员联合会致参、众两院江苏议员电,请在第三届国会常会中,提议恢复地方自治机关。⑥

在县联会坚持不懈的努力下,恢复自治制的呼声产生了一定的效果。10月20日,江苏省署电令委派内务部模范讲习所毕业学员金克荣

①《内务部新订市自治施行细则》,《申报》1922年7月22日。
②《请求恢复县议会之新进行》,《申报》1922年7月24日。
③《县联会请愿代表返沪》,《申报》1923年7月28日。
④《县议员联合会致北京众院电》,《申报》1922年9月13日。
⑤《县议员联会对新自治制意见》,《申报》1922年9月24日。
⑥《县议员联合会致国会苏议员电》,《申报》1922年10月19日。

赴各县,对各县有关水利、风俗、交通、农业、教育、卫生、地方款产、保卫团、慈善事业、清查户口等自治事项进行调查,以为自治恢复之张本。① 江苏省议员杨而墨等提出折中办法:各县市乡议会,是应该恢复原有议会,还是依照新颁法制重新组织,宜听各县自决。② 最终,江苏省议会议决,拟于 1923 年 1 月 1 日恢复旧制。③

同时,此事还得到江苏省籍参、众议员的支持,在致上海县议会的函电中,明确指出赞同江苏省恢复自治,并在京积极运动。④ 同时指出,"内务部所订条例,未经国会议决,当然无效。现由省议会议复旧县会,系本省单行法,能否支用县款,应由各地方自决,尚希尊重民意,立予回复"⑤。

但是,江苏省长韩国钧因中央未颁明令而陷入犹豫不决的状态,此一态度对江苏地方自治的恢复产生了决定性影响。先是韩国钧伪造省议会议长徐果人的私函,"通令六十县知事禁阻县会动支公款"⑥,后是韩国钧提出另一个办法,即仿照山西办法,办理村自治。⑦ 可以说,后一种办法既不违反中央命令,又对江苏民众有所交代,可谓两全其美。但实际上已有不少县份根据省议会的决议进入实质性恢复阶段,"现苏省各县县议会,于本月已开会者,计有三十七县"⑧。其已难以忍受这种长久拖延不决的状态。

既然省长是在等待中央明令,县议员联合会又转而加强对中央政府的吁请,请其依照恢复自治原案从速公布,并对政府不恢复旧制的两个理由进行批判。⑨ 2 月 30 日,江苏县议会联合会又分别致电南京韩

---

① 《实行地方自治之先声》,《申报》1922 年 10 月 26 日。
② 《举办自治通融办法之提议案》,《申报》1922 年 10 月 27 日。
③ 《恢复县会声中之又一办法》,《申报》1923 年 1 月 31 日。
④ 《参众议员赞同恢复自治》,《申报》1923 年 1 月 10 日。
⑤ 《参众议员电促回复自治》,《申报》1923 年 1 月 11 日。
⑥ 《恢复县会声中之又一办法》,《申报》,1923 年 1 月 31 日。此一事件很快便被揭露出来,县联会曾通电如是说:关于自治恢复问题,"韩以不利己身,百端遏阻,据捏名徐果人伪函,通令全省禁支公款,迨徐声明,迄未撤销,已成故意行为"。《县联会催复自治之通电》,《申报》1923 年 4 月 21 日。
⑦ 《恢复县会声中之又一办法》,《申报》1923 年 1 月 31 日。
⑧ 《县会联会致苏籍国会议员电》,《申报》1923 年 1 月 31 日。
⑨ 《县议员联合会致众议院电》,《申报》1923 年 2 月 27 日。

省长、北京内务部,催促其恢复旧自治制。^① 是年 3 月 30 日,苏社举行大会,有社员提议说:"去岁十一月九日,省议会又议决恢复,迳咨省长,省长不负责任;咨请内务部核议,延宕至今。本年二月三日,众议院又咨催政府公布恢复自治。总之,苏省自治,议员任期未满,自应继续有效。如谓单行制不能全国统一,试问各省省议会是否单行制,此案凡在苏人,亟应共同援助,毋令官厅遏阻。苏籍国会议员既已一致赞成,岂吾社诸父老反置之度外乎!"^②可以说,苏社的加入使恢复旧制的力量进一步壮大。

同时,苏人对苏省长不敢负责的态度表示不满,^③在 4 月 18 日的江苏县联会大会上,主席李昧青指出,省长对于恢复县议会问题,全无诚意。有人提议重新请愿省议会恢复自治;有人请省议会弹劾省长,并向国会请议查办;也有人主张各县自行定期开临时会,并分别质问省长及向省议会请愿;还有人要求通电在京同乡赞助,这些提议,皆获多数人赞成。^④

与省长相比,省议会表现得比较积极,6 月 11 日,江苏省议会议决恢复县议会案,并迳咨省长执行。^⑤ 在省议会的支持下,江苏省县联合会一面致电省长迅速恢复自治,一面致电各干事出席会议讨议办法。^⑥ 并公推李昧青等三人赴宁向省署催请恢复自治。^⑦ 在多方压力下,韩省长正式通令六十县知事,恢复县市乡各级自治。^⑧ 省令下达之后,县联会即通告各县派代表赴沪,公同讨议恢复自治后之进行办法。^⑨ 可见,江苏省各县恢复旧制已成大势所趋。

至此,新制、旧制之争暂告一段落。在此一阶段,江苏省地方精英以各种方式与行政官厅展开博弈,并最终获得胜利,进一步彰显了民气

① 《县议会联会催复自治之近电》,《申报》1923 年 3 月 1 日。

② 《苏社社员整理省政之意见书》,《申报》1923 年 3 月 30 日。

③ 对于自己的态度,韩国钧曾屡次以部令示众。(《省长咨询恢复自治之难点》,《申报》1923 年 5 月 14 日;《苏省长请复县自治之部复》,《申报》1923 年 5 月 15 日;《恢复县自治之省署复函》,《申报》1923 年 5 月 30 日。)表示自己有不得已的苦衷,但是其对恢复自治态度之不坚决,已甚为明显。

④ 《江苏县联合开会纪》,《申报》1923 年 4 月 20 日。

⑤ 《省议会议决恢复县议会电讯》,《申报》1923 年 6 月 12 日。

⑥ 《恢复自治声中之县联会要讯》,《申报》1923 年 6 月 14 日。

⑦ 《县联会代表催请恢复自治》,《申报》1923 年 6 月 22 日。

⑧ 《南京快信》,《申报》1923 年 6 月 23 日。

⑨ 《省令恢复自治后之县联会电》,《申报》1923 年 6 月 25 日。

上升的事实。

五、江苏地方自治的"黄金时期"

在县自治恢复的过程中,县联会仍然起着主导作用,不但负责各县恢复自治过程中疑义的解释,[①]而且还直接指导各县自治事务的筹办,以为各县在恢复旧制时争取最多的权利。[②]

1923 年 8 月,江苏省颁布县市乡选举期限表,[③]根据期限表,江苏省的县自治恢复工作进入实质性阶段。在自治恢复过程中,因各县情形不同,不免有参差不齐的现象,"兹查颁定市乡选举事宜期限表内列县知事发给当选执照,并呈报省长,以一月八日为止;县选举事宜期限表内列县知事分配各选举区应选议员额数,发出选举告示,并呈报省长,以一月十三日为止。现在限期已满,而各县具报者尚属少数,甚至已经成立者,应补办各县,亦有延不具报。如此玩视要政,殊属不成事体"。因此,省署通饬各县"凡各级自治原未成立各县,务遵表列期限遵办;必须展期办理者,统限于文到三日内,将不能如期遵办理由,详细具报候核"[④]。如苏州就发出恢复市议事会的通知,其文如下:

---

① 《恢复县议会后之疑义》,《申报》1923 年 7 月 6 日;《县联会解释县制》,《申报》1923 年 7 月 18 日。

② 《电请诠释参事会与知事权限》,《申报》1923 年 8 月 27 日。

③ 具体内容为:甲:办理市乡选举事宜期限表:县知事查明所属应办选举各市乡分别揭示并呈报,九月十日止;选举人名册成立,十月二十日止;宣示人名册,十月二十二日;本人声明错误遗漏及请求更正,十一月十一日止;乙级投票,十二月二十一日;乙级开票,十二月二十二日;甲级投票,十二月二十三日;甲级开票,十二月二十四日;榜示当选人姓名,及知会书,十二月二十五日;当选人答复应选,或答复应何级之选,十二月三十日止;县知事发给当选执照,并呈报省长,十三年一月八日止;议员会集互选正副议长并总董董事及名誉董事或乡董乡佐,一月十三日止;议长将议事会选举总董姓名履历及得票数目册,呈报县知事,申请省长任用,及呈请县知事任用乡董乡佐,给予执照,并由县知事申请省长存案,一月十八日止;县知事给予总董事及名誉董事市乡董乡佐执照,一月二十三日止;议事会开会,二月二十一日。左列期限,凡新选及期满改选者,照此办理,其补选而同时人名册尚未逾选举期限者,仍应适用旧人名册,其旧人名册,已逾期限,或已减失者,均照规定期限办理。乙:办理县选举事宜期限表:县知事分配各选举区应举议员额数,发出选举告示,并呈报,十三年一月十三日;选举人名册告成,二月十三日止;宣示人名册,二月十五日;本人声明错误遗漏及请求更正,三月七日止;投票,四月八日;开票,四月九日;榜示当选人姓名并呈送县知事,四月十日;县知事发通知书,四月十一日;当选人答复应选,四月十六日;发给当选执照,四月十九日;议事会互选议长副议长及参事员,四月二十六日。左列期限,凡县市乡议会未成立地方,应即如期举办,其有市乡议会,已完全成立,而县议会未成立者,得将县选举提前筹办,由县知事查照表列期限,依次缩短,分别开具日期,呈报候核。(《省长定办理县市乡选举期限》,《申报》1923 年 8 月 31 日。)

④ 《通饬各县赶办自治之训令》,《申报》1924 年 1 月 21 日。

迳启者，

案准吴县公署函开本年六月二十日奉江苏省公署第 5541 号训令，迭准省议会咨请恢复旧县市乡议会。查县市乡各级自治为民治基础，徒以新旧法制争执久未解决，兹准省议会以根据去年建议案，应将各县市乡议会先以省令恢复，讨论结果，多数赞同，答复前来，自应查照，将民国元二年间全省县市乡制各级自治一律恢复，合亟通令各该县知事遵照办理，……查县市乡各级自治为民治基础，前经停办兹准前因，理应即时恢复，兹于本年七月一日遵照省令将苏州市议事会恢复，除呈报恢复日期外，相应函请查照。此致苏州总商会

苏州市议事会启　七月二日①

在县自治恢复过程中，县联会认为自治筹备处原为奉行新自治制而设定，现在该机构对于各县解释法案，枝节横生，是对地方自治推行的障碍物，请求裁撤。② 该请求很快得到省署的同意，③此又是民气大张的一种表现。对于自治恢复态度消极的各县，县联会也加以督促，"南通、江宁等八县县知事玩视通令，延不举办自治机关，昨（十日）呈请省长厉行自治"④。

至此，江苏已有五十二县恢复旧制。此后一段时间，可视为江苏地方自治推行过程中的"黄金阶段"。之所以有此结论，主要证据有二：一是因为 1912 年旧县市乡制本身具有较强的自治精神，现在各县自动恢复，原有议员亦自动复职，少了选举不法，多了实际效果。二是各县市乡自治机关在经过长时间的停办之后，更加珍视这来之不易的恢复，大部分能够就本地方之自治事务，切实办理，取得一定成绩。

以下以恢复初期的松江县市乡自治机关的活动为例做一简单分析：1923 年 10 月 13 日，松江市议长吴前枢、总董闵飞为办理选举及市

---

① 《本地七月一日起恢复议事会通知》，苏州市档案馆藏，苏州商会（民国）档，I14 - 002 - 0127 - 054。

② 《县联会请裁自治筹备处》，《申报》1924 年 1 月 5 日。

③ 《自治筹备处已裁撤》，《申报》1924 年 2 月 11 日。

④ 南通、靖江两县，旧时向有县市乡自治机关，迄今并无举动；江宁、六合、江浦、淮安、宿迁、扬中六县，旧时尚无自治机关，现亦延宕不办。《县联会呈请厉行自治》，《申报》1924 年 2 月 11 日。

乡附税问题,召集二十四市乡议董联席会。其中主要议案见下表。

1923 年松江市二十四市乡议董联席会议决案统计表

议　案	决　议
县市乡选举调查,应取如何方针案	县市乡选举调查,一致取严格主义,核实调查。
县知事行文各市乡议董事会,应用照会案	应根据民国二年(1913),经省议会修正之暂行市乡制第一百〇六条办理。
郁崇光提议组织市乡联合会案	就松市公所,设二十四市乡联合会,推吴叔子起草简章。
蒋薇章、陆元爵、杨绍时提议,撤销自治委员案	由未移交各市乡,函知县署,请知照各自治委员即行移交。
蒋薇章、杨绍时、陆元爵提议,将附税款产归自治机关管理案	由漕泾、张泽、叶榭、泗泾、钱河、小西泾、龙兴、亭林、五库、金山卫等市乡,用戴怡僧君呈稿,请县□执行。
联合会经常费案	由各市乡将县立工场借款四千之息金三百二十元,作为经常费用。

资料来源:《市乡议董联席会议纪》,《申报》1923 年 10 月 14 日。

此次会议对于松江县市乡自治的恢复有着极为重要的作用,其在选举调查的指导思想、行政官厅与自治机关之间的行文格式、肃清官治弊端、增加自治经费来源等几个方面确立了恢复时期的重要原则。

1924 年 1 月 1 日下午,松江市议会开临时会,议案见下表。

1924 年松江市议会临时会议决案统计表

议　案	决　议
审查员报告收回米捐案	审查员报告书,照案通过,应请董事会酌定办法,妥速进行(三读会省略)。
董事会交议追缴金山劝学所拉租案	应请董事会开明细账,再行严追。
董事会查复收回寿嗣双延局办理棘手案	该案即据董事会报告,催请县署谕保召佃,仍无消息,应请董事会依法诉追,以重市产。
董事会查复验看电灯公司合同案	该案前经电灯公司请定合同,现接吴董报告,该公司所执合同并非正式,应由董事会另订办法,或收回自办,或与该公司续订合同,请择一办理。

议 案	决 议
董事会交议接收盐基地,应否树立界石案	该案前经会期内决定,请董事会收回树立界石,自应查照前案办理。
董事会交议归出警所市有各捐,呈请县署久搁不复,如何进行案	市款异常支绌,市有各捐,应请董事会赶期再催县署,请于本年一月一日起,划归本所接收。
董事会查复收归谷水道院,请定入手办法案	该案应请董事会查照本会三读议决案,从速收回,自定入手办法。
董事会驳复清洁河道案	该案董事会复称,顷据报告,究系何人,又称该地系宋吴二姓自产,有何契据验看,模糊答复,本会无从核议,至复称本会议案似误,应毋庸议等语,似与市乡制规定权限不符,碍难承认,当即退回。
董事会交议电灯公司收费案	俟本市电灯,由本会订定办法后,再行核办。
董事会交议修理南门水关桥梁案	该桥既当南内要冲,自应从速估价修理,以重路政。
催请董事会速交本会审查预算案暨辅德预算案	本年度预算,前经本会审查,复交董事会核复在案,现常会已满,尚未复到,本届预算,无从结束,现定于本月十五日再开临时会,请董事会于十日以前,将预算案交到,以便油印复议,至辅德预算,亦请一并提出,庶本所预算案,得以完全成立,俾便结束呈报。

资料来源:《松市议会开临时会》,《申报》1924 年 1 月 3 日。

就市议会十一项提案的议决情形来看,其严格按照议行分立的原则进行,当议事会、董事会在清洁河道产生不同意见时,出现驳复与退回的争执,自治机关显示出较强的独立人格。当行政官厅在收回寿嗣双延局一事拖延不办时,议事会议决由董事会依法诉追,这种维护自身权益的自觉意识是自治精神发展的表现之一。另外,预算、自治经费问题仍然是议事会讨论的重点。

松江县参事会是在县议会之前召开的。1924 年 1 月 6、7 两日,松江县参事会连续召开会议,主要讨论金山卫乡选举人李楠申诉选举争议请公断无效一案,在县参事会的审查下,对李楠申诉一案严格按照自治法规进行解决:被诉当选人姚崇德现任松江县警察所检查员,为警察官吏之一,被判当选无效。①

————

① 《参事会连日开会记闻》,《申报》1924 年 1 月 8 日。

松江县第一次县议事会不久亦召开临时会,这次临时会共开五次会议,一次举行开会式,四次大会讨论提案。开会式于 1 月 10 日举行,①12 日、14 日、16 日、19 日召开四次大会,四次大会共讨论 32 次,现将主要议案列表如下:

1924 年松江县议事会部分议决案统计表

提 案	决 议
1. 县署交议筹集户籍经费,带征忙漕串捐案	朱文彦以本案既已规定开办经常等费,自属省办性质,毋庸县费补助;李修则以前清政治虽属恶劣,然永不增加人民赋税定案,尚属差强人意,况县署征收忙漕手数料每元四分,实用只二分八厘,今议会恢复,不但所余之一分二厘不予发还,以欲增加人民负担,无异加议员以恶名,本席实难承认;周樸请以成立不成立付表决,多数起立,认为不成立。
2. 县署交议烟案发封房屋,如何执行处分案	李修则以本署交议意旨,实欲使县警察所得一巨款收入,本席极端反对;朱文彦以没收房屋,房屋非供犯罪之物,自属非法处分,本席认为应即启封发还,主席主付法律股审查,多数起来赞成。
3. 县署交议十二年度县经费经临门预算案	主席主付全体审查,多数可决。
4. 县署交议漕粮带征经费案	李修则以警费应取省款,万无增加人民负担之理,况本县无漕田亩不在少数,若照原案办理,事涉偏枯,尤难承认;朱文彦赞成李说,主席即以李说付表决,多数赞成,认为不成立。
5. 县署交议补列县农事经费预算案	蒋议员认为农场为县有事业,应由县费担负,主席拟与十二年度预算案并付审查,众无异议。
6. 烟案发封房屋如何执行案审查报告	周复谓,本案照法律论,房屋本非犯罪物,照事实论,系县知事查封后之处分方法,就事论事,该项房屋,应由市乡董估定价格,呈报县署处分,该款充市乡公益,主席以此表决,多数赞成,即付三读书,修改为"议决烟案发封房屋,由县知事委任各该市乡董,估定价格,呈报县署处分,该款充所在地市乡公益之用"。
7. 十二年度县经费经临时门预算审查报告	陆家麟以经常门内,银行息典当息等款,均未列入,不啻是张一览表,主即退回,周复主照审查报告,由本会备文退回,主席以周说付表决,全体赞成。
8. 李修则提议催促县志纂修,从速出版,紧急动议案	(初读)周复、陆家麟主迳咨县署,结果议决,由会备文函询县署,将县志纂修情形,及迟不出版之理由,答复本会。

提　案	决　议
9. 陆家麟提议开办县道案	周复、周模、李修则,均以县道当然要办,惟须要先有详细计划,主由原提议人提出计划书,交会再行讨论,主席付表决,全体起立。
10. 公民胡常惠请议组织县市乡公报案	周复主张成立,付请议股审查。主席付表决,全体赞成。
11. 吴在栋提出紧急动议,十二年度预算,应否依照十一年度决算以示限制案,	陈家麟、周复、李修则、吴在栋相继发言,讨论结果,公决由会通知县署,于十二年度预算尚未成立以前,除警察费外,暂照十一年度预算动支,其议参两会及常任委员经费,由县款产绩存项下借拨,(连带二三读会均通过)。
12. 催缴奉贤金山拉租案	公决由会备函通知县署,向该县将说收本县教育及善堂租款,连同存息,尽数赶速归还,以遵省令。
13. 本县各项公益应定分存办法案	陆家麟谓银根紧急时,地方公款,存在一处,非常危险,故主分存各处;陆锡爵以常任委员细则中,定有办法,可不必立案;李修则赞成分存;周复谓,对于分存办法,可由常任委员规定,惟检查系本会职权,自应实施;陆家麟主由财政股检查。主席表决结果,由财政股内互推四人为检查员,会同常任委员检查各项款产,至公款分存办法,由常任委员接收后,自行规定,报告本会(连二三读均通过)。
14. 撤销松江医院案	周复谓,究竟该院是否系属县立,内容如何,应先审查,沈纯潜赞成周说,结果认为成立,交付财政股法律股,合并审查。
15. 叶榭乡第一小学改设松立第七小学案	因提案人漏签名字,决于散会后补签,列入下届议程。
16. 设置初级中学案	公决交教育股审查。
17. 选举慈善款产董事案	选举四人,用记名连记法投票,开匦结果,略。
18. 选举七县学校联合会会员案	投票选举,结果,略。
19. 县知事提出常任委员,征求同意案	投票表决,结果,略。
20. 钱维桂等提议撤销六磊堂厘卡紧急动议案	公决由会电请省署及财政厅迅予撤销,以苏民困。
21. 杨正青等提议电请省署修理金山嘴海塘紧急动议案	公决由会电请省长将该塘损坏各段,赶紧兴修,一面函请致县署将历年带征之海塘经费,积存若干,存放何处,函复本会。

第八章　民初江苏乡村治理的转型与困境

257

提　案	决　议
22. 草拟松江县议会坚持规则紧急动议案	讨论结果,先以该规则成立不成立付表决,大多数赞成成立,再以该规则交法律股审查付表决,仍多数成立。
23. 叶榭乡第一小学添设高级部,改为松江县公立第七小学案	公决成立议案,付教育股审查。
25. 复议县署交议筹办户籍经费案	辩论终局,决由本会函请县署,将户籍经费撙节规定,再行交议,多数可决。
26. 提议活典田亩钱洋计算问题案	公决付全体审查员实地审查。
27. 白沃乡请议本会,公断该乡与泗泾乡区域争执案	李修则、朱文彦主维持现状,以牛泾港为界;屠少波则以保之区域,为乡界区域。结果决由本会将原提案意见书,咨会泗泾、白沃两区绘图贴说,送交本会,再付法律股审查。
28. 参议两会,及常任委员经费案	决照原案删除零数动支,常任委员经费,则以前款产处原有开支,由各员就职后编制预算,交会核议。
29. 李议员芳镛辞职案	公决照准。
30. 审查报告筹设初级中学案	公决照原报告请县令行教育局,于下年度列入预算,交会核议。
31. 审查报告组织县市乡公报案	公决以县公报名义,由县公署发行。
32. 审查报告撤销松江医院案	公决照审查原案,即日撤销县立两字,补助于本年度为止,于十三年度编制预算时再行改组,一面由会函致该院,切实改良。

资料来源:《县议会开第一次临时会》,《申报》1924 年 1 月 13 日;《县议会第二次大会》,《申报》1924 年 1 月 15 日;《县议会第三次大会纪》,《申报》1924 年 1 月 17 日;《县会第四次大会》,《申报》1924 年 1 月 20 日。

根据上表可以看到,此次会议提案涉及预算、教育、慈善、公益、自治经费、赋税征收、诉讼争端等地方事务,自治机关显示出更加独立的人格与精神,主要体现在以下几点:

第一,对行政官厅不合理之提议进行否决。因县署交议之筹集户籍经费带征忙漕串捐案、漕粮带征经费案徒增人民负担,不利于人民生计,皆遭到县议事的否决。在审查十二年度县经费临时门预算时,发现银行息典当息等款均未列入,因由议事会公决备文退回。

第二,为地方公益积极请愿于当局。当钱维桂等提议撤销六磊堂厘卡紧急动议案时,得到多数议事会议员的支持,最后公决由会电请省署及财政厅迅予撤销,以苏民困。

第三,严格按照自治法规定程序办事。议案一般要经过三读会方能决议;对于需要审查之提议,成立相关股进行审查;通过投票选举产生各种公职职员。最为明显的例子则是叶榭乡第一小学改设松立第七小学案,因提案人漏签名字,即被推迟到下届议会议程,并责令于散会后补签。对于程序的重视,本身就是一个极大的进步。

总之,地方自治机关恢复之后,能够严格按照章程行事,显示出地方士绅对自治含义理解的进一步加深。这种良好的态势一直保持到1924年9月江浙战争爆发,在此之后,战祸成为阻碍江苏地方自治事业发展的梦魇,各县市乡不得不把地方治安作为自保的重点。需要指出的是,此一阶段,江苏省所推行的自治——无论是自治机关还是自治职员——多是对1914年停罢前自治的恢复,这种情形决定了地方管理权仍然把持在少数人手中的事实。对江苏基层社会秩序冲击最为严重的是1927年北伐军的到来,革命者不但要在军事上打破北洋军阀的割据统治,还要在政治上建立新的统治秩序。打倒土豪劣绅及其扩大化,对传统乡村秩序产生强烈的震荡,也为新型管理者渗透基层社会廓清了道路。当以党部为主体的革命者纷纷进入基层社会时,基层社会的整合不免打上了浓厚的党化色彩。

第二节　乡村治理近代转型的困境

一、乡村经济的破产

20世纪二三十年代,中国乡村经济面临严重危机,梁漱溟直接把中国近百年史称为乡村破坏史。[1] 外有列强经济侵略,内部兵戈不息、

259

---

① 梁漱溟:《乡村建设理论》,商务印书馆2015年版,第11页。

政局动荡，"农民生计已极困难，加以农政不修，水旱洊臻，农产所出，年有减退；驯至以农为本位之国，而粮食亦仰外国之供给"[①]。江苏乡村亦在这样的时代大背景下陷入窘境。

农民的普遍贫困，主要原因可以总结为天灾人祸。如苏北，"灾害频仍。农民既不得安居乐业，以尽地力，而捐税重重有加无已，处此水深火热之中，游惰者流为盗匪，安分者时切危惧，社会已呈恐慌，农村渐趋破产，贫者愈贫，富者亦贫"[②]。苏北如此，苏南亦不容乐观。在吴江县，"连年螟虫为灾，田禾歉收，生产顿减，粮食不济；生产品之出售，受行商之垄断，而不能得其相当价格；必需品之购入，经居间人之转辗剥蚀，而百物腾贵；辑里丝经失败，摇经之副业消沉，蚕事不振，农民育蚕，而全无收成者有之，最上亦不过六七分收成，平均约在三分左右；兼以土匪为患，去冬团集于太湖湖滨一带，近则散于内地湖泽间，掠劫绑架，时有所闻，剿匪则匪去兵来，兵去匪来，徒增扰攘；加以江北湖南之难民，转辗于吾县诸乡，勒索米粮燃料，甚或盗窃，农民财穷力尽，不能安居乐业，其苦何堪？"[③]在高淳县，"两年来之旱灾绝荒，及十七年间，土匪会匪之蹂躏，元气早已丧尽，经济亦因之竭蹶，农民生活，经此重创，家无隔宿之粮，且乡间又无金融机关，融通有无，惟日处于艰难窘蹙，叫苦连天之中"[④]。

就当时上海的农家而言，收支不能相抵的现象非常严重，其中自耕农中的 55.1%，半自耕农中的 78.7%，佃农中的 72.3%，均有负债。[⑤] 再根据顾复 1923 年对无锡农家收支的调查数据可以看到，如果按照每家五口人计算，耕作十亩地，除了栽培稻麦、种植蔬菜外，兼养家畜与蚕，每年仍然有四十元的收入不足。以上入不敷出的状况说明，江南的农家并不富裕。J. B. Tayler 调查了仪征、江阴、吴江农家每户的年收入，与无锡的 234 元相比，江阴为 242 元，吴江为 197 元，仪征仅为

① 冯锐：《乡村社会调查大纲·序》，中华平民教育促进会 1929 年版，第 2 页。
②《第四年之江苏省农民银行》，江苏省农民银行总行 1933 年版，第 185 页。
③《第二年之江苏省农民银行》，江苏省农民银行总行 1930 年版，第 77—88 页。
④《第二年之江苏省农民银行》，江苏省农民银行总行 1930 年版，第 96 页。
⑤ 冯和法编：《中国农村经济资料》，黎明书局 1932 年版，第 325 页。

132 元。① 仅就收入水平来看,江南、江北的差距非常明显。受消费观念影响,江北农民的支出亦低于江南,但农家状况仍然堪忧,在铜山县,本来土地的分配比较均衡,但至民国时期,"以常遭兵匪灾害之影响与资本主义之侵略,农村经济乃日趋于破产地步,仅有少数地主及富农,因其经济地位较为优越,乃逐渐发生侵略贫农之事实。……多数田地较少之自耕农与半自耕农日见其减少,而地主与佃农,则日见其增加,所谓贫者愈贫,富者愈富"②。总体而言,各区农家收支平衡与入不敷出者占比 86.3%,有盈余者仅占 13.7%。③

沉重的赋税也是导致农民普遍贫困的原因。在江北,赋税一是过重;二是紊乱。所谓过重,单从数量上看,江北赋税比江南低,但由于土地贫瘠,江北田地的生产力水平也相对低得多,从单位生产力比率上算,江北要比江南高得多。正赋之外,附加税更是惊人。除了政府收取的田赋上的附捐,还有各市乡行政局或保卫团的抽收或勒派。"过重妨害农民的生活,自然造成农村的不安。"④所谓紊乱,主要是指由于土地田籍不清,总有些土地是无税的。一般而言,"凡是土豪劣绅都保有无税的田,而农民大都是有税的田"⑤。对于佃农来讲,高额的田租又是导致其贫困的原因。租佃制度一般分为两种,一种是承租;另一种是分种。承租主要是"农民承租田主的土地,一切种子肥料农具工作等全由农民料理,到收获时还租",租额一般在收入的三分之一或四分之一。分种则是"一切种子肥料由田主料理,农民专做田工。还租通常是对半"。有的田主分得更多。⑥ 这两种方式相比,分种的剥削更加严重,农民类似于农奴制度下的农奴。在江南承租比较流行,在江北分种比较普遍。

高利贷盘剥则成为加快乡村破产的主要因素。传统乡村社会的借贷关系除了典当、钱会等外,还有高利贷,其中高利贷对农民的剥夺尤

① 田中忠夫著,汪馥泉译:《中国农业经济资料》,上海大东书局 1934 年版,第 243—246 页。
② 冯和法编:《中国农村经济资料》,黎明书局 1933 年版,第 372 页。
③ 冯和法编:《中国农村经济资料》,黎明书局 1933 年版,第 378 页。
④ 冯和法编:《中国农村经济资料》,黎明书局 1933 年版,第 344 页。
⑤ 冯和法编:《中国农村经济资料》,黎明书局 1933 年版,第 346 页。
⑥ 冯和法编:《中国农村经济资料》,黎明书局 1933 年版,第 347 页。

为严重。时人论及 20 世纪 30 年代铜山各县乡村高利贷情形,"长期成千者,平均分八厘;短期不满百元者,多至四五分。丰县,乡间农民借款轻者三分,重者五分,十个月以后,不付息,利上加利。沛县及宿迁等县,城内钱庄借息二分,乡民通常借债三分至五分不等。亦有名放'青麦'者,大概腊月底,农民即向当户借银,如借钱二千,至明夏收麦后,需还当户麦一斗,其时麦价大约值三千八九百文,即每钱一千,按月需利百文,也名'加一钱',此外典当抵押借款均无。邳县睢宁砀山,均与以上数县大略相同,惟邳县利率高者,竟至六分"①。淮海两属,"交通既感不便,农民经济尤告窘迫,普通利率皆在月利六分以上。而年来天灾人祸,一般农民困苦非常,若不设法救济,则数年后必至流离失所"②。在常熟,"有贷米五斗,越半年倍偿者,有借洋十元,月需三分重利者"③。

高利贷盘剥使乡村社会陷入严重的资金困乏。1930 年,江苏第五合作指导所报告说,"农民之缺乏资本,为一普遍现象"。特别是徐海各县,地瘠民贫,再加上其他天灾人祸,"以致农民缺乏资本,妨碍耕种"④。这一点亦可以通过江苏省农民银行的相关统计加以证明。

总行放款各信用合作社负债借额统计表(1928 年 7 月 16 日至 1930 年 2 月 28 日)

负债数量	人数	占全数百分数
不负债	595	19.34
25 元以下	328	10.66
26 元至 50 元	663	21.55
51 元至 100 元	780	25.35
101 元至 150 元	286	9.29
151 元至 200 元	212	6.89
201 元至 250 元	59	1.92

① 《江苏省合作事业会议汇编》,江苏省农矿厅 1930 年版,第 59—60 页。
② 《江苏省合作事业会议汇编》,江苏省农矿厅 1930 年版,第 63 页。
③ 《第二年之江苏省农民银行》,江苏省农民银行总行 1930 年版,第 70 页。
④ 《江苏省合作事业会议汇编》,江苏省农矿厅 1930 年版,第 24、75 页。

负债数量	人数	占全数百分数
251 元至 300 元	76	2.47
301 元以上	78	2.53
总　计	3077	100.00

资料来源:《江苏省合作事业会议汇编》,江苏省农矿厅 1930 年版,第 32 页。

从《总行放款各信用合作社负债借额统计表》中可以看到,负债者竟占 80％以上。再就农民贷款的用途来看,包括还债、食粮、肥料、牲畜、农具、雇工、种子、蚕桑、赎田地、经营副业、修筑塘坝等各种类型。而根据《总行放款各信用合作社社员借款用途统计表》中的资料,在 1928 年 7 月 16 日至 1930 年 2 月 28 日的总行放贷中,有 36.84％是用来还债的,占款项的绝对多数。① 在昆山,"连年歉收,农民负债甚巨,故社员借款用途,以还债居多,占百分之二十三,金额占百分之三十八强"②。这在当时实是一种普遍现象。

另外,乡村人口向城市的单向流动则进一步导致乡村金融的枯竭。如无锡县,"壮丁不安于耕,妇女不安于织,地主不惯于乡居,志士不满于现状,于是举家迁徙都市,贫者则为厂工,富者则为寓公,农村之生产力渐即衰颓,农村之金融渐成偏枯,老成与新进思想之冲突殊甚"③。

二、乡村文化的荒漠化

在传统中国,乡村文化的生生不息主要源于外出人才的回归与回馈。"在我们传统的乡土文化中,人才是分散在地方上的。中国落叶归根的传统为我们乡土社会保持着地方人才。这些人物即使跃登龙门,也并不忘本;不但不损蚀本乡的元力,送往外洋,而且对于根源的保卫和培养时常看成一种责任。因之,常有一地有了一个成名的人物,所谓开了风气,接着会有相当长的时期,人才辈出的。循环作育,蔚为大观。

---

① 《江苏省合作事业会议汇编》,江苏省农矿厅 1930 年版,第 33—34 页。
② 《第二年之江苏省农民银行》,江苏省农民银行总行 1930 年版,第 97 页。
③ 《第二年之江苏省农民银行》,江苏省农民银行总行 1930 年版,第 168 页。

人才不脱离草根,使中国文化能深入地方,也是人才的来源充沛浩阔。"①但至近代,这种机制发生了质的变化。

有别于传统落叶归根的社会循环机制,近代以来,乡土人才日渐发生脱离乡土的趋势。费孝通从更长时段分析了乡村人才流失的原因。"乡土培植出来的人已不复为乡土所用,这是目前很清楚的现象。今年暑假很多毕业生找不到职业,在一次'欢送会'里很不欢地谈到了青年失业问题。有一位老师劝这些青年回乡去,在原则上是说服他们的,但是他们几乎一致地说:'我们已经回不了家了。'结果我还没有知道有哪个回了去的,他们依旧挤在人浮于事的都市里,甚至有靠朋友接济过日子的。"为什么回不去了呢?其主要原因大致有两个:一是观念发生了变化。"在学校里,即使什么学问和技术都没有学得,可是生活方式、价值观念却必然会起重要的变化,足够使他自己觉得已异于乡下人,而无法再和充满土气的人为伍了。"二是所学并不能为乡土服务。"现在的教育是传授新知识的,所谓新知识,其实就是从西洋来的知识。这本来是可以的,知识不应分国籍,我们目前正应当赶快现代化,要现代化就得输入西洋文化。……但是一个乡间出来的学生学得了一些新知识,却找不到一条桥可以把这套知识应用到乡间去;如果这条桥不能造就,现代的教育,从乡土社会论,是悬空了的,不切实的。"②这虽然是费孝通1947年的分析,但乡土人才与乡土隔膜的趋势是始于近代中国城乡分离的基本事实,这个趋势并将在此后数十年一直延续下去。

张朋园则专门提到留学生的情况。"留学生归国之后,按理应该回到他们的家乡服务,但实际上并不如此。留学生回国,不入政界则从事教育,两者的机会都以大城市为方便。……知识分子既集中在大城市,乡村无形中便被遗弃了。农村与城市脱节,势属必然。"③

人才流失固然导致乡村文化事业的荒漠化,而农民离村则导致农业劳动力的流失。如无锡礼社镇,"家庭手工业之破产及农业之机器化使农村产生大量之过剩劳动,兼以主要副业蚕桑之衰落及连年灾荒,使

---

① 费孝通:《乡土中国 生育制度 乡土重建》,商务印书馆2015年,第402—403页。
② 费孝通:《乡土中国 生育制度 乡土重建》,商务印书馆2015年,第404—405页。
③ 张朋园:《知识分子与近代中国的现代化》,百花洲文艺出版社2002年版,第13页。

农民不得不打破其墨守乡土之故习,群集都市,为产业工人,商铺店员,及劳动后备军"①。有论者对 1922 年江苏农民离村的数量、质量等进行了统计分析,如江苏仪征县,共有农村人口 2 084 人,离村数为 30 人,占比 1.44%;江阴县,共有农村人口 3 414 人,离村数为 80 人,占比 2.34%;吴江县,共有农村人口 1 372 人,离村数为 67 人,占比 4.88%。就离村人口的质量而言,大部分为青壮年男子。② 同时,农民离村现象在某种程度上还冲击着传统的宗族制度。在过去,多强调"五世同居、七世同堂,当作家族制度上的光荣,族人同居农村,阻止移住他乡"③,但随着农民离村现象的加剧,这种传统的观念势必被削弱。

三、乡村秩序的混乱

对乡村秩序造成直接影响的不利因素是农民的匪化。"由于内战(1915 年到 1922 年间有十次严重的内战,它们的持续时间总计 48 个月之久)、灾疫以及农村经济的崩溃,失去土地的农民和失业者的人数大增。他们变成穷人之后,很多人背井离乡,成为职业军人,有些则沦为土匪或流氓。"④

在民初江苏,苏北农民匪化情形最为严重。"江北徐州、海州、淮阴一带,从民国初年起,即闹土匪。"⑤1930 年,江苏省合作事业会议有提案描述当时江北的情形:"江北各县民众,频年遭军队敲骨吸髓,土匪之枪房烧杀,十室九空,目不忍睹。老弱转乎沟壑,少壮铤而走险。"⑥在邳县坛墩村,"坛墩原来很富庶,十六年为匪陷落,烧杀过半,断墙残屋,历历犹在! 农民多居草棚,冷清清的如入死境,衣着褴褛,哭丧着脸,这样,十足象征了他们生活在怎样悲惨的境遇里"⑦。在宿迁,清末民初匪

① 冯和法编:《中国农村经济资料》,黎明书局 1933 年版,第 412 页。
② 田中忠夫著,汪馥泉译:《中国农业经济研究》,大东书局 1934 年版,第 111—116 页。
③ 田中忠夫著,汪馥泉译:《中国农业经济研究》,大东书局 1934 年版,第 123 页。
④ 周策纵著,陈永明、张静等译:《五四运动史》,世界图书出版公司 2016 年版,第 8 页。
⑤ 陈果夫:《苏政回忆》,正中书局 1951 年版,第 19 页。
⑥《江苏省合作事业会议汇编》,江苏省农矿厅 1930 年版,第 58 页。
⑦ 行政院农村复兴委员会编:《江苏省农村调查》,商务印书馆 1934 年版,第 67 页。

祸异常严重。"本县盗贼蜂起,并已呼啸聚众,结股拒剿。匪首中有的与军阀驻城部队和地方官绅劣董进行勾结,狼狈为奸,互壮声势,以致匪众越发作恶而有恃无恐。股匪中多的达数千人,盘踞南北两湖(洪泽、骆马)之滨及马陵山区,流动窜扰,逐庄洗劫'扫滩';小股由百数十至数百人,各乡皆有,每届青纱帐起,则拦路抢劫,到处绑架掳掠。……社会秩序极为混乱,人民终日在惶恐不安中生活"①。有论者指出:"在江北每一县中是没有一天没有盗案,没有杀人案的,洗劫一个村庄,或是掳了大批的人去勒赎,都不算什么一回事。上面说过,江北散在民间的枪械有二十万。这二十万条中,三分之一乃至一半属于匪类的,有机关枪及迫击炮的股匪也不算稀奇"②。至于匪患产生的原因,一是水旱灾害频仍。大灾之后必有大乱,农民为了生存铤而走险。二是内战频仍。那些被打散的军队成为重要的匪源之一。三是传统的赈灾体制被破坏。明清时期还能够通过免税、赈灾使农民生活有所依靠,但至民国时期,各县的积谷制度遭到破坏,政府调节农产的功能失效。③

江北土匪主要包括刀会、帮匪、股匪三种类型。刀会起源于防卫土匪而组织的农民武装。但因为加入者良莠不齐,往往会由防卫性质的组织变成侵略性质的组织。因此,刀会往往会有两面性,"一是田主及一切封建势力为保全其土地权而挣扎的武力反抗;二是这反抗武力都是利用了一般农民经济状况之衰落因而发生的争斗心理所鼓成的"。帮匪则是"以一种封建趣味,来吸收失业农民及小市民,成为普遍而广远的组织"。这种组织过去主要分布在江南,后来则发展到江北,主要是适应了当时社会日益衰落、游民众多的需求,主要方式则是开香堂、收徒弟。股匪则比较复杂,行踪不定,到处流窜。④

苏南也存在类似情形。如武进县农村,"尚称简朴,惟年来因生计

---

① 张荣轩:《宿迁匪祸四十年》,《宿迁文史资料》第 6 辑,政协宿迁县文史资料研究委员会 1985 年编印,第 128 页。
② 冯和法编:《中国农村经济资料》,黎明书局 1933 年版,第 354—355 页。
③ 冯和法编:《中国农村经济资料》,黎明书局 1933 年版,第 355 页。
④ 冯和法编:《中国农村经济资料》,黎明书局 1933 年版,第 356—360 页。

困难,游惰者不免流为匪盗"①。帮会、刀会在苏南也非常普遍,它们犹如一柄双刃剑,一方面大量吸收农民,发展组织、建立信仰、进行自卫,但同时又对正常社会秩序形成挑战。

以上诸因素对乡村社会秩序产生了直接威胁。而问题的根源往往又在于经济的残破,如农村金融调节失当,典当、抵押、赊欠、借贷、预售农产、合会等均成为榨取及剥削农民的工具,结果使"自耕农降而为佃户,佃户降而为佣工,佣工更降而为失业者。铤而走险,激而为屡次之原始的暴动,而为破坏城池,戕杀官吏,屠戮豪绅的主力军"②。

第三节　乡村治理转型中的士绅与宗族

在近代中国,对士绅、宗族的第一次严重冲击是太平天国运动,第二次严重冲击则是北伐战争,"打倒土豪劣绅"的提出以及革命的实践,使士绅、宗族的力量进一步削弱。通过无锡礼社的个案,人们可以明显看到这种时代的印记。

礼社是江苏无锡的大镇。礼社最大的宗族为薛姓。"薛姓迁居礼社,在明末永乐年间,迄今已三百余年;生齿甚繁,蔚为大族"③。随着薛姓势力的壮大,其设立了义庄、永善堂、义塾等慈善机构。其中义庄主要针对本族贫苦子弟,"拥良田一千三百五十亩,每年收租米约一千石,麦二百石左右。凡贫苦子孙,不分男女。年满十六岁者,每年每人领米二石,不满十六岁者一石二斗。婚丧大事,均有资助:婚费七元,嫁无,丧葬费十元。此外有津贴学费:小学每人四元,中学六元,大学十元。族中长老五人主持义庄事务;每人每年得津贴四十元。义庄所纳田赋;年达一千三四百元"④。薛暮桥在回忆中也提到义庄:"薛姓家族为五

①《第二年之江苏省农民银行》,江苏省农民银行总行 1930 年版,第 119 页。
② 秦含章:《中国农业经济问题》,新世纪书局 1931 年版,第 435 页。
③ 冯和法编:《中国农村经济资料》,黎明书局 1933 年版,第 400 页。
④ 冯和法编:《中国农村经济资料》,黎明书局 1933 年版,第 400—401 页。

房,第五房的祖上用 1350 亩旱涝保收良田设立了一所'义庄',供养后代中不能自己谋生的子孙。'义庄'规定,凡贫苦子孙,不分男女,年满 16 岁者,每年每人可分 2 石(300 斤)米,16 岁以下分 1 石米;婚丧大事均有资助,此处还补贴学费,救济孤儿寡母。祖先设立'义庄'的目的,是希望后代能过稳定的生活,永传香火。"[1]16 岁以下者是给米一石,还是一石二斗,说法并不一致,作为亲历者,大概薛暮桥的回忆更为准确。永善堂和义塾则不限于本族子弟。"永善堂有中等田四百余亩,每年收米三百石左右,救济孤儿寡妇,每月领钱七百文,年终分米一斗至五斗;不限薛姓。义塾有劣等田二百二十亩,每年收米百余石。"[2]

　　以上主要是近代之前礼社薛姓宗族的一般状况。近代之后,形势发生了重大变化。"太平天国运动时期,薛氏家族训练乡勇以保卫地方,甚至远征苏常。礼社陷落时,薛氏家族避难他乡者还能沿途施赈,此后即呈不断衰落趋势。1927 年前后,薛姓所有土地不过全盛时期的三分之一;其所经营的典当业,在礼社者均已倒闭;粮船更是早已绝迹;丝茧商也已经奄奄一息。民国初年还有两个拥有二千亩以上土地的地主,放款数万;1927 年之后,最大的地主仅仅拥有九百亩土地,放款极少而且出现负债的情况。"[3]

　　南京国民政府成立之初,薛姓地主状况进一步下降。"在薛姓二百余户中,只有四分之一的地主及农民拥有十亩以上的土地,其他半数以上已经无法糊口,只能靠义庄救济。这些人在乡间从事微末工作,过着半寄生的生活。一旦遭遇灾荒或婚丧疾病等意外变故,他们将永陷困境。近年因中小地主没落,要求义庄救济者日多;因此义庄收支,失其平衡。去年受水灾影响,义庄已濒破产;每人所给口粮,骤自二石降至一斗;更与此等半地主以致命打击。至中等地主,亦常以开支日增为苦。开支中最可惊人者为学费婚费。就学费论,中学学生每年约费二百元,大学学生三百元;一人所费,与全家日常开支约略相等。子女成

① 薛暮桥:《薛暮桥回忆录》,中国党史出版社 2022 年版,第 1—2 页。
② 冯和法编:《中国农村经济资料》,黎明书局 1933 年版,第 400—401 页。
③ 冯和法编:《中国农村经济资料》,黎明书局 1933 年版,第 416—417 页。

行之家,竟有因此破产者。就婚费论,自纳聘至完婚,所费常达千金。结婚后辛苦十年,仅能清偿婚债;此后则子女教育之重累,又接踵而至。因此中等地主之能收支相抵,不致沦入债众者,亦已寥若晨星,至少数大地主及高利贷者,则受农民觉醒之威胁,一部分已迁居都市;留守乡间者仅二三人。"①地主已经很难保证其地位,传统慈善机构也就难以为继了。

慈善机构的存在对于乡村治理具有非常特殊的意义。当薛姓家族兴盛的时候,其把礼社视为自己的"采邑",即使是异姓的贫苦农民,也在保护救济的行列。当地的唐姓、吕姓等家族俨然成为薛姓的附庸。每次遇到灾荒,薛姓地主常常开仓赈济,惠及临近的邑镇。最初创设永善堂时,即为救济异姓贫民,薛姓族人不受施舍。这也是民国初年地主与农民之间能够保持一种温情关系的主要原因。等到薛氏家族衰落,地主与农民的关系开始由亲而疏,1927 年之后更是日趋恶化。随着乡村经济的衰落,地主苟延残喘,不得不加重剥削,而农民也"已忍无可忍,蠢然欲动"。在 1931 年以来各种自然灾害的影响下,农村经济更是日渐窘迫,农村阶级矛盾日趋尖锐。"因此薛氏地主,咸惴惴然知大祸之将临。然自身已成腐木,决不足以支此将倾之巨厦。"②由此可见,传统慈善机构的衰落,竟然与革命有着极为重要的关系。

礼社之外,无锡其他各地也有慈善机构的存在,如无锡第四区也有两所义庄,"一为荣氏义庄,有田三百亩,一为张氏义庄,有田五百亩。其目的均在救济两氏族内贫苦子弟"③。

即使宗族已经衰落,在乡村治理的过程中,豪族大姓仍然处于主导地位。在礼社镇,"地主及佃农之间虽已无法律上之隶属关系;但地主挟经济及政治上之优越地位,仍凌驾农民之上。过去薛姓称雄一方,视青城全市(现已改称十五区,包括玉祁前州等大小镇乡三十七处)为其

① 冯和法编:《中国农村经济资料》,黎明书局 1933 年版,第 417—418 页。
② 冯和法编:《中国农村经济资料》,黎明书局 1933 年版,第 420—421 页。
③ 冯和法编:《中国农村经济资料》,黎明书局 1933 年版,第 394 页。

势力范围。现虽已达强弩之末，然仍能支配礼社全镇，一切地方行政，民事仲裁，民众组织及党务、团防等实权，均入薛姓掌握"①。

另从礼社镇也可以看到豪族大姓充斥地方行政机构的情形。1930年1月成立镇公所，"历届镇长均属薛姓；现任镇长、副镇长（二人）及监察五人，亦全由薛姓地主独占"。1927年，五区党部改组。其中礼社占九人，"均薛姓，且无一真正农民"。另外，在其他社会组织中，薛姓也占主导地位。如1924年成立的商团，"正会长一人，副会长一人，支队长及教练各一人，全系薛姓地主。团员二十人中，薛姓亦占半数以上"。村农会虽然有名无实，但干事长仍为薛姓地主，五个干事中，薛姓又占三个。②

而豪族大姓之所以能够占据地方行政机关的大部分职务，除了财富之外，垄断教育也是一个不可或缺的因素。

礼社小学学生比较

姓　别	高级（男）	高级（女）	初级（男）	初级（女）	合计
薛姓	23	6	45	22	96
其他	7	0	52	15	74
共计	30	6	97	37	170

资料来源：冯和法编：《中国农村经济资料》，黎明书局1933年版，第406页。

根据上表人们可以看到，在初级小学教育中，薛姓与他姓基本持平，均为67人；但在高级小学教育中，薛姓则占有绝对优势。"地主与农民教育机会之不平等，于此可见。且班次愈高，差别愈显。高级小学几已为地主所独占；至中学以上教育，更完全无农家子弟插足之余地。"③

与此同时，人们也要看到地主对农民的剥削。豪绅对地方百姓的鱼肉、地痞流氓为豪绅之羽翼的现象更能说明这个问题——"十六年党军北伐，豪绅受巨大打击，已稍稍敛迹"。但并未消失，以下两个案例非

① 冯和法编：《中国农村经济资料》，黎明书局1933年版，第403页。
② 冯和法编：《中国农村经济资料》，黎明书局1933年版，第404页。
③ 冯和法编：《中国农村经济资料》，黎明书局1933年版，第406页。

常典型：

> 去夏（1931年）全镇为洪水淹没，有乡民数人在某绅士田中捕
> 鱼；为该绅之收租人探悉，立派地痞传呼乡民，百般恫吓。时某绅
> 士做客他乡，由旁人出任调解，责该乡民赔偿青鱼十五斤，并罚款
> 四元，作酬劳地痞等调解费用。及某绅士回家，藉口赔偿并未足数
> （实际已超过捕获数倍），报警拿办。乡民大惧，又赔偿现金二十
> 元，并以五元撤销警局报告及酬劳地痞。事后该绅以五元捐助商
> 团，以塞众口。

在以上案例中，乡民、地痞、士绅、警局四者展开博弈，唯一受损的
是乡民。

> 今春（1932年）某乡民（蚕种商）出售蚕种，曾向某农民作口头
> 担保。后该农民育蚕不利，惟念此天时不正所致，不能归罪蚕种，
> 未加追究。事为某地痞知悉，极力怂恿农民要求赔偿，并自愿负责
> 代向某"大先生"（农民称有力地主为大先生）接洽。农民既提出赔
> 偿要求，该地痞又向蚕种商自请效劳，代求某大先生。该案由双方
> 要求某大先生出任调解。某大先生以该蚕种商既允担保，理难卸
> 责；同时该农民以天灾归罪蚕种，亦不合理。责令该蚕种商退还蚕
> 种费二十元了结。该农民喜出望外，以半数谢地痞；而蚕种商亦以
> 免赔偿，又谢地痞十元。而所谓某大先生者，当亦不致徒劳无
> 功也。①

在这个案例中，所谓的调解，不过是调解人谋利的一种方式，看似
不偏不倚，其实已经是最大的利益获得者。总之，通过礼社个案，人们
既可以看到宗族被削弱的事实，也可以看到士绅劣化的某些迹象。但
我们并不因此而做出传统地方精英退出乡村社会政治舞台的论断，即
使在南京国民政府成立之后，这部分人仍然能够凭借各种优势而实际
占据乡村社会的政治舞台。

① 冯和法编：《中国农村经济资料》，黎明书局1933年版，第409—410页。

第九章　南京国民政府乡村治理的革新及困境

　　南京国民政府相继颁布了一系列地方自治法令,继续推行地方自治。第一批法令颁布于 1929 年,以《县组织法》为代表;第二批颁布于1935 年,以《县自治法》为代表。虽然制定了《县自治法》,但因抗日战争的全面爆发而未能真正实施。在政局动荡不安而自治推行效果不佳的情况下,最终走向自治与保甲相融合的道路,新县制的出台恰恰是自治与保甲相融合的产物。就地方自治的实践而言,各级自治组织的建设相对完备;由于各种因素,其他自治事业大部分未能顺利开展,只有农村合作与民众教育取得了一定的成绩。

第一节　乡村自治的制度设计

一、从《县组织法》到《县自治法》

　　1929 年至 1932 年,南京国民政府相继颁布了一系列自治法规,其中较为重要的有《县组织法》《县组织法施行法》《乡镇自治施行法》《区自治施行法》《市组织法》《县参议会组织法》《县参议员选举法》《市参议会员选举法》及《乡镇长自治职员选举法》《罢免法》等。

其中,《县组织法》①是众多自治法令的核心。

就县及县以下各级自治行政人员的产生而言,南京国民政府时期的地方自治仍然延续自治其名、官治其实的本质。如县长由民政厅提出合格人员二至三人,经省政府议决任用。虽然规定"凡筹备自治之县,已达建国大纲第八条所规定之程度者,经中央查明合格后,其县长应由民选",但何时能够达到完全自治的程度,实在难以预测,也就是说,一日不达完全自治的程度,则县长一日不能民选。同样,县政府各职员也基本采取委任、遴选的方式。按照规定,区长由区民选任,并由县政府呈报民政厅备案,但同时又规定区长民选是在《县组织法》施行一年后,由省政府根据各县地方情形,酌定时期,咨请内政部核准施行。在区长民选实行以前,区长由民政厅从训练考试合格人员中选择委任。换句话说,区长什么时候进行民选,也要看政府的认定;区公所助理员则由区公所遴请县长委任,区丁额数亦由县长决定。根据规定,乡镇长由乡镇民大会选举产生,但是在区长民选之前,乡镇长、副乡镇长采取加倍选举由区公所转请县长择任的方式。一直到闾邻长的产生,才算没有行政官厅的直接干预,基本实现了选举产生的要求。②

再看民意机构的设立。县有参议会,但在县预算决算、募集公债等重要事务方面,其与县政会议有功能重复的嫌疑,也就不可避免地发生行政官厅侵犯民意机关权力的可能。陈柏心经研究后指出:"近数年来,各地行政当局无不因官治与自治体制的不同,剥夺自治机关应有之权责,而将一切县市行政事务悉由县市政府及其各局直接处理,地方经费完全集中于县,仅划出极少数经费以为自治机关维持之用,自治机关毫无其他收入以为兴办事业之需,致使法令规定之应兴应革事务,完全等于具文。"③并且县参议会要在区长民选时才能设立,在此之前,县政会议拥有一切地方行政大权。区民大会则"于内政部核准区长民选后,

---

① 南京国民政府在 1928 年公布《县组织法》,其规定县以下之自治级别为区—村里—闾—邻四级,其中村里同级。1929 年则修正县组织法,改为区—乡镇—闾—邻四级。县市同级,市以下自治组织亦分为四级:区—坊—闾—邻,其中坊同乡镇是一级。

② 王均安编:《地方自治施行法释义》,世界书局 1930 年版,第 126—166 页。

③ 陈柏心:《地方自治之经费问题》,《半月评论》1935 年第 1 卷第 12 期,第 12 页。

由区长召集之"①。非常明显,区长一日不民选,则区民大会一日不召开。直到乡镇的乡镇大会及闾邻的居民会议才略显民意机关的味道。《区自治施行法》《乡镇自治施行法》皆按照《县组织法》制定,但仍未有质的突破。相比较而言,自治级别越高,其官治色彩越浓厚。赵如珩批评说,当前的自治法规始终未顾及人民运用政治权能的机会,行政官厅始终处于喧宾夺主的状态。②

乡镇之下则为村。但村的地位比较特殊,有时被视为正式的自治层级,有时又被视为非正式的自治层级。根据《暂订江苏省各县村制组织大纲》的规定,村为自治的基础,村的区域为"本村原有之境界"。村内居民超过一百户设村长一人、村副一人。根据户口多少,还可以增设村副,但最多不能超过四人。如果村内居民不超过一百户,或者一村设一村长,或者联合附近村共设一村长。主村之外,各联合村分别设置副村长。村民以五户为邻,设邻长一人;二十五户为闾,设闾长一人。在执行职务时,村长"得直接商承县长办理","闾长受村长副之指挥。邻长受闾长之指挥"。至于村长副的任职资格,一是本村村民,三十岁以上,确实无嗜好;二是朴实公正、粗通文义,且有正当职业。其产生方式,由市乡局长在"合格村民内。按照定额加倍遴保,呈请县长拣委,汇报民政厅备案"。村长副的撤换也需要县长呈报民政厅。村长副的任期为一年,可以连任。村长副的职责主要包括:"一承行政官厅之委托,办理宣传及执行事项。二办理自治事项。三本村民之公意,陈述利弊事项。四报告职务内办理情形,及特别发生事项。"各村的办公经费则于"该管区自治经费项下拨给"③。由此可见,村实为联结县与闾邻的重要环节。

不可否认,与北京政府相比,南京国民政府所颁布之自治法规更加具有时代的进步精神,如以前的自治法规定县为行政区域,而现在的自治法则明确规定县不仅为一行政区域,还是一自治区域;以前的自治法规不重视"地方自治的根本条件人民自卫、民众训练、社会经济,特别是

① 王均安编:《地方自治施行法释义》,世界书局 1930 年版,第 112 页。
② 赵如珩:《地方自治之实施的研究(续)》,《复兴月刊》1933 年第 1 卷第 12 期,第 2 页。
③ 刘钟:《模范县政》,三民公司 1929 年版,第 196—200 页。

交通建设和平均地权等项",而现在的自治法规则有系统的规定;以前的自治法规定选举权是以纳税及学历行政经验为标准,而现在的自治法规主张普通选举;以前的地方自治是自上而下推行的官办或绅办自治,现在的地方自治强调自下而上的人民的自治;等等。① 这种进步精神更明显地体现在对公民之财产、资历、性别等限制的取消上,如《县地方自治条例施行细则》规定,"中华民国人民,无论男女,年满二十岁,在本县区乡镇里邻继续居住一年以上,或有住所达二年以上,经宣誓后,即取得公民资格,有行使选举、罢免、创制、复决之权及被选举权。国外或租借地之中华民国人民,无论男女,年满二十岁者,虽于县区域内居住未达一年或有住所未达二年,经宣誓登记后,亦可取得前项之公民资格"等。② 但是,这些进步精神仍然停留在条文的规定上,能否贯彻执行尚是另外一回事。也有人对《县组织法》的弊病进行如此批评:"县、区之对地方自治的监督权规定不明确;警察权与自治权混淆不清;区乡镇自治公约制定程序混乱;区乡镇区域划分标准不一;等等。"③

根据国民政府颁布的《县组织法》,南京国民政府制定并推行地方自治的六年计划,按预定目标,1929 年 10 月 10 日为县自治施行日期,1934 年应该完成县自治。江苏省根据《县组织法施行法》规定 1930 年 6 月完成县的组织。大致程序如下:1929 年 10 月至 12 月,完成县政府及各局之组织;1929 年 11 月至 12 月,完成区公所之组织;1929 年 11 月至 1930 年 3 月,完成乡镇公所之组织;1930 年 4 月至 6 月,完成闾邻之组织。即除了闾邻组织之外,其他各级组织的设置基本是同步进行的。另外,自治事项如储备自治人才、确定自治经费、肃清盗匪、整顿警政、调查户口、清丈土地等分别筹办。但随着时间的逼近,离预期目标仍然遥远。就江苏实际情形来看,"自治组织虽能完成,自治实效尚鲜表现"。且"各县迭受军事政治之影响,水旱灾害之洊至,人民流离,百业凋敝,以致农村破产,伏莽潜滋,自治事业之进行,益感困难,训政六

① 甘乃光:《中国地方自治事业进行近况》,《大陆》第 1 卷第 5 期,第 1—2 页。
② 蔡鸿源主编:《民国法规集成》第 39 册,黄山书社 1999 年版,第 211 页。
③ 许崇清:《关于民国十八年南京所公布县组织法的几个问题》,《中央导报》1931 年第 7 期,第 86—90 页。

年之限期瞬届,而本省自治之完成,则遥遥无期"①。为了进一步加快地方自治的推行,南京国民政府又相继推出了《地方自治改进原则》《改进地方自治原则要点之解释》等相关规定。

《改进地方自治原则》由内政部提出,于 1934 年 2 月 21 日由中政会通过。其主要内容有:

一、确定县与市为地方自治单位。其中县为一级,县以下之乡、镇、村等各自治团体均为一级,直接受县政府指挥监督。市为一级,市以下如有乡镇村,则均为一级,其组织与县同;在地域、人口、经济、文化等情况特殊之处,得立为特例,设区为自治行政区域。与以往自治法相比较,这一规定所体现出的进步精神是进一步厘清了地方自治单位,县市是平行的,县市以下各有自己的自治层级。第二,自治单位内部的层级进一步简单化。第三,区成为自治行政单位,与以往官治下的区署有所区别。

二、地方自治之进行分为三期。一是扶植自治时期。县、市长依法由政府任命,设县、市参议会,由县、市长聘任一部分专家为议员,负责自治筹备及执行,②乡镇长等由各乡镇人民推举三人,由县、市长择一委任。二是自治开始时期,县、市长依法由政府任命,县市议会由人民选举,乡镇长等由人民选举。三是自治完成时期,县、市长民选,县、市议会民选,乡镇长等民选。人民开始实行罢免、创制、复决等各权。以上三期的进行程序,由各省市政府决定,呈报内政部核准备案。与以往相比,这一条主要有三个亮点:第一,在训练人民行使四权的过程中,选举权与被选举权是最基本的权利,其贯穿三个时期,等自治单位皆为民选之后,才行使其他三权。第二,体现了循序渐进的原则,其对地方自治职员的产生经历了一个部分选举到完全选举的过程,这一点亦是比较科学的。在民众漠视基本权利的情况下,一步到位的做法确实值得商榷。第三,彰显了因地制宜的精神,特别规定各地方根据实际情况选择相应程序,是符合地方自治的基本要求的。

---

① 江苏省民政厅编:《江苏省保甲总报告》,镇江江南印书馆 1936 年版,第 1 页。

② "任筹备自治及执行之责"因为语义不通,后行政院专文删除。《财政部财政日刊》第 1959 号《训令》,第 2 页。

三、推进地方自治的程式及方式。推行地方自治应因时、因地而有所不同,中央只宜做大体及富有弹性的规定,在各县及隶属省政府的市,由省政府分别拟定程式,咨请内政部核准施行;在各直属市,由内政部分别拟定程式,呈请行政院核准施行;为适合各地方之特殊情形,及推行政令便利起见,每省至少应设置县政建设实验区一处,或分区设置试验县若干处,统一"政""教""富""卫"各种组织与事业,以为研究及实验的中心,而期达到政治社会化、行政科学化的目的。这一规定进一步体现了因地制宜的精神。[①]

　　《改进地方自治原则要点之解释》由内政部于 1934 年 5 月公布,主要内容有十三条,分别对《改进地方自治原则》的三点规定加以解释。如其规定改进地方自治原则为一切自治法规之最高原则。现行自治法规及最近颁行的《改进地方自治办法大纲》不违背本原则者,仍旧适用;如与本原则冲突者,就应以本原则之规定为准。这就确立了《改进地方自治原则》在此后地方自治法颁布过程中"宪法"的地位。又如其规定,现在各级自治组织,如与改进地方自治原则规定不符而不急须改革者,得等立法院修订法规公布后,再行办理以免纷更。这就有效地避免了部分地区因法令变更而徒劳无功,或消极怠工的现象。关于地方自治组织系统:县为一级,乡、镇、村为一级,系两级制。在情形特殊之处,可立特例,设区于县与乡镇村之间为自治行政区域。市为一级,系采用一级制。但市以下如有乡、镇、村者,得为一级,这就是特例,并非必须设立。可见层级的简单化是大势所趋。再如,对乡镇村的区别加以说明:凡地方人民联合数村而成一自治团体的为乡;聚居于同一村庄独立成立自治团体的为村。另外,还特别强调,乡镇村自治团体得依人口、区域等状况,分为若干等级,依等级而定其组织范围的大小,但其自治权限,则不因等级而有差异。这就是说,各地方自治的权利是平等的。其中对"现有乡镇坊以下之间邻组织,得由地方政府斟酌情形变通办理不为固定的统一的制度,故在本原则内不加规定"的说法进一步体现了因地制宜的精神。至于现有县市以下区公所的规定,则是自治精神进一

---

① 董霖编著:《中国政府:政制概说暨法规选录》,世界书局 1941 年印行,第 806—809 页。

步加强的表现,"除在地域人口经济文化等情况特殊之处,得立为特例仍继续存在外,余均一律取消。如有必要时,得由县市政府斟酌情形临时设置其他相当之组织(如乡村建设办事处之类),但不为地方自治团体,仅为辅佐县市政府之机关"。区的地位发生了很大的变化,其不再是自治层级中的一级。其余诸点则是对改进地方自治原则之第二、第三方面的解释,并无添加更多新意,兹不赘述。①

总体来看,《改进地方自治原则》是对此前南京国民政府所颁地方自治法令的进一步修正,进步之处十分明显。

1935年,南京国民政府颁布《县自治法》,该项法令凡九章,分别为自治区域、县自治事项、县公民、县民大会、县议会、县政府、县财政、乡镇区、附则等。把《县自治法》与《县组织法》相比,可以看到《县自治法》具有更加明显的自治精神。邵鸿镰指出,《县自治法》与《县组织法》在性质上是不同的。后者是训政时期的自治法,而前者既非训政时期自治法,又非宪政时期自治法,而是从训政向宪政过渡性质的自治法。② 也就是说,《县自治法》体现了比较充分的自治精神。

首先,明确县为自治单位的法律地位,自治层级简化。如《县自治法》第一条就规定,"县为自治单位,其区域依其现有之区域"。区及闾邻不再是自治层级之一。又如,《县自治法》规定:"区设区公所襄助县政府办理本区关于第五条所列各款自治事项,区公所办公费由县政府补助之。""闾置闾长一人邻置邻长一人襄助乡镇区长办理本乡镇区自治事务。"

其次,通过权利列举,进一步增加了县自治的权限。如《县自治法》详细列举了县自治事项,包括县户口之调查登记、县地方事业、县财政、县交通水利及其他工程建设、县公安局及合作事业、县警卫治安、县教育文化、县卫生、县保育救济、县公有财产之保管及整理、县名胜古迹的保存、其他属于县自治的事项等。通过列举,县自治权的范围更加明确。另外,《县自治法》规定县议会的职权明显增加,包括议决县预算及审核县决算,议决县税及增加县库负担契约,议决县有财产的经营及处

① 董霖编著:《中国政府:政制概说暨法规选录》,世界书局1941年印行,第810—812页。
② 邵鸿镰:《县自治法草案述评》,《扫荡》1934年第51期,第38页。

分,对县财政的审计,议决县单行规章,向县政府建议县政兴革,议决县长交议,对县长质问,受理县民请愿,其他法律赋予之职权等十项内容。而《县组织法》仅仅包括议决县预算决算及募债,议决县单行规则,建议县政兴革,审议县长交议事项等四项内容。县议会职权的增加无疑是自治精神进一步强化的表现。

再次,赋予权利,限制权力,进一步强化民主精神。如《县自治法》增加"县民大会"一章,规定县民大会由县公民组织,行使选举、罢免、创制、复决四权。在县长民选的基础上,进一步限制其权力。明确规定县长民选制度。"由县民大会选举之,报经上级机关给予任状。""县长违法或失职时,由县民大会罢免之。"就县议会与县长的关系来看,限制县长权力的倾向更加明显,"县议会决议案咨送县长执行,县长认议案不当时,得详具理由提交复议,如出席议员三分之二以上仍执前议,县长应即执行。如延不执行,县议会得召集县民大会对于县长为罢免与否之决定,前项罢免如经县民大会否决时,县议会应即改选"。

复次,增加县财政一章,保障自治经费的来源。其详细规定县财政收入来源包括县土地税税收的70%以上,县营业税税收的30%,县公有财产的收入,县公营事业的收入,其他依法律应为县有的收入等。并特别规定,县财政收入"至少应以总额百分之六十为办理教育文化经济建设卫生治疗保育救济等事业之经费,不得移作他用"。

最后,《县自治法》关于县议员的规定也有比较明显的进步。如规定县议会议员任期三年,连选连任,比《县组织法》的任期三年,每年改选三分之一的规定更加合理。人员的稳定性可以保障政策的连续性。①

总体来看,《县自治法》的制定是履行《改进地方自治原则》精神的结果,县为自治单位的法律地位进一步强化,自治层级减少,文字规定更加简洁,保障权利与限制权力的精神进一步彰显等。可以说,它比《县组织法》彰显了更加明显的进步精神。但是,因为南京国民政府陷入内忧外患的实际困境,使该自治法并没有在实践中产生实际效用。

《县自治法施行法》则是对如何更加细致地践行《县自治法》的规

① 《县自治法》,《中央周报》第 432 期,第 245—248 页。

定,如对于区取消之后的后续事务问题,《县自治施行法》规定:"在县自治法施行前,凡区公所管有款产及所办自治事业,由县政府接收办理,或归乡镇区单独或联合接收办理之。"又如,关于县长选举问题,条文规定:"县自治办有成绩,经省政府核定者得迳依县自治法之规定,成立县议会,并选举县长,在未成立县议会之县,暂设县参议会,其组织及选举依县参议会组织法及县参议员选举法之规定。"①

虽然制定了《县自治法》及《县自治施行法》,但久未公布。随着南京国民政府把保甲融入地方自治,各省地方自治的推行更显迟缓。为了推动地方自治与保甲的进一步融合,中央地方自治计划委员会②拟定了《厘定自治法规原则》,从此一原则可以看到南京国民政府更加务实的精神。

第一,容纳保甲制度。即以自治容纳保甲,使自治与自卫合二为一,"乡镇内之编制,废除间邻,改用保甲名目,以期组织统一,推行顺利"。

第二,订定施行程序。地方自治不可能一蹴而就,应根据实际情况及各地需要,分为扶植自治时期、自治开始时期、自治完成时期,其内容与《改进地方自治原则》并无二致,但是特别强调:"缘各处环境不同,宜因时因地,变通办理。"要警惕中国共产党势力的存在,"自应特别注意地方警卫,以充实民众自卫之力量";对于没有中共势力存在或者已经有一定自治基础的地方,"办理自治,自应依照常轨,逐步推进。总之,推行地方自治之程序及方法,应因时因地而有不同,中央只宜为大体及富有弹性之规定"等。无论其能否得到切实推行,文件精神都是科学的。

第三,自治组织系统。改"县—区—乡镇—间邻"四级制为"县—乡镇(市—区)"二级制,防止因层级太多而阻碍自治的推行。从提高行政效率的角度出发,这一规定无可厚非。"盖县组织法采区乡镇间邻四级制度,阶级过多,推行自难。"

① 《县自治法施行法》,《中央周报》第434期,第381—382页。
② 该组织于1936年成立,为全国地方自治设计及考查机关。与此相应,各省市党政机关,联合组织地方自治推进委员会。《内政年鉴·一(2)》第一编,上海书店出版社1936年版,第84—85页。

第四，派员分区指导。因县直接与乡镇连接，仅靠县长一人恐难以胜任，所以，可以派指导员分区进行指导，此区为虚置，非分区设署。"然若因此等特殊情形，遽而分区设署，则不特糜费过多，增加人民负担，且多一固定之机关，运用上亦欠灵活。"

第五，废止保卫团。"保甲即经容纳于自治之中，县保卫团应即废止。"此一举措主要在减少不必要的重复性建设，此为地方自治因地制宜最基本的要求。

第六，完成自治期限。"应酌量各地情形，变通办理，不必强行计划。"不强求计划，即可以根据具体情形而定。

第七，修正户籍法。参照县市自治法及其关系法规修正户籍法。

第八，主管自治机关。进一步厘定自治机关的从属关系问题。"自治事务在省应由民政厅掌管，至依自治法编组之壮丁队，应与保安团队兼受保安处之指挥监督，省保安处隶属于省政府"①。

由此可见，《厘定自治法规原则》是对以往之《改进地方自治原则》的修正，体现了南京国民政府更加务实的态度，进一步彰显了科学精神，但自治与保甲的深度融合则凸显了南京国民政府在民主理想与专制现实之选择上的两难困境。

二、以保甲融入自治

（一）新保甲制：自治与保甲制融合的初始形态

在江苏省沦陷之前，保甲制已获得一定程度的发展。江苏省之所以办理保甲，主要原因是地方自治办理不善。地方自治办理不善的原因很多，根本在于"人民漫无组织"，"国人素不习于团体生活，自治义务既有所规避，公民权利，亦不复重视"。江北多匪，人们最急切的要求是自卫安宁，往往视自治为奢望。江苏省的自治组织多空疏不切实际。因此，根据蒋介石的命令，江苏省办理保甲。保甲制度，"本属民众自卫之良规，且其组织，亦较自治组织为严密"，十分符合当时江北的要求。

1933 年 10 月,江苏省政府委员会通过办理保甲制度四项原则,把地方自治经费移充保甲经费,并暂停不着实际的自治组织。1934 年 2 月,江苏省制定《清查户口编组保甲规定》,并决定于 1934 年 4 月 1 日正式实施。推行保甲,先在南通、盐城、淮阴、东海、铜山五个行政督察区所属各县试办,然后推及其他各县。保甲与自治之间的关系是废止闾邻,以保甲代之。① 江南与江都区所属各县于 1934 年 11 月一律办理保甲。在江苏六十一县中,江宁县比较特殊,其办理自治实验县而不推行保甲制度。

之所以把江苏保甲制的推行称为保甲制与地方自治的融合,是因为与其他省相比,江苏保甲制有自己的特色。程清舫曾将当时各省的保甲制度分为两种类型:赣、豫、鄂、皖、闽等省为一类,其保甲层级为:县—区—联保—保—甲—户;苏、浙、湘为一类,其保甲层级为:县—区—乡(镇)—保—甲—户。前面一种主要用于中共势力活跃地区,基层自治组织基本取消;后一种则用于较为稳定的地区,保甲则与以前的自治组织相衔接。② 如江西省不设乡镇长等自治职,而是在保、甲长之上设立联保主任,有人把这种方式称为"纯粹保甲制度"③。江苏则不同,其继续设立乡镇长,乡镇长既是自治职务,又是保甲的监督者。所以称之为自治与保甲的融合更为准确。"松亭"则把保甲与自治的融合称为"化合",其方法不外是把县—区—乡镇的三级组织改为县—乡镇二级制;以保甲代替旧有的闾邻制度;县下设自治指导员指导各乡镇自治工作;保甲专门办理保甲事务,而乡镇在办理自治事项的同时,对保甲实施监督等。④ 对此,程清舫进一步指出,"江苏筹备实行保甲时,是先从改划自治区域着手的,其用意是使自治区域,兼须适合于保甲之编制;保甲区域,并须便利于自治之推行"⑤。

江苏省非常重视保甲的办理,为了保障编组保甲的顺利进行,其采取以下一系列措施:

① 江苏省民政厅编:《江苏省保甲总报告》,镇江江南印书馆 1936 年版,第 1—2 页。
② 程清舫:《现行保甲组织系统的检讨》,《是非公论》第 39 期,第 8 页。
③ 程方:《论保甲教育》,《是非公论》第 45、46 期,第 17 页。
④ 松亭:《保甲制度与地方自治》,《半月评论》1935 年第 1 卷第 20 期,第 14 页。
⑤ 程清舫:《现行保甲组织系统的检讨》,《是非公论》第 39 期,第 12 页。

首先,制颁各种保甲法规条例。江苏省先后颁布《江苏省清查户口编组保甲规程》《江苏省县保甲督察服务规程》《江苏省县保甲督察员训练纲要》《江苏省保甲督察员训练纲要实施细则》《江苏省保甲督察员服务规则》《江苏省各县保甲人员守护交通设备暂行办法》《江苏省各县乡镇保甲长推选补充办法》《江苏省各县整理保甲办法》《江苏省各县乡镇保甲长训练实施大纲》《江苏省乡镇长训练所规程》《江苏省保长训练所规程》等,这些法令规程初步建构起江苏保甲的制度体系。[①]

其次,由省派保甲指导员督导县,由县遴派编查委员协助区公所。1934 年 7 月 3 日,江苏省制颁《江苏省民政厅保甲指导员服务规则》,规定指导员的主要职责。江北主要是委任王锦华等十四人为保甲指导员。江南则委派任维均等十五人为保甲指导员。指导员主要指导以下几项工作:一是编查户口的方法;二是编查户口工作进行的程序;三是各种表册之填写及统计方法;四是保甲规约的拟定方法;五是确实取具联保连坐切结之办法;六是保甲法令之解释;七是推定保甲户长时应注意的事项;八是其他必要事项。

另外,指导员还负有督促各县切实办理保甲的责任,其权限如下:一是依据实地情形,认为原定推进程序须加变更,或须施行一种特别办法时,得随时呈请民政厅核示办理。二是对于服务县份之县长,认为怠忽职务,或措置失当时,得密报民政厅核办。三是认为办理编查人员工作异常勤奋,或稍有懈怠时,得商同该县县长分别奖励或惩处。四是发觉办理编查人员有敲诈骚扰各情事,得随时通知该县县长查明法办。如情节重大,得同时电呈民政厅核办。五是发觉人民有故意反抗或暗中阻挠编查各情事,得随时通知该县县长查办。如认为事变有扩大之虞时,得同时详细陈述情形,并拟具办法,密电民政厅核示。此外,对指导员也提出了具体要求。如指导两个县的不能久居一县,防止顾此失彼;在赴各区乡镇指导保甲编查工作时,不能居留县城,以做到随时指导;等等。[②]

编查委员的主要职权包括:一是会同区长督饬乡镇长按照编查程序

① 《保甲统计》,内政部统计处 1938 年编印,第 103 页。
② 江苏省民政厅编:《江苏省保甲总报告》,镇江江南印书馆 1936 年版,第 53—54 页。

进行编查。二是详细调查该区内村镇原有界址及宗族现状,以定编组划分。三是编余各户甲之应否并入或另立,应根据当地情形加以指导。四是各区保甲户口之顺序,应协同区长及乡镇长详加考查。五是编定各户之户口调查表及门牌,是否按照规定填写,有无不实,应协同区长详加查考。六是根据规程第二十条之规定,应切实审查所推乡镇保甲长。七是发现办理人员有索费敲诈等事项时,应呈报县政府究办。八是办理人员有异常努力能迅速完成编查任务者,得呈请县政府嘉奖。①

再次,召集保甲谈话会。1934 年 7 月 7 日,召集泗阳、宿迁、东海、灌云、涟水、沭阳、赣榆、铜山、丰县、沛县、萧县、砀山、邳县、睢宁十四县县长召开谈话会。各县县长就本县筹办保甲情形、筹措保甲经费情形、推进保甲计划或意见、本县治安情况等做报告。1934 年 10 月,江南各县分两批召开保甲谈话会,之所以分两批,主要是为了防务问题。1935 年 2 月,又召集江南及江都各县县长召开第二次谈话会。②

最后,扩大保甲宣传。宣传机关包括民政厅及各县县政府、省党部及各级党部、社教机关与其他各机关、各学校等。宣传方式包括:张贴白话布告,向群众宣传各项法规条文;用简明语句制成标语,随处张贴;在粉墙或布匹上绘制相关图画,昭示于通衢要道;在各乡镇分发传单;在各乡镇分发刊印的小册子;编制弹词剧本,由学校学生或娱乐场所公开唱演;在各地报章增加保甲内容,如江苏创办了《江苏保甲半月刊》,按期颁发给各县政府转发各机关及区乡镇公所;组织宣讲队分赴各地公开演讲;在区民众教育馆、农民教育馆举办人民保甲自卫展览会。在学校编组保甲,订保甲规约,促进新生活;在学校举办保甲周,通过各种活动养成学生的保甲观念;运用接受保甲训练的学生,转授家属及邻里;制作保甲简明问答,由乡镇长及保、甲长按级递相讲习;无论是人民对政府及自治机关陈诉文件,还是人民相互订立契约,均须注明所属保甲户籍;等等。③

办理保甲的程序分为四期,即筹备—编组—训练—运用。其中筹

---

① 江苏省民政厅编:《江苏省保甲总报告》,镇江江南印书馆 1936 年版,第 49 页。
② 江苏省民政厅编:《江苏省保甲总报告》,镇江江南印书馆 1936 年版,第 60 页。
③ 江苏省民政厅编:《江苏省保甲总报告》,镇江江南印书馆 1936 年版,第 61—62 页。

备、编组最为繁重,因此制定了《各县清查户口编组保甲期限进度表》,并分为三期进行:第一期专办筹备工作;第二期着手编组保甲;第三期施行清查户口。①

就实际情形来看,比较重要的工作包括以下几项:保甲区域的划定、保甲规程的制颁、保甲人员的遴选与训练等。

1934 年,江苏省开始保甲制度的筹备工作。乡村以十户为甲,十甲为保。保以上为乡镇。基于以往自治推行过程中区域划分的弊病,结合江苏的实际情况,江苏省制定新的区乡镇区域改划标准:"一、各县区数,以最少五区最多十五区为标准。其地方面积在一万方里以下,人口不满百万者,至多不得过十二区。二、各县人口在五十万以下,地方面积不满五千方里者,不得超过八区。三、各县区公所行政经费困难,县地方费既无余款可资移拨;而田赋正附并计,又已超过地价百分之一限制者;虽人口在五十万以上,或地方面积在五千方里以上者,亦不得超过八区。四、各县乡镇区划之划分,以每乡镇五百户至一千户为原则。其划分失当者,应由各该管区长召集区务会议,于每乡镇千户限度内,妥议尽量划并。"②其划区的基本原则,一是减少区乡镇的数目,便于集中人才经济;二是力谋区乡镇界线整齐,以减少边界纠纷而便于管理。最终,全省原有的 60 县 599 区划并为 449 区;19 860 乡镇划并为 8 066 乡镇;闾邻改为保甲。

《江苏省清查户口编组保甲规程》是 1934 年 2 月 13 日由民政厅提交省政府委员会第 633 次会议通过并公布实施的。此规程的制定,一是根据江苏省的实际情况;二是参照《豫鄂皖剿匪区内各县编查保甲户口条例》。就内容来看,其主要有三点不同:一是保留乡镇一级。"剿匪区"③内各县不设置乡镇一级,保长直接受区长的领导。江苏省则保留乡镇一级,承区长之命,指挥监督保甲长。二是兼推地方自治。"剿匪区"内各县先谋自卫,后推行地方自治。江苏省保甲

---

① 江苏省民政厅编:《江苏省保甲总报告》,镇江江南印书馆 1936 年版,第 2 页。
② 江苏省民政厅编:《江苏省保甲总报告》,镇江江南印书馆 1936 年版,第 17—18 页。
③ 在南京国民政府颁布的文献中,所谓的"匪"既有一般意义上的土匪,同时也常将中国共产党领导的力量污蔑为"匪",特此说明。

与自治同时进行。三是不向住民征集经费。"剿匪区"内各县向住民征集保甲费。江苏省为防流弊,就地方自治经费或保卫费充保甲费,不准征集任何费用。[1]

根据《江苏省清查户口编组保甲规程》的规定,江北五行政区于1934年4月1日开始保甲工作。但在规程之外,另有三点补充:一是连坐处罚分别规定。即根据不同情形进行有区别的惩罚。二是乡镇长及保、甲长的任期问题。保长二年,甲长三年,乡镇长以保长任期为任期,可以连推连任。三是乡镇长以保长公推为原则,以县长指定为例外。[2] 江南及江都区所属各县,于1934年11月1日起推行保甲。

总体来看,江苏保甲的主要特点是保甲自治熔为一炉。其体现主要有二:就经费来看,保甲措施即自治措施,保甲经费即自治经费;就区域来看,保甲的区域与自治的区域是一致的。有论者评价说:"现行保甲组织,初仅行于剿匪之区域,其目的在于清乡自卫,及其成功稍著,乃渐次推行于各省,而为实施'教养卫'纲领之核心。此后中央决定'容纳保甲于地方自治之中'之原则,于是保甲组织遂成为地方自治之基础。"[3]

(二) 新县制:自治与保甲的深度融合

1939年9月,南京国民政府颁布了《县各级组织纲要》(以下简称《纲要》)。该纲要分总则、县政府、县参议会、县财政、区、乡镇、乡镇民代表会、乡财政、保甲、附则等十个部分。从体例上来看,县与乡镇是地方自治层级中最重要的组成部分,区和保甲属于比较新的建制。

对于新县制,时人认为其与以往地方自治法规相比,有不少改进的地方。如县以下行政机构的改善。"从前县政府以下,组织未周,政府与民众之间,根本脱节,无从联贯,本纲要以县为自治单位,乡村为民众集合中心,针对当前地方需要情形,扩张政治下层机构,振发民众自觉自动精神。以保甲为乡镇之构成分子,与乡镇同为自治之阶层。乡镇

---

[1] 江苏省民政厅编:《江苏省保甲总报告》,镇江江南印书馆1936年版,第27—28页。
[2] 江苏省民政厅编:《江苏省保甲总报告》,镇江江南印书馆1936年版,第28页。
[3]《保甲统计·黄厚端序》,内政部统计处1938年编印。

公所一级,将官治民治融为一体,以为县政机构之重心,民主政权树立之先导,尤为特别创制。而其主要目的,则在矫正过去地方行政机构'头重脚轻'之弊,使其自上而下,逐级健全,脉络贯通,运用灵活,行政力量能透澈于民众之基层。"

又如,党政关系的调整。"过去党部仅集中人才于中央及省两级,对于县区及乡镇,均不注意,以致地方自治停滞不进,建设事业不能确立基础,故总裁在其演讲及党政关系图中,明白规定党政双方应尽之职责,在管教养卫共同事业范围之内,政府应执行之责,党部负责宣传倡导促进之责,不唯各不相犯,而且通力合作,互相为用,使政府与党部打成一片,将党的力量容纳于地方上各种政治及社会机构之中,并由政府依据法令运用此等机构而发挥其力量。"

再如,各级议事机关的设置。"依本纲要规定,县设县参议会,乡镇设乡镇民代表大会,保设保民大会,甲设户长会议,并得举行甲居民会议。又为增进国民经济及发展地方事业起见,特于县参议会规定得酌加依法成立职业团体代表,以使区域观念与职业利益二者得有调剂。盖民权行使,须于实际中加以练习,以引发其参政之志趣,并养成其管理政治之能力,然后训政工作,方不致落于空虚。况乡镇保甲人选,产生困难,或产生后不能尽忠职守,甚至贻害人民,为上级机关所不易察觉者,今后均得运用民主方法,以为补救,因乡镇保甲长等基干人员,与人民最为接近,为免除此等人员假借政令肥己殃民,亦惟有采用民主监察制度,较为有效。"

还如,管教养卫的合一。"过去地方行政,分门别户,各自为政,非互相冲突,即彼此摩擦,利未见而弊已丛生。本纲要规定:乡镇长,乡镇中心学校校长,及乡镇壮丁队队长,暂以一人兼任之。保长、保国民学校校长,保壮丁队队长,暂以一人兼任之。并规定各级组织范围确定以后,所有教育、卫生、合作、警察等区域,均应力求合一,以期管教养卫各项工作,能以统筹兼顾,共同发展。"[1]

与《县组织法》《县自治法》相比,《纲要》确有值得称道的地方。

---

① 周钟岳:《新县制与地方自治》,《新四川月刊》1939 年第 1 卷第 7 期,第 20—21 页。

第一，切实简化了下层行政层级。对区署的性质进行了更加清楚的界定，即其不再属于县之行政的一级，而成为县与乡镇之间的联络点，或者说完全是起辅助作用的。"现行区署，为县政府辅助机关，代表县政府督导各乡（镇）办理各项行政及自治事务，其性质与从前区署不同，从前区署系一官治的行政机关，所有政令，悉由县而区而联保，以达民众。现在县为二级制，区署为县政府派出机关，其与县政府关系犹如商店支行之于总行，所有政令，可由县直达于乡镇，区署只负辅导的任务，不得视为县下之一级，乡（镇）才是县下之一级。"①

第二，对乡镇的规定更加详细。如明确规定了乡镇建制，乡镇长的产生、资格、任期，乡镇公所的结构，乡镇务会议等；乡镇民代表会则包括乡镇民代表的产生，乡镇民代表会主席的产生，乡镇民代表会的组织及职权等；乡镇财政则包括财政来源，应兴办造产事业，财产保管委员会的设置，乡镇财政的收支等。这些规定使乡镇成为比较扎实的自治层级之一。

第三，统一法规。《纲要》还特别增加保甲一章，对保甲长的产生、保甲的任务等进行详细的规定，从而统一了此前各种地方自治法令的纷歧，把自治与保甲正式融为一体。

第四，《纲要》进一步降低了公民资格获取的门槛。其规定"中华民国人民无论男女，在县区域内居住六个月以上，或有住所达一年以上，年满二十岁者，为县公民"。而在《县组织法施行法细则》《县自治法》中，公民必须是在县区域内连续居住一年以上或有住所达两年以上，年满二十岁经宣誓登记后才能成为县公民。这一规定与战时基层社会居无定所、人口流动频繁的现实有关。

但《纲要》自身的不足亦非常明显。

第一，在县一级，《纲要》并未提及县长的产生问题。而仅规定"县设县政府，置县长一人，其职权如左：一、受省政府之监督，办理全县自治事项。二、受省政府之指挥，执行中央及省委办事项"。可见，县长主要是在上级政府的监督下进行工作，其自治精神明显削弱。而何为

①《县组织纲要两项疑问》，《闽政月刊》1941年第8卷，第3期。

自治事项,《纲要》中亦没有列举,这就使自治与官治完全混在一起,纲不举而目不张,在地方自治筹办时期更容易为官治所裹挟。《纲要》亦未论及县民大会的问题,至于县参议会,则改由乡镇民代表会选举县参议员组织之,与《县自治法》所规定的县民大会直接选举相比,这种间接选举的方法无疑是自治精神下降的一种表现。同时,《纲要》还强调县参议会暂不选举县长,与《县组织法》许诺县长民选、《县自治法》明确规定县长民选相比,这一规定无疑是一个倒退。至于县财政,虽然规定了来源,但对县财政的利用不再按比例强制分配,而是"均由县政府统收统支",同时还规定"在县参议会未成立时,县预算及决算,应先经县行政会议审定,再由县长呈送省政府核准。在县参议会成立后,县预算及决算,应先送交县参议会议决,再由县长呈送省政府核定之。但有必要时,得由县长先呈送省政府核准施行,再送县参议会"。这些规定有进一步强化县长专制的嫌疑。

第二,就区一级来看,《纲要》规定在有必要的地方分区设署,虽然"区署为县政府辅助机关",但它能代表县政府督导各乡镇办理各项行政及自治事务。这样,区虽然不是自治层级之一,实际上却演化为官治行政的触角。

总体来看,与《县组织法》和《县自治法》相比,《纲要》的自治与民主精神最为淡薄。这大概与南京国民政府所面临的国际、国内形势有关;从另外一个角度来看,南京国民政府更加务实,这些变化是其地方自治方针政策从理想向现实转变的一种表现。

第二节　乡村自治的实践及绩效

一、乡村自治组织的建设

随着南京国民政府制颁各项自治法令,江苏省开始制定相应规程,在全省推行地方自治。就苏北各县来看,在 1930 年 5 月之前,扬中县户口调查完竣,并且根据户籍册编定村制。在区长未考试训练以前,仍由各市乡行政局长负责督率各村长办理地方水利、公安、教育、交通等事项，以为将来宪政之基础。[①] 泰县则划分为 15 区，6 月之前，第一期区长训练期满，并分发实习。全县划为 484 个乡镇，闾邻正在划分之中，推选闾邻长副。[②] 阜宁县则全面展开筹办地方自治，如训导区长考察各区长成绩并分别奖惩、分配第二期区长实习地点、限期办理公民宣誓登记、举行乡镇选举、督促成立乡镇公所、选举闾邻长、举办人事登记、实行调查户口、实行田地注册等。[③] 仪征全县共划分为 5 个自治区，区以下分为 141 个乡镇。7 月之前，区乡镇公所均已组织成立。各区公所内，设区长一人，并分设二股，分掌事务。县政府所召集之区长会议，均按期开会。此外，各区公所也都自行召集区务会议及所务会议。第一期自治乡镇长、副乡镇长训练完毕，接着训练第二期。然后是闾邻划分。每区行政经费，每月 250 元；事业费也开始计议，拟举办户捐。各乡镇公所经费，每月由县补助 5 元。[④]

各县自治筹备虽然都已展开，但是效果并不甚佳，如阜宁县成立乡镇公所一项因经济困难，不能完全成立，而闾邻之划分及选举，亦未能整齐划一。[⑤] 至于区一级的工作也不能令人满意（见下表）。

阜宁区长工作成绩考核表

区　别	一区	二区	三区	四区	五区	六区	七区	八区	九区	十区	十一区	十二区	十三区
区长姓名	江国祯	朱心煜	左培心	陈德乾	吴煜新	唐翰如	蒯佳材	李有鸿	赵文智	唐突	薛永恺	顾镇华	王馨舫
就职日期	十八年八月	同左	同左	同左	同左	同左	同左	同左	同左	同左	同左	同左	同左

① 徐祖绳：《扬中县施政概况》，《苏政》半月刊 1930 年第 1 号，第 38 页。
② 王景涛：《泰县县政概况》，《苏政》半月刊 1930 年第 4 号，第 34 页。
③ 王宫献：《阜宁县政府施政方针及最近政绩》，《苏政》半月刊 1930 年第 4 号，第 39—40 页。
④ 田斌：《仪征县县政概况（续）》，《苏政》半月刊 1930 年第 5 号，第 36 页。
⑤ 王宫献：《阜宁县政府施政方针及最近政绩》，《苏政》半月刊 1930 年第 4 号，第 39—40 页。

区别		一区	二区	三区	四区	五区	六区	七区	八区	九区	十区	十一区	十二区	十三区
办理自治成绩	训练乡镇长副	丁	丙	丁	丁	丁	乙	丁	丁	丁	乙	丁	乙	丁
	填送工作报告表	丁	丙	丁	乙	乙	丙	丁	乙	丙	乙	乙	丙	丁
	呈报区务会议录	甲	乙	丁	丁	丙	甲	丁	丙	丁	乙	乙	乙	乙
	增加识字人民,减少失业游民	丁	丙	丙	丁	丁	乙	甲	乙	乙	甲	乙	丁	丁
	呈报种痘人数表	乙	丁	丁	丁	乙	丁	乙	丁	乙	丙	丙	乙	乙
	填报人民移动调查表	乙	乙	乙	乙	乙	乙	乙	甲	乙	乙	乙	乙	乙
委办各事成绩	招募志愿兵	丙	乙	丁	甲	乙	丙	丙	丁	丙	乙	乙	丙	丁
	办理田地注册	丙	丙	丁	乙	乙	乙	乙	乙	乙	乙	丁	乙	丙
	组织保卫团	甲	乙	丙	乙	乙	乙	乙	乙	乙	丙	乙	乙	丙
	呈报查禁烟赌	丁	乙	丁	丁	乙	乙	丁	乙	乙	乙	丁	丁	丁
奖惩	申诉		×	×					×			×	×	
	记过						△							
	奖励	8								8				
控告				●						●			●	●
总评		甲	丙	丁	丙	丙	乙	丙	丙	甲	乙	丁	乙	丁
附注														

注:

(1) 凡各区对于应办及委办各事项:按期办竣工作努力者列甲,工作迟缓者列乙,工作懈怠者列丙,办理不善工作恶劣者列丁。

(2) 奖惩之符号:"×"表示申斥,"△"表示记过,"8"表示奖励,"●"表示被控,总评以甲、乙、丙、丁表示。

(3) 资料来源:王宫献:《阜宁县政府施政方针及最近政绩》,《苏政》半月刊,第四号,1930年6月,第40—41页。

由上表可知,在阜宁13个区130项事务中,甲等7项、乙等40项、丙等34项、丁等49项。可见办理结果相当不好。在7项甲等事务中,"呈报区务会议录"占2项,"增加识字人民减少失业游民"占2项,其他"填报人民移动调查表""招募志愿兵""组织保卫团"各占1项。第一、第九两区之所以获得嘉奖,是因为"呈报组织保卫团,查核颇具条例,指令嘉奖"。而遭申斥原因则各有不同,第二区是"该区呈报区务会议记录有依照县组织法组织保卫团一案,实属荒谬应予申斥";第三区是"迭饬该区搜挖蝗卵,空言塞责,指令申斥";第八区是"据呈该区有反动份子,前被羁押,现经释放回里,故意炫耀,请求制止,迹近藉端要挟,指令申斥";第十区是"前饬该区造送十九年预算,据呈请免指令申斥";第十一区则是"奉令招募志愿兵,无力招足,指令申斥"。对于控告则言之不详,亦不影响成绩总评。可见政府更重视的是其政令的执行情况,而不是普通民众的感受。①

再以江阴来看,1928 年,江苏省省会移设镇江。民政厅厅长缪斌下令各县废除市乡行政制度,推行区自治,成立区公所,建立区乡镇保甲制度。区长任命采取县政府与县党部联合保送和报名投考,省厅选定的方式。投考者"先行检查体格,再行考试。考试分笔试口试两种,考后三日出榜"。被选中者送省区长训练所受训。江阴县划分为十四个自治区。根据省令,甲等区人口在十五万以上,乙等区人口在十万以上,丙等区人口在五万以上,五万以下为丁等区。江阴没有甲、乙等区,有丙等区 4 个,丁等区 10 个。

1929 年 1 月,省区长训练所开始训练。六个月后结业,受训人员回县听候任命。这批新任区长上任后的第一件事是划分乡镇。"一般按照旧制与自然地形,大约据人口二千以上至三千以下的划分为一个乡镇,全县十四个区共划分二百八十多个乡镇。"第二件事是遴选乡镇长,由区长选定后报县政府加委。虽然规定是要选择办事公正、能够接近群众的人,"但实际上往往多数是凭藉势力的人逐鹿当选,而真正洁身自爱、办事公正者实属少数"。各乡镇公所头两年没有办公经费,后在县自治经费中每乡镇每个月拨给办公费八元。就各区区长的工作热情来看,并不高涨。

1930 年,县长申丙炎去职,新任县长李泠接任。考核区长一年来的成绩,仅四人留任,其他区长须参加第二期区长训练所受训,但均未

---

① 王宫献:《阜宁县政府施政方针及最近政绩》,《苏政》半月刊 1930 年第 4 号,第 39—41 页。

前往。后李冷派遣四人前往受训。缺额 8 名区长由县政府、公安局、教育局、建设局、县党部、县商会各保送四人，共 24 人，提交县政会议通过12 人，再由省厅圈定 8 人。最后由县政府委任。总之，随着县长的变动，区长也屡有更替。而至于区自治的本质，"实际上是在各县培植一批效忠于一些人的私党，作为巩固这一个人的政治地位的资本而已。当时区长听命于县长，县长听命于省厅，区公所脱离群众，也从未向人民宣传过'自治'和做过'区自治'工作。区长与助理员每天忙于做呈文，呈报县政府，写行知，行知乡镇长，承上转下，应付门面"。区公所对民间刑事案件负调解的责任，一般做法是物色公正人士及乡镇长八九人，组织调解委员会，大事化小、小事化了。乡镇调解委员会也是如此。区长会议与乡镇长会议，"往往会而不议，议而不决，决而不行"①。

在江宁县未被辟为自治实验县之前，邹振道曾对 1932 年上半年江宁县的地方自治状况进行调查，其结论如下：划分全县为十自治区，区设区公所；划分全县为二百九十五乡镇，设乡镇长公所；各区区长皆由县长遴委曾经受训及合格之人员；各乡镇长已由公民选举并由县长择委；各闾邻长亦经公民选举分别委定；县政府曾令饬各区乡镇长，凡地方各种事务应协助办理；户口清查工作、人事登记之声请登记及调查统计，均甚疏忽；各区道路，除国道、县道仅筑成一二外，皆无力修筑；各区公所均无力附设国民学校；各区长兼区保卫团长，匪风较靖；各区长组织自治经费保管委员会，派代表向财政局直接领拨，但收入甚少，不能维持；各区乡镇公约尚未制定。② 有人指出："本县区乡镇闾邻制实行后，……惟自治组织不健全，以致各区自治事业，建树毫无，至于各乡镇自治工作，更属空谈，……故区乡镇闾邻制之在江宁者，徒具形式上之组织而已，考诸实际，区公所有时虽可闭门造车，作政府令办之等因奉此，至乡镇公所究在何处？闾邻长究系何人？诚恐无人解此答案，而乡镇自治之停滞难行，不言而喻矣。"③

① 《抗战前江阴区公所的始末及活动情况》，《江阴文史资料》第 3 辑，中国人民政治协商会议江苏省江阴县委员会文史资料研究委员会 1986 年编印，第 23—29 页。
② 邹振道编：《考查江宁县政总报告》，中央政治学校 1932 年编印，第 69—70 页。
③ 《江宁县政概况》，出版信息不详，第 1 页。

也就是说,县以下各级自治组织的主要机构尚能基本建立,但仍不健全,其自治事务办理情形或因办事人员的敷衍,或因自治经费支绌仍然不能令人满意。

苏南以吴县为例。1928 年 12 月 29 日,各县划区办法颁到吴县后,于 1929 年 1 月开始划定新区,区自治行政机关为区公所,其组织按照自治法令规定。按照新法,吴县划区计城厢 3 区,乡区 19 区,89 镇,630 乡。至 1931 年,其区自治成绩办理如下:

一是户口调查。其中共 199 091 户,男 483 591 人,女 423 999 人,合计 907 590 人;船户 2 353 户,男 6 358 人,女 2 801 人,合计 9 159 人;商户 8 852 户,男 45 537 人,女 1 038 人,合计 40 575 人。

二是地方保卫。地方保卫有保卫团,该保卫团负有增进人民自卫能力,辅助军警维持地方治安的责任。若能办理完善,可以裁减国家常备兵额,可以减轻人民负担,恢复我国寓兵于农的本质。吴县保卫团全为按照法令组织实施,每闾为一牌,以闾长为牌长,每乡或每镇为一甲,以乡长或镇长为甲长,每区为一区团,以区长为区团长,县为总团,以县长为总团长。总计保卫团 23 个,商团支部 7 个,共 873 人。保卫团拥有枪支 136 支,子弹 9 084 粒,经费 40 665 元。

三是社会救济。吴县新社会救济机关设备有九个:第一养老院、妇女养老院、第一感化院、育婴院、安节院、第一义仓、第二义仓、莲溪同仁堂、徐庄仁济堂等。其经费由公款公产管理处拨给,以上各机关经费最多者为育婴院,每年约 1 441 元,最少者为第二义仓,每年仅 48 元。每年用于上列各院仓堂等经费总计为 6 690 余元,临时费为 15 120 元。其经费之分配:薪工占 37.12%,办公费占 16.18%,事业费占 42.43%,杂费占 5.66%,预备费占 2.04% 等。

四是卫生事业。各区公所于每年春秋二季,聘请西医施种牛痘各一次,概不取费。各区公有澡堂十二所,医院六所,每逢夏季时,各区公所皆有临时防疫医院设备。除四口公共自流井之外,各区正在筹划设置粪行清洁所、垃圾桶等。[1]

---

[1] 胡瀚、何子竞:《吴县县政》,中央政治学校 1932 年编印,第 38—40 页。

从吴县办理地方自治的情形来看,其更加注重实际,比苏北、苏中稍好。但是弊端也不少,王维墉曾对吴县办理自治的情况进行总结,批评其所做工作不过是颁布无数自治法规、设立自治机关、委任自治职员等,由于行政经费的增加、自治职员素质良莠不齐等原因,徒增人民痛苦而已。他举例说,"吴县第十八区区长唐人杰任用私人,依势横行,即其例也。再就调查户口,办理保卫团而言,县政府将人口调查表发交各区,饬令按照表详填,依期详填呈交者固多,而以调查表包铜元或填不确实者,亦不少,斯由区乡镇长自治知识缺乏,人民莫明调查为何致之。保卫团是为增进人民自卫能力,辅助军警维持地方治安而设之义务团也,然吴县各区之保卫团,多有名无实,团丁是招募之游民,非义务之公民,因之区长以区团长名义,认其团为个人之武力,武断乡曲,欺上罔下,失去该团办理之目的远矣!加之吴县绅士势力雄大,迷信观念太深,太湖土匪出没无常,自治经费异常缺乏"①等,地方自治之前途,可以预见。

总而观之,1932年之前,江苏省县区乡镇闾邻之自治组织尚不难如期完成。但其户口、土地、警卫、道路及人民使用四权情形,虽然尽力推行,但距规定程度尚远。加上社会不稳,农村残破,自治事务之推行极为缓慢。各级自治组织往往名不副实。② 南京国民政府亦承认,自县组织法、区乡镇自治法颁布以来,自治推行效果并不理想,"即最初步之组织已完备者,亦无非稍具形式,离自治之真际尚远"③。并且,自治职员之选举也"仅做到闾邻乡镇长副之民选,而区长仍属于政府委任,故可谓官办地方自治"④。即使是各乡镇长副的选举,往往是"由乡民大会或镇民大会选举加倍之人数,报由区公所转呈县长择任,并由县长汇报民政厅备案",政府仍然严格掌握人事的任命权。而建立之后的乡镇公所,也往往是有名无实,"各县乡镇公所,仅门口挂一牌子而已"⑤。至

---

① 王维墉:《吴县县政》,中央政治学校编印,时间不详,第52—53页。
② 胡棘园:《苏省举办保甲之由来》,《江苏保甲》半月刊第2卷第5期,第1—2页。
③ 萧继宗主编:《十年教训》,中国国民党中央委员会1976版,第193页。
④《江苏省鉴》,成文出版社有限公司1983年版,第34页。
⑤《江苏省鉴》,成文出版社有限公司1983年版,第36页。

"县参议会,本省各县均未成立"①。如此一来,只有间邻一级实现了真正的民众选举及罢免制度。王奇生指出,南京国民政府时期的区署实际上"是中国历史上首次在县以下建立正式的行政层级"②,这是国民政府对基层渗透的一个重要表现。

实事求是地讲,江苏省政府为推行地方自治做了不少的努力,但地方自治推行的效果仍然不佳。考其原因,主要有以下几点:

第一,自治组织或残缺不全,或叠床架屋。在视察过江苏自治状况之后,监察院监察委员高一涵批评道,江苏省各县自治机关虽然筹备成立,但大部分县份仅到区公所而已,至于乡镇公所,或未完备,或为纸上空文。并且,区公所只有行政费,而无事业费,结果导致自治事业不能举办。大部分区长以传达公文为主要任务,更有部分不肖区长,勾结地方土豪劣绅,借机关权力谋取个人私利。③ 自治组织残缺不全的另一面却是自治机关重叠、人浮于事的现象:"苏省地方自治,自仿行村制至区乡镇制,推行七八载,实未能睹其成效。其原因虽不止一端,而组织之叠床架屋,经费与人材之缺乏,事业之不知如何进行,实为其最大原因。……以致地方自治,悉操于土劣或群愚之手,又何怪其南辕而北辙?"④江苏民政厅厅长余井塘认为,"本省间邻编制,虽于去年三月,全省已一律完成;但以各间邻间缺乏联络,关于间邻长之职责,亦未加以规定。致各种自治事业,每因下层组织未能严密,而难以推进"⑤。

第二,区域划并过程中意见歧异成为自治不能顺利推行的重要原因之一。南京国民政府成立之初,关于县域的划分标准不断变化。1928年12月,内政部制定各县自治区域划分办法,根据面积、地形、户口、经济、民性等因素划分自治区域。每县从五区到十五区不等。1929年3月,内政部又颁布了各县划区办法,各县区数从四区到十区不等。1929年6月,南京国民政府正式颁布《县组织法》,自治区域的划分又有

---

①《江苏省鉴》,成文出版社有限公司1983年版,第35页。

② 王奇生:《战前中国的区乡行政:以江苏省为中心》,《民国档案》2006年第1期,第69页。

③《地方自治》创刊号,中国地方自治学会1935年发行,第91页。

④ 祁良辰:《江苏现行县制之缺点及其改进意见》,《江苏月报》1935年第4卷第1期,第1—6页。

⑤ 余井塘:《一年来之江苏民政》,《江苏月报》1935年第3卷第1期,第12页。

了新的标准。对乡镇的标准为："凡县内百户以上之村庄地方为乡，百户以上之街市地方为镇。""城镇居民，以二十五户为间，五户为邻。"根据《县组织法》组建区乡镇公所。在内政部民政会议上，各省代表认为，自治区划太小、层级过多，人才经济，不易集中等。但对于废区与保区意见不一。"主张废区者有之，主张存区而扩大乡镇者亦有之，主张区乡镇并应扩大而减少单位者又有之。"

就江苏省来看，先是无锡、泰县、阜宁等十九县根据传统习惯申请增加区数。结果导致自治经费仅能满足区公所的用度，乡镇公所经费及自治事业费涓滴无着。睢宁县则呈请将原有十三区合并为八区。其他各县的区公所往往因人才、经济困难，组织不健全。[①] 东海县全体区长因自治经费无法筹措，而呈请辞职。川沙、萧县、丰县、金坛等四县则呈请重行划并乡镇区域。其他各县皆有呈请局部改划乡镇区域的现象。间邻编制的变更，更是不计其数。[②] 余井塘批评说，自治区域划分不当是江苏地方自治推行不力的重要原因，"本省各县之区及乡镇自治区域，以前划分过细，每县有多至二十区，每区有多至百余乡镇者，单位过多，人才经济俱感困难，而飞洒插花以及其他之畸形区域，以沿袭从前乡都图保区域未经纠正，故于推进事业，诸多妨碍"[③]。

第三，从自治人才来看，除了上文余井塘所言自治人才不易得之外，更为严重的是已经产生之基层自治职员素质不高的问题。高一涵所言之不肖区长勾结地方土劣，祁良辰所言之以土劣及群愚操纵地方自治等情形，都是对基层自治人员群体素质不高的批评。县府本为推行自治之核心，但很多县长不了解地方自治之真谛，因而对地方自治漠不关心，"视自治为无足轻重，泄沓误事者有之；但顾考成，敷衍塞责者，又往往而然"[④]。还有的县长只知道责成自治机关募集公债，征收捐税，办理兵差，调查人口等，[⑤]其余一概不问。至区一级，虽然江苏省在1929年举办区长训练所，并将毕业学员分派于各县任用，但"数年以

① 江苏省民政厅编：《江苏省保甲总报告》，镇江江南印书馆1936年版，第6页。
② 江苏省民政厅编：《江苏省保甲总报告》，镇江江南印书馆1936年版，第7页。
③ 余井塘：《一年来之江苏民政》，《江苏月报》1935年第3卷第1期，第11页。
④ 王官献：《怎样推进苏省的地方自治》，《苏政》半月刊1931年第8号，第4页。
⑤ 赵如珩：《地方自治之实施的研究》，《复兴月刊》1933年第1卷第11期，第17页。

来,以成绩不良及因案免撤者已属不少"①。而至乡镇一级,真正能够理解办理地方自治之深意的乡镇公所,尚属寥寥。

王官献曾亲自到江苏某县与 130 余名乡镇长谈话,能够对自治解答无误的,不及十分之一,而对于乡镇长一职,"一方面始终不为人所重视,地方上稍有资望及学识稍优者,均鄙不肯为;他方面却是钻营运动,求得一乡镇长者,则又往往而然"②。

以上结论亦可以从《江苏省各县区长动态调查表》和《江苏省各县区乡镇长奖惩情形统计表》中得到证明。

江苏省各县区长动态调查表(二十三年三月起至二十四年十一月止)

项目	委任人员数	调任人员数	辞职人员数	免职人员数	撤职人员数
总计	174	50	85	37	43

资料来源:《江苏省保甲总报告》,镇江江南印书馆 1936 年版,第 279—281 页。

江苏省各县区乡镇长奖惩情形统计表(二十三年三月份起至二十四年十二月份止)

项目	嘉奖人数		记功人数		申诫人数		记过人数		免职人数		撤职人数		受刑事处分	
	区长	乡镇长	区长	乡镇长	区长	乡镇长	区长	乡镇长	区长	乡镇长	区长	乡镇长	区长	乡镇长
总计	3	159	55	0	5	0	50	5	34	26	43	71	2	12

资料来源:《江苏省保甲总报告》,镇江江南印书馆 1936 年版,第 281—284 页。

从《江苏省各县区长动态调查表》中可以看到,从 1934 年 3 月至 1935 年 11 月一年半的时间里,共委任 174 名新区长,占总数的 38.75%(江苏全省共 449 区);调任的 50 名,占总数的 11.14%;辞职、免职、撤职的共 85 人,占总数的 36.75%;如此频发的更换、调任,政策的延续性必然遭到破坏。另外,从《江苏省各县区乡镇长奖惩情形统计表》中可以看到,在 1934 年 3 月至 1935 年 12 月这一段时间,受到不同奖励的区长有 58 人,乡镇长 159 人(江苏全省共 8 066 个乡镇);受到不同惩罚的区长有 134 人,乡镇长 123 人。总体上来看,惩罚仍然多于奖

---

① 余井塘:《一年来之江苏民政》,《江苏月报》1935 年第 3 卷第 1 期,第 11—12 页。
② 王官献:《怎样推进苏省的地方自治》,《苏政》半月刊 1931 年第 8 号,第 7 页。

励,相比较而言,区长比乡镇长更容易受到惩罚,区、乡镇长之群体如此,又如何能苛求地方自治能顺利推行呢?

第四,自治经费支绌则是另外一个大的障碍。国民大革命之后,各省元气未复,财政尤其困难,自治经费向来不易筹集,是时更是雪上加霜。"数年以来,各省自治经费,大都系就田赋附加,或则就地自筹,所征款项既不足供筹备自治之需,而就地征收,更属流弊百出。以致自治进展困难,而人民负担反因以加重。"与民初相比,"尚不至如今日之窘"①。江苏自治经费是以原有市乡行政费为基本费,其他在田赋项下随忙漕带征,平均每年约 110 余万元,这些都拨充区行政费。乡镇经费则以征收契税及募集特捐为主。临时费在县地方税项下筹垫。但在实际执行过程中,江苏省未能如数征收,而省政府之补助亦因省款支绌而无从拨给。江苏省有 608 区,依照各县各级区公所行政费支用标准,全年区行政经费共需 200 余万元。但全年收入总数仅达 95 万余元,还不到定额的一半,②可见缺口之大。

另外,江苏省自治经费之困难往往缘于自治经费被挪用,有的是被移充党部经费及其他费用,有的是自治机关之间相互侵挪,最终结果是导致"本省各县自治工作人员,往往忙于生活费之筹划,而区事业之难有建树,势所必然矣"③。王官献指出,县自治经费大概分为两项,一是县自治经费,现在多移供党务经费之需;二是市乡自治经费,现多移作区公所经费,而乡镇公所之经费无规定之来源,不得不设法自筹。④ 自筹无非来自加捐加税,人民的负担有不断加重的趋势。更有人详细统计:"(一)县自治经费,以前充县议会及县参议会经费,现充党务经费及其他费用,年额 582 972 元;(二)市乡自治经费,民国十六年移充县行政局经费,现充区公所行政经费,年额 890 738 元。除此而外,其他收入,除江宁等十七县列有区乡镇公所行政经费及事业费,其余各县毫无的款。"而经江苏省政府委员会议决每年由省库抽助各县自治经费 100

---

① 萧继宗主编:《十年教训》,中国国民党中央委员会 1976 版,第 194 页。
② 陈柏心:《地方自治之经费问题》,《半月评论》1935 年第 1 卷第 12 期,第 8—12 页。
③ 《江苏省鉴》,成文出版社有限公司 1983 年版,第 34 页。
④ 王官献:《怎样推进苏省的地方自治》,《苏政》半月刊 1931 年第 8 号,第 8 页。

万元，"总以省款支绌，迄未实行"①。自治专用款项被挪用，省署允诺又不兑现，如何为无米之炊？自治经费短绌的直接影响是导致自治人才无从训练，如区长训练班经费由省出，而乡镇长训练则无此项经费。以江苏省1930年的乡镇长训练事宜而论，"统六十一县而言，未见曾逾十数"②。所以说，经费支绌成为地方自治推行的巨大障碍。

第五，人民组织力太弱。地方自治事业为团体的事业，其要求人们要有团体的精神，但是国人向来自由散漫，难以形成有组织的力量，此为梁漱溟所持观点之一。③ 胡棘园认为，民众漫无组织，对于公民权利和义务均不重视，而"自治事务，责在公民。公民而不能负实行自治事务之责，则自治事务进展无由"④。张梓安强调，"民国以来，民情之闲散，漫无拘束，奢谈自治，无异割据，于是政治基础之空虚，民众组织之散漫，已成不可收拾之现象"⑤。就江苏省来看，"地方自治之不能如期完成，枝节原因固多，根本则由于人民之漫无组织"⑥。此为苏省地方自治不能有效推行的重要原因之一，也成为此后南京国民政府将保甲融入地方自治的理由之一。

第六，社会秩序混乱，盗匪横行。南京国民政府统治前十年的江苏省，社会秩序并不安定，"匪共潜伏，随时窃发，水旱频仍，农村枯竭，自治事务之策进，益感棘手"⑦，其中又以苏北为最。有人将苏北地方制造土匪的原因归结为六个：农村经济日趋破产，极端的部落思想，严重的封建压迫，农村封建势力勾结土匪，不良驻军培植土匪，人民因智识薄弱易沦为匪等。⑧ 这种混乱局面严重影响地方自治的推行。胡棘园对此总结说，"吾苏开办自治最早。及国府奠都金陵，以首都所在地，人民期望自治益切，政府推行自治益力。然已逾完成自治之期，而自治成绩犹未见。于以知匪盗为患，自治事业，不能推行于地方未靖之先；农村

①《江苏省鉴》，成文出版社有限公司1983年版，第44页。
② 王官献：《怎样推进苏省的地方自治》，《苏政》半月刊1931年第8号，第7页。
③ 梁漱溟：《中国之地方自治问题》，《山东民众教育月刊》1933年第4卷第9期，第4—5页。
④ 胡棘园：《苏省举办保甲之由来》，《江苏保甲》半月刊第2卷第5期，第2页。
⑤ 张梓安：《推行保甲声中之政教合一观》，《江苏保甲》半月刊第2卷第3期，第3页。
⑥《绪言》，《江苏保甲》半月刊第2卷第6，7期合刊，第1页。
⑦ 胡棘园：《苏省举办保甲之由来》，《江苏保甲》半月刊第2卷第5期，第1—2页。
⑧《揭出江北地方制造土匪的几个原因》，《江苏月报》1935年第3卷第3期，第4—6页。

破产,地方自治,不能发展于生计未庶之前"①。

另外,自治法规缺乏弹性也是地方自治不能顺利推行的原因之一。因为中国地域广袤,人口众多,历史悠久,各地风俗习惯迥异,统一的法令,很难适应各地特殊的需要。② 对于地方自治之因地制宜的内在要求来说,这无疑是最要命的限制。赵如珩批评说:"以千差万别之状况,归纳于同一毫无伸缩之法制中,其不改削足适履通行无碍者,盖亦鲜矣。"③

随着保甲制度融入地方自治,江苏乡村治理发生了新的变化。在保甲实际编查的过程中,一般是先编组保甲,后清查户口。

第一,编组方法。以户为单位,设户长,十户为甲,设甲长,十甲(城区以二十五甲)为保,设保长,五保至十保为一乡镇。编余之户,不满一甲六户以上者,得另立一甲,五户以下者,并入临近之甲。编余之甲,不满一保六甲(城区十五甲)以上者,得另立一保,五甲(城区十四甲)以下,并入临近之保,每保只应有一个编余之甲,每乡镇只应有一个编余之保。如果一甲内有五个空户以上,则变通增加甲内之户数,但以增至十五户为限;若接连空户有十户以上,仍保留其甲之次序。平时无人居住之祠堂庙宇,仍以一户计。城乡都有亲属,其户主轮流同居者,以两户计,在调查户口时,加以注明,以免重复。每户确定户长,依次推定甲长、保长、乡镇长,并设立甲长办公处、保长办公处、乡镇公所,刊发保长、乡镇长图记。编户完毕,即开始清查户口。

第二,清查方法。对普通户及船户的调查项目有:户长与其亲属及同居者之姓名、性别、是否嫁娶、年龄、籍贯、教育程度、有无废疾、居住年数、现住或他往、职业、家中有无枪械、亲属与户长之称谓、同居者与户长之关系等;对寺庙的调查项目有:户长与其徒众,常住及雇工之法名或姓名、性别、年龄、籍贯、教育程度、居住年数、现住或他往、剃度年月日等;对公共处所的调查项目有:主管人姓名、办事人员之男女数目、其他人员之男女数目、雇工之男女数目、共计之男女数目等;对外侨住户调查项目有:户长之姓名、性别、年龄、国籍、职业、发给护照机关、居

① 胡棘园:《保甲之新三论》,《江苏保甲》半月刊第2卷第2期,第7—8页。
② 甘乃光:《中国地方自治事业进行近况》,《大陆》第1卷第5期,第5页。
③ 赵如珩:《地方自治之实施的研究》,《复兴月刊》1933年第1卷第11期,第16页。

住年月、家属人数、同居人数及其与户长关系等。在编查户口之初，因为各县原有区乡镇区域划分过细，不得不重行整理；又因属于初创，乃分期召集各县县长进行讨论；并且，特设编查委员，由各县县长召集区长、区长助理员及编查委员一并讲习调查之法。另外，加强对民众的宣传等。各县保甲编组、清查完成后，即开始接办户口异动登记，其主办人员，如果城区及市镇已设有健全的公安机关，则由公安机关主管办理，区乡镇保、甲长进行协助；未设公安机关的，或者公安机关尚未健全的地方，均由区乡镇保、甲长负责办理，由县派户籍警协助办理。① 从以上编组保甲的程序看，南京国民政府等于在基层社会编织了一个庞大的网，每个人则成为网中固定的结，如果严格执行，势必产生牵一发而动全身的效果。

因为江南、江北情形各殊，江苏省办理保甲的进度采取先江北、后江南的顺序。江北的南通、盐城、淮阴、东海、铜山五行政督察区所属各县，先分三期进行：第一期定为三十日，在此一时期，由县长主办筹备工作，如整理自治区域，选择区公所地点，选任区长及助理员，刊发区公所钤记，制定编查经费预算，编造各区总预算，遴选并分配编查委员，召集区长助理员、编查委员开讲习会，决定挨户编号日期，以及一切宣传事项，等等。县长并须亲赴各区加以巡视。第二期为五十日，在此一时期，由县长督饬区长及编查委员分别办理编组保甲各项工作，如挨户编号粘贴门牌，确定户长，推定及委任保甲、乡镇长及乡镇公所事务员，设立乡镇公所及保甲办公处，召集户长及保长、甲长、乡镇长与事务员讲习，刊发乡镇保、甲长图记，印制表册切结门牌各事项等。县长亦须亲赴各区巡视。第三期为四十日，在此一时期，由县长督饬区乡镇保、甲长及编查委员分别办理清查户口及其他各项工作，如决定编查日期及程序，颁发表册切结门牌及指示填写方法，查填户口调查表，换给木质门牌，核造区户口统计表，登记民有枪炮，查报壮丁人数，签订保甲规约，取具联保连坐切结，绘制保略图，以及关于抽查各事项等。县长仍需亲赴各区巡视及讲演。

①《保甲统计》，内政部统计处 1938 年编印，第 2—3 页。

从保甲编查程序的详细程度、县长在每一期工作中的作用,都可以感受到南京国民政府对保甲制推行的重视程度。另外一个明证则是区长的任免直接与保甲办理的成绩挂钩:成绩优良者,准予加委;成绩平常者,准予代理,留职查看;成绩毫无者,即予撤职。①

因为江北五行政督察区保甲办理卓有成效,江南及江都区所属各县则赓续办理,"吾苏自二十三年举办保甲,先推行于铜山、东海、淮阴、盐城、南通五行政督察区所属二十七县,无论江南江北人士,莫不称之曰便"②。只是其程序及进度有所修正:

一、关于整理自治区域及遴委区长助理员各事项,前订之限期进度表,系列入第一期工作。江南及江都区所属各县举办保甲,后于通盐淮海铜五行政督察区所属各县,所有整理自治区域及遴委区长助理员各事项,早经办理完竣,毋庸再行列入。

二、关于刊发乡镇长图记各项,前订之限期进度表,系列入第二期工作,江南及江都区所属各县,亦早经办竣,毋庸再行列入。

三、关于印制表册门牌切结,前订之限期进度表,系列入第二期工作,但通盐淮海铜五行政督察区所属各县,往往因印制过迟,赶办不及,故改列入第一期工作。

四、前订之限期进度表,第一期之期限为三十日,第二期期限为五十日,第三期之期限为四十日。江南及江都区所属各县,因整理自治区域等繁重工作,业经办竣,筹备事务较简,故将第一期之期限,缩短为二十日。又以第三期工作繁重,期限四十日,似嫌过促,故将第三期之期限,延长为五十日。③

根据此一时间表可以看出,江南保甲之推行更多地继承了前期地方自治组织办理自治的成绩。这在一定程度上反映了江南地方自治水平高于江北,并且江南有进一步把地方自治作为重点来推行的可能。

根据江苏省民政厅的统计,1935 年 1 月至 10 月,该省自治、保甲同

①《自治区长须保甲编组完成后考核成绩后加委任》,《苏民新闻》,1934 年 11 月 9 日。
② 胡棘园:《保甲之新三论》,《江苏保甲》半月刊第 2 卷第 2 期,第 5 页。
③《江苏省保甲总报告》,《江苏保甲》半月刊第 2 卷第 6,7 期合刊,第 12—13 页。

时办理,成绩则主要在完成自治区域的整理、继续编组保甲等方面。

首先,就各县自治区域的整理来看,截至 1934 年年底,乡镇自治区域已有丹阳等 54 县呈报。1935 年 1 月继续呈报并经核定者,有吴江、南通、泗阳等三县;2 月则有海门、崇明、灌云等三县。至此,除江宁实验县外,该省各县自治区域整理完竣。各县自治区域划定后,陆续造送区乡镇地图及调查表。2 月呈报并经核准备案者有金坛、宜兴、溧水、江阴、昆山、吴江、南汇、宝山、仪征、如皋、淮阴、东海、丰县、邳县等十四县;3 月则有溧阳、丹阳、镇江、无锡、太仓、金山、奉贤、青浦、泰兴、高邮、六合、江浦等十二县;4 月则有南通、启东、阜宁、兴化、泗阳、涟水、沭阳、萧县、睢宁等九县;[①]5 月有海门、淮安、灌云、砀山等四县;6 月有川沙、扬中、上海、盐城、宝应等五县;7 月有常熟、松江、靖江、宿迁等四县;8 月有嘉定、泰县二县;9 月有句容、武进二县。[②] 至此,已经有 52 县将乡镇地图及调查表送厅备案。

其次,就编组保甲来看,2 月有东海、灌云、沭阳等三县呈报完成第三期工作,涟水县呈报完成第二期工作,江南及江都区各县则正在赶办第三期工作。3 月,南通、盐城、淮阴、铜山、东海等五行政督察区所属各县,除涟水一县尚在办理第三期工作外,其余均已完成第三期工作。江南及江都区各县据报已完成第三期工作者,有江浦、上海、溧阳、川沙、吴江、昆山等六县;行将完成者,有丹阳、扬中、吴县、常熟等四县;第三期工作尚在进行中者,有六合、南汇、溧水、青浦、奉贤、太仓、嘉定、宝山、宜兴、武进、江阴、泰兴、仪征、镇江、松江、高淳、金坛等十七县;已开始办理第三期工作者,有句容、无锡、金山、高邮、泰县等五县。只有江都一县奉办较迟,尚在进行第二期工作。4 月,吴县、金山、宝山、青浦、高淳、太仓、丹阳、扬中等九县呈报将第三期工作办理完竣;行将完成第三期工作者,有江阴、奉贤、镇江、六合、泰县、溧水、武进、句容、无锡、金坛、嘉定、松江等十二县;第三期工作尚在进行者,有南汇、宜兴、泰兴、仪征、高邮等五县,江都一县仍在进行第二期工作。[③] 截至 4 月,江北各

---

① 《民政厅行政工作概要》,《江苏民政》1935 年第 1 卷第 2 期,第 10 页。
② 《民政厅行政工作概要》,《江苏民政》1935 年第 1 卷第 3、4 期合刊,第 3 页。
③ 《民政厅行政工作概要》,《江苏民政》1935 年第 1 卷第 2 期,第 10—11 页。

县,除涟水一县外,均已完成;江南及江都区所属各县,亦有上海等十五县完成第三期工作。5月,仪征、松江、金坛、武进、江阴等五县完成第三期工作。6月,涟水、嘉定、句容、宜兴、六合、奉贤、泰县、溧水、南汇、泰兴等十县完成第三期工作。7月,无锡、高邮、镇江、江都等四县宣告完成。[1] 非常明显,在乡镇自治区域划定方面,江南、江北之速度基本持平,而在编组保甲的进度方面,江南则明显处于落后状态。此反映出江南地区对保甲制的抵触情绪,对此,沈家祺曾指出:"江北几个区的保甲确是能够办得灵活、生动、团团转;江南的几个区,虽然也在那里推动,但是总觉得微旋、缓转、慢慢走的神情。"[2]

另外,江苏省还进行了以下几项工作:如令饬各县利用时间赶办船户保甲并令沿海各县造具渔船清册;指示各县整理及更换门牌表册切结办法;召集江南及江都区各县县长及保甲指导员来省举行保甲谈话会;派员分赴各县调查;制定各县训练壮丁办法大纲令饬淮阴、铜山两行政督察专员公署先行试办;制定各县保甲暂行奖恤办法。[3] 另外,在督促各县办理户口异动查报、筹设各县户籍警、增设政教实验区等方面亦取得不小的成绩。[4]

就1934年4月至1935年12月的总体情形来看,江苏省保甲制度之推行颇有成绩。自卫方面,设置守望所11 507所,建筑碉堡3 931座,编组巡逻队5 592队,成立检查船只办公处1 397处,各县保、甲长协助查缉匪案2 187起,获匪2 340名。建设方面,就筑路方面,征工人数共1 459 328人,筑成土方共8 902 762方;就浚河方面,征工人数共349 768人,疏浚土方75 884 628方;造林方面,植树6 830 689株;合作社方面,共增设2 541处;禁烟方面,被查挤出之烟民及经劝导自新登记之烟民,已达102 076人。[5]

就江苏省整体情形来看,保甲制的推行的确取得了一定的效果。余井塘曾对1935年江苏省推行保甲制的成绩进行了总结。

---

① 《民政厅行政工作概要》,《江苏民政》1935年第1卷第3、4期合刊,第3—4页。

② 沈家祺:《三年来对于本省办理保甲的观感》,《江苏保甲》半月刊第2卷第16期,第6页。

③ 《民政厅行政工作概要》,《江苏民政》1935年第1卷第2期,第12页。

④ 《民政厅行政工作概要》,《江苏民政》1935年第1卷第3、4期合刊,第3—6页。

⑤ 《江苏省保甲总报告》,《江苏保甲》半月刊第2卷第8、9期合刊,第49—51页。

第一,实施保甲教育。订定乡镇长及保、甲长各项训练办法:乡镇长之训练,由行政督察专员负责办理,其未设专员各区,由该厅直接办理;保长之训练,由各县县长负责办理;甲长之训练,由各区区长负责办理。现六十一县之乡镇长,共计 8 066 人,均经分别训练完毕。全省共 68 360 保,已办保长训练者计五十七县,已受训之保长共 64 007 人。全省共 717 786 甲,已办甲长训练者计铜山等十县,受训之甲长共 148 697 人。自经分别施训后,各乡镇保、甲长对保甲意义以及政府现行法令均有相当了解。保甲教育之普及对于保甲制度之推行多有裨益。①

全国保甲统计总表

县别	联保数	保数	甲数	经费(元)	受训联保主任占其全体	受训保长占其全体	受训甲长占其全体
总计	88 922	779 581	6 468 952	23 656 146	83.30	75.85	29.94
江苏	8 036	68 360	717 783	2 299 581	—	100.00	54.21
浙江	3 997	46 968	464 020	1 620 030	97.82	99.03	0.01
安徽	3 152	29 341	300 301	1 752 540	79.12	75.12	51.74
江西	2 359	24 328	248 335	93 049	88.66	73.45	39.94

资料来源:《保甲统计》,内政部统计处 1938 年编印,第 25 页。江苏、浙江的联保数系乡镇数。

江苏省保、甲长的受训情况

县别	乡镇数	保数	甲数	经费(元)	保甲长已受训练状况					
					乡镇长		保长		甲长	
					人数	占全体乡镇长%	人数	占全体乡镇长%	人数	占全体甲长%
总计	8 066	68 360	717 786	2 299 581	—	—	68 360	100	389 183	54.21
镇江	167	1 077	12 964	36 979	—	—	1 077	100	12 964	100
句容	66	600	6 145	18 356	—	—	600	100	0	0
溧水	52	357	3 867	15 626	—	—	357	100	3 867	100

---

① 余井塘:《一年来之江苏民政》,《江苏民政》1935 年第 1 卷第 3、第 4 期合刊,第 3 页。

县别	乡镇数	保数	甲数	经费（元）	保甲长已受训练状况					
					乡镇长		保长		甲长	
					人数	占全体乡镇长%	人数	占全体乡镇长%	人数	占全体甲长%
高淳	69	481	5 163	16 583	—	—	481	100	5 163	100
江浦	36	258	2 966	16 728	—	—	258	100	0	0
六合	101	649	6 803	24 011			649	100	6 803	100
丹阳	159	1 125	11 734	46 413			1 125	100	11 734	100
金坛	72	538	5 714	23 179	—	—	538	100	5 714	100
溧阳	127	817	8 246	35 809	—	—	317	100	8 246	100
扬中	53	344	3 663	14 086			344	100	3 663	100
上海	42	260	2 649	16 615			260	100	2 649	100
松江	135	815	9 293	56 464			815	100	0	0
南汇	111	1 135	11 587	34 401	—	—	1 135	100	11 587	100
青浦	92	573	6 319	44 317			573	100	0	0
奉贤	81	478	5 016	24 739			476	100	5 016	100
金山	63	365	3 809	29 998			365	100	3 809	100
川沙	27	292	3 047	13 724			292	100	0	0
太仓	93	694	7 363	32 668	—	—	694	100	0	0
嘉定	76	574	5 995	24 402			574	100	0	0
宝山	55	368	3 933	24 426			368	100	0	0
崇明	89	956	9 738	44 706			956	100	0	0
启东	64	593	5 939	19 228			593	100	0	0
海门	120	1 255	12 638	35 404	—	—	1 255	100	0	0
吴县	279	1 953	24 267	85 356	—	—	1 953	100	0	0
常熟	259	2 176	22 323	109 367			2 176	100	23 323	100
昆山	65	446	5 359	62 617			446	100	0	0
吴江	159	1 098	11 771	52 000			1 098	100	0	0

县别	乡镇数	保数	甲数	经费（元）	保甲长已受训练状况					
					乡镇长		保长		甲长	
					人数	占全体乡镇长%	人数	占全体乡镇长%	人数	占全体甲长%
武进	188	2 004	21 958	63 001	—	—	2 004	100	0	0
无锡	200	2 002	23 426	68 612	—	—	2 002	100	23 426	100
宜兴	148	1 197	12 432	40 088	—	—	1 197	100	0	0
江阴	128	1 498	15 694	42 010	—	—	1 498	100	0	0
靖江	125	751	7 681	35 481	—	—	751	100	0	0
南通	327	2 660	27 051	61 391	—	—	2 660	100	0	0
如皋	282	3 078	30 891	71 402	—	—	3 078	100	0	0
泰兴	199	1 893	18 580	34 590	—	—	1 893	100	18 580	100
淮阴	75	759	8 176	17 446	—	—	759	100	0	0
淮安	208	1 623	16 364	46 877	—	—	1 623	100	16 364	100
泗阳	142	1 102	10 800	23 971	—	—	1 102	100	10 800	100
涟水	148	1 093	11 126	25 367	—	—	1 093	100	11 126	100
阜宁	272	2 158	21 721	57 018	—	—	2 158	100	0	0
盐城	265	2 344	23 861	79 082	—	—	2 344	100	23 861	100
江都	244	2 367	26 062	54 940	—	—	2 367	100	26 062	100
仪征	64	415	4 278	21 852	—	—	415	100	0	0
东台	187	2 474	25 139	47 137	—	—	2 474	100	25 139	100
兴化	164	1 307	14 081	41 186	—	—	1 307	100	14 081	100
泰县	272	2 199	23 427	49 930	—	—	2 199	100	23 427	100
高邮	105	1 286	13 594	36 662	—	—	1 286	100	13 594	100
宝应	143	931	9 908	42 104	—	—	931	100	9 908	100
铜山	203	2 029	21 214	56 455	—	—	2 039	100	0	0
丰县	89	673	6 551	31 192	—	—	673	100	6 551	100
沛县	69	748	7 723	23 209	—	—	748	100	7 723	100
萧县	108	1 095	10 828	56 994	—	—	1 095	100	0	0

县别	乡镇数	保数	甲数	经费（元）	保甲长已受训练状况					
					乡镇长		保长		甲长	
					人数	占全体乡镇长%	人数	占全体乡镇长%	人数	占全体甲长%
砀山	69	704	7 287	17 052	—	—	704	100	7 287	100
邳县	118	1 190	11 788	23 633	—	—	1 190	100	11 788	100
宿迁	156	1 374	14 248	30 747	—	—	1 374	100	14 248	100
睢宁	116	1 017	10 740	29 221	—	—	1 017	100	10 740	100
东海	114	951	10 140	18 148			951	100	0	0
灌云	143	1 057	10 940	26 930			1 057	100	10 940	100
沭阳	161	1 250	12 956	40 580			1 250	100		
赣榆	122	856	8 810	27 171			856	100	0	0
江宁	—									

资料来源：《民政厅江苏省保甲总报告》：民国二十五年（1936）四月出版。江宁原系办理自治，未编保甲。该省除表列各县外，尚有连云市保甲数未据列报。

就全国范围来看，江苏省保、甲长的受训比例高于全国平均水平，亦高于浙江、安徽、江西。就江苏省内来看，江苏省保长百分之百进行了训练。江南甲长受训者有 13 县，未受训者 17 县；江北甲长受训者 19 县，未受训者 11 县（其中淮北 13 县中，受训者 8 县，未受训者 5 县）。江北受训比例明显高于江南水平。此中原因大概是由于江北社会动荡，江南社会秩序相对安定，政府可以把更充分的人力、物力投向江北地区。另外，江北保甲起步较早亦是客观原因。

第二，运用保甲制度。"保甲制度果能运用尽善，实为推行政令发扬民力重要机构。惟推行伊始，未能责以烦重工作，诚恐各级保甲人员组织甫成，力或未逮，任务殷繁，难期尽善"。[①] 因此，经省政府委员会会议通过，决定暂以防治盗匪、禁烟禁毒、征工浚河、强迫识字教育等四项作为1935 年度保甲运用的范围。其余各项等基础巩固之后，再行酌量推进。

① 余井塘：《一年来之江苏民政》，《江苏民政》1935 年第 1 卷第 3、4 期合刊，第 4 页。

第九章 南京国民政府乡村治理的革新及困境

实践证明，收效最为显著的是防治盗匪一项，"苏北之徐淮海等地，匪风素炽，去年青纱帐起，间阎均能安堵，尤以淮阴区自前次举行剿匪后，地方安谧，实近年所仅见，保甲运用之效，于此可见其大端"①。1935年6月17日，上海《字林西报》对淮阴治安好转的情形发表评论说：

> 最近二三月来，此间情况，大有变更，颇足称述，即前此土匪遍地人民夜遭掳赎之淮阴，今则四郊宁谧矣。考此次有些良好之现象，其资治方法，虽数年前已经采用，但以现当局运用得当，证明为一良法，殆无可疑。盖今日政府只需极少廉介得力之官员，即可维持治安，纵有土匪横行数年之区域，亦能使之平靖无事。上述资治方法，极为简单，名曰保甲，其办法将全县划为区及乡镇等等，使类似昔日之保甲制，……本县自此制度施行后，有大批土匪因而捕获处决，同时其他匪徒亦相继鼠窜他方。保甲制度最良之成效，在凡知有盗匪藏匿本地者，必立即通报官方，使难遁隐，故日来夜夜不闻枪声，与过去每夜必呈恐怖之情形迥异，各处街衢，皆通行无阻，二十年来，地方平靖，未有逾于今日者也。②

以武进县为例，保甲制实施效果亦非常明显。首先，在治安方面，武进县历年以来，每月必发生盗案数起，破坏甚多，且总不能消灭，引起民众的极大不满。但军警力量有限，防范难以周全。但自保甲完成后，情形明显好转，其表现如下：（1）地方游民地痞无人肯保的，立向县政府检举，传讯之后或解回原籍，或发交游民习艺所习艺。（2）人民深知联保连坐的利害关系，外来生人，随时注意，如有可疑，立即报告保、甲长，因此有许多拐逃妇女和私售非法彩票及其他不良行为者，到本县境内不到一二天即被查获。（3）从前做过凶手或盗匪在逃未获者潜回故里，保、甲、户长会立时发觉报告。③ 根据《1934年9月—1935年8月武进县发生及破获盗案统计表》（如下表）可以明显看到，保甲制实行之后，武进县盗案发生的数量明显递减，以往积案亦相继告破。

---

① 余井塘：《一年来之江苏民政》，《江苏民政》1935年第1卷第3、4期合刊，第4页。
② 辰侯：《苏省保甲运用之检讨》，《江苏保甲》半月刊第3卷第7期，第4页。
③ 侯厚宗：《武进保甲之组织训练与运用》，《江苏民政》1935年第1卷第3、4期合刊，第38页。

1934 年 9 月—1935 年 8 月武进县发生及破获盗案统计表

年月别	发生盗案数	破获盗案数	备 注
二十三年九月	3	4	破获盗案非仅本月所发生
二十三年十月	8	8	
二十三年十一月	2	3	
二十三年十二月	4	7	
二十四年一月	6	6	
二十四年二月	6	6	
二十四年三月	8	8	
二十四年四月	无	6	保甲系三月完成
二十四年五月	无	4	
二十四年六月	无	无	
二十四年七月	无	3	
二十四年八月	2	2	系随即破获

资料来源:侯厚宗:《武进保甲之组织训练与运用》,《江苏民政》,1935 年第一卷第三、四期合刊,第 38—39 页。

其次,各县办理土地陈报及烟民检举等,亦多依赖保甲制度的运用。[1] 如武进县在检举烟犯方面也取得了不错的成绩(如下表),在禁绝烟毒的措施中,为保障检举人,其实施秘密检举的方式;对执行懈怠之保、甲长处以罚金等,提高保、甲长禁毒的积极性。

1935 年四月至七月底武进县检举烟犯毒犯统计表

类别	检举烟犯		检举毒犯		备 注
	起数	人数	起数	人数	
	721	747	158	193	烟毒犯总计 940 人,计 879 起
合计	721	747	158	193	

资料来源:侯厚宗:《武进保甲之组织训练与运用》,《江苏民政》,1935 年第一卷第三、四期合刊,第 39 页。

---

[1] 余井塘:《一年来之江苏民政》,《江苏民政》1935 年第 1 卷第 3、4 期合刊,第 4 页。

再次,征工浚河方面也取得不错的效果。1935 年度,各县征工总数达 40 万人。"即如筑堤防黄,动辄集数万人,而征湖西堤一役,不崇朝即鸠合十余万工伕,于两星期间筑成百二十里之长堤。工程迅速,更可见保甲制度运用之效能。"①武进县征工浚河方面成效亦比较显著,各区征工开浚,共 42 河,长 134.72 公里,共成土方数 520 123.5 立方公尺,征工 239 135 人等。②

但是,保甲制也不是时人所宣传的那样,是包治百病的灵药。

第一,保甲制的实施严重影响地方自治的推行。首先,挪用自治经费而阻碍地方自治的推行。保甲经费分为编查费、训练费、常年费。江苏省保甲经费的筹划拟不新增加人民负担,于是挪用全部自治经费用作保甲经费。③ 省政府最初的想法是等区域重新划分后,减少若干区乡镇的自治经费充保甲经费。④ 在江苏筹办保甲之始,省政府委员会就决议:"办理保甲各县,移地方自治经费之全部,为办理保甲之用。"各县原有的自治经费,实际全年收入已经不敷使用,移办保甲,更是不敷甚巨,如此则自治更是无从发展。

其次,自治与保甲本来就是性质截然相殊的两个事物,韩寿恒从六个方面论述了自治与保甲的区别:"(1)自治与保甲性质上之区别。自治是地方人民自己办理本地事务而不需要政府之协助,其程序是由下而上的,保甲则是官督民治由上而下的。(2)自治与保甲主体上之区别。自治团体具有法律上的人格,得为权利义务的主体,在一定范围内,可以依其一己的意志,处理一己的事务,而且地方公民都可依法表示他的意志,其方式乃注重会议制,是和平的;而保甲在法律上无独立的人格,也不能为权利义务的主体,完全是政府行政之一部,他只能在政府的指挥监督之下,执行其所应做的任务,不注重会议制,而含有军事化性质的。(3)自治与保甲任务之区别。自治团体以办理自治达到民主政治,而保甲是以组织民众,训练民众的方式推行庶政,以达到复

---

① 余井塘:《一年来之江苏民政》,《江苏民政》1935 年第 1 卷第 3、4 期合刊,第 4 页。

② 侯厚宗:《武进保甲之组织训练与运用》,《江苏民政》1935 年第 1 卷第 3、4 期合刊,第 40 页。

③《准咨报办理保甲经过情形及今后整理计划请查照一案复请查照——咨江苏省政府》,《内政公报》1937 年第 10 卷第 3 期,第 67 页。

④ 陆占亚:《江苏省保甲推行之实况》,《时事月报》1936 年 10 月号,第 296 页。

兴民族为目的,军事上的作用较多于政治方面。(4)自治与保甲组织之区别。自治的组织是以公民个人为单位的,主张采取个人主义的,而保甲则以一户为单位,采取集团主义。(5)自治与保甲运用之区别。自治的组织只有区乡镇间邻,名义上纵的一层一层的系统,而没有纵横密切的联络,组织泄沓,缺乏机能,不易运用,而保甲不但有纵的区乡镇保甲户间密切的联属,尤重在横的户与户的连锁,并注重在共同担保共同责任,运用很是灵活。(6)自治与保甲人员之区别。自治人员纯粹由于公民开会票选,而保甲人员名义上虽然由于推选,但是最后的抉择权,则完全操之于政府。"①

由此可见,自治是为了实现民众选举、创制、复决、罢免的四权,而保甲恰恰是对民权的扼杀。以保甲促进自治,结果往往是喧宾夺主,自治反而被置于边缘。内政部的调查中如此评论:"近年以来,各省市对于地方自治工作,或因办理保甲,不暇顾及,或拟俟县市自治法公布后,再事积极推进,以免纷更。就大体言之,固无特殊进展之可言。"②另外,保甲制对民生也产生了不小的消极影响,严密的网络式控制导致基层社会流动性明显减弱,妨碍了乡村商品经济的发展。

第二,保甲制的推行遭遇种种困难,这导致其效果远远低于南京国民政府的预期。首先便是各类权力纷争,如南通县在筹办、推行保甲制时,就屡陷困境。在保甲筹备期间,因改划乡镇区域而时起争端,"乡镇长及地方顽固有力分子,每囿于畛域之见,或为权利之争,捏词控告,分别请愿,致划并问题,迁延不决,影响保甲进行"。在区乡镇勉强划并后,又常因争夺公所驻址而发生纠纷。在新乡镇长产生之前,"原有各乡镇长,每多藉词推诿,对于奉办案件,不愿力行,编组时即发生影响"③。在保甲办理过程中,问题更加复杂,因为甲长多为有闲阶级,向来独善其身,地方观念极为淡薄,常常是尸位素餐;而办事干练者,本身多有职务,因而无暇办理保甲;且乡区甲长,除少数能办事者外,大都智

---

① 韩寿恒:《江苏省民政厅概况及各种行政》,南京图书馆编:《二十世纪三十年代国情调查报告》第18卷,江苏凤凰出版社2012年版,第70—72页。

② 秦孝仪编:《抗战前国家建设史料——内政方面》,《革命文献》第七十一辑,中国国民党、中央委员会党史委员会1977年版,第334页。

③ 南通县教育局编:《南通县各小学保甲周实验报告》,南通县墨林印书局1935年版,第12页。

识水平过低,甚至目不识丁,工作无从表现;保长中能办事者较甲长为多,但亦不免有上列情弊发生。既然保、甲长多不负责任,乡镇长之责任遂觉太重,加上乡镇长多有职务,势必雇员办理,在经费毫无、筹垫困难的情况下,保甲工作进展缓慢。更有甚者,部分乡区不良分子因求为乡镇长及保、甲长而不能如愿,遂破坏或阻挠保甲要政。① 南通一县就出现如此众多的问题,其他各县更是五花八门。时人如此评论:"各地甲长有因惮于事繁,竟愿出代价将甲长卖给别人者;有一甲之内无人愿充甲长,全甲按户出钱雇甲长者;有感觉事繁,不胜其任,弃职远逃者;亦有怕负责任,以老幼残疾或无智识的顶名冒替者。凡此种种,虽经当局多方制止,未让实行,然即此可知对于保甲长没有深切的认识;对于保甲的地位也没有充分的信念。保甲基础既然这样不稳固,在事实上当亦难期有效。"②并致"地方土劣痞棍,乘机而起,百计钻营;或推诿到一般目不识丁的农民身上,致纠纷叠出,弊窦层见"③。

人们之所以逃避担任保、甲长,原因不外乎以下几种:一是职权不分导致保、甲长任务过于繁重。就当时人们的一般心理观之,都认为保甲是推行政令的工具,因此,不管是哪个机关的责任,一齐都推到保、甲长身上,结果导致甲长务繁责重;而甲长能力有限,又都是义务职,日常生计已经自顾不暇,哪里还能专心从公。④ 就江苏省来看,"保甲运用之原则与范围,当局原有极详明之规定,当事者苟能循此而进,至少可减妄用滥用之弊。但考诸实际,其能恪遵此项原则与范围循序渐进者为数恐不多见。甚至政府有一政令,乡镇保甲长即有一种工作,直认保甲为一种万能之工具。据熟谙实际情形者言,即联保连坐一端,有多至五六种者,如除毋为盗匪之联保外,尚有毋吸售烟毒之联保,毋隐报土地之联保,禁赌之联保,检查烟毒犯之联保,……当事者果能认真执行,乡镇保甲长及一般民众动辄得咎。以现时政令之繁,随在均委之于无权无给之乡镇保甲长,直使乡镇保甲长无法应付。驯至善良之辈唯恐出

---

① 南通县教育局编:《南通县各小学保甲周实验报告》,南通县墨林印书局 1935 年版,第 15 页。
② 苏农:《训练甲长的观感》,《江苏保甲》半月刊第 2 卷第 5 期,第 4 页。
③ 黄强:《中国保甲实验新编》,正中书局 1935 年版,第 247 页。
④ 苏农:《训练甲长的观感》,《江苏保甲》半月刊第 2 卷第 5 期,第 4 页。

任乡镇保甲长,而好事热中之徒则趋之如鹜。其结果不仅将召百废俱兴一事无成之讥,保甲之机能与效用亦必因之而罢废。此情此景,虽非各地一般之现象,从知苏省保甲运用之事的问题,固不因当局有原则与范围之确定而稍减其严重性也。至于现时保甲本省组织,尚欠健全,亦为运用过程中之一大阻梗"①。这势必导致大部分正直之士纷纷逃避。二是保、甲长的地位过于低微。民国时期的保、甲长虽然不是旧时的地保总甲,但人们总将其视为征役呈差的头目,洁身自好或稍具德望才干的人士,皆不愿担任。"更有教甲长酸心者,凡遇到公事,责令甲长如何负责,奔走如奴隶一般,稍有差错,则施以打罚,因之惹起各户藐视甲长地位,视甲长如玩物,甲长遭此多方刺激,不要说怎样认真做事,恐怕连敷衍都谈不到,简直说就是置若罔闻。这样继续下去,保甲是不是成了虚伪的? 装潢的? 空有保甲之名,而无保甲之实,收效恐怕微乎其微吧!"②结果导致"贤者避而远之,不肖者趋而近之"的局面。③ 因此有人建议,要想取得较好的效果,必须做到以下两点:一是树立保、甲长的权威;二是进行严格的训练。④

其次,保甲经费支绌。根据保甲法令的规定,江苏各县乡镇公所每月办公费六元至十元不等,保长办公费每月仅二元。然而,在南京国民政府时期,仅江苏省就有 8 066 乡镇,68 380 保,717 786 甲。⑤ 所以,在省府经费支绌的情况下,即便如此少量之经费,亦常常捉襟见肘,最终结果是严重影响保甲的正常推行。⑥ 杜赞奇在对 20 世纪二三十年代国民政府的县级政权进行研究之后指出,"县政府不是利用不断增加的税收来巩固和提高已有设施和机关的办事效率,而是在省政府的命令下,不断地创立机构,增加'近代化'职能",结果导致"机构重叠,使有限的财源更显紧张"⑦。辰侯则进一步指出,保甲经费支绌是当局最头痛的

① 辰侯:《苏省保甲运用之检讨(续)》,《江苏保甲》半月刊第 3 卷第 8 期,第 2—3 页。
② 苏农:《训练甲长的观感》,《江苏保甲》半月刊第 2 卷第 5 期,第 4 页。
③ 程清舫:《保甲运用的检讨》,《是非公论》第 42 期,第 10 页。
④ 金半欧:《自治与自卫的一种观察》,《地方自治》1935 年第 3 期,第 4 页。
⑤《江苏省各县区乡镇保甲户口总统计表》,《江苏保甲》半月刊第 2 卷第 6、7 期合刊。
⑥ 庄继曾:《我国历代之户口编审及保甲制度评述》,《国衡半月刊》1935 年第 4 期,第 41 页。
⑦ [美]杜赞奇著,王福明译:《文化、权力与国家:1900—1942 年的华北农村》,江苏人民出版社 2020 年版,第 56 页。

问题,以江苏省而论,其将保甲融入自治,保甲经费系来源于自治经费,自治经费原本有限,保甲经费亦难充沛。"无米之炊,虽巧妇亦难为,矧经费为推进事业之原动力,保甲制度施行而后,区乡镇保甲长之任务既繁,而最少限度之经费且不敷,得人固难,推进事业尤不易,欲收保甲运用之实效,岂不难能!"①

再次,乡镇保甲长的智识与道德水准问题也影响保甲制的推行。有论者认为,推行保甲制的障碍主要在于乡镇长及保、甲长的智识水准过低、保甲经费支绌。② 陆占亚亦指出,保、甲长程度不高是无可讳言的事情。③ 金半欧则批评说,保、甲长大都不识字,对于保甲章程、保甲规约等一概不懂,而有知识的人往往还不如没有受过教育的人热心。④ 保甲制实施以后,乡镇保、甲长的成分更加复杂:"考察各地之乡镇保长,固不乏其人,而人选欠当者,亦比比皆是:消极者则不负责任,怠忽其职务;积极者则从而操纵,惹起地方之纠争。保甲运用之效率,遂因之而微薄。至若甲长职微权小,人数众多,人才难得,更无论矣。虽有乡镇保甲长训练之实施,而人众品殊,短期之教育(训练期间均仅三星期),收效甚微,遑论不识字之乡镇保甲长亦大有人在也! 又若一般民众智识之低下(尤以乡村民众为最),亦为保甲运用之极大阻力。各地民众对于保甲运用固不知所以,即令其确报人口数目年龄等等,亦每多隐瞒,其他可以想见。"⑤

最后,人们对保甲制各种各样的误解也是保甲制推行过程中的一大障碍。如办理联保连坐切结时要求每个人在名下捺指印,但是很多人认为只有犯罪之人才会如此,以为捺指印为不祥,因而产生抵触情绪。⑥ 江苏省还有更为特殊的情况,"在匪患未靖之区疾痛已深,易与乐成,地方较安之处,好逸恶劳,难以图始"。因而出现苏北推行保甲制总

---

① 辰侯:《苏省保甲运用之检讨(续)》,《江苏保甲》半月刊第3卷第8期,第2页。
② 张梓安:《推行保甲声中之政教合一观》,《江苏保甲》半月刊第2卷第3期,第1页。
③ 陆占亚:《江苏省保甲推行之实况》,《时事月报》1936年10月号,第300页。
④ 金半欧:《自治与自卫的一种观察》,《地方自治》1935年第3期,第2页。
⑤ 辰侯:《苏省保甲运用之检讨(续)》,《江苏保甲》半月刊第3卷第8期,第2页。
⑥ 徐英吾:《年半来从事保甲工作之回顾》,《江苏保甲》半月刊第2卷第3期,第27页。

体上优于苏南的情形。①

总之,在江苏省保甲制推行的过程中,有成绩亦有不少弊病,其成绩主要在于社会治安、查挤烟毒、公共建设方面,而消极方面则是严重阻碍了地方自治的推行。对于此一制度,民政司第二科汪振国一语中的:"保甲是绅治,是官治,不是民治,不是自治,是绅权不是民权,与中山先生《地方自治开始实行法》的精神不符。"②这与南京国民政府变被动为主动的目标相差甚远。并且,由于诸多因素,保甲制亦未能很好地贯彻推行,这是南京国民政府渗透基层社会的又一失败。

保甲制与地方自治的进一步融合,主要体现在国民政府的"新县制"中。1939 年 9 月,南京国民政府颁布《县各级组织纲要》;1941 年 8 月,又公布《乡(镇)组织条例》,根据这两项法令组织而成的县级政权被称为"新县制"。其中,保甲取代闾邻,并在保一层级设置保民大会、保办公处、保长等,其中保民大会为议决机关,保办公处为执行机关,保长由保民大会选举产生,承乡镇长之命办理本保自治事务等,保成为正式的自治团体,保甲与自治渐融为一体。因为江苏沦陷较早,新县制在江苏并未取得实质性进展。直到抗战胜利之后,新县制才在江苏省全面推行。但内战随之而起,各项改革成绩乏善可陈。

当然,南京国民政府的乡村治理,不但体现在地方自治的制度设计上,更体现在自治事业推行的过程中。作为一个内容丰富的制度体系,地方自治事业涵盖政治、经济、文化、社会等各个维度。南京国民政府成立后曾规定地方自治之七项运动,包括识字运动(发展平民教育)、造林运动(开垦荒地)、造路运动(发展交通)、合作运动(发展平民经济)、保甲运动(安定地方秩序)、卫生运动(发展国民体育)、提倡国货运动等,这些均属于地方自治的事业。③ 可见地方自治事业内涵之丰富。在南京国民政府主导的乡村治理中,乡村合作事业与民众教育事业取得了一定成就。下文拟对这两个问题进行更加详细的分析。

---

① 胡棘园:《苏省举办保甲之由来》,《江苏保甲》半月刊第 2 卷第 5 期,第 2 页。
② 江苏省政协文史委员会:《江苏文史资料存稿选编》,江苏人民出版社 2007 年版,第 26 页。
③《江苏省合作事业会议汇编》,江苏省农矿厅 1930 年编印,第 2 页。

二、农村合作事业的倡办

合作事业一向为孙中山所重视。1920 年，孙中山在《地方自治实行法》中直接把合作列为地方自治的重要内容之一，"此后之要事，为地方自治团体所应办者，如农业合作、工业合作、交易合作、银行合作、保险合作等"①。后来，孙中山在"民生主义"第一讲中，把合作称为"分配之社会化"。他认为，在商品交换过程中产生的分配制度属于商人分配制度，在这种制度下，商人通过买卖赚取钱财，使消费者遭受莫大损失。因此，"可以由社会组织团体来分配，或者由政府来分配。……省去商人所赚的佣钱，免去消耗者所受的损失"②。

南京国民政府成立之后，对合作事业相当重视。为了引起人们对合作运动的关注，国民党中央宣传部特别制作了宣传合作的标语：

> 合作运动是实现民生主义的第一步！
>
> 合作运动是解决吾国经济问题的武器！
>
> 合作运动可以制造资本！
>
> 合作运动可以节制资本！
>
> 合作社是调节市场的良好组织！
>
> 合作社是最好的储蓄机关！
>
> 合作社是平民的机关！
>
> 合作社可以养成良好的道德！
>
> 合作社可以养成勤俭的习惯！
>
> 合作社可以改良农工的生活！
>
> 合作社可以促进生产的发达！
>
> 合作社可以增进我们的知识！
>
> 合作社可以使物价低廉！
>
> 全国民众一致起来参加合作运动！

① 广东省社会科学院历史研究所、中国社会科学院近代史研究所中华民国研究室、中山大学历史系孙中山研究室合编：《孙中山全集》第五卷，中华书局 1985 年版，第 224 页。

② 广东省社会科学院历史研究所、中国社会科学院近代史研究所中华民国研究室、中山大学历史系孙中山研究室合编：《孙中山全集》第九卷，中华书局 1986 年版，第 368 页。

拥护合作政策!

合作运动成功万岁![①]

通过这些标语,人们可以管窥南京国民政府对合作运动及合作社的认知。首先,南京国民政府强调了合作运动与合作社的经济意义,不论是资本还是市场层面,都把合作运动视为解决中国经济问题的利器。江苏省农矿厅合作指导委员会第八区指导员在论及合作事业的目的时就指出,合作事业是为"改变现代恶劣的经济组织,创制合乎人类需要的新的经济制度"[②]。其次,强调了合作运动与合作社的社会意义。合作社不但有利于生产的发展,还有利于好的道德、习惯的养成。这种认知恰恰与南京国民政府解决乡村经济危机、重建乡村秩序的意图相一致。

南京国民政府成立之初,江苏农村局势并没有发生转机,反而有继续沉沦的势头。人们可以通过以下数据来观察江苏乡村的大体情形(见下表)。

总行放款各信用合作社负债借额统计表(1928 年 7 月 16 日至 1930 年 2 月 28 日)

负债数量	人　数	占全数百分数
不负债	595	19.34
25 元以下	328	10.66
26 元至 50 元	663	21.55
51 元至 100 元	780	25.35
101 元至 150 元	286	9.29
151 元至 200 元	212	6.89
201 元至 250 元	59	1.92
251 元至 300 元	76	2.47
301 元以上	78	2.53
总计	3 077	100.00

资料来源:《江苏省合作事业会议汇编》,江苏省农矿厅 1930 年版,第 32 页。

---

① 《江苏省合作事业会议汇编》,江苏省农矿厅 1930 年编印,第 39 页。
② 《江苏省合作事业会议汇编》,江苏省农矿厅 1930 年编印,第 27 页。

上表内容反映的是 1928 年 7 月 16 日至 1930 年 2 月 28 日江苏农民银行总行放款各信用合作社负债借额的大体情况,在 3 077 名社员中,负债比例高达 80%,由此可见当时农民的经济窘境。就实际情况而言,能够参加信用合作社的人还是经济条件比较好的农民,其他农民的情况由此可见一斑。

如何解决乡村的经济危机呢? 创办合作事业成为重要途径之一。江苏省的农村合作事业始于民间。1923 年 5 月,南通通海私立甲种商业学校组织合作银行,开了江苏创办合作事业的先河。同年,南京金陵大学教务委员会委员徐澄在南京丰润门创办农村信用合作社。不久,金陵大学农林科也参与到试办合作社的潮流中来。至 1927 年 6 月,"已办 23 个合作社(包括南京附近安徽省办的合作社在内),社员 473 人。内有 15 个合作社得到 3 740 元的贷款支持"①。以上行为均属于民间性质,特点是合作社规模小,资金有限。随着南京国民政府的成立,农村合作社创办的主导者发生了变化。

1927 年 4 月,南京国民政府成立,江苏省政府亦同时成立。在新的江苏省政府的组织架构中,与农村合作社有关的机构主要有三个,即江苏省农工厅(1928 年 6 月改为农矿厅,1931 年 1 月改为实业厅)、江苏省建设厅、江苏省农民银行,其中前二者存在承继关系,江苏省农民银行则贯穿江苏省政府创办合作事业的始终。

农工厅负责农村合作社始于 1928 年 3 月,江苏省政府责成其创设合作社指导员养成所,并决议在尧化门试办合作社。6 月,农工厅改组为农矿厅,下设合作事业指导委员会,专门指导合作事业。1930 年 6 月,该委员会被改为合作事业设计委员会。1931 年 1 月,农矿厅改为实业厅,合作事业设计委员会被撤销。在县一级,1928 年 9 月,江苏在全省设镇江区、锡常区、苏州区、松江区、扬州区、通州区、淮安区、徐海区等八个指导区,每区设立一个合作指导所,每所设指导员 1—3 人。1930 年 7 月,因经费支绌,江苏省农矿厅裁撤全省八区指导所,以县为单位设立合作指导员 1—3 人。经费由县级政府指拨,但指导员仍由农

---

① 于伯之等编:《江苏省民国时期合作社史料选编》,内部发行,第 9 页。

矿厅派出,且可以出席地方政府会议。此次合作指导组织的变化,一是因为经费问题,指导员的经费改由各县拨给,"省、县所设合作行政机构经费皆在各县滞征的二分农业改良捐项目下拨支。如这项税收滞缓,则经核准在县行政经费中支出"。二是省县建立行政联络,共谋合作事业的发展。但部分县因情况特殊可以申请设立指导所。如南通、如皋、武进、无锡、吴江、江阴、江都等县就成立了合作事业指导所,但这些指导所存在的时间很短。1931年1月,实业厅撤销县合作指导所,"由省派合作指导员驻县府工作,受实业厅和所在县县长双重领导,主持合作指导事宜"。1932年7月,实业厅重新更委各县合作指导员,"指导员归属县府,随科办公"[1]。

在江苏省合作社创办的过程中,江苏农民银行扮演着十分重要的角色。江苏省农民银行成立于1928年,由财政厅厅长张寿镛提议设立。总行设于镇江,在江苏重要县市设立分支行、办事处。总行及分支行除设经理、会计、出纳、调查、文书、庶务等各科外,还设置若干业务调查员,负责"调查农村经济及辅助指导组织调查合作社"[2]。至1935年,江苏省农民银行共设分行16个,支行6个,办事处23个,代理处10个。[3] 在江苏各县合作事业发展的过程中,江苏省农民银行除了贷款给合作社,同时还肩负对他种合作社的组织与指导任务,包括运销合作、储蓄合作、购买合作、提倡兼营、改良农业生产等。[4] 江苏省农民银行与农矿厅的相互配合促成江苏省合作事业初期快速发展的局面。"有江苏省农民银行及分行办事处放款于合作社,作经济上之援助。复有江苏省农矿厅之提倡,设立合作事业指导委员会,专负指导全省合作事业之责。"[5]时人评价说:"本省设有农民银行,合作社资金之融通,农产之运销,均随时由该行充分予以便利,对于本省合作事业之发展,助力尤宏。"[6]

① 于伯之等编:《江苏省民国时期合作社史料选编》,内部发行,第14—17页。
② 寿勉成,郑厚博:《中国合作运动史》,正中书局1940版,第297—298页。
③《江苏省农民银行廿四年业务报告》,江苏省农民银行总行1936年编印,第4—5页。
④ 陈明胜、王玉洁:《南京国民政府乡村治理的转型与困境——以江苏省农民银行为例》,《民国档案》2020年第4期。
⑤《江苏省合作事业会议汇编》,江苏省农矿厅1930年编印,第71页。
⑥《三年来江苏省政述要·建设》,江苏省政府秘书处1936年编印,第97页。

1933 年,省建设厅接管合作事业,主要由该厅第三科农矿股负责。1935 年,建设厅设农业管理委员会,由合作课分管合作社事务。1937 年 6 月,省建设厅把农业管理委员会改为设计委员会,由第三科管理。省建设厅时期,其与江苏省农民银行的联系更加紧密,如其规定,"有农民银行的县,即由农民银行兼办,不另设合作指导员"①。这表明江苏省农民银行在农村合作事业中的作用进一步强化。另外,全省各专员公署和合作试验区还设有合作事业督导员,负责对所属各县合作社工作的督导。

全面抗战爆发后,合作事业归省工农业生产指导处第四课第三股负责。抗战期间,南京国民政府主导的合作事业基本停止,被日伪建立的合作机构所取代。江苏省农民银行总行随省政府西迁,其他各行处则迁往上海合并为驻沪联合通讯处。抗战胜利后,总行及各分行相继复业。② 1945 年 12 月,江苏省政府恢复建制,在社会处设立合作室。1946 年 1 月,改由社会处第三科负责合作事宜。敌伪合作社财产由社会处负责接收。在基层,"专署一级,由省派驻合作监督员一人;县一级,在县政府内设合作指导室"③。

由此可见,南京国民政府成立后,江苏省创办农村合作社的主导权很快就转移到政府手中。虽然不排除民间力量办社的可能,但在官方严格的登记制度下,民间办社的空间已十分有限。根据《江苏省合作社暂行条例施行细则》的记载,所有合作社的成立、变更、合并、解散、清算等均需到主管部门专门登记。④《合作社法》则规定得更加细致,合作社的创立、变更,新社员的入社,合作社的解散、合并等都要及时向主管部门登记。⑤ 对于那些没有经过登记仍然营业的合作社,"应即严加取缔,以重功令"⑥。另外,只有经过登记的合作社才能享受相关部门提供的

---

① 于伯之等编:《江苏省民国时期合作社史料选编》,内部发行,第 18 页。
② 联合征信所调查组:《上海金融业概览:卅七年版》,联合征信所 1948 年版,第 73 页。
③ 于伯之等编:《江苏省民国时期合作社史料选编》,内部发行,第 34 页。
④《实业部检发农村合作社暂行规程及有关文书》,中国第二历史档案馆藏,档案号:四二二(2)/1499。
⑤《奉国府明令公布合作社法训令通行饬知等因令行知照由》,南京市档案馆藏,档案号:一〇〇一(001)/0165。
⑥《为请转饬查明如有未经依法登记而用合作社名义经营业务情事应严加取缔除分咨外咨请查照转饬遵照办理并见复由》,南京市档案馆藏,档案号:一〇〇一(001)/0543。

优惠政策,如铁道部、交通部曾发文减少征收江苏省各县市合作社之必需品及农产品的运费,但前提是合作社经政府合作登记。国营招商局也公布了优待合作社的办法,规定"凡经核准登记的合作社,在国营航运机构运输货物,长江各埠水脚,照定价一律九五折计算等,以五年为期"[①]。总之,政府的强势介入是南京国民政府时期江苏省创办农村合作社的本质特征之一。

除了主导者从民间向政府转变外,江苏省农村合作社还显示出以下特点:

一是注重合作社创建工作的系统性。譬如把合作社法规的制定、合作社知识的普及与合作社成绩的奖惩等结合起来。1930年,省政府及省农矿厅相继颁布若干法令条文。其中,省政府颁布了《江苏省合作社暂行条例施行细则》《江苏省政府消费有限合作社章程》《江苏省各县合作事业指导员服务规则》《江苏省各县合作事业指导所组织章程》等;农矿厅颁布了《江苏省合作社指导所简章》《合作社指导员奖惩规则》《江苏省合作社指导员任用章程》《合作指导员薪给表》《江苏省合作社指导所名誉指导员任用规则》等。1934年又制定了合作社法,1935年合作社法及实施细则正式颁布。在制颁相关法规的同时,还加强对合作的宣传。如举办"合作宣传周"。1930年3月,省农矿厅召开江苏省合作事业会议,决议呈请中央通令各级党部及政府同时举办合作运动宣传周,时间定为自每年的国际合作节日起第一周。是年7月,省会宣传委员会举办第一次合作宣传周,活动包括:举办合作展览会,陈列展览江苏合作事业成果和合作书籍;在伯先公园、县党部礼堂等处举行普通演讲、化装演讲、演讲大会;借公共体育场举行宣传大会、发表演讲;散发宣传品,公布合作运动口号,发表告民众书、合作画刊、专刊、专号;等等。又如,设定合作宣传日。1932年6月,省党务整理委员会宣传部把每年7月的第一个星期六(国际合作节日)定为合作运动宣传日。再如,张贴合作事业宣传标语"要实现民生主义,便应赶快加入合作社""要改善农工生活,最好大家合作起来""合作社能救济我们贫苦"等。[②]

---

① 于伯之等编:《江苏省民国时期合作社史料选编》,内部发行,第23—24页。
② 于伯之等编:《江苏省民国时期合作社史料选编》,内部发行,第13—17页。

而加强对合作社成绩的考核是保障合作事业绩效的重要举措。江苏省除了制定相应规则规范合作指导员的行为外,还对合作指导员的实际工作进行核查。1937年3月,省建设厅训令各县县长,要求各县合作指导员不能兼办与合作事业无关的工作,并且每月外勤工作时间不能少于12天,外勤时要在合作社主要账册上签名盖章备查。

另外,嘉奖成绩突出的合作社。1930年12月,省农矿厅就分别颁给吴江的开弦工生丝精制运销合作社、坛丘蚕业合作社、桥下村蚕业合作社奖匾各一块。比如,把农业金融、技术机关、学术团体结合起来,协同推进合作事业。在促进各县合作社的工作中,江苏省强调要"抽调各县农业技术人员、合作指导人员,相互施以合作及农业生产智识之训练。同时与江苏省农民银行会订调整合作社放款办法,及各县推进合作事业联系会议办法,俾使三者联成一气,以收分工合作之效"①。就江苏省农民银行对合作社的放款来看,成绩是显著的。以1935年为例,放款总额为2 475万余元,较1934年增加157.3万余元,较1933年增加654.1万余元。1935年,合作社青苗放款分配县份达到57个县。与1934年比较,十个县增加分支行处,有利于放款的顺利进行。② 随着合作社的增加,放款数目也在不断增加。1934年,江苏省农民银行给2 018个合作社放款;1935年,则给2 407个合作社放款。为了纠正以往自上而下派遣合作指导员而产生顾此失彼的弊病,江苏省政府推出合作辅导制度。合作辅导制度的重要环节之一是聘请中国合作学社的合作专家制订各种考察计划。"合作辅导制度之实施机构,为合作实验区。其设立地点,或择定物产中心地带,或择定文化中心地带。""企图在最短期内,采行辅导方式,以调整全县合作机构之阵容,藉资各县之观摩。"③

二是遵循因地制宜的一般规律。江苏省根据各县农产品分布区域的不同,分别提倡各种农工业产销合作社,以满足各方需要。如对农村工业合作社的推广,江苏省在对原有农村工业及农业品种及分布情况

---

① 《三年来江苏省政述要·建设》,江苏省政府秘书处1936年编印,第97页。
② 《江苏省农民银行廿四年业务报告》,江苏省农民银行总行1936年编印,第2—3页。
③ 《三年来江苏省政述要·建设》,江苏省政府秘书处1936年编印,第101页。

展开调查的基础上,确立如下原则:"(一)农村工业生产合作社,应由农民组织之,其经营以乡镇为单位。(二)农村工业生产合作社应利用剩余劳动力,消纳过剩人口。(三)农村工业生产合作社之原料,须选自本乡或附近各乡之生产品。(四)农村工业生产合作社之产品,必须求得其附近一带能有相当之销路,然后再向大都市招求永久之销路。(五)农村工业生产合作社之设立,须适合各该地之特殊情形。(六)农村工业生产合作社,须研究运往市场之距离及运输设备。"[①]这些原则无一不指向因地制宜。又如,合作实验区的选择也均符合因地制宜的原则。丹阳、淮阴、光福(属于吴县)三个合作实验区成效明显,主要原因就是能够因地制宜。之所以选择丹阳,是因为丹阳的合作事业在江苏各县是最发达的;之所以选择淮阴,一是因为淮阴为江北各县物产集散的中心,二是为了调和江南、江北合作事业不平衡的现象;而之所以选择吴县的光福区,是因为这个地方的丝茧品质优良、颇具特色等。其创办的各种合作事业都能够适应客观环境的要求,"深得当地一般蚕农之信仰"[②]。

以上特点凸显了江苏省农村合作社符合时代潮流的一面,是其取得一定的成绩前提。以第三合作指导所所属吴县为例,就取得了比较显著的成绩。第三合作指导所成立于 1928 年 9 月 27 日,主要掌管吴县的合作事业。在合作指导所成立之初,就把吴县原来的各市乡划分为若干区域,先从交通便利之处入手,接洽地方人士,大力宣传合作。经过宣传之后,农民纷纷请求指导组建合作社。为慎重起见,合作指导所除了与发起人个别谈话之外,还几经剔选,对"已有相当程度者,再加以逐项之指导"。合作社成立之后,为了掌握各合作社的真实情形,指导所还根据农矿厅制颁的调查表,分赴各地进行切实调查。"尤于其营业状况及收支情形,特别予以审查指正。"同时,基于农民知识薄弱、不明了合作真义的现状,合作指导所指导员"分赴各社,召集社员,予以训练。一面复散发浅显之宣传品,以为识字社员阅读之资"[③]。

同时,合作指导所还根据具体情况编制各种章则、表格及宣传品,

①《三年来江苏省政述要·建设》,江苏省政府秘书处 1936 年编印,第 103 页。
②《三年来江苏省政述要·建设》,江苏省政府秘书处 1936 年编印,第 101 页。
③《江苏省合作事业会议汇编》,江苏省农矿厅 1930 年编印,第 20 页。

作为推行该县合作事业的依据。在合作社组织的过程中,第三区合作指导所非常注重质量问题,"宁求缓进,以固健全之基础";重视社员的训练及合作社内部的健全;能够深入群众,"与农民谈话,由友谊之关系,使其对合作事业,增加信仰"。对于离镇较远的村落,促成消费合作社的组织。另外,还提倡生产合作以及合作社联合会的组织,强调对合作社社员借款用途的审查等。① 在已成立各社中,郭巷农产储藏合作社是吴县规模最大的合作社,该社业务繁忙,资金较多;而光福区养蚕有限合作社联合会,则是针对既有的五处养蚕合作社的有机整合。吴县合作事业成绩显著与指导所职员的素质密切相关。除了认真负责之外,其对合作精神的理解更加重要,"真正之信用合作社,应实践自助互助,绝不借助外人。现在各信用合作社,类多贫苦小农所组织,欲以社员多余之资,贷与社员生产之用,则举办储蓄为首要之图"②。基本抓住了信用合作的要义。

同时,合作社的创办还产生了其他作用。如可以缓解农民所受的高利贷盘剥。以吴江信用合作社社员借款用途统计为例(见下表),人们可以看到通过创办信用合作社,一是可以使农民获得低利贷款,购买肥料、种子、农具等必需的生产资料;二是可以通过低利贷款,还上以往的高利贷,免受高利贷盘剥之苦。

吴江信用合作社社员借款用途统计表

用　途	人数	百分比	金额	百分比
肥料	822	8.97	8 438	7.23
种子	31	0.34	1 216	1.05
农具	661	7.22	6 510	5.54
田地				
牲畜				
粮食	853	9.30	8 323	7.09
雇工	243	2.65	1 206	1.73

①《江苏省合作事业会议汇编》,江苏省农矿厅1930年编印,第21—22页。
②《江苏省合作事业会议汇编》,江苏省农矿厅1930年编印,第21页。

用 途	人数	百分比	金额	百分比
农屋				
蚕桑	2 924	31.88	64 912	55.26
水利				
副业				
还债	2 572	28.05	14 296	12.18
租税	1 062	11.59	11 644.57	9.92
婚丧				
医药				
总计	9 168	100	117 490.57	100

注:自1929年7月1日至1930年6月30日。社数:32个;社员:2 924人。

资料来源:《第二年之江苏省农民银行》,江苏省农民银行总行1930年编印,第85页。

又如,有利于培养农民的合作精神。如吴江县所办蚕业合作社,"成立后即着手经营业务,从事蚕室、蚕具、共同消毒、共同暖种、稚蚕共育、向社外借款等事务,合作精神,尚称美满"①。再如,储押合作社的创建有利于减轻农民的经济负担。"农民每至秋冬,新谷登场,需款甚急,不得不将生产所入,易钱以应用。及至春夏乏食,则又购买米粮,以求糊口,粜贱买贵,习为常事,损失实属不赀。乡村典当,趁机而起,收当米粮,实为大宗营业,利率之高,乃至三分以上,犹不免剥削之讥。"②现在通过创办储押合作社,由政府推行米粮抵押贷款,不失为一种较好的方式:一是农民在合适的时间回赎;二是无力回赎者由借贷处以合适的价格代为出售。

1928年至1936年江苏省合作社发展情况

时 间	普及县数	合作社数	社员人数	缴纳股金(元)
1928年12月	20	309	10 971	46 347
1929年12月	29	528	20 257	93 000

①《第二年之江苏省农民银行》,江苏省农民银行总行1930年编印,第81页。
②《第二年之江苏省农民银行》,江苏省农民银行总行1930年编印,第153页。

时　　间	普及县数	合作社数	社员人数	缴纳股金(元)
1930 年 12 月	50	1 226	38 280	—
1931 年 12 月	50	1 545	45 992	290 000
1932 年 12 月	52	1 828	57 100	453 500
1933 年 10 月	—	3 807	132 700	997 700
1936 年 12 月	—	4 215	136 033	—

资料来源:于伯之等编:《江苏省民国时期合作社史料选编》,内部资料,第 10—39 页。

根据上表,可以管窥江苏省合作社迅速发展的过程。经过 1936 年的审核,对部分合作社不予登记。1937 年 4 月底,江苏省经登记的合作社减少到 2 337 个,社员 10.6 万人,缴纳股金 78.42 万元。至 6 月,再次去弱留强。依据组织是否完备、有无经济效用、有无社会影响、有无生命机能等四个标准,对全省合作社进行甄别。① 社数降至 2 093 个,社员人数为 85 907 人,缴纳股金 726 371 元。数量减少,质量提高。全面抗战期间,各合作社无形解散。至抗战胜利后,各县合作社进入恢复阶段,1946 年为 333 个,1947 年为 1 652 个,1949 年达到 2 614 个。② 这些数据大体描绘出江苏省合作社快速而曲折的发展历程。

以上是江苏省乡村合作事业符合时代潮流的一面,产生了积极的效果。但同时人们还要看到它的局限性。

首先,人们对合作社的认知普遍不清晰,入社农民往往把合作社视为贷款的工具,缺乏自助、互助的精神。在《订定江苏省合作事业改进计划以利推行案》中,则直指这种情形为"无非欲借信用合作之名,冀得向农民银行借款之实。此种组织,直可称之为'合借',而非'合作',实与合作事业前途,具有莫大障碍"③。

其次,以信用合作社为主,其他如生产合作社、运销合作社、灌溉合作社等寥寥无几。这一特征在 1928 年 7 月 16 日至 1930 年 2 月 28 日

---

① 《甄别合作社办法及有关文书》,中国第二历史档案馆藏,档案号:一一/597。
② 于伯之等编:《江苏省民国时期合作社史料选编》,内部发行,第 40—41 页。
③ 《江苏省合作事业会议汇编》,江苏省农矿厅 1930 年编印,第 57 页。

江苏农民银行对各县合作放款的统计中有更加明显的体现。

各县合作放款的种类统计表(总行)(1928 年 7 月 16 日至 1930 年 2 月 28 日)

	江宁	镇江	句容	武进	丹阳	江都	常熟	松江	昆山	南通	无锡	沛县	宝山	铜山	宿迁
信用	36	30	20	16	15	6	3	3	2	2	1	2	1	1	1
消费	1														
灌溉	3														
运销	1														
总计	41	30	20	16	15	6	3	3	2	2	1	2	1	1	1

资料来源:上列各县自设分行处后所有合作社借款事项划归各该分行处办理合并说明;《江苏省合作事业会议汇编》,江苏省农矿厅 1930 年编印,第 32 页。

最后,在合作社的组建上,苏北明显劣于苏南,淮北则更甚。虽然农矿厅在江南、江北各设四个指导所(江南在吴县、无锡、镇江、昆山;江北在江都、南通、淮阴、徐州),但就各指导所所辖县域来讲,存在很大区别。如第八合作指导所所辖徐海地区,包括铜山、沛县、宿迁、邳县、睢宁、砀山、萧县、丰县等十二县。在这种情形下,有效开展合作社指导工作是十分困难的。在江苏省合作事业会议中有提案指出,徐海各县,地瘠民贫,再加上其他天灾人祸,"以致农民缺乏资本,妨碍耕种",与江南农村形成天壤之别。而就合作社与江苏省农民银行分行的设置而言,江南明显优于江北。因此提出发展徐海各县的信用合作社。[1] 从此一提案内容可以进一步证明江南合作社优于江北的现状。

应该肯定地说,近代农村合作事业在一定程度上冲击着乡村社会的传统秩序,为塑造经济、政治、文化新格局提供了可能,可视为乡村治理近代转型的枢纽。但受各种因素影响,这些变动被牢牢地限定在一定范围内,并未使乡村社会发生质的飞跃。陈仲明接办江苏省的合作事业后,对1928年至1936年的江苏合作事业给予如此评价:

> 自从民国十七年讫今为期历经八载,据最近之统计,全省合作社数已达三千余所,较之其他各省,尚不落后;惟一考查各社之质

---

[1]《江苏省合作事业会议汇编》,江苏省农矿厅 1930 年编印,第 75 页。

量,则尚难使人感到满意,因为一般信用合作社只知"合借"而不知"合作",只知借款,而不知存款,业务空虚,精神涣散,且不时闹出债务之纠纷;一般产销合作社因加入人数过少,社员产品不多,且品质不齐,既不能刺激市场之须要,又不谙市场之情况,以至运销失利,尚有一些运销社竟按照当地市价收买非社员产品,以致经营失败,不堪收拾。至于其他各种合作社办理得法者固亦未曾没有,但收效甚微,大多数还是未能走上健实壮旺之程途。①

对于农村组织的建设,乔启明提出几点非常中肯的建议:一是农村组织应基于实际需要。先通过调查明确当地社会的病源,然后根据病源成立各种组织,办理各种事业,这样更容易激发民众的兴趣。二是农村组织应该民治化。组织的主权应该操控在农民的手中,实现自有、自治、自享的目标,激发主人翁精神,防止为少数领袖所把持。三是农村组织应办理充分事业。有了组织之后,就要制订事业计划,积极落实,不能徒拥虚名,毫无表现。四是农村组织应力求自立。外力主导下的组织往往养成农民坐享其成的毛病,不能持久。五是农村组织应避免重复工作。相同功能组织的重复性建设,只会造成竞争冲突、功能紊乱。② 根据这些标准,结合江苏省创办的农村合作社,大体可以推测其运行实效。

首先,江苏农村合作社最显性的问题在于经费有限、普及性差,难以得到人们的普遍信任。江苏省农民银行资金非常有限,即使全部放给合作社,也难以做到普遍扶助。省政府合作机关也常常由于经费不足而减缩规定的经费,导致预定计划无法实施。大部分合作社自身股金也非常有限。杨立人记录了自己参与合作社组建的过程:先是给区里那些信用良好的人做工作,当然这些人全部都是有钱、有地的人家。经过再三劝说,最终取得 16 个人的同意,其中有 3 个人还是自己的职员。而真正那些需要进入合作社的农民,往往以"信用不孚"被拒之门外。在全部 30 元的股金中,杨立人、某乡长以及另外两个职员各缴纳

①《实业部审核江苏省合作社考级规则、运销合作社保证联合社章程、合作社促进会章程等章则》,中国第二历史档案馆藏,档案号:四二二/1895。
② 乔启明:《中国农村社会经济学》,商务印书馆 1935 年版,第 432—433 页。

股金 5 元,某闾长缴纳股金 2 元,其余各缴纳 1 元。为了防止放贷收不齐而连累全体社员,合作社拒绝向银行借贷。最终,又由自己的职员借出 100 元,连同股本放款生息。借款对象限于社员以外的人,由社员担保,用地契抵押,月利一分二厘。如此,所谓的合作社则变成放贷生利的组织。这种由富农联合组织的合作社,对于那些无地契的贫农固然没有帮助,而对于其他借贷者,也只能尽其联合剥削的功能而已。[1]

经费短绌必然影响受众面。以 1928—1929 年的松江县为例。1928 年年底,计有信用合作社 11 所,购买合作社 1 所,共社员 228 人,社股金额 1 544 元。1929 年年初,要求成立合作社的农民呈突飞猛进的态势,至 1929 年年底,计有合作社 64 所,信用合作社 63 所,购买合作社 1 所,共社员 1 281 人,社股金额 5 300 元。[2] 从数字来看,增幅不小,但与松江县全县 394 001 人的总人数相比,[3]占比仅为 0.33%。就江苏省而言,1932 年的社员数为 5.71 万人,江苏省人口为 35 807 771人,占比仅 0.16%。[4] 即使 1936 年社员增加到 13.60 万人,但与江苏省总人口相比,仍然占比很小。江苏如此,其他各地也不例外,就 1934年全国入社人数(373 856 人)而言,只占全国人口的千分之一。[5] 在合作社经费有限、受益农民比重太小的情况下,农村合作运动自然难以对乡村传统经济格局产生质的影响。

其次,江苏农村合作社最根本的障碍是民众合作精神并未因合作社的兴办而有质的提升,合作最终沦为“合借”。1929 年年初,松江县农民非常积极地要求成立合作社,原因并非由于对合作的真实理解,“一时为利而趋,内心实欠信仰”[6]。在无锡,大部分合作社“社员大都未能明了合作真义,观念错误,对内缺少热诚,对外绝少交往,盖徒具虚表而已”。稍有知识的农民因不了解合作的真正含义,往往把合作社看作

---

① 中国农村经济研究会编:《中国农村描写》,新知书店 1936 年版,第 40 页。
②《第二年之江苏省农民银行》,江苏省农民银行总行 1930 年编印,第 134—135 页。
③ 据 1934 年的人口统计。殷惟龢编:《江苏六十一县志》,商务印书馆 1936 年版,第 42 页。
④《江苏》,中华书局 1936 年版,第 93 页。
⑤《全国合作事业讨论会办事处陈部长的开会报告》,中国第二历史档案馆藏,档案号:一一/1569。
⑥《第二年之江苏省农民银行》,江苏省农民银行总行 1930 年编印,第 135 页。

借钱机关,投机色彩浓郁。[①] 在昆山,"各社社员,能力极低,明了合作意义者,实百不得一"[②]。以风气开通的苏南尚且如此,苏北更是可想而知,"交通梗阻,民气闭塞,不独农民不能了解合作意义,即改进农村领导农民之知识分子,亦不知合作事业为适应农民需要改进农村之新鲜组织,多误会合作社为专门联合信用向外借贷之金融机关,因此各县农民组织合作社之目的,均注重向外借款,而忽略组织训练及农事指导之各种权能,以至社员缺少自助互助之合作精神,不能利用借款,改良生产"[③]。"农民迫于高利贷之榨压,亟思以低利借款,乃组织合作社,以为借款之工具,故非为合作而合作,乃为借款而合作。"[④]总之,农民发起的合作社,多以借款为目的,既不明了合作的真正含义,那合作精神的培养自然无从谈起。

在梁漱溟看来,中国乡村合作应该以生产合作、利用合作为主,这样才能增殖财富。[⑤] 而反观江苏省所创办的合作社,信用合作社的数量在各种合作社中占据压倒性的优势(见下表)。

江苏省合作社类型比较表

时间/类型	信用	运销	利用	生产	消费	供给	兼营	总　数
1929 年年底	481	3	12	21	11	无	无	528
1936 年 6 月	1 655	87	111	390	无	104	1 460	3 807
1937 年 4 月	1 509	77	1	677	35	38	无	2 337

资料来源:《三年来江苏省政述要》,江苏省政府秘书处 1936 年编印,第 100 页;于伯之等编:《江苏省民国时期合作社史料选编》,内部资料,第 12、26 页。

根据上表可以看到,1929 年年底,江苏省信用合作社占比达 92%;1936 年 6 月,信用合作社占比为 43.47%;1937 年 4 月,经过整理之后,信用合作社仍占总数的 64.62%。通过这些数据可以推测,农民更倾向

① 《第四年之江苏省农民银行》,江苏省农民银行总行 1933 年编印,第 106 页。
② 《第二年之江苏省农民银行》,江苏省农民银行总行 1930 年编印,第 144 页。
③ 《第四年之江苏省农民银行》,江苏省农民银行总行 1933 年编印,第 179—180 页。
④ 方显廷:《中国之合作运动》,南开大学经济学院 1934 年版,第 25 页。
⑤ 《中国合作问题研究》,山东乡村建设研究院 1935 年版,第 32 页。

于组织信用合作社。就当时的全国情况来看，这又是一种共同的现象。如 1933 年，全国共 6 946 个合作社，其中信用合作社 5 720 个，占比为 82.35%。[1] 至于其中缘由，江苏省政府看得非常清楚，"丹阳县合作社数，原有一百六十余社，为全省各县冠。但其中信用合作社竟占百分之九十以上，各社又大都以借款为目的，且只知合借而不知合作，以致社务常被少数腐劣份子把持操纵，业务则多数废弛，若不切实加以整理，合作前途殊堪隐忧"[2]。叶楚伧在全国合作事业讨论会的训词中特别提到江苏的情况，"江苏农民银行有一个规定，非合作社不放款。所以便有许多的合作社产生，因为是知道有款可借的缘故。这与其说是合作社，不如说是合借社"[3]。乔启明更是一针见血地批评了当时农民公益精神淡薄的现状，"农村信用合作社在农民心理中仅为借钱会，运销合作社亦以生产贷款为诱饵，甚至品种推广等事业亦非附议金钱协助不能推行。至于组织的经费如入会费，或股金等，则反而不愿缴纳"[4]。其实，即使不是信用合作社，其往往也兼具存款、放款、贷款、储蓄的功能。[5]

再次，合作社的官治、党治色彩日益浓厚，不利于地方自治的发展。江苏省推行合作运动的目的，除了经济救济之外，就是强化对乡村社会的统合。对于这一点，江苏省农矿厅技术官处的童玉民说得非常明白，通过合作运动可以取代"示威""游行"等解决问题的方式，以相互扶助代替马克思学说中的相互竞争。[6] 因此，在农村合作社建立的过程中，官治与党治的色彩不断强化。

1929 年，中央党部规定了下层党部的工作纲要，合作运动是七项运动之一。这一方面表明中国国民党对合作的重视，同时也为国民党渗透合作事业提供了契机。1932 年 12 月，南京市政府令各区公所会同

① 方显廷：《中国之合作运动》，南开大学经济学院 1934 年版，第 2 页。
②《三年来江苏省政述要·建设》，江苏省政府秘书处 1936 年编印，第 101 页。
③《全国合作事业讨论会办事处关于函送国民政府代表叶楚伧训词请核阅批示的文书》，中国第二历史档案馆藏，档案号：一一(11)/1567。
④ 乔启明：《中国农村社会经济学》，商务印书馆 1935 年版，第 427 页。
⑤《江苏省六合、昆山及萧县农村合作社调查表》，中国第二历史档案馆藏，档案号：四二二(2)/1490。
⑥ 童玉民：《合作运动纲要·序》，江南印书社 1931 年版，第 2 页。

民众组织各种合作社，这是官方意欲主导合作事业的典型表现。1933年5月，国民党江苏省党部为促进合作事业，组织合作事业委员会，这是江苏合作事业党治色彩加强的重要体现。1933年是江苏省农村合作事业突飞猛进的一年，也是党政对合作社加强控制的一年。11月，省政府进一步明确合作社组织办法："1. 合作社乃经济组织，不属人民团体；2. 合作社的组织，受党部指导，政府监督；3. 设立合作社时，应向政府申请许可，并申请党部指导，合作社组织成立后，应向政府登记，并呈报党部备案；4. 在合作社法未颁布前，各地合作社可参照实业厅颁布之农村合作社暂行规定或各地单行合作法规办事。"①非常明显，农村合作社实际上处于党政双重控制之下。侯哲莽强调，合作社"以自治为制度，自己大家合力管理自己的事情"②。从一定意义上讲，自治与官治、党治的关系是相对的，官治、党治在合作事业中的强化必然导致自治的弱化，这种训政时期的保育政策并不利于新式乡村组织的内生型发展。

最后，乡村合作社常常被土豪劣绅所把持，阻碍乡村治理的近代转型。在传统乡村社会，土豪劣绅把持各种乡村组织的现象并不鲜见，主要原因是农民知识浅陋，缺乏合作精神，很难选出品格纯正的领袖人物。③ 在江苏省农村合作社创办期间，土豪劣绅把持合作社的现象也十分常见。江苏省农民银行第二区分行代表在报告中提道："世风日下，人心不古，一般刁顽之徒，利用乡愚无知之辈，借合作社之美名，藉图私便其实者，要亦不乏人在。"④亦有人指出："合作事业在此幼稚时代，各地土劣或不良份子以为有利可图，蒙蔽乡农，每欲藉势强迫入社，如被见摈不遂所欲，即百方破坏，四出诬控，其影响社务进行者甚大，此类情事各县在所难免。"⑤在昆山，由于农民知识浅陋，社员缺乏互助合作、互相监督的精神，合作社常常被地方领袖人物垄断操纵，虽然也存在公正人士领导下的健全的合作社，但社务腐败、丧失信用的合作社更为常见。⑥ 在高

---

① 于伯之等编：《江苏省民国时期合作社史料选编》，内部发行，第18页。

② 侯哲莽：《农村合作运动》，黎明书局，出版信息不详，第14页。

③ 乔启明：《中国农村社会经济学》，商务印书馆1935年版，第428页。

④《第二年之江苏省农民银行》，江苏省农民银行总行1930年编印，第179页。

⑤《江苏省合作事业会议汇编》，江苏省农矿厅1930年编印，第77页。

⑥《第四年之江苏省农民银行》，江苏省农民银行总行1933年编印，第231页。

淳,组织合作社的事务常常被那些有权有势的人垄断包办。[1] 有的合作社被极少数人操纵,甚至从中破坏。[2] 因为农民知识浅陋,苏北各县的合作社及借联会常常被负责代表操纵。[3] 由此可见,部分农村合作社的创办不但没有惠及农民,反而为土豪劣绅控制乡村社会提供了可乘之机。

总体来说,江苏农村合作社的创办引起了乡村传统秩序的变动,其成绩不容否定,但也不能夸大。实事求是地讲,南京国民政府主导的农村合作社在理想与现实之间仍然存在不小的差距。新生事物虽引起乡村传统秩序的量变,但并无质变迹象发生。

三、民众教育的发展

民国初年,教育总长蔡元培在教育部设立社会教育司,并倡导各地创设通俗教育馆作为推行社会教育的主要机构,这一般是人们论述民国时期社会教育的起点。但通俗教育馆主要分布于城市,对乡村的影响并不明显。南京国民政府成立不久,就把通俗教育馆统一改为民众教育馆,以彰显教育统一与唤起民众的精神。民众教育既包括城市民众也包括乡村民众,但乡村民众无疑是主体。

如徐州省立民众教育馆就明确规定,要"认清施教对象,以农民为主要对象"[4]。有的地方则称之为农民教育馆,如高淳县某处农民教育馆,"宣传农民教育目的意义,开展农民识字教育,普及农业科学知识,进行农业科学实验,推广农业技术、优良品种及合作事业,加强生计教育,努力使农民教育馆办成全县农民教育设施中心,充分发挥典型示范作用"[5]。该教育馆最初设民众学校、民众图书馆、民众娱乐室、陈列室、问字代笔处,后来增设农民教育施教区(即试验区)、壁报处等。费用主

① 《第四年之江苏省农民银行》,江苏省农民银行总行 1933 年编印,第 224 页。
② 《江苏省合作事业会议汇编》,江苏省农矿厅 1930 年编印,第 60 页。
③ 《第四年之江苏省农民银行》,江苏省农民银行总行 1933 年编印,第 169 页。
④ 王广礼:《抗战前的江苏省立徐州民众教育馆》,《文史资料》第 11 辑,政协徐州市郊区文史委员会、政协铜山县文史委员会 1991 年编印,第 10 页。
⑤ 高月楼口述,高庆森整理:《我县二十年代的一所农民教育馆》,《高邮文史资料》第 8 辑,高邮县政协文史资料委员会 1988 年编印,第 140 页。

要包括馆员薪金、办公费、设备费、事业费等,都是从县教育局在社会教育事业费中拨给,每年 1 000 多元。

又如,江都的农民教育馆,"以农民教育为对象,以改进乡村为目的。主要施教对象为青年农民。起初以识字教育为中心,期望扫除施教区内的文盲,旋又以生计教育为中心,争取改善施教区内的农民生活。同时施行健康教育及休闲教育(娱乐教育)以达到锻炼农民的体格及教以正当的娱乐知识技能。在划定施教区内,还举办农村调查,并指导农民成立乡村建设改进会和指导办理合作事业"①。

再如,溧阳的农民教育馆,设于 1930 年,"由周兴任馆长,馆址设在南门外钱家村。以农民为对象,进行扫盲、文体、卫生及农副业生产科学化的介绍推广工作"②。启东新港镇农民教育馆的任务则是"提高民众文化,普及农业科学技术"。其具体工作包括三项:一是办校本身;二是辅导周围农民办夜校或识字班;三是自己办实验农场,研究农业技术,推广良种。③ 在 1932 年《民众教育馆暂行规程》颁布之后,农民教育馆被普遍改称民众教育馆。④

1932 年 2 月,南京国民政府公布了《民众教育馆暂行规程》,该规程开宗明义指出,"各省市(直隶于行政院者)及县市(隶属于省政府者)应分别设立民众教育馆,为实施社会教育之中心机关"。民众教育馆分为省立民众教育馆、市立民众教育馆、县立民众教育馆等不同类型,而与乡村教育最为密切相关者当为县立民众教育馆,"先在县城,或在县属繁盛市镇设立,逐渐推至乡村,隶属于县教育局。每县得就本县原有自治区或学区或划分民众教育区,分设民众教育馆,名为县立某地民众教育馆"⑤。其

① 王世琚:《江都县农民教育馆简介》,《江都文史资料选编》第 1 辑,中国人民政治协商会议江苏省江都县委员会文史资料征集委员会 1983 年编印,第 63 页。
② 周国镛:《抗日战争前的溧阳民众教育》,《溧阳文史资料》第 2 辑,中国人民政治协商会议江苏省溧阳县委员会文史资料研究委员会 1984 年编印,第 163 页。
③ 蔡澄、王兴槐:《启东实验农民教育馆》,《启东文史》第 13 辑,中国人民政治协商会议江苏省启东市委员会文史资料研究委员会 1991 年编印,第 79—80 页。
④ 熊纪虎:《句容民众教育馆的演变与主要活动》,《句容文史资料》第 7 辑,中国人民政治协商会议江苏省句容县委员会文史资料研究委员会 1989 年编印,第 18 页。
⑤《民众教育馆暂行规程》,江苏省立教育学院研究实验部编:《民国廿一年的民众教育》,江苏省立教育学院刊物发行处 1933 年编印,第 285 页。

举办教育事业包括健康、文字、公民、生计、家事、社交、休闲等。并设以下各部，包括阅览部、讲演部、健康部、生计部、游艺部、陈列部、教育部、出版部等，各部各司其职，从不同方面提升民众的知识水平与基本素养。[1]

虽然该规程规定了十分详细且复杂的部门设计，但在具体实施的过程中，则强调根据实际情况而定。或全部设置，或先设置数部，或酌量合并设置。实际上，就地方财政的实际情形而言，能够完全设置的可能性并不大。如成立于1933年的海安县西苏庄的农民教育馆，是由当时国民政府泰县教育局局长倡导兴建的。就该馆的内设情形来看，它主要针对农民教育。"陈列室里，墙上贴满各种农作物标本及图片，桌上陈列着多种粮食的良种，并标明单产及名称，供乡亲们参观；西边教室里，墙上贴着宣传画及标语，上面悬挂着纸质小万国旗和一盏煤油灯，前面有黑板，课桌凳排的整整齐齐，供妇女工艺班和农民识字班上课用。馆内开设工艺课、识字课、农技课等课程。妇女工艺班主要是边学文化边学织袜。馆内有织袜机三台，专供学习实际操作，每天下午集中上课两小时，六个月毕业，由原上海袜厂崔桂贞执教。农民识字班，每天晚上在汽油灯下上课两小时，由崔叔同上识字课。农技班由王赞侯上农业知识课。每逢学习开始前，均开留声机，整个馆园内显得异常活跃。"[2]但由于管理工作跟不上，也就坚持了半年之久，即"几近于垮台"。1934年，馆长谢曙东与港口民教馆负责人袁寿仁对调。袁寿仁则从师资方面入手，改善农民教育馆的现状，成立"西苏庄塾师研究会"，对传统塾师的授课方式、授课内容等加以研究改进。（全面）抗战军兴，农民教育馆停办。

在公立民众教育馆开始筹设之后，私立民众教育馆则明显受到限制。"私立民众教育馆之设立，须遵照本规程办理，并须呈请所在地主管教育行政机关立案。"[3]但有了一定规程之后，民众教育馆的设立更加

①《民众教育馆暂行规程》，江苏省立教育学院研究实验部编：《民国廿一年的民众教育》，江苏省立教育学院刊物发行处1933年编印，第286—287页。

② 曹海秋口述，曹培进整理：《西苏庄农民教育馆》，《海安文史资料》第5辑，中国人民政治协商会议江苏省海安县委员会文史资料研究委员会1989年编印，第79页。

③《民众教育馆暂行规程》，江苏省立教育学院研究实验部编：《民国廿一年的民众教育》，江苏省立教育学院刊物发行处1933年编印，第288页。

普遍又是不容否认的事实。以武进县为例（见下表）。

武进县、区民众教育馆建立情况表

区别	区所在地	馆　名	建立时间	建立地点	备注
1	武进县城区	武进县立民众教育馆	1928年	常州双桂坊公园内	公房
2	卜弋桥	卜弋桥民众教育馆 夏溪民众教育馆	1930年 1933年	卜弋桥中街观音堂 夏溪荆家祠堂	庙宇 祠堂
3	西夏墅	奔牛镇民众教育馆	1932年	原奔牛镇镇公所旧址	公房
4	小新桥	小新桥民众教育馆 新闸镇民众教育馆	1930年 1930年	小新桥东面烈帝堂 新闸中街	庙宇 公房
5	横山桥	横山桥民众教育馆 三河口民众教育馆	1932年	横山桥中街包家祠堂内 三河口镇	祠堂 公房
6	坂上	礼嘉桥民众教育馆	1932年	礼嘉桥东面土地堂	庙宇
7	鸣凰	前黄镇民众教育馆 湖塘民众教育实验区	1932年 1930年	前黄中街杨家祠堂 湖塘镇上街洋房内	祠堂 公房
8	漕桥	潘家桥民众教育馆 雪堰桥民众教育馆	1933年	潘家镇中街三姓合造私房 雪堰桥中街	私房 公房
9	湟里	湟里镇民众教育馆	1931年	设在原区公所内	公房
10	马迹山	马迹山民众教育馆		马迹山古竹镇	公房

资料来源：徐骏：《武进县民众教育馆史》，《武进文史资料》第3辑，县委员会文史资料研究委员会1984年编印，第108—109页。

从上表可知，1932年之后，民众教育馆的设置确实更加普及。

1935年2月，《修正民众教育馆暂行规程》公布，进一步规定除了省、市、县可以设立民众教育馆外，"地方自治机关或私人亦得设立民众教育馆"。无论公立私立，设立、工作计划、变更、停办等事宜，均要执行严格的备案制度。民众教育馆内的部门设置进一步简化，分为五组，即教导组、阅览组、健康组、生计组、事务组等。[①] 毫无疑问，修正之后的规程更加实用。

至江苏省，则于1935年6月颁布了《江苏省各县民众教育馆普及

[①]《修正民众教育馆暂行规程》，林宗礼编：《民众教育馆实施法》，商务印书馆1936年版，第313—316页。

民众教育标准工作实施方案》，其提出民众教育的目标是"从民众生活之迫切需要出发，培养民众组织，改善民众生计，增进民众知能，发展民众体育，并发扬整个民族自信力，以达到民族独立，民权普遍，民生发展之教育宗旨"。各县划区施教，根据各地自然、经济等能力，"就各机关所在地划定附近相当区域为基本施教区，其范围之大小，应根据保甲编制，城镇以一保至三保乡村以二保至六保为度"①。就施教标准而言，其又分为基本施教区、推广区两种类型。

在基本施教区，主要进行公民教育、生计教育、语文教育三种：

一　公民教育　公民教育以培养民众组织为中心工作，基本施教区内十六岁以上，五十岁以下之民众，须有过半数能参加团体生活，并能运用团体力量，解除生活上迫切需要问题。其重要工作，列举如左：

（1）协助推进保甲：须自第一年起协助推进保甲，务使保甲不仅为执行的组织，并为会议的组织，讨论进行本区内自卫，地方建设，公共卫生，改良风俗等事项，在事实确能成为人民自治团体。

（2）实施集团训练：指导民众乡镇改进会，青年励志团，妇女会等团体，以培养民众自治自卫之能力，兴趣与习惯。并利用纪念节日或民众余暇，讨论有关地方实际生活需要之问题。讲演政治常识，卫生常识，公民道德及重要新闻等。

（3）提倡新生活运动：须自第一年起提倡新生活运动，养成民众整齐、清洁、简单、朴素、迅速、确实，及崇尚礼义廉耻之习惯，并组织劳动服务团养成民众习劳耐苦之美德。

（4）实施健康指导：设置简易体育场，提倡国术及业余运动，并推进公共卫生疾病预防，备置简易药品。

二　生计教育　生计教育以推行合作为中心工作，第一年内对于信用，购买（附消费），生活，运销等合作社，须就地方需要，至少成立一种；第二年内基本施教区内之住户，至少有三分之一以上

①《江苏省各县民众教育馆普及民众教育标准工作实施方案》，林宗礼编：《民众教育馆实施法》，商务印书馆1936年版，第317页。

加入合作组织,并运用合作推行下列工作:

(1) 农事指导:第一年内对于介绍优良品种,推行新农具,指导选种耕种,培养,驱除病虫害方法,及改进水利,提倡造林等,须就地方需要分别举行并须举办模范农田,特约农田,以资示范及倡导;第二年内须使基本施教区内过半数农户接受接受本机关所指导之方法,每年须举行农事展览会一次。

(2) 提倡副业:第一年对城市民众及乡村农民之副业,须尽力提倡与指导;第二年须使基本施教区之住户,凡原有职业之收入,不足以供给支出者,每家至少有一种以上之副业。

(3) 职业训练及补习:每年须举办职业训练班或职业补习班。

(4) 倡设农业仓库:自第一年起,对于农业仓库之设立与营业,须指导民众或协助农民银行积极进行,以便举办农产品抵押借款。

(5) 提倡储蓄:举办贷款;对于储蓄,须设法提倡与指导,并在第一年内成立贫民贷款所。

三　语文教育　语文教育以举办民众学校为中心工作,基本施教区内十六岁以上三十五岁以下不识字之民众,二年内须有百分之六十以上修毕初级民众学校课程。又补习班及高级民众学校,亦应相机举办,其不能入学者,得利用左列方法指导其识字与进修:

(1) 举办流动教学:凡应入民众学校之民众,确有特别情形不能入校者,应举办流动教学。

(2) 指导民众阅读书报:自第一年起,须就地方需要,设立书报室,壁报,举办巡回文库,并指导区内已识字之民众,组织读书会,定期指导阅读各种书籍,并讲述读书心得。

(3) 改良私塾举办识字班:区内如原有私塾者,须于第一年起设法指导改良并举办识字班。[①]

在推广区,则有公民教育的推广、生计教育的推广、语文教育

[①]《江苏省各县民众教育馆普及民众教育标准工作实施方案》,林宗礼编:《民众教育馆实施法》,商务印书馆1936年版,第318—320页。

的推广等。

一　公民教育之推广

（1）举行纪念节活动：利用各种纪念节举行各项活动，各推广区得联合或分别举行。

（2）举行常识讲演：定期或不定期在各推广区内举行各项常识演讲。

（3）举行卫生运动：每年至少举行一次，各推广区，得联合举行。

二　生计教育之推广

（1）举行农事展览会：以基本施教区内农事指导之各项成绩，输送各推广区展览。

（2）提倡合作副业及储蓄等：定期或不定期至各推广区宣传合作副业，及储蓄利益，并相机予以指导。

三　语文教育之推广

（1）提倡设立民众学校：于各推广区内尽量提倡设立民众学校，凡学校公共机关及私人设立民众学校时，得量力予以协助。

（2）指导改良私塾：推广区内如原有私塾，须设法指导改良。①

为了尽快打开民众教育的局面，有的地方采取更加有效的方式培养社会教育人才。如泗阳县的农民教育馆，在创建农民学校的同时，先开办社教班，培育社教人才，然后由社教人员回乡村筹建民众业余学校。② 但以上规定并不要求绝对整齐划一，如南通金沙镇的民众教育馆就设置了民众总务部、艺术部、教导部、宣传部等部门。总务部负责财务、会计及保管等工作。艺术部负责筹办展览、戏剧演出及其他宣传事宜等。教导部负责民众教育，开办民众夜校、女子刺绣班等。宣传部负责政治宣传工作等。③ 南通平潮民众教育馆同样如此，设立总务部、艺

---

① 《江苏省各县民众教育馆普及民众教育标准工作实施方案》，林宗礼编：《民众教育馆实施法》，商务印书馆1936年版，第320—321页。

② 司锦之：《对三十年代泗阳农民教育馆的回忆》，《泗阳文史资料》第2辑，中国人民政治协商会议江苏省泗阳县委员会文史资料研究委员会1984年编印，第128页。

③ 季子：《抗日战争前金沙镇的商业教育与民众教育》，《南通史话》第4辑，南通县人民政府编史修志办公室、政协南通县委员会文史工作组1984年编印，第51—52页。

术部、教导部、宣传部等。总务部负责会计、保管。艺术部负责展览书画诗词、名人墨迹。教导部负责教学,举办工人、农民、学徒识字班。宣传部宣传孙中山思想,进行时事教育,还常常宣传破除迷信、禁娼、禁毒等。"民教馆通过这些机构的切实工作,对开发民智、移风易俗,起了很好的作用"[①]。但也有民众教育馆在普及现代知识的同时,还对民众进行封建的教化。如沛县县立民众教育馆,"抗日战争前夕,韩××还到处搭棚,作巡回说书,说的都是封建道德材料,如《宣讲拾遗》及《廿四孝》等"[②]。

另外,江苏省颁布的相关文件还有《各县社会教育设施注意要项》《各县社教机关整理扩充初步办法》《各县民众教育区中心机关标准工作》等。

至于民众教育的实际效果,人们可以通过南通县农民教育馆到馆人数管窥一斑(见下表)。

南通县农民教育馆到馆人数统计表(1930 年 2 月—1931 年 6 月)

单位:人

月份/类别	喝茶	运动	书报	开会	参观	就医	合计
1930 年 2 月	114	52	67	159	83	20	495
1930 年 3 月	92	34	34	172	81	23	436
1930 年 4 月	79	42	85	126	53	29	414
1930 年 5 月	64	27	59	346	26	24	546
1930 年 6 月	85	25	23	164	49	29	375
1930 年 7 月	97	31	45	168	57	35	433
1930 年 8 月	104	34	44	169	69	42	462
1930 年 9 月	120	30	37	184	94	59	524
1930 年 10 月	89	48	31	125	84	22	399

① 朱鹤鸣:《平潮镇民众教育馆忆述》,《南通文史资料选辑》第 8 辑,中国人民政治协商会议江苏省南通市委员会文史资料研究委员会 1988 年编印,第 203—204 页。

② 张基愚:《民国期间沛县社会教育概述》,《沛县文史资料》第 7 辑,中国人民政治协商会议江苏省沛县委员会文史资料研究委员会 1991 年编印,第 219 页。

月份/类别	喝茶	运动	书报	开会	参观	就医	合计
1930 年 11 月	102	37	38	164	62	17	420
1930 年 12 月	71	41	35	197	40	14	398
1931 年 1 月	82	35	54	233	47	15	566
1931 年 2 月	124	59	64	143	77	14	481
1931 年 3 月	105	36	79	235	82	17	554
1931 年 4 月	86	50	42	225	72	13	488
1931 年 5 月	74	42	27	312	64	14	533
1931 年 6 月	75	27	38	355	41	18	554
每月平均	92	40	48	204	63	23	475
备注	本馆附设民众学校学生人数并未列入计算。						

资料来源:《农民教育实验报告》(1931 年),出版信息不详,第 270—272 页。

虽然南通县农民教育馆也设计了非常复杂的实务教育,但从上表来看,民众经常参加的活动无外乎以下几项:喝茶、运动、书报、开会、参观、就医,其中参加最多的是开会,最喜欢的活动是喝茶。但喝茶并不是单纯的娱乐活动,还具有培养民众良好习性的作用。在《茶社规约》中,其明确规定:"凡至本社饮茶或娱乐者须遵守左列各项规约:一、勿谈秽亵之词,二、勿随地吐痰,三、勿吸烟,四、勿抛弃杂物,五、勿高声喧哗。"[1]完全是对现代公民的一般要求。南通农民教育馆办理成绩较著,还因此得到省教育厅的表彰,"农民教育馆馆长孙希复,任事勤劳,成绩卓异。馆员二人,亦均努力,如农事调查,农业推广,附设民众学校等事项,办理均极可观"[2]。

抗战时期,重新制定了《民众教育馆规程》(1939 年 4 月),对民众教育馆的设立主旨、行政组织、人员配置及工作重点等项内容均做出为抗战服务的明确规定。为更好地提高民众教育馆的工作效能,教育部于同年 5 月又制定了《民众教育馆工作大纲》及《民众教育馆辅导各地教

---

[1]《农民教育实验报告》(1931 年),出版信息不详,第 250 页。
[2]《农民教育实验报告》(1931 年),出版信息不详,第 285 页。

育办法大纲》。但在江苏大部分沦陷的情况下，这些文件已经无法对江苏民众教育产生实质性影响。

由此可见，无论是培养公民意识，还是培养生计能力，民众教育的实质是要营造更加稳定的社会秩序。教育是各项事业开展的前提，如果把识字与扫盲置于突破几千年士人垄断文化的视角下来观察，其意义则更加深远，而提倡近代农业技术则是农业生产领域的本质性改变。同时，民众教育馆又是推进基层政治改良，教育与训练自治、保甲，提升民众总体素质的重要机构。有研究者认为，民众教育馆"在提高民众文化素质、普及现代生活知识等方面都取得了一定的成效"[①]。有论者在肯定民众教育馆的教育、民生、政治作用的同时，指出民众教育馆属于政府强制性制度安排的结果，"更多考虑的是政府偏好和政党意愿，存在的制度缺陷和弊端导致绩效的大量流失，最终使得整个民众教育运动流于形式和口号"[②]等。

实事求是地讲，民众教育馆的不足与成绩同样明显，如南通县农民教育馆，"论所办之事业，虽属不少，然庞杂而无系统。更有数种事业，徒劳而无功。如机器使用合作社之失败，问字处之虚设，又如农业推广进行虽称顺利，成绩虽属圆满，而所推广之区域，若与全县农田面积相比，则貌小孰甚。各种事业，又以经费关系，不能充分发展，有时或至搁浅，仅可待诸充裕之日，再作计议。社会上更有一种阻力，阻挠农民教育之推行，尽彼等脑海盘踞传统观念太深，……既不能博得彼等同心之共鸣，于是含沙射影，吹毛求疵，破坏之手段，昭然毕露"[③]。又如，扬中的民众教育馆，每逢重要纪念日便召集民众会议，但经常无人到会，或到得很少。每天出板报，设阅报处，填写月报，由于人员多而办事少，被人讽刺为："签签到，看看报，抽抽烟，谈谈天！"但代办农业仓库，"在一定程度上方便和支持了一些贫苦农民，使他们在生产和生活上得到周

---

① 毛文君：《民国时期民众教育馆的发展及活动述论》，《西南交通大学学报（社会科学版）》2006年第4期。
② 周慧梅：《民国时期民众教育馆变迁的制度分析》，《教育学报》2008年第2期。
③《农民教育实验报告·序》（1931年），出版信息不详，第2—3页。

转与接济"①。

由此可见,民众教育之所以效果不佳,有制度的原因、经费的原因,也有传统思想意识的因素,但不能因此而否定其进步意义。

---

① 周中尧:《农民教育馆概略》,《扬中文史资料》第 2 辑,中国人民政治协商会议江苏省扬中县委员会文史资料研究委员会 1984 年编印,第 55—56 页。

第十章 中国共产党乡村
治理的理念及实践

　　江苏是国民党蒋介石集团的传统势力范围。在大革命和土地革命时期,中共在江苏的行动主要是以非公开的方式展开,乡村治理的问题并不典型。但至全面抗战爆发后,形势发生重大变化。随着江苏大部沦陷,敌伪顽抗势力遍布各地,乡村秩序更加动荡。面对抗战与建国的双重使命,中国共产党相继在江苏省域建立苏南、苏北、苏中等抗日民主根据地。1940 年 1 月,毛泽东在《新民主主义论》中描绘了新中国的蓝图,大体而言就是政治自由、经济繁荣、文明先进。[①] 对于江苏而言,这一蓝图最初的实践主要是在各抗日根据地,其中根据地的乡村社会无疑又是最早的实验田。根据中共根据地建设的基本理念,人们大致可以管窥其乡村治理的基本目标:政治民主、经济富足、文明进步、社会安定。那么,中共为实现这些目标进行了哪些制度设计呢? 其在多大程度上实现了既定目标?又积累了怎样的经验与教训呢?本章尝试对这些问题进行初步探讨。

第一节　乡村治理的制度设计

　　全面抗战初期,随着江苏各地相继沦陷,江苏乡村社会亦陷入更加

---

① 毛泽东:《新民主主义论》(1940 年 1 月),中共中央文献研究室、中央档案馆编:《建党以来重要文献汇编》第 17 册,中央文献出版社 2011 年版,第 12 页。

严峻的困境：秩序混乱、经济残破、盗匪横行。为了改变这一局面，中共在开创抗日民主根据地的同时对乡村社会进行了系统的改造。

一、新乡制的出台

在根据地乡村治理的制度设计中，对县级以下政权的民主化改革最具本质意义。这一点从宿迁县境内民主政权的建设可见一斑。抗战期间，宿迁境内有三个县一级的抗日民主政权。1942年，在抗日民主政权之内，"废除保甲制，实行村组制，建立区乡人民代表会议制，积极筹备召开参议会，改选县政府"。1943年，根据"三三制"原则，普遍实行民选。"在县级机关中，成立参议会；在区、乡政权中，成立行政委员会；对村政权中的干部推行民主选举制。村选举办法是，先由乡委研究好候选人，开会时让候选人坐在会场前边，每人身后放置葫芦瓢或泥盆一只，选民持豆投入要（候）选人背后的瓢或盆中，揭晓时粒数多当选。一般设有村长、村农会长、财粮、妇救会长、姊妹团长、儿童团长各一人。区、乡两级干部仍由上级委派"[1]。在基层政权民主改革的过程中，最典型的制度设计是推出新乡制。

新乡制是完全有别于传统乡保政权的制度设计，其核心是废除保甲制度，由人民群众自己选举产生乡长、村长，建立新政权。一般而言，是由抗日民主政府先选择个别乡进行改革试点，然后普及其他地区。需要指出的是，新乡制是一个制度体系，包括："政治上，废除伪保甲制度，建立新政权。""经济上，开荒成圩，让劳动人民少受地主剥削，生活得以温饱。""文化上，建立学校，使劳动人民读书认字，提高文化水平。"其本质则是对基层政权的民主改造。[2]

由于各抗日根据地情况迥异，因此，在推行新乡制的日程安排上并不要求绝对一致。如苏中抗日根据地在设计基层政权改造方案时就充分考虑到本地实际情形，"选择中心地区进行下层机构的改造，于夏收

---

① 田宜桂：《宿迁民国时期的基层政权》，《宿迁文史资料》第12辑，宿迁市政协文史资料委员会1991年编印，第187页。

② 汤贤：《在战火纷飞中诞生的育新小学》，《丹徒文史资料》第2辑，政协丹徒县文史资料研究委员会1985年编印，第83页。

运动期内尽可能建立民选的模范区乡政府"。"在各级政府未实行民选以前,尽可能成立临时行政委员会,暂由上级委派作为过渡办法。但在中心地区必须彻底改造,在边区之乡保甲长,应尽可能进行人事调整,但不宜操之过急"①。1942年5月,陈毅在盐阜区各界人士座谈会上的演讲中谈到今后的努力方向,第一条就是"普遍实施新乡制。从乡长开始进行民选,逐渐到区,直至县以上的民选"②。不久,《盐阜区行政公署市、乡政府暂行组织法》出台,其开宗明义地指出颁布此项法令的目的:一是通过改造基层行政机构,充分发挥抗日力量,争取抗战建国的胜利;二是废除保甲制度,而代之以基层民主制度。对于乡级政权的组成,特别规定乡代表大会和乡行政委员会(乡政府)的组织办法及职权。③

苏中行政公署也颁布了市、乡组织条例,推行新乡制。④ 1943年,苏中区行政委员会颁布了《苏中区县以下各级代表会(县为参议会)组织法选举法(草案)》,指出制定代表会组织法、选举法的目的是"为彻底实现民主政治,吸收广大人民参加政府工作,使政府能确切代表人民利益并为人民所监督管理"。就最底层的区、乡级代表会而言,各级代表会代表均由选举产生,年满18岁的居民均有选举权与被选举权,无性别之分。但下列四种人除外:受刑事处分的人、褫夺公权尚未恢复的人、汉奸、神经病患者。

区、乡选举通过举手方式进行。乡镇代表会由乡镇代表组成,在居民中每60人推选乡镇代表一人,乡镇代表人数一般在20～40人之间;区代表会由各该区所属各乡镇代表大会选举产生,人数一般在40～70人之间。各级代表会的职权包括:选举与罢免同级行政委员与行政首长;选举与罢免出席上级代表会或参议会的代表;审核与通过本乡、区、

---

①《苏中行政委员会为接受华中局扩大会关于政权工作决议的决定》(1942年4月),《江苏革命史料》第7辑,中共江苏省委党史资料征集委员会、江苏省档案局1983年编印,第41—42页。

②陈毅:《在盐阜区各界人士座谈会上的演说》(1942年5月7日),中共江苏省委党史工作委员会、江苏省档案馆编:《苏北抗日根据地》,中共党史资料出版社1989年版,第192页。

③《盐阜区行政公署市、乡政府暂行组织法》(1942年5月),中共江苏省委党史工作委员会、江苏省档案馆编:《苏北抗日根据地》,中共党史资料出版社1989年版,第204—212页。

④《再度加紧反扫荡反清乡中的政权工作指示》(1943年3月30日),《抗日战争时期苏中二分区革命文献》,中共扬州、盐城市委党史资料征集小组苏中二分区编写组1983年编印,第176页。

县的施政方针;讨论与规定本乡、区、县一切应办事宜;审核同级机关所提出的预决算;监督与弹劾同级行政机关各级公务人员;听取并检查同级行政机关工作报告;讨论并执行上级政府一切法令及指示;审查与讨论人民及各民众团体提案;定期向人民作工作报告,并负责向选民传达上级政府的一切重要法令及各种法令等。[1] 行政委员会制度、人民代表会议制度的出台,正式确立了新型的人民自治,其与以往保甲制的本质区别在于从首长制到委员制、从任命制到选举制的变化,体现了真正的民主。[2] 而把乡公所改编成乡政府,保甲改编为村组,则是乡保政权改造的重要形式。

　　新的乡政府成立之后,制定明确的会议制度。如东台晓肇乡,乡政府委员会每月的初五、二十开会,各个专门委员会也是每月开会两次,但民政委员会例外,因调解事件比较烦琐,每月逢二召开会议。村长联席会议一月召开一次。乡公民代表大会每半年召开一次。[3] 除了召开各种会议,新的乡政府更加注重对实际工作的推动,"他们不是天天在机关里的,他们亦经常下去分头领导各村工作。比如有一个突击工作来的时候,他们先在乡政府委员会里讨论,再交某一委员会作专门研究并讨论具体实施办法,下了决定以后,各委员即分头开村长会议,会上讨论及布置工作,布置后各委员到各村去帮助工作,一面检查一面督促。例如去开组长会,公民会,甚至村民大会等。每一个工作又分几个阶段,每个阶段告一段落时,各委员即回乡政府碰头一次,汇报工作,根据这汇报再布置某村中应纠正那一点,应该努力那一点,应突击那一点,这样一直到完成任务为止"[4]。这种层层推进、重在落实的精神是新乡制能够取得成绩的前提。

---

① 《苏中区县以下各级代表会(县为参议会)组织法选举法(草案)》(1943年),中共江苏省委党史工作委员会、江苏省档案馆编:《苏中抗日根据地》,中共党史资料出版社1990年版,第242—244页。

② 虽然国民政府也规定保长由选举产生,但其选举往往只具形式。根据胡庆钧的观察,"选举保长不过是个虚名,在寥寥数人的所谓'保民大会'里,绅士就可以当场指定谁出来当保长"。胡庆钧:《两种权力夹缝中的保长》,吴晗等著:《皇权与绅权》,观察社1948年版,第136页。

③ 吉筑平、范霞:《东台晓肇乡的乡政府》,《抗日战争时期苏中二分区抗战史料》,中共扬州、盐城市委党史资料征集小组苏中二分区编印1983年编印,第89页。

④ 吉筑平、范霞:《东台晓肇乡的乡政府》,《抗日战争时期苏中二分区抗战史料》,中共扬州、盐城市委党史资料征集小组苏中二分区编写组1983年编印,第88—89页。

新乡制的实质是对基层政权的改造与建设,是"三三制"原则在政权方面的具体实施,也是在抗日民族统一战线原则下对封建阶级进行最大限度的斗争,目标是把工农小资产阶级提高到统治地位上来。[①] 这一点集中体现在新乡制的选举中。选举"是一个直接的'和平'的政治斗争",目标是"在各级政府的委员会中,各级党与农会的负责人,应尽可能被选进去"[②]。通过选举,不但可以把中共支持的候选人选出来,还能把一些不得民心的乡保长合法地清除出乡级行政人员的队伍,让乡级政权完成一次大换血。当然,为了确保中共推出的候选人能够当选,也会采取一些策略。比如,要确保共产党员在选举区的普及,保证每个选举区都有中共党员的存在。又如,在共产党势力比较薄弱的地方,要采取适当措施提高中共所提候选人的威信,通常做法是候选人用个人名义进行一些改善人民生产、生活的活动,从而获得广大群众的拥护。[③] 这些策略恰恰是为了避免乡级行政的控制权再度落到封建势力手中,确保能够按照中共的政治理念改造基层政权。

二、经济措施的革新

政治改造最能体现中共乡村治理的理念,但要获得广大民众的支持,其首要任务是要改变当时农民生活日益窘迫的现实。然而在全民抗战的大背景下,中共只能通过"有限的革命举措"来提高农民群众的生活水平,从而奠定民主政权的群众基础。就当时农村的基本情形来看,农民面临的最大经济问题莫过于租息过高。为了减轻农民的经济负担,中共相继推出一系列举措,其中最直接的就是减租减息。减租减息是中国共产党在《抗日救国十大纲领》(1937 年 8 月)中提出来的,属

---

① 张雷平:《对"新乡制"总结的说明》,《抗日战争时期苏中二分区抗战史料》,中共扬州、盐城市委党史资料征集小组苏中二分区编写组 1983 年编印,第 75—76 页。
② 刘少奇:《目前形势,我党我军在华中三年工作的基本总结及今后任务》(1942 年 2 月),《华中局第一次扩大会议　全面深入根据地建设》第一册,《新四军抗日战争战史资料选编》,新四军战史编审委员会编辑室 1964 年编印,第 43、44 页。
③《苏中区党委关于建立党对政府的正确领导及积极改造政权的决定》(1943 年 6 月 15 日),中共江苏省委党史工作委员会、江苏省档案馆编:《苏中抗日根据地》,中共党史资料出版社 1990 年版,第 224—225 页。

于"改良人民生活"的七项措施之一。① 1940年12月,《中共中央书记处关于抗日根据地应实行的各项政策的指示》中提道:"土地政策应实行部分的减租减息以争取基本农民群众,但不要减的太多,不要因为减息而使农民借不到债,不要因清算旧债而没收地主土地,同时应规定农民有交租交息之义务,保证地主有土地所有权,富农的经营原则上不变动"②。1942年1月,中共中央发出《关于土地政策的决定》,再次强调了减租减息的必要性及其意义,并在附件中对根据地的减租减息做出了更加详细的规定。2月,中共中央又发出了《关于如何执行土地政策决定的指示》。以上文件对于敌后抗日根据地的减租减息具有重要的指导意义。③

华中局第一次扩大会议(1942年年初)之后,江苏省各抗日根据地的减租减息运动有了新的发展态势。1942年4月,苏中行政委员会表示接受华中局扩大会议的决定,"改善民生,根据中央土地政策的指示,切实实行减租减息,同时保证交租交息,一切减租减息赎田加工加薪等法令,均应从速制定颁布实行,并另订对穷苦农民及抗属减免公粮条例"④。减租的本质是改变以往不合理的租佃关系,在一定程度上调整以往租户对佃农剥削过于严重的现象。1942年5月10日,苏中行署颁布《苏中区土地租佃条例》,其目的就是"调整业佃关系,增加农业生产,团结各阶层人民一致坚持敌后抗战,争取最后胜利"⑤。5月13日,苏中区党委又发布《关于夏收运动中的策略指示》,"指出对地主一般以团结为主、斗争为辅,以民主的合法方法争取实现群众的要求"⑥。与减租主要解决租佃矛盾不同,减息主要针对借贷关系。通过《溧水县三十一年减租减息实施办法》,人们可以管窥根据地关于减息的相关规定:

① 李一氓:《李一氓回忆录》,人民出版社2001年版,第311页。
②《中共中央书记处关于抗日根据地应实行的各项政策的指示》,中共中央文献研究室、中央档案馆编:《建党以来重要文献汇编》第17册,中央文献出版社2011年版,第682页。
③ 李一氓:《李一氓回忆录》,人民出版社2001年版,第312页。
④《苏中行政委员会为接受华中局扩大会关于政权工作决议的决定》(1942年4月),《江苏革命史料》第7辑,中共江苏省委党史资料征集委员会、江苏省档案局1983年编印,第41—42页。
⑤《苏中区土地租佃条例》(1942年5月10日),江苏省财政厅等合编:《华中抗日根据地财政经济史料选编(江苏部分)》第1卷,档案出版社1984年版,第215页。
⑥ 中共江苏省委党史资料征集研究委员会:《苏中抗日斗争》,江苏人民出版社1987年版,第95页。

一、借贷关系应一律以法币计算。

二、抗战以前债息，年利率不得超过百分之二十（月利不得超过一分八厘），抗战后至本办法颁布之日止，债息年利率最高不得超过百分之四十（月利不超过三分五厘），其已超过者，应一律照本项规定减付息额。

三、凡付利超过本者，应停付利息，分期还本，其付利超过本二倍者应停付利息，减半还本，其付利超过本三倍者，应本利停付。

四、高利贷现扣利（如一百元只付七十元）、包利（如不满一年者以一年计算）、稻利（如借洋一元，稻利×斤）一律停止，应照本办法第三条第二项规定标准减付息额。

五、如借约票面未注明利息而实为重利者，应照票面数额减少百分之十至百分之二十偿还之，其尚有轻重不等者，须依本办法第三条第二项规定处理之。

六、凡借贷关系因天灾人祸及其他不可抗拒之原因，债务人无力履行契约时，得请求政府调处酌量减息或免息还本，或延期偿付。

七、不得因减息解除借贷关系。①

由此可见，减息主要是针对当时农村广泛存在的高利贷问题。

需要指出的是，减租减息只是中共推动乡村经济格局转变的第一步，在此基础上，发展生产则更具建设意义。1943 年 7 月，中共中央发出《关于开展根据地生产建设运动的指示》。苏中根据地的生产方针是："以发展自给自足的农业生产为主，以发展手工业及农业相适应的副业为辅"②。根据 1943 年年底苏中第二次行政扩大会议，苏中逐渐完善相应的生产建设机构。如县设建设科、区设建设股、乡设建设委员会等。

1944 年，苏中区再次调整土地租佃条例，明确规定其宗旨"为调整本区业佃关系，增加根据地农业生产，团结各阶层人士，加强抗日民主

① 《溧水县三十一年减租减息实施办法》，《溧水党史资料》第 2 辑，中共溧水县委党史资料征集委员会 1985 年编印，第 3 页。

② 中共江苏省委党史资料征集研究委员会：《苏中抗日斗争》，江苏人民出版社 1987 年版，第 191 页。

建设力量"①。新的租佃条例规定,一般而言,根据地公私土地均推行二五减租。但如果业主为贫苦的抗属、贫苦的鳏寡孤独、贫苦的小学教师或自由职业者、无劳动力的中小地主、业主土地不足 20 亩且无其他生产足以维持生活,则减租标准可调至二成、一成五或一成。减租之后的实缴租额,不得超过全年正产收获量的 37.5%。抗不减租、抗不交租、假减租等都属于不法行为。并对抗不减租、假减租的行为进行惩罚。"一、全部或一部假减租之业主,应按照假减数目,受加倍的处罚,一半交与佃户,一半送交政府。二、业主减租以后,用其他方法,加重剥削,使佃户应得的利益减少,以及用无偿劳役剥削佃农者,应照佃户所受之损失,加倍处罚,一半给佃户,一半交政府"②。但对抗不交租者,只是规定"不得无故抗不交租",可见租佃条例主要是为了保护佃农的利益。

同时,租约规则的制定也更加细致。如为了照顾佃户生产的安定性,"租约期限至少在 5 年以上"。如果业主出卖、出典时,原佃户有优先承典权。"业主不得因出卖出典,转让或出租田地而妨害佃户之利益。"在订立新约的过程中,原来有永佃权的继续保留,无永佃权的也不准强迫。租期已满,业主退佃时须在收获前 3 个月内通知佃户,以保障佃户生活。业主因减租而退佃者为无效行为,期间所遭受损失由业主负担。业主不能因减租而悔约或改变佃户租田条件等。总之,为了保障佃户利益,业主退佃受到各种限制。另外,预租制、跑租制、无偿劳役、中证人需索陋规等都在禁止之列。③ 同时,苏中行政公署还颁布了《苏中区改善农业雇工暂行条例草案》,其目标则是"增加根据地农业生产,改善农业雇工生活,提高劳动热忱,团结雇主与雇工的关系,以加强抗战力量"④。

为了打破经济封锁、促进根据地的生产事业,中共还倡导各抗日根

① 苏中行政公署:《苏中区土地租佃条例》(1944 年),中共江苏省委党史工作委员会、江苏省档案馆编:《苏中抗日根据地》,中共党史资料出版社 1990 年版,第 358 页。

② 苏中行政公署:《苏中区土地租佃条例》(1944 年),中共江苏省委党史工作委员会、江苏省档案馆编:《苏中抗日根据地》,中共党史资料出版社 1990 年版,第 359—360 页。

③ 苏中行政公署:《苏中区土地租佃条例》(1944 年),中共江苏省委党史工作委员会、江苏省档案馆编:《苏中抗日根据地》,中共党史资料出版社 1990 年版,第 362—364 页。

④ 苏中行政公署:《苏中区土地租佃条例》(1944 年),中共江苏省委党史工作委员会、江苏省档案馆编:《苏中抗日根据地》,中共党史资料出版社 1990 年版,第 365 页。

据地设立各种类型的合作社。合作社是比换工小组更进步的经济组织,按照功能可以划分为生产合作社、信用合作社、消费合作社、运输合作社等,其中生产合作社是最主要的。苏中在经济建设方案中就提到普遍成立农业合作社的问题,目的是"增加农业生产,发动及组织农村劳动力"。生产合作社的成员"以广大劳动农民为主体,但同时要大量吸收各阶层人士参加"。在农业生产合作社设立的过程中,政府的作用一是帮助建立组织,如组织问题、干部问题;二是帮助解决生产上的各种困难,包括指导其有计划地进行农业及副业的生产,帮助解决资金缺乏的问题,帮助解决农具、种子、肥料、水利、耕牛问题,社员优先租种政府所有的公产农田、荒地等;三是政府奖励生产成绩显著的合作社。至于合作社的任务,"(一)将本社及邻近各社之农具资金、劳动力、运输工具,设法调整,互相利用。(二)办理水利事宜,共同建设公私沟塘等。(三)接受政府所指定应种之各种农作物。(四)研究并试验改良耕种方法改良种子和农具。(五)共同买卖各种为生产及生活而需要输入及输出之物品,减轻中间剥削。(六)互相保护农作物,防止偷窃、践踏、破坏,并共同扑灭害虫。(七)共同保护和培养地力,不得浪费地力,以免地力衰退"①。根据这一方案,人们可以看到中共倡导创办合作社的目的:一是提高农民的生产能力;二是培养农民的组织观念。而"接受政府所指定应种之各种农作物"的规定,则可以大略看到生产与抗战的关系。

三、文教制度的设计

就近代乡村而言,文化的荒漠化是其凋敝的主要原因之一。南京国民政府初期,我国不识字者占全部人口的80%,②直至中共建立各抗日根据地,民众的教育水平仍然没有发生质的变化。因此,在中共乡村治理的制度设计中,文化教育受到高度重视。只有加强对基层行政干部的教育,才能使其具备先进的治理观念与治理能力;只有加强对基层

---

① 《苏中经济建设方案》(1943年7月7日),江苏省财政厅等合编:《华中抗日根据地财政经济史料选编(江苏部分)》第2卷,档案出版社1986年版,第85—86页。

② 钟鼎铭:《地方自治与识字运动》,《中央导报》1931年第7期,第202页。

民众的教育,才能使其自觉接受中共的领导并积极加入抗战与建设的洪流中去。

"干部决定一切",只有现代的人才能匹配现代的制度。加强对基层行政干部的教育培训无疑是最重要的。苏中行政公署机关干部童辛就加强乡级行政人员的教育问题进行了系统的阐释。就教育内容来说,乡级行政人员的教育包括政治教育和业务教育。至于教育方式,则包括经常性教育和突击式教育。经常性教育也有两种办式:一是根据工作需要,由县经常性地、系统地编印一些活页教材,分发给乡保行政人员学习;二是区署转移到哪个乡,就以座谈会的方式通过系统地谈论问题来加强教育。突击式教育最好的方式是办训练班。训练班的举办方式又有两种:一是由县主办,联合临近的二三个区开办乡行政人员训练班,时间以三至五天为宜;二是由干部能力较强的区主办,县派员指导,时间也以三至五天为宜。① 总之,经过教育培训使乡级行政人员进一步了解党的方针政策、宗旨目标,最终成为中共的坚决拥护者。

同样,现代化的制度设计也不能缺少具有现代意识的民众群体。抗战初期,国民党政府所办的学校绝大部分停办、解散。如何加强根据地民众的教育,需要中共进行实践与理论的创新。

在实践方面,中共首先利用一些散处在集镇、村巷的私塾,贯彻支持、利用、改造的方针,使私塾成为开展抗日教育的重要组成部分。其次,中共根据农村"分散、面广量大、人力不足"的特点,认真贯彻群众需要和自愿的原则,采取灵活多样的办学形式。在苏南,有冬学、春学及民校、村学等形式;既有集体教学,也有单教单学、包教包学;还有在田间、场头、路边运用识字牌、黑板报等进行的教学。② 同时,还通过各种通俗易懂的方式充分宣传群众、动员群众、组织群众,如教歌与唱歌,"当时在部队和地方,教歌、唱歌几乎是一种最普遍、最大众化、也最易见效的宣传教育方式。……人们在歌声中受陶冶,受感染,受教育,受

① 童辛:《谈加强乡级行政人员教育》,《抗日战争时期苏中二分区革命文献》,中共扬州、盐城市委党史资料征集小组苏中二分区编写组 1983 年编印,第 194—195 页。
② 莫仲钧:《论苏南抗日根据地的文化建设》,《党史资料与研究》第 2 辑,中共江苏省委党史工办编纂出版处 2008 年编印,第 128 页。

鼓舞,歌声使抗日救国的理想信念、崇高使命、民族精神落实在行动上。许多老战士就是首先通过歌声认识新四军,走近新四军,尔后投身抗日的"①。在苏北,中共也是通过灵活多样的形式进行抗战文化宣传的。例如:"创办冬学,扫除文盲,对农民进行爱国主义教育。""建立县文工团和乡文工队,进行抗战文艺宣传,以广泛提高群众的政治思想觉悟。""设立黑板报,对群众及时进行形势教育"②。

在各种教学方式中,冬学无疑是最具代表性的。冬学的教育对象包括根据地的男女老幼,主要对象还是各条战线上的骨干力量,如基层干部、民兵和男女青壮年。苏中根据地编写的教材《万事通》简单易懂,受到广大群众的欢迎。"冬学教材看起来很通俗,但要把道理讲深讲透,并不是一件很容易的事情。"当时还创办了冬学研究会。冬学研究会的主要任务包括形势与任务报告、冬学教材教法研究、冬学实施方案等。其实就是在冬学开办之前组织冬学骨干教师进行集体学习。骨干教师经过训练后,再把学习内容传达给各地的冬学教师。冬学教师包括基层干部、学校教师、青年学生、塾师,以及部分社会进步人士等。冬学教师为兼职和义务职。后来冬学又增加了专业干部,这些人主要在乡里担任专职社教干部,进行经常的社教业务工作。③

冬学的教学组织形式是多样化的,主要包括模范式、民校式、小组式、闪击式四种。模范式是指中心地区办得比较正规的冬学班,这种冬学班学员多,师资、设备等条件好,有一定的学习制度。经常上课,教学效果好。民校式是比较普通的冬学班,稍逊于模范式,但能完成规定的教育任务。小组式则分散于村子和边区,由几个人或十几个人编成学习小组,形式多样,分散学习,灵活机动。闪击式主要分布于边区,没有固定上课时间、地点,有时也在敌占区对群众进行宣传。④ 同时,冬学也

---

① 莫仲钧:《论苏南抗日根据地的文化建设》,《党史资料与研究》第 2 辑,中共江苏省委党史工办编纂出版处 2008 年编印,第 122 页。

② 张亚冰:《抗战年代滨海县的文教事业》,《盐阜区革命史料》第 6 辑,中共盐城市委党史办公室 1986 年编印,第 129—132 页。

③ 张正屿:《苏中抗日根据地的冬学》,《抗日战争时期苏中二分区抗战史料》,中共扬州、盐城市委党史资料征集小组苏中二分区编写组 1983 年编印,第 102—105 页。

④ 张正屿:《苏中抗日根据地的冬学》,《抗日战争时期苏中二分区抗战史料》,中共扬州、盐城市委党史资料征集小组苏中二分区编写组 1983 年编印,第 105—106 页。

是一种开展群众文娱宣传活动的阵地。冬学教师、骨干等根据群众习惯，在春节前后十几天，采用当地群众所喜闻乐见的文娱形式进行演唱宣传。"宣传国内外时事，宣传抗战的胜利，根据地建设的成就和各项中心工作。使广大群众在一种欢乐的气氛中自然而然地受到感染和教育"①。

另外，设立民众教育馆是教育群众的重要方式之一。如赣榆县就设立民众教育馆，其任务是"指导各村、镇办好俱乐部、黑板报、读书组和集市文化棚；团结改造民间艺人，组织集市说书场，举办文娱晚会，开展体育活动；组织读书会、民校，动员青年参加政治、文化学习。柘汪镇建立了海燕书店，传播革命文化，出售革命书籍"②。

在理论方面，主要是教育制度的创新。如苏中就推出了新学制。新学制分乡学、区学、县学、专门学校、大学、研究院或研究所等几个层级。其中国民教育主要由乡学、区乡、县学来完成。而与乡村治理关系最为密切的是乡学。乡学是新学制最基层的机构，具体任务是"培养新社会的新公民，能使具备必要之社会斗争知能与生产斗争知能"。其教育对象为全乡男女成年人与儿童。其具体工作包括：协助指导全乡各种群众组织开展经常性的文化活动；办理民众学校或各种群众学习会，修业期根据实际需要设定，妇女特设妇女班；办理小学或协助私人兴办小学，修业期四年；管理改进私塾，使其成为乡学的辅助机构；领导儿童开展儿童自学活动。乡学由乡政府文化教育委员会指导，由乡政府领导，归本乡人民自行办理。乡学经费由该乡人民建立公共生产事业自行解决。③

1944 年 6 月 12 日，苏中行政公署文教处发布"彻底改造文教工作十大要领草案"，这"十大要领"成为此后苏中文教工作改造的基本原则，总的目标是"能使更适应于坚持与建设抗日民主根据地之实际需

---

① 张正峪：《苏中抗日根据地的冬学》，《抗日战争时期苏中二分区抗战史料》，中共扬州、盐城市委党史资料征集小组苏中二分区编写组 1983 年编印，第 105—107 页。

②《回顾抗日根据地的文化建设》，《赣榆文史资料》第 3 辑，政协赣榆县文史资料研究委员会 1985 年编印，第 70 页。

③《苏中新学制修正草案》，《抗日战争时期苏中二分区革命文献》，中共扬州、盐城市委党史资料征集小组苏中二分区编写组 1983 年编印，第 298 页。

要"。所谓十大要领分别是：

（一）整个文化教育工作，和坚持根据地、准备反攻、建设新中国的实际斗争密切联系起来。

（二）整个文化教育工作的重心，着重于干部教育和群众教育。

（三）把所有中等学校加以调整改造，转变为培训师资和中级干部的机构；把原有高级小学加以调整改造，逐步转变为培养乡以下干部的机构。

（四）配合群众工作，用大力发展各种正规的或游击式的群众教育，并开展群众性的文化活动。

（五）原有初级小学酌量缩短肄业年限，提高入学年龄，着重质的提高，暂时限制量的发展。

（六）把各地原有私塾加以管理改造，逐步转变为官督民办的国民教育辅助机构。

（七）选择若干乡，在乡政府文化委员会主持下，联合群众教育机构及小学、私塾，试行"乡学制"（即在全乡范围内，照顾各种对象之全面的国民教育）。

（八）调查研究各种实际需要，彻底改造课程，改编教材及读物。

（九）根据抗日民主立场学用一致精神二大原则，开展整风运动。

（十）领导上首先着重创造各种新榜样，建立巡回导师制，开办短期研究会，以保证逐步完成全盘改造工作。[1]

总体来看，苏中新学制与旧学制的根本不同在于，"此项基本精神为今后新中国教育之所必需，亦为今日根据地教育之所必需，决不容任意抹煞；但新学制之实施，则必须保持必要之弹性，必须因时因地制宜，随时势之发展而灵活运用，以充分发挥其效能。……必须针对目前苏

---

[1]《苏中行政公署文教处通知》，（1944年6月12日），《抗日战争时期苏中二分区革命文献》，中共扬州、盐城市委党史资料征集小组苏中二分区编写组1983年编印，第290—291页。

中根据地之迫切需要。多研究切合时效之权宜办法,不可拘泥一格"。就乡学而言,根据当时形势,规定成人教育应该优先于儿童教育。[①] 如果把苏中教育改造的十大要领与传统教育相比较,确实能够看到它的新意:注重实际需要,注重国民教育,注重学用一致等。

四、社会治理的举措

全面抗战初期,江苏乡村秩序破坏严重。根据叶挺、项英的报告,在江南地区,"敌军主要的据守城市如芜湖、南京、江宁、句容、溧阳、天王寺、丹阳、宣城、金坛、镇江、武进等地,除京芜、镇常有来往之敌外,其余各城市常驻有部队很少,多则不过五百余。民气消沉,维持会林立,加之地方武装如夏开才、朱永祥、余宗陈等部,不仅无积极行为,反借抗战为名,与地方火并,敲诈勒索,敛财殃民,形成土匪倾向;而地方人士在敌寇威迫与'游击队'滋扰之下,不了解中央国策,对抗战失望,仅仅组织自卫,专力防匪,对敌寇则采取敷衍妥协办法"[②]。黄克诚在报告中提到盐阜地区的土匪、流氓势力,"到处有流氓、土匪活动,很猖獗"[③]。其中,阜宁全县各个乡都有土匪,"多的占全乡壮丁80%～90%,少的占10%,三五成群,大股有七八百人,小股一二十人。据说阜宁有 25 大股,36 小股,现在活动的,涟东有 12 股,淮安有 11 股,盐城沿射阳湖沿海亦很多,数目不详,全部约有 3 万～5 万土匪"[④]。

在淮海区,"一般估计土匪数目(干过一次土匪的也计算在内)总在30 万以上。有的一个庄里差不多每个人都当过土匪的,有的不在自己的地区抢,到远处去抢"。至于土匪的股数,"泗沭有 9 股,人枪 200 余;沭阳有 24 股,人枪 600 余;宿迁(28 区)有 7 股,人枪 500 余;宿沭海有17 股,人枪 800 余;东灌沭有 7 股,人枪 600 余;淮涟不详,最少有十几

① 《苏中教育会议关于目前如何实施新学制问题的决议》,(1944 年 8 月 23 日),《抗日战争时期苏中二分区革命文献》,中共扬州、盐城市委党史资料征集小组苏中二分区编写组 1983 年编印,第 293 页。
② 叶挺、项英:《关于新四军进入江南第一年抗战的报告》(1939 年 3 月 10 日),中共中央文献研究室、中央档案馆编:《建党以来重要文献汇编》第 16 册,中央文献出版社 2011 年版,第 131 页。
③ 黄克诚:《关于盐阜区抗日根据地的建设问题》,中共江苏省委党史工作委员会、江苏省档案馆:《苏北抗日根据地》,中共党史资料出版社 1989 年版,第 548 页。
④ 《三师与盐阜区工作报告——在华中局扩大会议上的报告》(1942 年 2 月),中共江苏省委党史工作委员会、江苏省档案馆:《苏北抗日根据地》,中共党史资料出版社 1989 年版,第 139—140 页。

股。总计60余股,2700人"①。再具体到射阳县,"历来匪患成灾,土匪活动猖獗。举其大者,如海匪袁国祥部和陈洋股匪陈光寒部,各有人枪近千;中兴桥股匪陈浩天部,握有人枪四百;沟墩股匪陈如天、大曹庄股匪曹正涛、叶王庄股匪王广修和吴滩股匪吴锦孚(绰号吴三辣子)部,各有人枪二百余;至于小股土匪,更是不胜枚举。他们各霸一方,又串通一气,勾结国民党反动军警、日伪和恶霸地主,狼狈为奸,与我为敌,袭击我军和政府机构,杀害我党干部,绑架、勒索群众,横行乡里,无恶不作,弄得民不聊生,鸡犬不宁,危害甚大"②。由此可见,乡村秩序最大的破坏力量是盗匪。

针对匪患,淮海区制定《惩治盗匪暂行条例》。该条例共十条。第一条主要列举应处以死刑的几种行为,主要包括:掳人勒赎;留恐吓信,意图诈财,致人受损害;制造、收藏或携带爆炸物品,意图扰害社会安定;聚众掠夺机关的武器、弹药、钱粮及其他军需品;煽惑人心,扰害公安而起暴动;溃兵游勇,结伙抢劫或扰害公安;聚众持械、保护走私并开枪拒捕;聚众抢劫而执持枪械;持械劫囚;因人聚众以强暴胁迫逃脱之首魁及教唆;行刺而故意杀人,或伤人致死,或致笃疾,或伤害二人以上;在盗所强奸妇女;放火烧毁他人所有物③;等等。同时,该条例还列举了部分其他情形,如判处有期徒刑、减轻或免除徒刑等。④

但淮海区并未对土匪采取简单的肃清政策,而是将其视为中间势力的一部分,"今天我们也根据敌顽力量的变化来决定我们具体的政策。如打顽固分子太厉害,不顾及敌人(因我对顽如不分对象,打时不分轻重,会增加顽之社会基础)要糟糕,打敌人据点太厉害,不顾及顽固分子也不行。过去我们提出肃清土匪的口号也不对,不应成为绝对的

---

① 《淮海区工作报告——在华中局扩大会议上的报告》(1942年2月),中共江苏省委党史工作委员会、江苏省档案馆编:《苏北抗日根据地》,中共党史资料出版社1989年版,第164页。
② 刘伯超:《射阳县减租减息运动的回顾》,《盐阜区革命史料》第4辑,中共盐城市委党史办公室1984年编印,第97页。
③ 这一条又包括以下几种情况:1.在村镇及其他人烟稠密处所之建筑物。2.储藏弹药或军需品之仓库、工场及其他建筑物。3.多众执业或止宿之兵营、学校、病院、监狱及其他建筑物。4.现在多数集会之场所及其他建筑物者。
④ 《淮海区惩治盗匪暂行条例》(1941年12月19日),《苏北抗日根据地史料选编》,淮安市新四军历史研究会、中共淮安市委党史工作办公室2010年编印,第106—107页。

口号。据我们研究,土匪是一特殊中间势力,不一定反对我们,所以对土匪基本上设法削弱或肃清,但在与顽与敌斗争尖锐情形下,应当注意争取,以减少敌及顽之社会基础"①。这又彰显了中共治匪政策策略性的一面。

另外,影响乡村秩序的不良因素还有黄、赌、毒等因素。为了消除这些不良风俗,中共也颁布了一系列有针对性的法令条例。如苏中就颁布了《苏中禁烟禁毒治罪暂行条例》(1944年)。该条例共25条。其对烟、毒种类给予了详细分类,并根据情形规定死刑、有期徒刑、罚金等不同量刑标准;要求各县、区、乡组织各级禁烟禁毒委员会,"办理宣传教育调查登记劝戒调验等事宜"。并特别规定,如公务员、民群团体负责人、学校教员违反本条例,加重处罚等。②

第二节　乡村治理的实践与成绩

在乡村治理的制度制定之后,各抗日根据地的践行实态到底如何?1945年1月,华中局副书记、宣传部部长饶漱石在总结华中抗日根据地1944年的成绩时说:"在政治和经济方面我们在各根据地普遍实行了减租和发展生产,普遍开展了劳动互助以及合作社运动,同时各根据地无例外的进行了兴修水利和发放农贷。……在各根据地普遍实行民主政治,从每个边区到每一个乡,政府人员均按照三三制原则,由人民直接选举,各边区参议会均建立起来,而且成为最有权力的政权机关,……在文化教育方面,特别在去年一年来我们发动了广泛的群众文艺运动,发行了各种刊物与杂志,大大的提高了根据地人民的政治与文化水平"③。由此可见根据地乡村治理成绩的概况。那么,中共是如何

①《淮海区工作报告——在华中局扩大会议上的报告》(1942年2月),中共江苏省委党史工作委员会、江苏省档案馆:《苏北抗日根据地》,中共党史资料出版社1989年版,第160—161页。
②《苏中禁烟禁毒治罪暂行条例》(1944年),江苏省财政厅等合编:《华中抗日根据地财政经济史料选编(江苏部分)》第3卷,档案出版社1986年版,第297—299页。
③饶漱石:《目前时局与华中敌后的任务》(1945年1月1日),江苏省财政厅等合编:《华中抗日根据地财政经济史料选编(江苏部分)》第4卷,档案出版社1986年版,第6页。

取得这些成绩的？具体而言,仍然可以从政治、经济、文化、社会等不同层面进行更加细致的分析。

一、新乡制的实践

就史实来看,在抗日根据地初创阶段,中共并没有急于对县级以下的政权进行改造。"区长、乡长,有不少是从旧政权继承下来的人员,有的是当地有一定影响的人士。我方利用他们的目的是为了稳定局势,以争取团结、改造他们"①。如在南通县抗日民主政权建立之初,基本上是按照县级政权—区级政权—乡级政权的顺序逐次进行改造的,其中乡级政权的改造仅限于人事的范畴。② 这在江苏省域各抗日根据地是一种普遍现象,即在全民抗战之初,中共基本上沿用了旧的乡保制度,以致根据地政权陷于畸形:"上层领导机关由我党包办,下层乡保组织仍为封建势力包办"③。

以上现象在 1942 年年初华中局第一次扩大会议召开之后发生了重大改变,各根据地相继推出新乡制,改造乡保政权。如兴化县军屯乡的乡选。首先进行民主选举宣传教育。由原任乡长召开保、甲长会议进行民主教育,由乡各群众组织召开会议讨论民主,由各保召开保民大会,主要内容是对新乡制及选举办法进行说明。再成立乡选委员会。委员九人,业主与富农、中农、贫农各三人。选举委员会的第一次会议讨论公民登记、划区分工的问题。全乡共分为四个工作区,每两个选委负责一个工作区。在公民登记的过程中,各位选委奔走各庄,"士绅也积极协助,到达各保时,由保、乡、中队长先行动员,然后鸣锣召开群众大会,报告公民登记意义,宣布选举办法"。选举登记结束后,选委即召开会议,检讨过去,布置工作,将全乡依地形划为十五个选区,每两个选委负责四个选区。先选举代表及主任代表,一般将两个选区合在一起

---

① 花扬:《淮宝根据地开辟前后》,《盐阜区革命史料》第 6 辑,中共盐城市委党史办公室 1986 年编印,第 72—73 页。

②《接管南通县旧政权的经过》,《南通文史资料》第 17 辑,南通市政协学习文史资料委员会 1998 年编印,第 105 页。

③《苏中行政委员会为接受华中局扩大会关于政权工作决议的决定》(1942 年 4 月),《江苏革命史料》第 7 辑,中共江苏省委党史资料征集委员会、江苏省档案局 1983 年编印,第 41 页。

举行选举。召开公民大会时,先进行分组,由选委主持开会,再进行民主教育。选举开始后,每小组先推出二人或三人,以丢豆的方式决选一人。全部代表选毕,再议决以哪一人为主任代表,方式同选举代表一样。共选出代表 73 人,这些人将参加决选的选举;同时,选出候选人 21人,这些人为乡长及委员的候选人。然后进行预选。通过预选又减去 7人,还剩下 14 人。最后进行决选。"决选之前,各庄各舍均为议论所波动。候选人员也四出活动,某士绅候选人除自己日以继夜奔走外,其夫人也亲自出马,到处游说。各抗代表及原任乡长,尤其是妇女代表,也投入竞选浪潮。全乡每一角落,无不因将决选而骚动;到处均在议论乡长及委员人员问题。"在正式选举的过程中,各位候选人以《假如我做乡长怎样办》为题进行演讲,选举人以"戳香洞"的方式进行投票。共选出乡长一人,副乡长一人,委员五人。①

淮宝县的乡选大同小异。首先召开村民大会,对群众进行民主教育,然后选举村民小组长和村长,最后是由选民提出乡选候选人名单,在充分准备的基础上,正式选举乡长、副乡长,以及乡武装、财粮、治保等委员,组织乡领导班子。②

阜宁县基层政权改造提供了更加完整的个案。其大体经历了两个阶段:第一个阶段主要是 1942 年,其方法是划小区,实行新乡制。县政府以五、八区作为改造下层行政机构、实行新乡制的先行区,其中八区顺涟乡是新乡制试验乡。其他地方先划小区,秋后再划乡,举行乡选。乡的区域也缩小了,一般是把一个老乡划分为两个新乡。乡选主要采取"豆选法",即候选人聚坐一排,选民选谁,就在其背后放一粒豆子,以得豆子多少确定是否当选。这种方式是和平改造的典范,既发动了群众,又把一些不得民心的基层行政人员清除出去。第二个阶段主要是在 1943—1944 年,其方式是划小区,废除乡保,建新村,实行区村制,其中把马集区设为民主运动试验区,该区在 1945 年 1 月完成村选,4 月实

① 罗列:《记兴化屯军乡新乡制的建立》,《抗日战争时期苏中二分区抗战史料》,中共扬州、盐城市委党史资料征集小组苏中二分区编写组 1983 年编印,第 78—81 页。
② 花扬:《淮宝根据地开辟前后》,《盐阜区革命史料》第 6 辑,中共盐城市委党史办公室 1986 年编印,第 72—73 页。

行区选。自 1944 年 12 月 16 日起,全县先后划建了 23 个区(市)、400 个行政村,分别进行了村选和区选。其他如宿迁县根据"三三制"原则,普遍实行民选。在县级机关成立参议会;在区、乡政权成立行政委员会;在村政权中则推行民主选举制。村选举采取"豆选法"。但区、乡两级干部仍由上级委任。①

东台县唐洋区晓肇乡先在全体公民中选举出代表;再从代表中选举主任代表;然后在代表中选举产生乡政府委员会,委员包括两个贫民、一个商人、两个地主。乡政府下设五个委员会(民政、优抗、文教、财经、武装),每个委员会有委员五人,委员会主任均由乡政府委员兼任。② 丹阳县九里区也进行了新政权建设试点,在废除保甲制的同时,建立代表会议制,乡长人选基本上都是由共产党员担任,村长则是"在原保甲制基础上进行改选,撤换了一些在敌人控制时期的动摇分子"③。淮北抗日根据地则通过"划小行政区域,废除保甲,减少机构层次"等,推动基层政权的民主化。④ 阜宁县于 1942 年开始推行新乡制,方法是"划小区,实行新乡制","通过乡选,调整了乡领导班子,改造了基层政权"⑤。台北县万盈乡则"按各个墩子,以六十人以下二十家为原则,选出代表一人,共选出代表二十六人,并将全乡划分成五个区,每区五六个墩子不等,每区又推出主任代表一人,经过了好几天的动员宣传解释,召开了全乡大会,选出行政委员会委员七人,成立行政委员会,并提出乡长候选人三人"⑥等。

根据以上部分根据地推行新乡制的一般情形,大致可以总结出新

① 田宜桂:《宿迁民国时期的基层政权》,《宿迁文史资料》第 12 辑,宿迁县政协文史资料研究委员会 1991 年编印,第 187 页。

② 吉筑平、范霞:《东台晓肇乡的乡政府》,《抗日战争时期苏中二分区抗战史料》,中共扬州、盐城市委党史资料征集小组苏中二分区编写组 1983 年编印,第 88—89 页。

③ 延陵乡志办编写组:《延陵地区抗日民主政权的建立和发展》,《丹阳文史资料》第 3 辑,政协江苏丹阳县委员会 1985 年编印,第 83—84 页。

④ 刘瑞龙:《淮北苏皖边区三年来的政府工作——在淮北地区第二届参议会上的报告》(1942 年 10 月),中共安徽省委党史工作委员会:《淮北抗日根据地》,中共党史出版社 1990 年版,第 123 页。

⑤ 王传森、朱彦生:《阜宁县抗日民主政权的巩固与发展》,《阜宁文史资料》第 5 辑,阜宁县政协 1986 年编印,第 86—87 页。

⑥ 马达:《台北万盈乡实行新乡制前后》,《抗日战争时期苏中二分区抗战史料》,中共扬州、盐城市委党史资料征集小组苏中二分区编写组 1983 年编印,第 84 页。

乡制的主要特点。一是遵循"三三制"的基本原则。在选举代表的过程中,中共并不排斥传统地方精英,而是强调全体公民,这一点同样体现在候选人成分及各级行政委员会的最终构成人员成分上。二是注重选举前的宣传动员。在传统社会,人们对参政往往抱着"肉食者谋之"的心态,民主、选举的知识也十分匮乏,如何保障民众能够积极参与到乡选中来,充分的宣传动员必不可少。三是选举方法的创新。大部分根据地采取"豆选法",个别根据地采取"戳香洞"的方法。这一点主要考虑当时中国文盲占绝大多数的现实,有效避免因不识字而无法行使选举权的弊病,是中共乡村治理的一种制度创新。

需要指出的是,各根据地并非并驾齐驱地推行新乡制。受社会环境影响,乡保政权改造进度存在不小的差异。苏中根据地的政权建设工作虽是全华中根据地的模范,[①]但其乡保政权改造的进度仍然参差不齐。1943年,苏中行政公署领导各公署、县政府开展改造基层政权的工作,主要采取四种形式,即正规民主的新乡制、成立临时乡政府、由区署聘定的乡政府、委任或民选改造乡镇长。苏中根据地二地委提出,对于那些时机还不成熟的地区,虽然暂时不能马上实现选举,但也要积极创造条件,为新乡制的实行扫清障碍。[②] 苏中区党委则批评了那种认为改造乡保政权会导致乡保长背叛投敌的顾虑,指出正确的态度:一是要经常地、大胆地、有计划地改造政权;二是要采取一定的策略和步骤,防止乡保长的恐慌。[③]

1943年6月18日,刘少奇指示华中各根据地的中心工作之一是改造政权。[④] 1943年6月,苏中抗日根据地党委在四种形式的基础上,就乡镇政权的改造提出三种补充办法:一是机构的改造。即把过去建立

---

① 谭震林:《对苏中区工作的几点意见》,《华中局第一次扩大会议 全面深入根据地建设》第四册,《新四军抗日战争战史资料选编》,新四军战史编审委员会编辑室1964年编印,第1266页。

②《再度加紧反扫荡反清乡中的政权工作指示》(1943年3月30日),《抗日战争时期苏中二分区革命文献》,中共扬州、盐城市委党史资料征集小组苏中二分区编写组1983年编印,第177页。

③《苏中区党委关于建立党对政府的正确领导及积极改造政权的决定》(1943年6月15日),中共江苏省委党史工作委员会、江苏省档案馆编:《苏中抗日根据地》,中共党史资料出版社1990年版,第223页。

④ 刘少奇:《对华中工作的意见》(1943年6月18日),中共江苏省委党史工作办公室、江苏省档案馆编:《中共中央华中局》,中共党史出版社2003年版,第213页。

在个人负责基础上的乡、保、甲制度改造为民主的乡政府制度。二是人事的改造。撤换旧的不合格且落后的乡保长,委任(或民选)新的进步的乡保长。三是乡保长的训练。各县区争取时间加紧对现有的乡保长进行思想政治教育。[①] 到 1943 年年底,在苏中根据地 1 560 个乡中,有 76 个乡实行新乡制,387 个乡实行半正规改造,693 个乡实行人事改造,占总数的 74%。[②] 可以看到,与人事改造的 44.4% 相较,制度改造仅占 29.6%,乡保政权的彻底改造仍然任重道远。

另外,在苏南地区,对新开辟的区乡,仍然以稳定为主。在旧乡保政权未被破坏的地方,留用一批旧乡保长,然后根据具体情况逐步加以改造;在旧乡保政权已经被破坏的地方,则采取民选或民选与委派相结合的办法,建立新的抗日民主政权。1944 年,苏南抗日根据地的民主建政工作取得新的进展,"通过召开乡、村的选民大会或选民代表大会,直接选举出了乡、保(村)长和乡、保(村)的行政委员会。新选出的乡、保(村)长大都是党员或农救会的骨干,积极分子"[③]。随着敌伪势力比较强大的苏南抗日根据地政权改造的新进展,华中抗日根据地各基本区的乡保长改造工作逐渐接近尾声。据饶漱石预测,华中抗日根据地各基本区的乡保政权改造到 1944 年年底可以完成。[④] 陈毅也提道:"区、乡政权和人民代表会议在一九四四年可以普遍办好"[⑤]。

随着根据地民主政府的建立,农民的政治地位得到了显著的提高。正如鲁讷所描述的那样,过去有钱才能进衙门,现在是只要有理,没有钱也可以进乡公所,而且可以去县政府讲理;过去贫民不可能当乡长、保甲长,现在贫农也有份了;过去在"大先生"面前不敢大声大气,现在

---

① 《苏中区党委关于建立党对政府的正确领导及积极改造政权的决定》(1943 年 6 月 15 日),中共江苏省委党史工作委员会、江苏省档案馆编:《苏中抗日根据地》,中共党史资料出版社 1990 年版,第 223—224 页。

② 中共江苏省委党史工作委员会、江苏省档案馆编:《苏中抗日根据地·综述》,中共党史资料出版社 1990 年版,第 11 页。

③ 中共江苏省委党史工作委员会、《苏南抗日斗争史稿》编写组:《苏南抗日斗争史稿》,江苏人民出版社 1987 年版,第 177 页。

④ 饶漱石:《关于十个问题的答复》(1944 年 8 月 27 日),中共江苏省委党史工作办公室、江苏省档案馆编:《中共中央华中局》,中共党史出版社 2003 年版,第 363 页。

⑤ 陈毅:《华中六年工作总结报告》(1944 年),中国人民解放军历史资料丛书审委员会:《新四军·文献》,解放军出版社 1994 年版,第 1079 页。

即使对"大先生"不客气,他们也没有办法,贫农不再受欺侮了。① 农民政治地位的提高,正是源于根据地新的乡村治理体制的不断完善。

随着新乡制的推行,乡村政治出现了生动活泼的局面。如阜东县第一区在1942年上半年把原有的八个旧乡政权改建为十九个新乡政权,"积极推行抗日民主与统战政策,普遍开展减租减息的宣传,夏秋收获季节实行二五减租,'四六分成',增加雇工工资,适当改善工农劳动人民的生活"②。在苏中抗日根据地,至1943年年底,基层政权得到不同程度的改造,大大推进了苏中的政权建设。

一是加强党的领导。其主要表现为党员在基层政权中担任主要职务并发挥了积极的作用,"全苏中有五百多个党员担任了乡长、副乡长,保证了党的方针、政策的上下贯通。并且这些党员,都是大家信得过的群众领袖,担任了正、副乡长后,积极为群众谋利益,帮助群众解决实际困难。因此,群众更加拥护党、拥护政府,党群关系、政群关系更加密切"。根据苏中根据地1943年底的统计数字,党员乡长从1942年的六十几个变为1943年的五百余个。人事上的成功改造,削弱了封建势力,巩固了抗日民主政权的基础。

二是推动了全盘工作。政权改造工作是根据地建设事业的重要环节之一,它与群众工作、生产工作、互助合作工作是密不可分的。政权的改造,对于农抗、妇抗、民兵等各种群众组织的巩固,对于人民群众斗争积极性的提高,对于农业、手工业生产的发展,都具有直接的促进作用。封建的保甲制度的铲除,削弱了日伪和国民党统治农村社会的基础,工农群众在政治上翻了身,使中共在根据地的群众基础更加牢固。苏中区党委还决定,从1944年2月开始,根据地工作以政权改造为中心,在乡选比较普遍的地方,进一步推动区选;对所有干部进行更加深入的民主教育,通过民主建设推动农村的发展。③

---

① 鲁讷:《阶级关系与人民生活》(1943年5月23日),江苏省财政厅等合编:《华中抗日根据地财政经济史料选编(江苏部分)》第2卷,档案出版社1986年版,第405页。
② 陈宏慧:《抗战时期阜东县的建立与发展》,《盐阜区革命史料》第4辑,中共盐城市委党史办公室1984年编印,第63—64页。
③ 中共江苏省委党史资料征集研究委员会:《苏中抗日斗争》,江苏人民出版社1987年版,第164页。

事实证明,新乡制获得了民众的高度认可与支持,姑举万盈乡时人的说法予以证明:

> 抗日农会吴××说:"新乡制与过去大不相同,老百姓和政府靠得更紧,真正成为老百姓的政府。今年冬耕时要开荒和办合作社来改善人民生活。"

> 乡长王××说:"我不识一个字,现在被大家选举做乡长,一定以民主的精神来办事,做人民的公仆。过去乡长高高在上,如今新乡制实行就要民主,要动员老百姓大家来管理乡政。"

> 五区代表茅××说:"过去我来不能说话,如今能过问政事了。过去乡长不为穷人着想,有钱就问事,无钱就无理,现在是青天当头的日子。"

> 大队长单××说:"现在的新乡制能照顾各阶层利益,穷人能说话,清除了过去专制官僚作风,各项工作都有办法了,新乡制要有新的方法,就是要民主,要多说服教育群众才行。"

> 业主冷××说:"新乡制的办法好,我来大家总拥护,乡长做事总是为的我来地方,好比合家一起商议,总是照顾我来大家的利益。"

> 民兵冷××说:"过去泥腿子不能进乡公所的门,现在政府能解除穷人生活的痛苦了,过去贪污包办,现在是廉洁奉公了。"

> 农抗会员王××说:"民主政府我相信,新乡制是顶赞成不过的,拿一桩事来说吧,以前不能说半句话,现在实行民主,民众可以发表发表了。"

> 过去保乡(长)单××说:"过去什么事情乡长一人做主,现在新乡制实行,就大家老百姓做主,大家能商量商量了。我当了十二年保长,到如今才信服新乡长大公无私,刻苦耐劳的精神。"

总体来看,"新的政权组织,已成为包括各阶层并与群众紧密联系着的抗日与民主的堡垒"[1]。

---

[1] 马达:《台北万盈乡实行新乡制前后》,《抗日战争时期苏中二分区抗战史料》,中共扬州、盐城市委党史资料征集小组苏中二分区编写组 1983 年编印,第 85—86 页。

二、经济措施的推行

在改造基层政权的同时,减租减息运动也渐次推行开来。江苏省域较早贯彻减租减息方针的是茅山抗日根据地。1938 年秋,茅山地区抗日根据地便向各界人士宣传减租减息的政策。为了缓和地主与佃农的矛盾,中共在乡村设立租息调解委员会。在最初阶段,减租减息以民运工作队为主。1939 年,随着各地农救会的成立,减租减息的主导权转移到农救会手中,"各乡村农救会以抗战救国、发展生产、保障民生为行动口号,以要求彻底解决'高租额、高利息、低工资'和'剥削秤、黑心升、阎王债'为突破口,广泛开展减租减息活动"。1940—1941 年的减租减息运动与春荒借粮等事项紧密结合在一起。①

1941 年春天,苏中根据地把工作重心转移到农村,发动群众开展减租减息的运动。在 4 月军政党扩大会议之后,"各级领导从党政机关和部队中抽调了大批干部,组成民运工作队,分头深入农村,对贫雇农进行耐心细致的启发教育,帮助基层党组织,发现培养积极分子。并通过行政系统,由县、区到乡、保,张贴、散发政府发布的减租减息布告"。针对群众的疑虑,苏中提出"实行二五减租,改善人民生活""减租为了抗战""拥护抗日民主政府,实行二五减租法令"等口号。一般方法包括:把个别大地主树立为斗争典型,以震慑其他地主。"各地在向地主斗争时,一般的首先对开明士绅进行工作,开明士绅大部分能自觉接受政府法令,开明士绅减了租,不少地主不得不实行减租"②。

在减租减息的过程中,苏中抗日根据地还体现出明显的策略性。如苏中区各级领导主动出面,或者召集在参议会和政府中工作的地主、士绅举行座谈,或者进行个别访谈,向他们宣传二五减租政策,进行守法教育,说服、推动他们带头实行减租减息增资。其效果是明显的,"有不少地主出身的干部和地主子女站到农民一边,带头动员亲属减租。

---

① 《抗战时期句容等地减租减息运动概况》,《江苏党史资料》第 1 辑,中共江苏省委党史工作委员会、江苏省档案局,1988 年编印,第 170—172 页。
② 中共江苏省委党史资料征集研究委员会:《苏中抗日斗争》,南京,江苏人民出版社,1987 年版,第 79—80 页。

对坚决反对者,则选择个别代表人物予以适当打击,以收打一儆百之效"①。另外,充分利用农抗组织也是苏中地区减租减息运动能够顺利开展的重要原因之一。1942 年,在农抗组织的领导下,苏中地区的双减运动迅猛发展起来。先是领导群众对地主展开说理斗争,并根据地主的态度把地主分为几类。其次是根据有关法令,开展评租、退租、交租、换约等工作,把减租减息斗争引向深入。②

苏北抗日根据地的减租减息运动也次第展开。以射阳县为例,主要包括三个阶段:1942 年春至 1943 年秋为减租减息的准备阶段。在这个阶段,"主要是坚持抗日武装斗争,肃清匪患,锄奸反霸,建立和健全区、乡民主政权,宣传抗日民主统一战线和减租减息条例,使广大贫雇农知道减租减息对他们有好处,提高其阶级觉悟和积极性,组织农救会、工救会、妇救会和民兵,培养训练骨干,并选择若干乡进行减租减息试点,摸索工作经验,然后全面推开"。需要注意的是,由于根据地还不巩固,在减租减息的过程中,经常发现明减暗不减,白天减、晚送回,或者先加后减的现象。1943 年秋至 1944 年夏为减租减息的高潮阶段。在这个阶段,根据地得到了巩固,中共通过颁布减租减息条例实施办法以及各种宣传动员把减租减息推向高潮。1944 年夏至 1945 年夏为减租减息的复查阶段。在这个阶段,主要进行"查漏补课,着重推进新区的减租减息,建立新区和健全老区的群众组织和民兵,动员参军参战,壮大县、区武装和联防队,保卫胜利果实。在此基础上,领导群众开展互助合作运动,大力恢复和发展生产,改善人民生活,积蓄物质力量,迎接抗日战争的最后胜利"③。

减租减息运动的开展,首先使农民获得了经济利益。如抽田,过去许多贫农因为经济困窘,不得不把土地当给别人。通过抽田,防止贫民因土地日削而导致其经济生活陷入恶性循环中。又如减租,对贫农也

---

① 中共江苏省委党史资料征集研究委员会:《苏中抗日斗争》,南京,江苏人民出版社,1987 年版,第 95—96 页。

② 中共江苏省委党史资料征集研究委员会:《苏中抗日斗争》,江苏人民出版社 1987 年版,第 96—97 页。

③ 刘伯超:《射阳县减租减息运动的回顾》,《盐阜区革命史料》第 4 辑,中共盐城市委党史办公室 1984 年编印,第 99—102 页。

有好处,这部分人由于自己缺少土地,多少要向别人租种一点,通过减租可以有效减轻他们的经济负担。再如减息,一方面规定对过去的只还本不还利;另一方面规定在春耕时期限制借粮重利,这样就在减轻农民负担的同时还能保障每个人都能借到粮食,有效保障了农民的生产生活。另外,还解决了借用耕畜的问题,"贫农都没有牛,抗日民主政府建立后,提倡代耕,今年又提倡互助,找牛容易了"①。1941年夏、秋两季,苏中区的减租运动形成高潮,广大群众受益匪浅。在夏收运动中,苏中区实行减租的有32 648户,减租田亩达865 640亩;在减租中,农民实际获得利益27 230余石。雇工生活也得到了改善,"短工工资已部分改为实物工资,每日计粮一至二斤,未改者平均工资也增加到三元八角五分,长工每年平均工资增加了二百二十元"②。

　　同样,苏北抗日根据地也通过减租减息大力改善了群众的生活。在减租方面,在沭阳减租2 596户,35 080亩,70万斤粮食;在泗沭减租1 209户,7 528亩,33万斤粮食。在减息方面,在沭阳减息3 849余户,3.5万元,12万担粮食;在泗沭减息3 140户,8 000余元,280万担粮食等。③ 在台北县万盈乡,"吴家墩子的张姓佃户,减租前每年完租十二担半,连年欠租,穷困不堪;减租后,一年完八担租,生活就比过去好得多,田里也照顾得更周到了"④。在射阳县,"通过减租减息运动,打击了地主阶级封建势力,减轻了地主对农民的经济剥削,削弱了日、伪、顽、匪的社会基础,巩固了和扩大了抗日民主统一战线,广泛团结了各阶层人士参加抗日斗争,广大佃户、雇农得到了经济利益"。其中在1944年的减租减息运动中,射阳县共有5 599户地主减租,减出稻子44 436 065斤,受益佃户为8 287户,平均每户得稻5 363斤。还有1 139户地主退租,退出稻子2 435 467斤;退出钱款2 872 725元,受益佃户达1 535

① 鲁讷:《阶级关系与人民生活》(1943年5月23日),江苏省财政厅等合编:《华中抗日根据地财政经济史料选编(江苏部分)》第2卷,档案出版社1986年版,第405页。
② 中共江苏省委党史资料征集研究委员会:《苏中抗日斗争》,江苏人民出版社1987年版,第97页。
③《淮海区工作报告——在华中局扩大会议上的报告》(1942年2月),中共江苏省委党史工作委员会、江苏省档案馆编:《苏北抗日根据地》,中共党史资料出版社1989年版,第175页。
④ 马达:《台北万盈乡实行新乡制前后》,《抗日战争时期苏中二分区抗战史料》,中共扬州、盐城市委党史资料征集小组苏中二分区编写组1983年编印,第82页。

户,平均每户得稻 1 522 斤、钱 1 872 元。[1]

其次,减租减息引起了乡村阶级关系的变动。如盐阜区,把 1944 年与 1942 年相比较,涟东县由于根据地民主政府坚决与广大人民站在一起,实行减租减息、展开生产运动、推行累进税等财经政策,促使阶级力量发生大的变化:一部分贫农上升为上贫农或中农,其余贫农所拥有的土地也相对增加;中农和富农的户数也有所增加,但其所占田亩数反而减少;大地主向中小地主乃至大富农转变,出现明显的下降趋势。[2] 鲁讷在某保的调查同样说明了这个问题(见下表)。

某保农民成分变迁调查表(1943 年)

成　分	四年前	上升	下降	别阶层转来	现在
地主	15	—	6		15
富农	16	—	3	中农转来 8	21
中农	120	8	—	富农转来 3,贫农转来 31	146
贫农	163	31	—	贫农兼雇农转来 29	161
贫农兼雇农	50	29			21
共计	364	68	9	71	364

资料来源:鲁讷:《阶级关系与人民生活》(1943 年 5 月 23 日),江苏省财政厅等合编:《华中抗日根据地财政经济史料选编(江苏部分)》第 2 卷,档案出版社 1986 年版,第 401 页。

根据上表中的材料可以看到,原有地主、富农皆有下降趋势,而原来的中农、贫农、贫雇农皆有上升趋势,农民经济地位的提升为其政治地位的上升奠定了基础。

最后,减租减息还提高了农民的政治觉悟和社会地位。在溧水县减租减息的过程中,各级农救会组织得到了发展;而在运动中涌现出来的积极分子,通过选举、改造不断充实着乡保基层政权。这对于抗日民主政权建设、地方武装建设、中共及军队在群众中威望的提升均发挥了

---

[1] 刘伯超:《射阳县减租减息运动的回顾》,《盐阜区革命史料》第 4 辑,中共盐城市委党史办公室 1984 年编印,第 109—111 页。

[2] 骆耕漠:《盐阜区农村的巨变》(1945 年 7 月 7 日),江苏省财政厅等合编:《华中抗日根据地财政经济史料选编(江苏部分)》第 4 卷,档案出版社 1986 年版,第 333 页。

积极作用。溧水人民群众的抗日积极性更加热烈,抗日根据地得到了进一步巩固和扩大。[①] 经过减租减息,句容县农民的地位也发生了变化:

> 第一,广大农村贫苦农民都能扬眉吐气了,开始在政治上、经济上摆脱了几千年来封建剥削阶级的统治势力,逐步反掉了压迫,减轻了负担,改善了生活,稳定了人心,恢复了生产。

> 第二,初步改变了农村阶级关系,确立了以工农为主体的抗战优势,提高了广大群众的斗争觉悟。特别是新型的农救会组织的扩大和所起的作用,已形成农村中最基本的政治斗争力量。地主剥削阶级在广大群众强烈的政治攻势与压力下,开始认识到人民群众的力量。[②]

总之,减租减息从经济入手,促使抗日根据地人民群众的政治地位、阶级关系等发生了连锁反应。

以减租减息为前提,各种生产运动也在各根据地开展起来,如春耕运动、冬耕运动等。这类生产运动中最具创新精神的举措是设立新式的换工小组,其性质"是农民生产劳动的组织,是以贫农为基干的农民经济统一战线。只有亲自参加农业劳动的农民,才有资格参加换工小组。凡不劳动的地主与二流子,应当一律拒绝其参加"[③]。向明指出,在春耕运动中,要防止两种倾向,一是防止换工运动沦为传统的、简单的换工活动。中共所倡导的换工运动是为了进一步强化农民的互助意识,提升集体主义意识。二是避免农民的各种误解,例如:"政府为什么那样好? 还不是为了政府的好处? 还不是为了多收公粮? 还不是叫我们先甜后苦?""民主政府的事,就是这样,应付应付也就罢啦!""政府要我们组织换工小组,是为了将来计口授粮。"

---

① 张真:《抗战时期我在溧水工作的一些回忆》,《溧水党史资料》第 2 辑,中共溧水县委党史资料征集委员会 1985 年编印,第 84 页。

② 《抗战时期句容等地减租减息运动概况》,《江苏党史资料》第 1 辑,中共江苏省委党史工作委员会、江苏省档案局 1988 年编印,第 178 页。

③ 向明:《当前春耕生产运动中的几个问题——致各县区委同志的一封信》(1945 年 4 月 29 日),江苏省财政厅等合编:《华中抗日根据地财政经济史料选编(江苏部分)》第 4 卷,档案出版社 1986 年版,第 221 页。

总之,通过春耕运动要使群众看到:第一,共产党和民主政府是"来自人民,为了人民,属于人民的"。共产党和民主政府的生产政策与号召都是为了使人民生活走向丰衣足食。生产运动是政府"为了增产兴家,为了目前争取饱食添衣的生活,将来实现丰衣足食的生活,而组织起来搞生产运动,不是为了应付政府的公事而组织换工小组"。第二,要克服农民自私保守的旧思想、分散个体生产的旧习惯。使农民懂得一人为全组、全组为一人的集体主义,使农民懂得只有合作互助、共同发展,才能得到更多的个人利益的道理。换工小组与旧式的调工伴工有本质区别,是为了提高集体互助的精神。第三,要使农民懂得组织起来的办法,以及为了增产与丰衣足食的目标。第四,倡导换工小组内的民主生活,树立公平、合理的估工、评工的思想。① 由此可见,中共倡导春耕运动的目的之一就是要把农民真正地组织起来。

在中共的努力下,各抗日根据地的合作事业也得到了不同程度的发展。在各种合作社中,供销合作社与生产合作社无疑是最重要的,前者是为了解决群众的生活问题,后者是为了解决群众的生产问题。同时,供销合作社还有提高抗币信誉、抵制伪币的政治意图。如高邮县第六区吴堡镇创设的区南合作社,主要经营油、盐、布匹和杂货,同时还经营烟、酒、火柴、糖、纸、毛巾、小百货、文具等生活用品,并办理收购粮食及粮食兑换食油的业务。货币流通用抗币、华中券,伪币只收不出,然后用伪币到敌占区换取物资。② 又如,汉留利农合作社的主要任务就是打破敌人的经济封锁、抵制伪币。"合作社除正常经营外,主要任务是通过凡川、汉留商人之手,以大麦和稻米,向敌占区换取物资,一担大麦换三十尺花旗洋布,经常派沙堰乡卢邓庄商人邓在朝装粮食到太(泰)州,通过贿赂伪军头目,换回洋纱、洋布、白报纸、油墨、电筒、电池、自来水笔等物资。""使伪币在根据地买不到东西,只能使用抗币,提高了抗

① 向明:《当前春耕生产运动中的几个问题——致各县区委同志的一封信》(1945 年 2 月 29 日),江苏省财政厅等合编:《华中抗日根据地财政经济史料选编(江苏部分)》第 4 卷,档案出版社 1986 年版,第 217—218 页。
② 王沛喜、连子建:《坚持民主办社的区南合作社》,《高邮文史资料》第 4 辑,高邮县政协文史资料研究委员会 1986 年编印,第 50—51 页。

币的信誉"①。

在生产合作社中,如泗沭自 1944 年起普遍开展合作运动,其合作事业更多指向农村手工业。合作社因季节不同而中心工作亦随之变化,或者以打油为中心,或者以纺织为中心。至 1945 年,"全县村以上的合作社有一百二十六个,其中有五个是区社性质的,资本共约一千六百万元。合作小组约有二百五十个,资本共约八百五十万元。这些合作社和小组绝大部分是纺织性质的,一百二十六个合作社中,纺织合作社即占一百一十六个"②。

根据以上梳理,可以发现抗日根据地所办合作社的主要特征:一是民主性。就区南合作社来看,合作社干部"由每乡推举社干三人,留用原利民商店三人,共推选出社干十八人",又通过"豆选法"在十八人中选出社长、副社长、会计等。③ 二是以群众需要为办社的根本标准。"群众需要那种合作社,就组织那种合作社"④。

通过互助合作运动来对乡村社会产生直接的正向影响。首先,有利于解决农民的经济困境。近代乡村经济濒临破产的原因非常复杂,而高利贷是其中不可忽视的一个因素。从某种意义上讲,推动合作运动就是对农村高利贷的一种打击。在乡村工农业生产的过程中,中共倡导的合作社发挥着积极的作用,如政府发放的贷款,将以合作社为对象,再由合作社借给社员和非社员,其他如"游资的吸收与贷出,耕牛、农具肥料、种子的借出与收回,粮食农产品的运销周转,日用品的制造和贩卖,一部分劳动力的组合"等,都将以合作社为主体。⑤ 这样在农贷放出与回收的过程中就可以做到更有针对性。其次,有利于农民组织

---

① 王沛喜:《抗日时期高邮农村的第一个合作社》,《高邮文史资料》第 4 辑,高邮县政协文史资料研究委员会 1986 年编印,第 53—54 页。

② 胡叔度:《开展泗沭合作工作的几个问题》(1945 年 11 月 9 日),江苏省财政厅等合编:《华中抗日根据地财政经济史料选编(江苏部分)》第 4 卷,档案出版社 1986 年版,第 603—604 页。

③ 王沛喜、连子建:《坚持民主办社的区南合作社》,《高邮文史资料》第 4 辑,高邮县政协文史资料研究委员会 1986 年编印,第 51 页。

④《苏中区党委关于开展根据地生产建设运动的指示》(1943 年 7 月 6 日),江苏省财政厅等合编:《华中抗日根据地财政经济史料选编(江苏部分)》第 2 卷,档案出版社 1986 年版,第 80 页。

⑤《苏中区党委关于开展根据地生产建设运动的指示》(1943 年 7 月 6 日),江苏省财政厅等合编:《华中抗日根据地财政经济史料选编(江苏部分)》第 2 卷,档案出版社 1986 年版,第 80 页。

化程度的提高。传统中国乡村社会虽然有血缘关系作为联结纽带，但就整体而言，仍然呈现出一盘散沙式的原子化结构，通过合作运动可以在一定程度上打破固有的社会关系，而把经济的、政治的关系植入乡村社会，进一步实现把农民组织起来的目标。

三、文教事业的发展

在文化教育方面，首先是推进基层行政干部的教育。如淮安专门设立乡干训练班，目的就是"提高农村基层干部的思想觉悟和工作能力，以便更加广泛深入地动员和组织民众，投入伟大的民族解放战争"。1943 年 8 月 5 日至 11 月上旬，共举办三期。第一期培训对象为乡长。学员条件为"对人民革命事业忠实坚定，并有发展前途的乡级干部"。其教学内容包括时事政治、根据地的政策法令、文化知识、军事知识等。主要讲授的问题包括民主政治与"三三制"原则，抗日民族统一战线，政治与军事关系，领导方式与工作方法，财经管理，锄奸、司法等法令及政策，国内外政策等。第二期培训对象为乡级宣教干部。学员条件为"对革命事业忠实坚定，文化程度须在初小以上，不论干部与非干部都可以"。其教学内容和乡村培训班大体一致，但课时所占分量不同。"第一期政治教育占十分之五，第二次占十分之六；第一期政策教育占十分之三，第二期占十分之一；第一期文化教育与时事教育占十分之二，第二期占十分之三。"第三期学员仍为现职干部，学员除了对革命事业忠实坚定外，还要具有较长的工作经历、较丰富的工作经验、斗争性较强等条件。在粟裕的建议下，第三期更加注重理论联系实际，教育内容以整风教育为主。经过三期的培训，全县乡级干部的水平有了不同程度的提高，"许多同志回去后，工作积极主动，组织观念增强，工作方法得到改进，同时也使自己思想得到改造，干群关系更加密切，有力地领导了各乡的工作，在全县范围内出现了持久抗战的新局面"①。

阜宁县特别注重对基层行政干部的培养，"自 1941 年 5 月 1 日起，县政府举办 4 期行政干部训练班。每期抽调在职乡级干部 40 人参加

---

① 张健整理：《抗战时期民主政权创办的乡干训练班》，《淮安文史资料》第 8 辑，淮安市政协文史资料研究委员会 1990 年编印，第 173—176 页。

学习,时间一个月。……为了巩固抗日民主政权和培养大批农村基层干部,县抗日救国联合会亦于 1941 年春,分期举办工农干训班。每期50 余人,时间两星期,学习内容是政治常识、群众工作、中国共产党等"。1941 年 7 月,抗日民主政权还成立阜淮涟干部学院,设立行政、教育、民运三个系。其中,行政系抽调在职乡保长及区行政助理 200 名,教育系抽调在职小学教师、校长 300 名,民运系抽调各县乡保农救会及自卫队干部 500 名等。① 县政府还"开办了'实验干部学校'和十八所区级干部学习,各区中心小学还增设了干部班,使全县二千多名乡村干部普遍得到了文化补习,提高了文化水平和工作能力"②。

其次是推动基层民众的教育。在苏中,1942 年开展了"三冬运动",即冬耕、冬防、冬学。冬学是一种群众性的政治教育运动。"要求向广大群众进行形势与任务的宣传教育,不断启发群众的政治觉悟,鼓舞他们积极投入斗争,努力完成当前的各乡中心任务。"冬学提出的方针是"明理第一,识字第二",即把政治教育放在第一位,而对识字则没有具体要求。这与根据地人民的需要也是密切联系在一起的,"当时根据地人民迫切需要懂得的是如何争取对敌斗争的胜利,如何加强建设和巩固根据地的道理"③。当然,扫盲仍然是必要的。1940 年下半年至1943 年下半年,"这一时期,成人识字运动也普遍展开,东路等地区还普遍建立视导团,指导识字班教师动员和组织约占农村总人口 80% 的文盲、半文盲参加扫盲学习"④。在苏中,冬学所取得的效果也是非常明显的。苏中抗日根据地的冬学教员主要包括小学教师、中学教师、党政军人员等共 4 337 人,在 85 个区中有 1 035 个乡开办了 1 437 所识字班,60 个识字站。"各乡冬学,以自然村为单位,以苏中行署文教处编印的《万事通》为教材,开班上课,基层干部、民兵和男女青壮年十二万

① 王传森、朱彦生:《阜宁县抗日民主政权的巩固与发展》,《阜宁文史资料》第 5 辑,阜宁县政协 1986 年编印,第 87—88 页。
②《阜宁根据地的教育工作回顾》,《阜宁文史资料》第 1 辑,中国人民政治协商会议江苏省阜宁县委员会文史资料研究委员会 1984 年编印,第 61—62 页。
③ 张正屿:《苏中抗日根据地的冬学》,《抗日战争时期苏中二分区抗战史料》,中共扬州、盐城市委党史资料征集小组苏中二分区编组 1983 年编印,第 101 页。
④ 莫仲钧:《论苏南抗日根据地的文化建设》,《党史资料与研究》第 2 辑,中共江苏省委党史工办编纂出版处 2008 年编印,第 118 页。

余人参加了学习。在'冬学'中,由于坚持'明理第一,识字第二'的方针,起到了政治启蒙、思想启蒙、文化启蒙的作用,提高了人民群众的抗战热情和工农党员的政治水平,打下了社会教育的初步基础"①。

1944年1月至1945年10月,苏南也进行了大规模的冬学运动,"各地各级都成立了冬学委员会,动员和组织各界民众投入学习。金坛县第一期就办了冬学70多所,入校学习的达4 000余人。各地教学内容和形式更加切合实际,活泼多样。教学课程实行政治教育与文化知识、生产技能教育并重,并开设时政报告、珠算、记账、写租赁契约、歌咏、游戏等课。在办法方法上,有整日班、半日班、中午班或夜校,以办正规民校、识字班为主,办流动施教团、流动识字班为辅"②。

在苏北,阜宁县冬学成绩也非常显著。据统计,全县40万人口中,每年有3万多人入冬学学习。在冬学班里,一年普遍能认300字,3年会写通知、便条、记工账,其中有些人还能读报和写小文章。民校是冬学结束后,有些人希望继续学习而组建的业余学习文化的学校,其按学员文化程度分扫盲班、初小班、高小班等。另外,还有夏学班、识字牌、墙报、黑板报等作为乡村学习的补充。③

就教育方面的总体特征来看,其一是适应群众需要。无论是教育内容的设计,还是教育场所的选择,抑或是教育时间的设定,均以群众的需要为前提。其二是突出政治教育、抗战教育。如果说识字明理是一般教育的程序与目标,而抗日根据地则提出"明理第一,识字第二"的口号。其根源就在于在抗战的特殊背景下,普通的国民教育难以满足迅速组织民众的需要,这种务实精神也是中共乡村治理的理念之一。

四、社会秩序的稳定

在社会层面,中共采取的最重要的举措是剿除土匪,安定乡村社会秩序。苏北抗日根据地对土匪"采取了军事打击与政治瓦解相结合的

---

① 中共江苏省委党史资料征集研究委员会:《苏中抗日斗争》,江苏人民出版社1987年版,第125页。
② 莫仲钧:《论苏南抗日根据地的文化建设》,《党史资料与研究》第2辑,中共江苏省委党史工办编纂出版处2008年编印,第120—121页。
③《阜宁根据地的教育工作回顾》,《阜宁文史资料》第1辑,中国人民政治协商会议江苏省阜宁县委员会文史资料研究委员会1984年编印,第58—59页。

政策,因而迅速平定了根据地内的匪患,安定了社会秩序,安定了民心,为根据地的建设创造了有利的条件"①。如射阳县,剿除土匪的主要做法包括"对大、中股土匪以军事清剿为主,对小股和散匪则以政治攻势为主,采取分化瓦解和侦察破案相机和的方法,解决匪患问题"。在剿匪的同时,还开展锄奸反霸斗争,"采取一献、二借的方式,把地主掌握的武器转移到民兵、联防队手中,壮大地方武装力量,维护社会治安"②。

赌博、烟毒也是民国时期乡村社会的一大痼疾。泰兴浩堡乡由于离黄桥近,贩毒、吸毒和赌博的人比其他村多,其直接危害是家庭不和,间接危害则是倾家荡产、流为盗贼。这些人有的变成地痞流氓,在村里惹是生非,严重地破坏乡村社会的秩序。在农抗会成立之后,所进行的主要工作就包括禁赌博、禁吸鸦片。其具体做法包括开大会、小会进行宣传教育,个别开导,收缴赌具,成立戒烟所等。③ 另外,还有一些特别规定,譬如在减息的过程中,明确规定"赌博烟账,一概不问"。如在东庙区七贤乡的让息斗争中,"不少赌鬼烟鬼前去参加,企图乘机赖债",但因为有"赌博烟账,一概不问"的规定,结果让赌鬼、烟鬼大失所望。④ 海安抗日民主政府成立后,大力开展禁烟、禁毒工作。首先,逮捕一部分拒不悔改的吸毒贩,枪毙为首分子,烧毁全部毒品。其次,颁布相关法令,"严惩贩毒,限戒吸毒;初犯从宽,再犯从严,改造多数,打击少数的对策。……由区乡组织训戒,查缴毒品,销毁毒具;由公安机关统收毒品和收理案犯"⑤等。

由于水利与农业息息相关,治水防灾也就成为乡村治理的重要举措。根据地民主政府的主要做法包括治标、治本两种举措。治标之策

① 中共江苏省委党史工作委员会、江苏省档案馆编:《苏北抗日根据地综述》,中共党史资料出版社1989年版,第7页。
② 刘伯超:《射阳县减租减息运动的回顾》,《盐阜区革命史料》第4辑,中共盐城市委党史办公室1984年编印,第98页。
③ 戴岳:《浩堡乡农抗会斗争片断》,《泰兴文史资料》第2辑,中国人民政治协商会议江苏省泰县委员会文史资料研究委员会1985年编印,第107页。
④ 张劲夫:《东庙区七贤乡的让息斗争》(1943年8月),江苏省财政厅等合编:《华中抗日根据地财政经济史料选编(江苏部分)》第2卷,档案出版社1986年版,第111页。
⑤ 陈谦稳:《解放前后禁毒状况》,《海安文史资料》第6辑,中国人民政治协商会议江苏省海安县委员会文史资料研究委员会1990年编印,第42页。

主要是解决水利纠纷。在传统社会,因为争水而发生纠纷的例子不胜枚举,解决那些积怨对于乡村治理至关重要。在灌云县,民主政府就十分重视这一点,灌云县三联防区包括二区、四区的各一部分,以官沟圩为界,圩东属于四区,圩西属于二区,两个区在出水问题上存在上、下游的矛盾。在过去,一旦出现水灾,上游要出水,下游要保水,在封建势力的操纵下,往往造成流血事件。如何解决这种矛盾,对于中共的乡村治理是一种考验。抗日民主政府时期,圩东、圩西再次因水利问题爆发冲突,民兵党员都卷了进去。"党内党外、民主势力、封建势力夹杂在一起,各为私利,互不让步,派谁去说服都不听。"为了防止双方动武,中共先是把乡党支部书记的老太爷用独轮车推到前线去挡头阵。然后是运用武装力量出面调停,"用区队把双方隔开,要求双方心平气和地提出合理要求,上下游统一考虑,合理负担"。这种先礼后兵、软硬结合的方式取得不错的效果,解决了几辈人没有解决的历史性矛盾,对于提高抗日民主政府的威信,增强党与基本群众的团结发挥了重要作用。①

治本之策则是兴修水利。在苏北,区党委要求进行广泛的思想动员,"坚决克服忽视水灾危机的太平观念,要打通与水灾做斗争及人定胜天的思想"。并进一步提出,"各地党政军民,组织各领导机关,全体工作人员全体党员,要本着'先人民之忧,后人民之乐'的精神,要本着时刻为群众'兴利除损'的精神,与各阶层人民根据当地水灾情况,商讨一切可能的防治水灾的办法,并亲自与广大人民一起,一齐动手与水做严重斗争"。具体办法包括各地根据实际情况修筑堤坝、疏浚沟渠、开通水路,"村庄筑圩修圩,田野车水引水,保卫人畜,抢救田地"②等。同时,苏北区党委要求各级干部要善于打通群众思想;教育群众,利用已有的各种组织。善于利用组织也是与以往截然不同的地方。在阜宁县,"1941年,首任县长宋乃德亲率民工在县境东北部修筑了一条长90华里的挡潮海堤,使沿海人民声明财产免受海潮威胁"。"1942年,为

---

① 孙桂儒:《回忆灌云东部的抗日斗争活动》,《灌云文史资料》第3辑,中国人民政治协商会议江苏省灌云县委员会文史资料研究委员会1985年编印,第13—14页。

② 《苏北区党委关于治水防灾的紧急指示》(1945年7月16日),江苏省财政厅等合编:《华中抗日根据地财政经济史料选编(江苏部分)》第4卷,档案出版社1986年版,第75—76页。

防止淮水泛滥,县政府动员 2000 余民工,在钱码抢修了 4 华里的废黄河大堤"①。与以往相比,这种全民总动员的态势是不可同日而语的。

总之,新乡制是一个包括政治、经济、文化的系统工程,这几个方面相互影响、相互促进,共同促进了根据地乡村社会的发展。如改选之后的台北县万盈乡,在征粮工作、民兵训练、处理民事纠纷、文教事业、优待抗属、拥军工作、减租工作等方面都取得了不错的成绩。② 兴化县屯军乡在以下工作中取得了显著成绩,一是使屯沟河东伪化的三个保反正。二是罢免重选董家庄企图向敌人妥协的主任代表。三是补报田亩,使征收粮食增加了一倍。四是对敌斗争更加积极。"这一影响,使临近的一些乡自动呈请区署从速实行新乡制"③。在东台县晓肇乡,首先是新选出的乡政府委员会委员能够积极工作。其次是村长与过去的保、甲长不一样,"能在工作上负责,故政府法令亦能贯彻下去,并不阳奉阴违做做面子戏"。最后是开荒工作、拥军工作、文教工作等都有了明显的进步。④ 其实,新政府在打击封建势力、二五减租、成立伴工队、组织开荒小组、调解纠纷、办小学校等方面均显示出其成绩。⑤

在苏中,随着基层政权的改造,在实际工作方面取得了不小的成绩。在社会治安方面,譬如禁烟、禁毒,苏中三、四分区都做了,三分区成绩比较明显。"单单泰县即登记烟民一千三百一十三人,戒绝者一千二百零一人,政府并枪决了一些贩毒犯。"又如救灾救荒,二分区政府在1944 年春天发动打蝗虫,"单单台北即打了三千三百九十石",消灭了蝗灾;四分区则"在春荒中救济三十二万四千零三十八个饥民"⑥。在生产建设方面,发放各种贷款(主要为农贷)现金 2 200 多万元,粮食

① 程新梁:《阔步前进的阜宁农村》,《阜宁文史资料》第 5 辑,阜宁县政协 1986 年编印,第 15 页。

② 马达:《台北万盈乡实行新乡制前后》,《抗日战争时期苏中二分区抗战史料》,中共扬州、盐城市委党史资料征集小组苏中二分区编写组 1983 年编印,第 84—85 页。

③ 罗列:《记兴化屯军乡新乡制的建立》,《抗日战争时期苏中二分区抗战史料》,中共扬州、盐城市委党史资料征集小组苏中二分区编写组 1983 年编印,第 81 页。

④ 吉筑平、范霞:《东台晓肇乡的乡政府》,《抗日战争时期苏中二分区抗战史料》,中共扬州、盐城市委党史资料征集小组苏中二分区编写组 1983 年编印,第 91 页。

⑤ 游云:《新乡政权下的人们》,《抗日战争时期苏中二分区抗战史料》,中共扬州、盐城市委党史资料征集小组苏中二分区编写组 1983 年编印,第 93—95 页。

⑥ 管文蔚:《一年来苏中政权工作的总结》(1943 年 12 月 21 日),《江苏党史资料》第 3 辑,中共江苏省委党史资料征集委员会、江苏省档案局 1985 年编印,第 27 页。

33 892 石;开垦荒地 12 万亩;在台北县成立农场一所;在兴化种树 5 万棵;开沟竣河 458 里,受益耕地 160 358 亩;成立合作社 249 所等。在教育方面,以干部教育和社会教育与乡村治理关系最为密切。在干部教育方面,区员以上干部训练班共办了 25 次,训练了 379 人。乡保级及办事员训练班共办了 116 次,训练了 4 292 人,其中四分区所属各县所办次数最多。在社会教育工作方面,"去冬今春的冬学运动是获得很大成绩的,⋯⋯今夏以来,各地兴建了不少明理堂与民校"。①

综上所述,中共在根据地的乡村治理是政治、经济、文化、社会四位一体的系统工程。由于特殊的时代背景,这项工程主要围绕两个主题展开。首先是抗战,即把根据地乡村打造成为抗战的坚强阵地。因此,中共在根据地的制度设计都必须遵循维护民族统一战线这一基本原则。其次是建国,即如何实现根据地乡村政治民主、经济富足、文明进步、社会安定的目标。由此,根据地乡村治理恰恰是中共政治理念的一次预演。正如饶漱石所说:"敌后解放区是新中国的模型,是全中国人民的灯塔和希望,它又是变一切沦陷区为解放区的出发的阵地"②。

通观江苏省域抗日根据地乡村治理的制度设计及实践,大致可以总结出以下几个特征:

首先,乡村治理的民主性。这是由中国共产党革命的宗旨决定的,既然把劳苦大众的解放视为自己的奋斗目标,必然要在根据地乡村治理的过程中体现民主自由的精神。一是体现为抗日根据地的选举制度设计。无论是新乡制中的选举,还是合作运动中的选举,都体现了一种民主精神。特别是"豆选法""戳洞法"的创新,使民主具备了可行性与广泛性。二是体现为治理主体的多元化。现代治理与管理最大的区别在于"它所偏重的统治机制并不依靠政府的权威和制裁",而是民主。打破独裁意味着多元治理,根据地乡村治理恰恰反映了这一特征,既可以是政府,也可以是民间组织;既可以是党员,也可以是党外人士;既有

---

① 管文蔚:《一年来苏中政权工作的总结》(1943 年 12 月 21 日),《江苏党史资料》第 3 辑,中共江苏省委党史资料征集委员会、江苏省档案局 1985 年编印,第 31—32 页。

② 饶漱石:《目前时局与华中敌后的任务》(1945 年 1 月 1 日),江苏省财政厅等合编:《华中抗日根据地财政经济史料选编(江苏部分)》第 4 卷,档案出版社 1986 年版,第 14 页。

自上而下的渠道,也有自下而上的机制。总之,其力图把各种力量发动起来,为实现乡村治理的目标而奋斗。

其次,乡村治理的务实性。一是贯彻有限革命的精神。全民抗战的特殊环境决定了中共必须改变土地革命时期的惯性思维,在有限革命的情景下不断完善抗日根据地的乡村治理。地主减租减息、农民交租交息,"三三制"原则等政策都集中体现了这一点。二是根据现实情况出台各种措施。如在教育方面,面对民族矛盾上升为主要矛盾的现实,根据地教育的主要目标就转变为如何激发群众的民族意识,如何提升群众的民主意识。因此,在根据地的各种教育中,"明理第一,识字第二"就成为最主要的指导方针,这一点突出表现在各根据地创办的冬学运动中。三是以民众需要为乡村治理政策的基本标准。有效的乡村治理必须抓住民众,而抓住民众的最基本的工作是了解民众疾苦、民众所需。在盐城农救会工作经验总结中可以看到,中共对民众需求的了解是非常深刻的,譬如在春季,"农民不独要进行春耕,还缺乏种子与粮食,缺乏耕种的资本,而旧的债务又逼着去交还。故目前又是农民——特别是贫农最痛苦的时候。故目前我们要发动与组织民众,就必须抓紧农民这些特别切身的痛苦,引导他们集体的来解决这些问题,或至少解决一部分,才能使他们的积极性发扬"[1]。中共深刻地认识到,"只有民众积极起来保护其本身利益的时候,民众才会或才可能以同样的积极性来保卫国家与民族"[2]。

最后,乡村治理的灵活性。从法律条文来看,并不进行过于细致的规定,这为各根据地提供了一定的解释空间。从实践上来看,充分考虑各个根据地的具体情况。譬如根据地民主政权相关法规的制定与执行。除了大的原则性问题外,并不求绝对统一。各抗日根据地可以根据实际情况,制定相应的地方条例,即"须要根据敌后抗战的实际情形

---

[1] 刘少奇:《盐城农救工作经验——给苏中区党委的信》(1941年4月5日),中共江苏省委党史工作委员会、江苏省档案馆:《苏北抗日根据地》,中共党史资料出版社1989年版,第63页。

[2] 刘少奇:《盐城农救工作经验——给苏中区党委的信》(1941年4月5日),中共江苏省委党史工作委员会、江苏省档案馆:《苏北抗日根据地》,中共党史资料出版社1989年版,第64页。

及全国的大势制订各种法律、条例"①。至于法规的执行则更加灵活,完全视实际情况而定。这在苏中根据地基层政权改造的过程中有着集中的体现。在群众组织健全、生活得到改善、抗日热情高涨、有民主选举经验的地区,可以根据乡政府的组织法和选举法实行比较彻底的新乡制,乡镇长由群众民主选举产生;对于那些环境不太稳定,而条件又初步具备的乡,可以普遍召开乡民群众大会,选举临时的乡镇政府委员和乡镇长;而对于那些环境不安定,条件又不具备的地区,乡镇长则由县区委任;而处于激烈的"清乡"斗争中的地区,则应大胆稳妥地进行基层政权的改造,"不是以实行新乡制为主,而着重改造原有乡长"②。又如,对乡保长的改造。基于抗战时期的现实环境,针对不同类型的乡保长,中共制定了有针对性的方针政策。在苏南地区,"在根据地中心区,扩大民主,改造旧保甲,确立群众优势;在游击区改造旧的乡保长,仍然保留原有的组织形式;在同情区争取两面派,实行掩护政策;在敌占区坚持长期隐蔽、积蓄力量的方针"③。

打破一个旧世界,建设一个新世界。抗战期间,中共在江苏各抗日根据地的乡村治理实则是其政治理念的预演。中国共产党充分体现制度创新与实践创新的精神,在各抗日根据地种下革命与建设的火种:革命体现为反侵略、反封建的继续,建设则体现在政治、经济、文化、社会等方面的系统工程中。但在全民抗战的大环境下,革命与建设皆受种种限制。在乡村治理制度设计与实践的过程中,可以看到,中国共产党在理想主义与现实主义之间的权衡与选择,这为人们观察马克思主义普遍原理与中国实际相结合的基本路径提供了一个重要的视角。从另外一种视角来看,中国共产党的乡村治理既体现了官治,同时又体现了自治。以政治为纽带的乡村治理逐渐取代以地缘关系为主的绅治、打

---

① 刘少奇:《目前形势,我党我军在华中三年工作的基本总结及今后任务》(1942年2月),《华中局第一次扩大会议,全面深入根据地建设》第1册,《新四军抗日战争战史资料选编》,《新四军抗日战争战史资料选编》,新四军战史编审委员会编辑室1964年编印,第44页。

② 中共江苏省委党史资料征集研究委员会苏中史编组:《苏中抗日斗争》,江苏人民出版社1987年版,第163页。

③ 中共江苏省委党史工作委员会、《苏南抗日斗争史稿》编写组:《苏南抗日斗争史稿》,江苏人民出版社1987年版第174页。

破以血缘关系为纽带的族治,从本质上改变了官治、绅治、族治传统乡村治理的三维结构。

抗战胜利之后,中国共产党领导中国人民继续进行新民主主义革命,乡村治理体系随着经济社会的变动而相应发生改变。新中国成立后,我国社会主义事业取得一个又一个历史性突破,反映到乡村治理方面,则是经历了一个非常复杂的转变过程:从新中国成立初期的人民公社到改革开放之初的"乡政村治",再到新时期的乡村自治,这些探索体现了中国共产党的探索精神与中国人民的不懈追求。新时代,通过乡村治理体制创新来全面推动乡村振兴是一个非常重要的命题,"三自"融合、绿色发展等理念的提出与实践,既体现了广大民众的需求,又是对中国优秀传统乡村治理理念的继承与发展。

结　语

　　中国疆域辽阔,历史悠久。在上下五千年的文明史中,农耕文明长时段占据着绝对的优势,这从古代中国"士农工商"四民社会的阶层安排可以窥豹一斑。在博大精深的农耕文明中,乡村治理的制度设计及实践无疑是十分重要的组成部分。笼统来说,1949 年之前的中国乡村治理经历了乡官制、职役制和自治制等不同的历史阶段,无论是乡村治理的制度设计还是乡村治理的实践,均经历了一个从简单到复杂的过程,并最终形成了包括政治、经济、文化、社会等因素在内的乡村社会治理体系。

　　那么,是哪些因素促使传统中国乡村治理从乡官制到职役制再到自治制的历史演进呢? 就乡官制向职役制的转型来看,废除乡官制的讨论始于隋代,其原因包括乡的规模设置太大、行政人才不易得、乡官品德得不到保证等。但乡官制并未从此绝迹,唐代初期仍然有乡官制的推行,直至唐代后期,才真正完成了从乡官制向职役制的转型。有论者具体探讨了这一时期转型的动因:一是唐代乡村豪强势力强大,乡官不能与豪强相抗衡,也就无法肩负起封建国家赋予的职责;二是唐代后期社会动荡、战争频发,政府对乡村控制松弛,乡官不易为;三是乡官还有赔累所属民户欠赋的义务,导致更多的人不愿意担任乡官。"在人们纷纷设法逃避充任乡官的情况下,不得已只好改行职役制"[①]。由此可

[①] 杜文玉:《乡官选任方式为何在唐代发生变化》,《人民论坛》2020 年第 23 期,第 143 页。

见,从乡官制到职役制的转型既有制度的因素,也有现实的原因。

　　至于从职役制向自治制的转型,则有更加复杂的背景。一是西方现代政治文明的东渐。在近代中国,传统乡村治理体制的瓦解与西方现代政治文明的东渐是同时进行的,但这一过程又非简单的此消彼长,往往呈现出传统与现代相互杂糅的局面,近代中国地方自治就是在这样的时代背景下登上了历史的舞台。二是封建王朝借以自救的目的。毋庸置疑,清王朝推行地方自治的初衷是为了维护摇摇欲坠的封建统治,这也就决定了其自治其名、专制其实的本质。此后历届民国政府虽然屡倡地方自治,但借自治以渗透基层社会的做法如出一辙,彰显出近代中国政制现代转型的艰难。三是民众自我意识的觉醒。无论是新文化运动的启蒙,还是乡村自治的实验,都促进了民众的觉醒,从先知先觉到后知后觉,觉醒的群体必然要求自身权利的实现,而对自治的关注与争取就集中反映了这种意识的成长。在乡村自治实践的过程中,只有中国共产党领导下的根据地乡村自治,才真正唤醒了普罗大众,此为未来创设新式人民政权之预演。

　　传统中国乡村治理最具特色的地方是其多元化的治理模式,这种治理模式的优点在于充分发挥各种社会力量,教化民众、救济贫弱,成为乡村社会秩序稳定的重要助力。“绅者一邑之望,士为四民之首”[①]。在古代中国乡村治理的过程中,士绅扮演着十分重要的角色。在历代地方志书中,人们很容易就能发现士绅创办地方慈善事业的事例,他们创设善堂、清洁堂、救济院、牛痘局、孤儿院、苦寒教养院等慈善机构,实现对区域内部分对象的救助。黄宗智认为,传统中国的社会结构包括国家、社会及第三领域等三个部分,其中第三领域有别于国家与社会,国家与社会又都参与其中,“这一领域随着时间的变化而会具有不同的特征与制度形式,对此需要做具体的分析和理解”[②]。在传统中国的乡村治理模式中,士绅阶层恰恰扮演着第三领域的角色,“过去政令之传达于民众,完全由于士绅阶级。民众有什么要求,由彼上闻;政府有什么设施,由彼下达。政府与民众的联系,只是这个没有法定地位的士绅

---

① 《州县须知》卷一,乾隆五十九年刻本,第28页。
② 黄宗智主编:《中国研究的范式问题讨论》,社会科学文献出版社2003年版,第260页。

阶级"①。绅治如国家与社会之间的弹簧,避免了国家与社会关系的过度紧张,从而保障封建国家的稳定。

至于族治,其作用主要在于教化、管理、救济族内成员。李文治认为,自宋至明,宗族的功能发生了很大变化,"此前宋元时代,宗族制着重于尊祖敬宗和睦族收族,此后则更着重于对族众的控制和制裁,变成为维护封建统治的基层社会组织"②。由此可见,宗族在乡村治理过程中也发挥着非常重要的作用。族治与绅治的功能既有相同之处,又有不同之处。如士绅办理的救济、教化属于地缘性的,受益对象是一定区域内的民众;而宗族推行的救济、教化则带有明显的血缘性特征,其受益对象往往指向同一氏族。二者互补则使教化、救济乡村民众的行为更具有普惠性。

传统中国乡村治理的多元模式对践行新时代乡村振兴战略最大的启发是改变以往单一的行政化治理,充分发挥各种社会力量,实现新时代乡村治理的多元化。如发挥新乡贤的榜样示范作用。无论是经济上的捐助,还是道德上的引领,新乡贤浓厚的贡献乡里的情结都是新时代乡村振兴可资利用的重要资源。又如,发挥宗族约束与救助的双重作用。在聚族而居仍然是目前中国大部分乡村存在形式的时代背景下,宗族在乡村治理中的潜在影响仍然不可忽视。当然,继承优秀传统文化绝非照搬旧的乡村治理体制,优秀传统文化的创造性转化、创新性发展必须遵循以下两个基本原则:一是剔除传统乡村治理组织中威权主义的因素,强化其治理的功能,弱化其管理的意味;二是与现行体制有机融合、良性互补,形成新时代乡村振兴的合力。

---

① 金半欧:《自治与自卫的一种观察》,《地方自治》1935 年第 3 期,第 3 页。
② 李文治:《明代宗族制的体现形式及其基层政权作用——论封建所有制是宗法宗族制发展变化的最终根源》,《中国经济史研究》1988 年第 1 期,第 54 页。

参考文献

一、档案馆未刊档案

1.《本地七月一日起恢复议事会通知》,苏州市档案馆藏,苏州商会(民国)档,档案号:I14-002-0127-054。

2.《奉国府明令公布合作社法训令通行饬知等因令行知照由》,南京市档案馆藏,档案号:一〇〇一(001)/0165。

3.《江苏省六合、昆山及萧县农村合作社调查表》,中国第二历史档案馆藏,档案号:四二二(2)/1490。

4. 江邑顾艺兰编辑《姜氏族谱》,民国岁次戊子重修,扬州市档案馆藏,档案号:〇一〇二/002。

5.《全国合作事业讨论会办事处关于函送国民政府代表叶楚伧训词请核阅批示的文书》,中国第二历史档案馆藏,档案号:一一(11)/1567。

6.《全国合作事业讨论会办事处陈部长的开会报告》,中国第二历史档案馆藏,档案号:一一/1569。

7.《实业部检发农村合作社暂行规程及有关文书》,中国第二历史档案馆藏,档案号:四二二(2)/1499。

8.《实业部审核江苏省合作社考级规则、运销合作社保证联合社章程、合作社促进会章程等章则》,中国第二历史档案馆藏,档案号:四二二/1895。

9.《为请转饬查明如有未经依法登记而用合作社名义经营业务情事应严

加取缔除分咨外咨请查照转饬遵照办理并见复由》，南京市档案馆藏，档案号：一〇〇一（001）/0543。

10.《甄别合作社办法及有关文书》，中国第二历史档案馆藏，档案号：一一/597。

11.《长元吴城自治公所成立之期邀请人员名单》，苏州市档案馆藏，苏州商会（民国）档，档案号：I14-001-0274-016。

二、古代典籍

1. ［汉］司马迁撰：《史记》，中华书局1963年版。

2. ［汉］班固撰：《汉书》，中华书局1964年版。

3. ［梁］沈约撰：《宋书》，中华书局1974年版。

4. ［唐］杜佑撰：《通典》，北宋本。

5. ［唐］房玄龄等撰：《晋书》，中华书局1974年版。

6. ［唐］魏征、令狐德棻撰：《隋书》，中华书局1973年版。

7. ［后晋］刘昫等撰：《旧唐书》，中华书局1975年版。

8. ［北宋］司马光编著：《资治通鉴》，光明日报出版社2012年版。

9. ［北齐］魏收撰：《魏书》，中华书局1974年版。

10. ［宋］欧阳修、宋祁撰：《新唐书》，中华书局1975年版。

11. ［宋］《东坡志林》，中华书局1981年版。

12. ［宋］徐天麟：《东汉会要》，四库全书本。

13. ［宋］范晔撰，［唐］李贤等注：《后汉书》，中华书局1965年版。

14. ［宋］朱熹注解，张帆、锋泰整理：《诗经》，新华出版社1996年版。

15. ［元］马端临：《文献通考》，浙江古籍出版社1998年影印。

16. ［元］脱脱等撰：《宋史》，中华书局1977年版。

17. ［元］朱礼：《汉唐事笺》，丛书集成本。

18. ［清］张廷玉等撰：《明史》，中华书局1974年版。

19. ［民国］赵尔巽等撰：《清史稿》，中华书局1977年版。

20. ［明］海瑞：《海瑞集》上册，中华书局1981年版。

21. ［明］宋濂撰：《元史》，中华书局1976年版。

22. ［明］董说：《七国考》，四库全书本。

23. ［明］许天赠：《诗经正义·国风》，明万历刻本。

24. ［明］吕坤：《实政录》，万历二十六年赵文炳刻本。

25. ［清］强汝询：《汉州郡县吏制考》，清刘履芬抄本。

26. ［清］张泰来：《补希堂文集》，版本信息不详。

27. ［清］《州县须知》，乾隆五十九年刻本。

28. ［清］贺长龄编：《清朝经世文编》。

29. ［清］《增广智囊补》，大达图书供应社1935年版。

30. ［清］朱铭盘：《南朝陈会要》，稿本。

31. ［清］顾炎武著，黄汝成集释，栾保群、吕宗力校点：《日知录集释》，上海古籍出版社2014年版。

32. ［清］陆曾禹、［清］倪国琏厘正：《钦定康济录》，乾隆五年武英殿刻本。

33. ［清］杨晨：《三国会要》，清光绪刻本。

34. ［清］裘昌龄：《锡金识小录》（乾隆）。

35. ［清］《锡金志外》（道光）。

36. ［清］托津等：《钦定大清会典事例》，清嘉庆二十五年武英殿刻本。

37. ［清］允裪：《钦定大清会典》，四库全书本。

38. ［清］徐栋：《牧令书辑要》，同治七年江苏书局刻本。

39. ［清］李圭：《环游地球新录》，岳麓书社1985年版。

40. ［清］王锡棋辑：《小方壶斋舆地丛钞续编》，杭州古籍店1985影印本。

41. 《明太祖高皇帝实录》，钞本。

42. 陈子龙辑：《皇明经世文编》，明崇祯平露堂刻本。

43. ［清］三泰：《大清律例》，四库全书本。

44. 素尔讷：《学政全书》，乾隆三十九年武英殿刻本。

45. 崔高维校点：《周礼》，辽宁教育出版社1997年版。

46. 陈渔、夏雨虹主编：《孟子》，吉林人民出版社2005年版。

47. 杨有礼注说：《淮南子·齐俗训》，河南大学出版社2010年版。

48. 戴晟：《寤砚斋集》，乾隆七年戴有光等刻本。

49. 范仲淹：《范文正公文集》，景江南图书馆藏明翻元天历本。

三、地方志、文史资料

1. 弘治《句容县志》。

2. 弘治《上海志》。

3. 正德《姑苏志》。

4. 正德《松江府志》。

5. 嘉靖《宝应县志》。

6. 嘉靖《海门县志》。

7. 嘉靖《江阴县志》。

8. 嘉靖《昆山县志》。

9. 嘉靖《六合县志》。

10. 嘉靖《通州志》。

11. 隆庆《海州志》。

12. 隆庆《仪真县志》。

13. 万历《淮安府志》。

14. 万历《通州志》。

15. 万历《宿迁县志》。

16. 崇祯《吴县志》。

17. 康熙《宝应县志》。

18. 雍正《淮安府安东县志》。

19. 雍正《江都县志》。

20. 乾隆《淮安府志》。

21. 嘉庆《东台县志》。

22. 光绪《丹阳县志》。

23. 光绪《高淳县志》。

24. 光绪《阜宁县志》。

25. 光绪《赣榆县志》。

26. 光绪《淮安府志》。

27. 光绪《江都县续志》。

28. 光绪《睢宁县志》。

29. 光绪《武进阳湖县志》。

30. 光绪《太仓直隶州》。

31. 民国《宝应县志》。

32. 民国《续修盐城县志》。

33. 《中国地方志集成·江苏府县志辑(3)·道光上元县志》,江苏古籍出版社 1991 年版。

34. [明]吴仕诠修,黄汝金纂:《万历溧水县志》,凤凰出版社 2019 年版。

35. [清]张绍棠修,萧穆纂:《续纂句容县志》,光绪三十年刊本,成文出版社有限公司印行。

36.［民国]王祖畬等纂:《镇洋县志》,民国八年刊本,成文出版社有限公司印行。

37.［清]金福曾等修,张文虎等纂:《南汇县志》,成文出版社有限公司1970年版。

38.［民国]钱祥宝等修,桂邦杰等纂:《江都县志》,成文出版社有限公司1975年版。

39.［民国]戴邦桢等修,冯煦等纂:《宝应县志》,成文出版社有限公司1970年版。

40.［民国]张仁静修,钱崇威纂,金詠榴续纂:《青浦县续志》,成文出版社有限公司1975年版。

41.［民国]胡为和修,高树敏纂:《三续高邮县志》,成文出版社有限公司1983年版。

42.［民国]吴馨修,姚文枏纂:《上海县续志》,成文出版社有限公司1970年版。

43.［民国]严伟修,秦锡田等纂:《南汇县续志》,成文出版社有限公司1983年版。

44.殷惟龢编:《江苏六十一县志》,商务印书馆1936年版。

45.江苏省地方志编纂委员会:《江苏省志》,江苏人民出版社1999年版。

46.《江苏地方志集成·江苏府县志辑·康熙常熟志》,江苏古籍出版社1991年版。

47.［民国]吴秀之等修,曹允源等纂:《吴县志》,成文出版社有限公司1970年版。

48.《丰县文史资料》第7辑,中国人民政治协商会议江苏省丰县委员会文史资料研究委员会1988年编印。

49.《阜宁文史资料》第1辑,阜宁县政协1984年编印。

50.《阜宁文史资料》第5辑,阜宁县政协1986年编印。

51.《高邮文史资料》第4辑,高邮县政协文史资料委员会1986年编印。

52.《高邮文史资料》第6辑,高邮县政协文史资料委员会1987年编印。

53.《高邮文史资料》第8辑,高邮县政协文史资料委员会1988年编印。

54.《赣榆文史资料》第3辑,政协赣榆县文史资料研究委员会1985年编印。

参考文献

55.《灌云文史资料》第 3 辑,中国人民政治协商会议江苏省灌云县委员会文史资料研究委员会 1985 年编印。

56.《江阴文史资料》第 3 辑,中国人民政治协商会议江苏省江阴县委员会文史资料研究委员会 1986 年编印。

57.《江浦文史》第 2 辑,政协江浦县委员会文史资料研究委员会 1987 年编印。

58.《靖江文史资料》第 3 期,中国人民政治协商会议江苏省靖江县委员会文史资料研究委员会 1983 年编印。

59.《南通文史资料》第 17 辑,南通市政协学习文史资料委员会 1998 年编印。

60.《南通文史资料选辑》第 8 辑,中国人民政治协商会议江苏省南通市委员会文史资料研究委员会 1988 年编印。

61.《溧水党史资料》第 2 辑,中共溧水县委党史资料征集委员会 1985 年编印。

62.《盐阜区革命史料》第 4 辑,中共盐城市委党史办公室 1984 年编印。

63.《盐阜区革命史料》第 6 辑,中共盐城市委党史办公室 1986 年编印。

64.《如东文史资料》第 2 辑,政协如东县文史资料研究委员会 1987 年编印。

65.《张家港文史资料》第 8 辑,政协江苏省张家港市文史委 1989 年编印。

66.《金坛文史资料》第 7 辑,政协金坛县文史资料研究委员会 1989 年编印。

67.《丹徒文史资料》第 2 辑,政协丹徒县文史资料研究委员会 1985 年编印。

68.《江苏革命史料》第 7 辑,中共江苏省委党史资料征集委员会、江苏省档案局 1983 年编印。

69.《江苏党史资料》第 3 辑,中共江苏省委党史资料征集委员会、江苏省档案局 1985 年编印。

70.《江苏党史资料》第 1 辑,中共江苏省委党史工作委员会、江苏省档案局 1988 年编印。

71.《淮安文史资料》第 3 辑,淮安市政协文史资料研究委员会 1985 年编印。

72.《淮安文史资料》第 8 辑,淮安市政协文史资料研究委员会 1990 年编印。

73.《海安文史资料》第 3 辑,海安县文史资料研究委员会 1987 年编印。

74.《海安文史资料》第 5 辑,海安县文史资料研究委员会 1989 年编印。

75.《海安文史资料》第 6 辑,海安县文史资料研究委员会 1990 年编印。

76.《丹阳文史资料》第 2 辑,中国人民政治协商会议江苏省丹阳县委员会文史资料研究委员会 1984 年编印。

77.《丹阳文史资料》第 3 辑,中国人民政治协商会议江苏省丹阳市委员会文史资料研究委员会 1985 年编印。

78.《泰兴文史资料》第 2 辑,中国人民政治协商会议江苏省泰县委员会文史资料研究委员会 1985 年编印。

79.《溧水古今》第 5 辑,中国人民政治协商会议江苏省溧水县委员会学习文史委员会 1987 年编印。

80.《溧水古今》第 9 辑,中国人民政治协商会议江苏省溧水县委员会学习文史委员会 1991 年编印。

81.《溧水古今》第 13 辑,中国人民政治协商会议江苏省溧水县委员会学习文史委员会编辑 1994 年编印。

82.《涟水文史资料》第 1 辑,政协涟水县文史资料委员会 1982 年编印。

83.《宿迁文史资料》第 6 辑,宿迁县政协文史资料研究委员会编 1985 年编印。

84.《宿迁文史资料》第 8 辑,宿迁县政协文史资料研究委员会编 1987 年编印。

85.《宿迁文史资料》第 12 辑,宿迁县政协文史资料研究委员会 1991 年编印。

86. 江苏省政协文史委员会编:《江苏文史资料存稿选编》,江苏人民出版社 2007 年版。

四、资料汇编

1. 一凡藏书馆文献编委会编:《古代乡约及乡治法律文献十种》第一册,黑龙江人民出版社 2005 年版。

2. 故宫博物院明清档案部编:《清末筹备立宪档案史料》,中华书局 1979 年版。

3. 中国第二历史档案馆编:《中华民国史档案资料汇编》,1—5辑系列丛书。

4. 南京图书馆编:《二十世纪三十年代国情调查报告》,凤凰出版社2012年版。

5. 樊秋实主编:《近代中国农村问题研究资料汇编》,上海科学技术文献出版社2018年版。

6. 国家图书馆编:《民国时期县政史料汇编》,国家图书馆出版社2018年版。

7. 蔡鸿源主编:《民国法规集成》,黄山书社1999年版。

8.《江苏省合作事业会议汇编》,江苏省农矿厅1930年编印。

9.《第二年之江苏省农民银行》,江苏省农民银行总行1930年编印。

10.《第四年之江苏省农民银行》,江苏省农民银行1933年编印。

11. 江苏省民政厅编:《江苏省保甲总报告》,镇江江南印书馆1936年版。

12. 江苏省财政厅等合编:《华中抗日根据地财政经济史料选编(江苏部分)》,档案出版社1984年版。

13.《江苏省鉴》,成文出版社有限公司1983发行。

14. 蓝田吕大钧和叔撰:《吕氏乡约》,陕西通志馆印,出版时间不详。

15. 联合征信所调查组:《上海金融业概览:卅七年版》,联合征信所1948年版。

16. 刘树发主编:《陈毅年谱》,人民出版社1995年版。

17.《保甲统计》,内政部统计处1938年编印。

18. 南通县教育局编:《南通县各小学保甲周实验报告》,南通县墨林印书局1935年版。

19. 秦孝仪编:《抗战前国家建设史料——内政方面》,《革命文献》第七十一辑,中国国民党中央委员会党史委员会1977年版。

20. 于伯之等编:《江苏省民国时期合作社史料选编》,内部发行。

21.《中国合作问题研究》,山东乡村建设研究院1935年版。

22.《江苏省农民银行廿四年业务报告》,江苏省农民银行总行1936编印。

23.《三年来江苏省政述要》,江苏省政府秘书处1936年编印。

24. 中国农村经济研究会编:《中国农村描写》,新知书店1936年版。

25. 中共中央文献研究室、中央档案馆:《建党以来重要文献汇编》,中央文献出版社 2011 年版。

26.《新四军抗日战争战史资料选编》,新四军战史编审委员会 1964
编印。

27. 中国人民解放军历史资料丛书编审委员会编:《新四军·文献》,解放
军出版社 1994 年版。

28.《苏北抗日根据地史料选编》,淮安市新四军历史研究会、中共淮安市
委党史工作办公室 2010 年编印。

29.《淮北抗日根据地史料选辑》第 3 辑第 1 册,豫皖苏鲁边区党史办公
室、安徽省档案馆 1984 年编印。

30. 中共江苏省委党史工作办公室、江苏省档案馆编:《中共中央华中
局》,中共党史出版社 2003 年版。

31. 中共江苏省委党史工作委员会、《苏南抗日斗争史稿》编写组编:《苏
南抗日斗争史稿》,江苏人民出版社 1987 年版。

32. 中共江苏省委党史工作委员会、江苏省档案馆编:《苏北抗日根据
地》,中共党史资料出版社 1989 年版。

33. 中共江苏省委党史资料征集研究委员会编:《苏中抗日斗争》,江苏人
民出版社 1987 年版。

34. 中共江苏省委党史工作委员会、江苏省档案馆编:《苏中抗日根据
地》,中共党史资料出版社 1990 年版。

35.《抗日战争时期苏中二分区革命文献》,中共扬州、盐城市委党史资料
征集小组苏中二分区编写组 1983 年编印。

五、报纸与期刊

1.《半月评论》,1935 年第 1 卷第 12 期。

2.《财政部财政日刊》,第 1959 号。

3.《都市与农村》,1936 年第 19 期。

4.《东方杂志》,1904 年第 1 卷第 9 期,1907 年第 4 卷第 5 期,1908 年第
5 卷第 3—5 期,1922 年第 19 卷第 6 期。

5.《大陆》,第 1 卷第 5 期,

6.《地方自治(南京)》,1935 年第 1—4 期,1936 年第 1—2 期。

7.《国衡半月刊》,1935 年第 4 期。

8.《江苏保甲》,1935 年第一卷第 1—22 期,1936 年第一卷第 23—23 期,

第二卷第 1—22 期,1937 年第 2 卷第 23—24 期、第 3 卷第 1—8 期。

9.《江苏月报》,1933 年第 1 卷第 2 期,1934 年第 1 卷第 4—5 期,1935 年第 4 卷第 3 期。

10.《江苏民政》,1935 年第 1—4 期。

11.《闽政月刊》,1941 年第 8 卷第 3 期。

12.《申报》(上海),上海书店 1983 年影印版,1909—1927 年。

13.《时报》,1912 年 6 月 12 日。

14.《新四川月刊》,1939 年第 1 卷第 7 期。

15.《时事月报》,1936 年 10 月号。

16.《扫荡》,1934 年第 51 期。

17.《苏民新闻》,1934 年 11 月 9 日。

18.《苏政》半月刊,第 1—8 号。

19.《复兴月刊》,1933 年第 1 卷第 11—12 期。

20.《是非公论》,1937 年第 42 期。

21.《政府公报》,1914 年 2 月 4 日,第 627 号。

22.《中央导报》,1931 年第 7 期。

六、专著

1. 陈柏心:《中国的地方制度及其改革》,广西建设研究会 1939 年版。

2. 曹福林:《夏商西周的社会变迁》,北京师范大学出版社 1996 年版。

3. 常建华主编:《中国乡村社会史名篇精读》,上海教育出版社 2020 年版。

4. 董修甲:《中国地方自治问题》,商务印书馆 1936 年版。

5. 方显廷:《中国之合作运动》,南开大学经济学院 1934 年版。

6. 冯和法编:《中国农村经济资料》,黎明书局 1933 年版。

7. 费正清编:《剑桥中华民国史》,中国社会科学出版社 1994 年版。

8. 费孝通:《乡土中国》,中华书局 2013 年版。

9. 冯锐:《乡村社会调查大纲》,中华平民教育促进会 1929 年版。

10. 古斯塔夫·勒庞著,戴光年译:《乌合之众:大众心理研究》,新世界出版社 2011 年版。

11. 高贤栋:《南北朝乡村社会组织研究》,山东大学出版社 2008 年版。

12. 郭沫若:《中国古代社会研究》,《民国丛书》第一编,上海书店 1947

年版。

13. 郭廷以:《近代中国史纲》,格致出版社、上海人民出版社 2012 年版。

14. 李一氓:《李一氓回忆录》,人民出版社 2001 年版。

15. 侯旭东:《北朝村民的生活世界》,商务印书馆 2022 年版。

16. 胡适:《胡适文存》,华文出版社 2013 年版。

17. 黄强:《中国保甲实验新编》,正中书局 1935 年版。

18. 侯哲葊:《农村合作运动》,黎明书局,出版信息不详。

19. 吴晗等著:《皇权与绅权》,观察社 1948 年版。

20. 梁方仲:《明代粮长制度》,上海人民出版社 2001 年版。

21. 鲁希奇:《中国古代乡里制度研究》,北京大学出版社 2021 年版。

22. 梁漱溟:《乡村建设理论》,商务印书馆 2015 年版。

23. 刘肇嘉编著:《江苏人文地理》,大东书局 1930 年版。

24. 柳诒徵:《中国文化史》,上海三联书店 2007 年版。

25. 吕宗力主编:《中国历代官制大辞典》,商务印书馆 2015 年版。

26. 李治安主编:《唐宋元明清中央与地方关系研究》,南开大学出版社 1996 年版。

27. 马俊亚:《被牺牲的"局部":淮北地区社会生态变迁研究》,北京大学出版社 2010 年版。

28. 牛铭实:《中国历代乡约》,中国社会出版社 2014 年版。

29. 钱穆:《钱宾四先生全集》(40),联经出版事业股份有限公司 1998 年版。

30. 钱穆:《国史大纲》,商务印书馆 2009 年版。

31. 乔启明:《中国农村社会经济学》,商务印书馆 1935 年版。

32. 秦含章:《中国农业经济问题》,新世纪书局 1931 年版。

33. 寿勉成、郑厚博:《中国合作运动史》,正中书局 1940 年版。

34. 唐文基:《明代赋役制度史》,中国社会科学出版社 1991 年版。

35. 田中忠夫著,汪馥泉译:《中国农业经济资料》,上海大东书局 1934 年版。

36. 童玉民:《合作运动纲要》,江南印书社 1931 年版。

37. 王先明:《乡路漫漫:20 世纪之中国乡村(1901—1949)》,社会科学文献出版社 2017 年版。

38. 王均安编:《地方自治施行法释义》,世界书局 1930 年版。

39. 王树槐:《中国现代化的区域研究:江苏省,1860—1916》,"中央研究院"近代史研究所 1984 年版。

40. 王长俊主编:《江苏文化史论》,南京师范大学出版社 1999 年版。

41. 王培棠:《苏省乡土志》,商务印书馆 1938 年版。

42. 闻钧天:《中国保甲制度》,直学轩 1933 年版。

43. 魏祝亭:《一是纪始》,上海会文堂书局 1925 年版。

44. 魏斐德著,梅静译:《中华帝国的衰落》,民主与建设出版社 2017年版。

45. 萧继宗主编:《十年教训》,中国国民党中央委员会 1976 年版。

46. 徐渊若:《农业仓库论》,商务印书馆 1935 年版。

47. 徐中约:《中国近代史》,世界图书出版公司 2013 年版。

48. 徐茂明:《江南士绅与江南社会(1368—1911 年)》,商务印书馆 2006年版。

49. 杨开道:《中国乡约史》,商务印书馆 2015 年版。

50. 于佑禹编著:《中国仓储制度考》,正中书局 1948 年版。

51. 俞森:《社仓考》,商务印书馆 1939 年版。

52. 严耕望:《秦汉地方行政制度》,北京联合出版公司 2020 年版。

53. 张蔚慈:《政治学大纲》(外二种),安徽师范大学出版社 2017 年版。

54. 张华、杨休、季士家:《清代江苏史概》,南京大学出版社 1990 年版。

55. 赵秀玲:《中国乡里制度》,社会科学文献出版社 2002 年版。

56. 谷更有、王文兵:《唐宋时期的村落与乡村治理研究》,中国社会科学出版社 2022 年版。

七、期刊论文

1. 高士荣:《40 年来秦乡里社会研究综述》,《西安财经学院学报》2017 年第 1 期。

2. 李文治:《明代宗族制的体现形式及其基层政权作用——论封建所有制是宗法宗族制发展变化的最终根源》,《中国经济史研究》1988 年第 1 期。

3. 李光军:《秦汉"亭"考述》,《文博》1989 年第 6 期。

4. 莫仲钧:《论苏南抗日根据地的文化建设》,《党史资料与研究》2008 年第 2 辑。

5. 孙闻博:《从乡啬夫到劝农掾:秦汉乡制的历史变迁》,《历史研究》2021

年第 2 期。

　　6. 唐鸣、赵鲲鹏、刘志鹏:《中国古代乡村治理的基本模式及其历史变迁》,《江汉论坛》2011 年第 3 期。

　　7. 汤勤福:《魏晋南北朝乡村聚落的变迁》,《中州学刊》2020 年第 8 期。

　　8. 吴海燕、冯殿羽:《魏晋南北朝"什伍"之制与乡村社会控制》,《郑州大学学报》(哲学社会科学版)2003 年第 2 期。

　　9. 张金光:《秦乡官制度及乡、亭、里关系》,《历史研究》1997 年第 6 期。

　　10. 朱绍侯:《汉代乡、亭制度浅论》,《河南大学学报》(社会科学版)1982 年第 1 期。

　　11. 周朗生:《乡村治理的理论诠释——从治理到乡村治理》,《中共云南省委党校学报》2008 年第 6 期。

后　记

　　《江苏乡村治理史》属于"江苏文脉整理与研究工程"的重要组成部分,自 2019 年立项至 2024 年完成初稿,前后历经五年的思考与打磨,全书约 35 万余言。为补充正文言不尽意之处,以下谨从选题缘由、书稿体例、不足之处及努力方向等几个方面做进一步说明。

　　为江苏乡村治理史做一"通"的研究与我以往的研究经历有关,又算是对个人乡村史研究工作的一个阶段性总结。在攻读博士学位期间,我就关注近代江苏省的地方自治问题,并以此为研究对象完成了博士学位论文的撰写。起初选择断代史的研究,既受初入学术殿堂者的能力所限,又是学科不断细化的结果。断代史研究有其传统和优点,但也不可避免地存在明显的缺陷,即不自觉地割裂了历史的延续性。事实证明,任何事物都只能存在于前后联系的历史脉络中,即便看上去是全新的东西也不例外。就拿近代地方自治而言,其本质上并未完全脱离传统官治、绅治的窠臼,如果想弄清楚近代中国乡村治理的本质就必须对古代中国乡村治理的三维结构(官治、绅治、族治)进行长时段的梳理与探究;同样,新中国成立后的乡村治理也不是近代历届政府主导之乡村治理自然成长的结果,欲探其源,就必须对中国共产党在根据地的乡村治理进行更加深入的研究。

　　基于以上设想,本书对新中国成立前的江苏乡村治理史进行了长时段的梳理,主要包括乡官制阶段的江苏乡村治理、职役制阶段的江苏乡村治理、自治制阶段的江苏乡村治理等三编,其中第一、第二编完全按照朝代顺序展开,大致可以看到古代中国江苏乡村治理制度设计及实践的历史演进;第三编以近代中国江苏乡村治理的沿革为对象,除了以时间为基本线索外,还特别增加了中国共产党在根据地的乡村治理,这一部分既可以与南京国民政府的乡村治理形成鲜明对比,同时又是接续新中国成立后乡村治理的必要环节。在撰写书稿的过程中,每个朝代的乡村治理史基本围绕制度设计与制度实践两个部分展开,既是为了统一体例,也是为了实现最初设定的目标。

在著述之初,论者曾立下宏愿,为江苏乡村治理史撰写一部制度设计与践行实态相互交融的著作,但受资料及篇幅所限,文稿中不尽如人意处仍然很多,其中最为明显的是资料分布的不平衡性。在漫长的中华文明史中,乡村社会长时间处于失语状态,以记录帝王将相统治史和生活史为职志的传统正史并未给乡村及普罗大众留下太多的空间,以至于通过爬梳正史仅仅能够管窥乡村治理制度史的大致轮廓,至于制度的实践,多为惊鸿一现或一鳞半爪。这种局面在方志资料产生之后才有所改观,因其对地方变迁史的详细记录而给人们感受乡土社会变迁提供了基本的素材,虽然关于乡村治理部分的记录仍然零散且不成体系,但在一定程度上给人们建构乡村治理的图景提供了第一手的资料。因此,在乡官制阶段,我们仅仅能够从极为有限的正史资料中管窥江苏乡村治理的梗概,且常常发生以整体代部分(即以全国情形代表江苏)、以制度代实践的情形;至乡村治理的职役制阶段,江苏乡村治理的脉络越来越清晰,反映地方社会变迁的史料日渐丰富,特别是明清时期,大量的方志资料为人们勾勒完整的江苏乡村治理史提供了可能。时至近代,有关江苏乡村社会的资料极为丰富,乡村治理的撰写工作渐入佳境,并最终导致江苏乡村治理史的篇幅安排发生"厚今薄古"的现象。在第三编体量已经超过前两编的情况下,不得不对一些内容稍做裁剪,如乡村建设派在江苏的实验,虽然属于江苏乡村治理的有机组成部分,但实验毕竟局限于一时一地,尚不具有普适性,因此暂时搁置;又如,汪伪政权对江苏乡村的统制,往往只见破坏而不见建设,纳入治理的范畴,显然不妥,故而亦未论及。如果以后有机会进一步深入探讨,我们仍然期待继续扩大对古代中国江苏乡村治理资料的搜集与整理，进而为江苏乡村治理描绘出更加完整、更加丰富多彩的历史画卷。

在书稿撰写的过程中，本人得到各位师友的提携与帮助，在此一并致谢！感谢江苏省社科规划办和江苏省社科院文脉研究院各位领导、同仁，他们的信任使我能够继续拓展江苏乡村治理史的研究。在书稿撰写期间，我多次参加社科规划办和文脉研究院组织的研讨会，获益良多。感谢南京大学历史学院马俊亚教授、陕西师范大学马克思主义学院孙云教授、江南大学历史研究院徐保安教授，文稿初成，又得到各位专家学者提出的宝贵建议，使书稿得到进一步完善、提升的机会。感谢南京体育学院马克思主义学院张春梅副教授、安徽省社会科学院历史研究所王玉洁助理研究员，在资料搜集的过程中，二位女士均付出了辛勤的劳动，为书稿的顺利完成奠定了基础。特别感谢江苏人民出版社张凉、郑晓宾两位老师，他们提出专业而中肯的修改建议，为书稿的进一步完善指明方向，那种字斟句酌、精益求精的精神让人感动，更催人奋进。无私帮助，感激不尽；不足之处，文责自负！

陈明胜

2024 年 6 月 3 日于小王府园